北京市哲学社会科学"十五"规划重点项目
北京市哲学社会科学"十一五"规划项目

北京联合大学
北京学研究基地 资助出版

主　编：顾　军　朱耀廷
副主编：周传家　韩建业
编　委：方　彪　李颖伯　佟　洵　张连城　周小翔
　　　　朱祖希　朱筱新　（按姓氏笔划排列）

北京文化史

顾 军 朱耀廷 主编

贾道燕蕴

—— 古都北京的商业文化

周小翔 林妍梅 刘 静
李秀芹 罗宜军 鲍 晖 著

中 华 书 局

图书在版编目（CIP）数据

贾道燕蕴:古都北京的商业文化/周小翔等著. —北京:中华
书局,2015.1
（北京文化史）
ISBN 978 - 7 - 101 - 10422 - 6

Ⅰ.贾…　Ⅱ.周…　Ⅲ.商业文化 - 北京市　Ⅳ.F729

中国版本图书馆 CIP 数据核字(2014)第 211948 号

书　　名	贾道燕蕴——古都北京的商业文化
著　　者	周小翔　林妍梅　刘　静　李秀芹　罗宜军　鲍　晖
丛 书 名	北京文化史
丛书主编	顾　军　朱耀廷
责任编辑	杨春玲
出版发行	中华书局
	（北京市丰台区太平桥西里 38 号　100073）
	http://www.zhbc.com.cn
	E-mail:zhbc@ zhbc.com.cn
印　　刷	三河市航远印刷有限公司
版　　次	2015 年 1 月北京第 1 版
	2015 年 1 月北京第 1 次印刷
规　　格	开本/700×1000 毫米　1/16
	印张 24　插页 2　字数 300 千字
印　　数	1 - 3000 册
国际书号	ISBN 978 - 7 - 101 - 10422 - 6
定　　价	48.00 元

谨以此书献给尊敬的朱耀廷教授（代序）

朱耀廷教授于 2006 年就开始策划北京文化史分类研究丛书的启动和项目申报工作，作为此丛书的第一任主编，在组织写作队伍、编订写作大纲、校订书稿等事务上耗费了大量心血。可惜天不假年，大厦倾颓，朱耀廷教授于 2009 年 5 月罹患癌症，2010 年 5 月去世，在其生前此丛书只出版了两部，成为其终生遗憾。我辈作为朱耀廷教授事业上的后继者，继承其遗志，克服困难，坚持将此丛书全部编撰完成，并付梓面世，以此慰藉先生在天之灵。

朱耀廷教授生平

朱耀廷(1944—2010)：北京联合大学应用文理学院历史系教授。1969 年毕业于北京大学历史系中国史专业，国务院享受政府特殊津贴专家。主要研究方向为元史、北京文化史。主要社会兼职有北京市哲学社科规划办历史专家组成员，中国人才研究会常务理事等。主要作品有《成吉思汗传》、《元世祖忽必烈》等。

《北京文化史》丛书编委会

2013 年 7 月

目　录

上篇　纵论北京商业文化的历史脉络

下篇　横展北京商业文化的诸般表象

上 篇

纵论北京商业文化的历史脉络

第一章　先秦时期
北京商业文化的起源

从历史唯物主义观点出发,所有上层建筑类的东西都有其产生的经济基础,任何文化现象也都发源于某种物质行为。作为与人们生产、生活密不可分的商业文化,探究其起源必须从人类远古的物质生产和交换行为入手。本章所讲的先秦时期就是人类发展的童真期,由于文字记载不多,只能从相关的考古成果来推论北京商业文化最早的萌芽轮廓。

第一节　北京商业物质文化的起源

多学科研究结果均表明:在人类社会处于荒蛮之时,自然地理环境对文化的起源作用至关重要。

一、北京的宏观环境

中国地形的海拔西高东低,形成了以青藏高原最高,云贵、内蒙和黄土高原次高,东北、华北和长江中下游三大平原最低的三大阶梯层次。从气候方面看,大部分属于温带,偏南和偏北两部分则属亚热带和亚寒带。多样的地形、地貌和适宜的气候使农作物种类繁多。以秦岭淮河为界,北面是以小麦、粟米为主要作物的旱地农业区,南面则是以稻米为主要作物的水田农业区。而东部温润多雨,西部寒冷少雨,又形成东部农耕为主,西部畜牧为主的自然经济基础。

从地势、地形上看,先秦时虽与今天无大差别,但中原一带,自仰韶时期至西周初年,气候温暖,动植物繁盛,年平均气温高于现在2℃左右。此时,在中华文明的核心区域雨量充沛,森林草地随处可见,竹鼠、犀牛、大象等热带及亚热带的动物也可在此繁衍生息。直到西周、春秋时,黄河中下游一带还有梅、竹等亚热带植物生存。大约在战国时期,黄河流域的气温开始显著下降,热带、亚热带动植物逐渐绝迹,气候环境逐渐变得类似于今天了[①]。

据考,距今一亿多年前的中生代晚期,在中国东部发生了一场强烈的造山运动,燕山隆起,使北京北部和东北部形成山区。同时,太行山以西抬升,太行山以东断陷沉积为平原。距今七千万年时,断陷与沉积导致盆地连片,逐渐形成了华北大平原。北京地处华北平原北端的背脊上,恰好位于中国第二、三阶梯交接的边缘处,平原和山地的比例为4∶6;纬度为北纬39~41度的中纬度带,年平均降雨量为470~600毫米,气候为明显的暖温带半湿润大陆性季风气候。

登北京香山西望,南北走向的太行山余脉连绵不断,东西走向的燕山正好与太行山余脉相环接,形成了北京西、北、东北三面环山,东南平坦面向渤海的特殊地理环境。山水下流不易外泄的地形,使北京自古就形成了诸多河流与湖泊,最著名的是永定河、大清河、温榆河、潮白河和蓟运河五大水系。翻看今天的北京地图,仅海淀区就有不少地名让人联想起水的遗迹,不算乡村僻地,仅著名的以泉、河、桥、滩、涧、坞和沟、洼、坑、潭命名的地方就有三十多处。可见,环山面海的北京城,在古代确实是水源丰富的"北京湾"。

早期人类生存繁衍需要三个必不可少的条件:一是气候温暖湿润,二是依山傍水,三是植物茂盛。而"北京湾"恰好具备了这三个条件。在北京周口店地区的古人类遗址中发现,旧石器早、中、晚期的四五十万年里,祖先们在北京湾的生产、生活没有中断过。当时的北京,河流纵横,湖泊沼泽中水草茂盛,土地肥沃,果木遍野,各种动物出没频繁。不仅是周口店地区,就连今日繁华的王府井大街一带,二万五千年前也是古人渔猎的乐土。据北京的动植物志中记载:北京共有植物一千五百余种,其中有不少是可食用的野果类,如野榛子、野栗子、山核桃、山杏、山桃、山楂、酸枣、野百合等。还有各种兽类58种、鸟类350种、鱼类84种和两栖类8种。由此可以推测出北京先民们的食物链是多样化的,考古发现也

---

①参竺可桢《中国近五千年来气候变迁的初步研究》。

证明了这一点。伴随周口店古人类化石出土的,还有象、鹿、羚、野牛、野羊、虎、豹、兔、鸭、雁、鸠、鸽、雉鸡等四十多种动物化石和不少较大的鱼骨化石。

大约一万年前,北京的先民们逐渐从栖息的山洞走向平原,新石器时代开始了。新石器遗址几乎遍布了北京的各个区县。其中最典型的有门头沟区的东胡林遗址,平谷区的上宅遗址、北捻头遗址,昌平区的雪山遗址、燕丹遗址、曹碾遗址和密云县的燕落寨遗址等。从出土器物的种类和用途中看出,先民们的生产方式在不断向前发展着。旧石器时代古人们依山狩猎,傍水捕鱼,择果采集。到了新石器时代,在渔猎、采集的生产方式中,又衍生出原始农业和原始畜牧业。正是北京古人生产方法的多样性,产生了该地区多样的物质文化以及对其他地域文化的从容接纳。

远古要实现对其他文化的接纳还需要另一个重要的条件——交通便利。虽然北京三面环山,但我们的先民利用一些天然的峡谷隘口,开通了几条交通要道:向西南,沿着太行山东麓,可达中原各地;向西北,穿过今天的南口和居庸关,可上蒙古高原;向东北,出今天的古北口可通燕山腹地;向东,紧傍燕山南麓,经今天的喜峰口或山海关,可抵辽西、辽东各地。这样,北京自古就成为连接华北、西北和东北地区的枢纽之地。而交通枢纽的社会沟通性是最有利于形成大型社会聚落的,故在三千八百多年以前,北京就形成了一个名为"蓟"的重要聚落,并成为南北、东西各方物质与文化交流的中心。

可见,北京自古就坐拥着一种宏观上的"天时、地利、人和"。天时是指在天体运行过程中,自然赐予的因四季分明、温暖潮湿而得到的"鱼盐枣栗之饶";地利是指背山面海、自成一湾,且拥有连接华北与东北、西北之间的"舟船车马之便";人和则不仅指本地居民的安居乐业,更重要的是由其枢纽作用所形成的多种文化的聚集共荣。简单地讲,北京的天时养人,北京的地利便民,北京的人和聚才。随着八方来客的杂居,各种文化不断在此聚集、融合,逐渐演变成北京文化的丰厚底蕴。这一点从古至今没有改变,只是到辽代以后才逐渐突显出来。

二、北京商业文化的物质起源

在据今一万八千年前北京山顶洞人的遗址中,有几种与人们常见的石器和兽骨不同的东西——赤铁矿粉、蚶子壳和巨厚蚌壳,这些东西当产自数百公里以外的宣化和渤海湾,甚至可能是黄淮流域以南的地方。从这些异地之物闪烁的熹微光芒中,我们发现了早期人类已经有了异地间某种物质形式的沟通。由于那时人们还不具备价值观念,所以这种原始的物质沟通可能是土著与过客间的友情互赠。但当这种看似简单或偶然的互赠行为频繁发生,当互赠的物品种类逐渐扩大以后,人们就慢慢产生了交换意识。交换意识带给先人们的不但是新的感官刺激或物质享受,更重要的是他们在愉悦之中接受了不同类型文化的熏陶。因此,在北京原始的物质文明中,出现了对其他地域文化欣然接受、改造融合的迹象。

考古发现,北京凡具有多期连续性的文化遗址中,均具有不同文化交流的印记,其文化内涵十分丰富。以平谷金海湖畔的上宅遗址为例,上宅一期文物中的筒形罐是典型的东北兴隆洼文化印记,而上宅二期文物中则同时兼具中原磁山文化的影响和北方赵宝沟文化的影响。又如昌平的雪山遗址,从雪山一期文化遗址中出土的大量陶器看,既有本地的各种双耳罐、敞口钵,又有与中原仰韶文化十分类似的红陶尊、红陶钵和彩陶片,还有的陶器似乎与辽宁红山文化也有联系。而雪山二期出土的黑陶制品的造型和纹饰,则受山西北部文化的影响,属河北蔚县壶流河流域的龙山文化范畴。进入早期青铜时代,北京依然保留了不少来自北方的影响,如东北西喇木伦河的夏家店下层文化因素等。可见,先民们利用交通枢纽的便利,通过最初朦胧的商业行为——互赠或简单的产品交换,与南北、东西各地区进行了经济、文化交流。正是这种交流,形成了北京地区最重要的人文地理特点,即北京地区虽不是重大文化发展的核心地带,却是多种文化互相穿插、交错与争夺的前沿地带,也是形成历史错综复杂的旋涡地带。

由于原始人类在生产、生活上极大程度地依赖于自然地理环境,导致了不同地域间人们在劳动形式、工具和结果上的差异,并由此萌生了带有某种互赠性质的原始物质交换。那么这种物质交换带给我们的原始商业信息及其文化的源头信息是什么呢?

第一,互赠等于原始交换。现代意义上的"赠"含有"单方面送"的意思,而原始人生存的依赖性,使其赠的行为多是双向的,具有初级交换性质。只是由于当时没有价值观念,因此在互赠时看重的是物品的使用价值和所象征的友情内容,而不是价值的对等。

第二,交换是以氏族为单位进行的,因而带有原始公社间交往的关系因素。由于原始生产力水平低下,个人乃至家庭不能单独生存,自然而然地以氏族公社为单位生产和生活,互赠性交换就成了维系不同氏族公社间情感的手段。

第三,初级交换的物品虽是简单的、偶然的,但包含的文化信息量却是复杂和长远的。山顶洞人的赤铁矿粉和海蚌壳,上宅遗址、雪山遗址中的陶罐,看似简单,实则在每一种颜色、造型、花纹和图案上都包含着不同地域间文化的交流与融合。一些今人不以为然的印记对古人可能是个很大的启示,现在习以为常的东西在当时或许是相当重大的发明。

第四,初级交换的产生不仅仅建立在原始农业、畜牧业和手工业分离的基础上,还要建立在不同的自然环境和原始氏族拥有各具特色的自然产品之上。自然与人类之间的生态物质交换形成了因果关系,自然地理环境成为人类不同文化产生、发展和交流的基础。即自然地理环境差异→各氏族占有物不同→原始互赠性交换→不同文化间进行交流→对新文化因素产品生产欲望→据自然环境和劳动特点形成原始产业分工→生产力提高→产品种类和数量增多→剩余导致私有制和有价值概念的商品交换出现→与商业行为相联系的意识形成→商业文化产生。这种自然环境与社会人文发展相互作用的因果关系可用下图表述(见下页)。

可见,依托于复杂的地理及气候环境下形成的丰富多彩而又自成体系的物质生产方式,是各种古老文明植根的经济土壤。北京商业文化的形成过程亦如此,只是中间不断掺入了更多周边地域文化的因素。

关于原始地域文化的分类,据严文明先生考察,中国大概有几个大的文化谱系。从新石器时代看,第一个是黄河流域以旱地农业为基础发展起来的文化谱系,其代表性器物是埙,称为埙文化分布区;第二个是以长江流域为主,包括山东及以南,是以水稻农业为经济基础发展起来的文化谱系,其代表器物是鼎,称为鼎文化分布区;第三个文化区大体上在东北,是以狩猎、采集经济为主的,其代表性器物是筒型罐,称为罐文化分布区。还有一个文化区形成稍晚,即内蒙古及以西地区,主要是牧业经济。四块文化区中,首先是鼎、埙两种文化合流,形成一股强大的势力,向北发展。另一方面,罐文化系统向南发展。北京地区即是埙、鼎文化和罐文化的接合部,也是西北游牧文化与中原农业文化的碰撞地,从而铸就

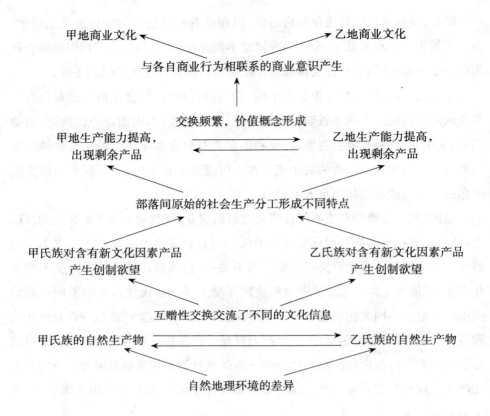

了北京文化的精髓是多元的融合性，而不是独立的核心性。

"北京湾"独特的地理位置和丰富的物产使它自古就自成一隅。北京人能够以平稳的农耕生产为后盾，没有大的衣食之忧，必在骨子里种下了散淡安逸、保守和谐的种子。而农、渔、牧相结合的生产方式和勾连四方的便利交通，又自然产生了他们宽松接纳、通达融合的心境。北京的商业文化也是在吸纳晋、陕、鲁、辽、徽、蒙各路商人来此交换的基础上形成的，因此其特点与其总体文化是一致的，不在于自身的核心性，而在于各地商业文化的融合性。

从北京平谷上宅村等遗址中，可见古人依靠多样的地形，采用了种植、渔猎与采集共同依存的生产手段，形成一种农业与简单渔猎和畜牧业混杂的经济生产方式，并且能够由完全依赖自然发展到自主创造。笔者在上宅文化遗址中看到了六千至七千年前的手工艺品——石猴和陶猪头。那个猪头造型偏长，双耳小而尖，向后背着，两只獠牙弯曲到嘴外，这样惟妙惟肖的野猪头陶器当属专人精心而作。还有传神的石猴和与外鞘契合完美的刃器,说明此时已产生了某种劳动技能上的分工。虽然氏族公社内部的手工业生产成品绝大部分供本氏族成员使用,不具备商品生产的性质,但互赠性交换促使人们产生了美好的创作欲望。正是这种欲望的不断实现,使得独立手工业从原始农业或渔猎、畜牧业中分离出来。但由于生产力所限,在金属工具产生以前的氏族部落内部,农业、渔猎与手工业不仅是并存的,而且是相互依赖、密不可分的。某些人或家庭因技术特长成为该氏族部落专事创新的手工业者或户,如《吕氏春秋》"君守"、"勿躬"所载:奚仲作车、胡曹作衣、夷羿作弓、仪狄作酒、虞姁作舟、赤冀作臼等。这种手工业分工产生了原始意义的商品生产与交换,即在部族之间不计价值的馈赠式交换。在部族内部,氏族成员或家庭通过向部族缴纳自己的劳动成果来换取他人的劳动成果。由于产品的共同拥有,农户、猎户与手工户不会发愁没有粮食、野味或器皿。这就使我们得出一个重要的结论:农耕社会中,农业和手工业基本是相互依赖的,尤其是手工业最初的发展规模,在很大程度上取决于农业产生了多少剩余劳动力。这也是在以农耕为主的社会经济形态中,农民和手工劳动者长期浑为一体、难以分开的原因。从一些墓葬中看,凡使用镜、凿随葬的男性,往往同时也随葬了刀、铲之类的农具,表明手工业匠人和农人是同一个人。这种分工的不彻底性必然在一定程度上限制了商品交换的发展。

大约在五千多年前,黄河中下游的广大中原地区,先后进入了父系氏族社会。后来在尧、舜、禹等为首领的部落联盟中,通过兴修水利,农业生产力得到较大提高,为手工业和商品交换的发展提供了物质前提。最初易物的场所设在部落间的必经之路上,如《周易·系辞》中记载:"神农氏作……日中为市,致天下之民,聚天下之货,交易而退,各得其所。"这种自发交易具有临时性,交易者多是亦农亦工亦商的几重身份,而且作为一般等价物的货币亦停留在贝币等实物形态阶段。后随着交换的频繁和种类的增多,市场才常设在部落聚邑中。

我国原始商品经济形态远逊于古希腊和古罗马,商人阶层难以独立,主要原因是我国史前长期停留在以石器、骨器、木器为生产工具的阶段。正是这种低下的生产力和相对封闭的农耕文化背景,导致了农业、手工业与商业长期三位一体。由于商人难以形成一种独立的职业,导致商人主体意识低下,在商品交换中价值意识、竞争意识薄弱。北京交通便利,原始易物性商品交换会多一些,但由于不具备生产力水平、社会分工和私有制等决定性因素，自身难以形成商品经济形态。虽有周边不同文化的沁润，夏以前也没有发展出独立的商业。

直到公元前 21 世纪夏启废禅让制为世袭制，才从政治制度上奠定了奴隶社会的初步基础。奴隶制度在当时是一个巨大的进步。大量奴隶被驱逐参加劳动，大片的土地被开垦，社会经济进一步发展。随着手工业与农业的逐渐分离，出现了专门以交换为目的的商品生产。而商品交换的扩大和货币形态的发展，使商人阶层逐渐崛起。

当商业这一新的社会分工出现后，简单偶然的易物性交换就被频繁的、规模性的商品交换所代替。货币也被广泛运用，并在各地以自己独特的形式发展起来。最早的实物货币有很多，以贝币最为常见。历史上凡被记载过能充当货币的一般等价物，北京地区几乎都使用过。北京近海，盛产渔盐；紧邻燕北牧区，素有养马习俗；燕山还出产莹白温润、美可夺玉的燕石，曾被宋人误视为珍藏的大宝，所以历史上盐、马匹和燕石在北京地区可能都充当过货币。同时北京地区曾有大量贝币出土，更是不争的事实。由于货币是价值的化身，所以自有文字以来，凡记述商贸等钱货行为的文字大多带有贝（貝）字旁，如：买（買）、卖（賣）、财、货、赠、赐、贾、宝（寶）、赏、贸、贡等。

商朝以后，青铜冶炼工艺的提高有三项殊功：一是金属工具代替了石、木、骨、角类器具，使农耕社会的生产力得到飞跃式提高；二是数以万计的青铜器上（包括各式雄浑精美的宝鼎）篆刻的珍贵铭文是难以磨灭的历史；三是铜制货币代替了各种非金属货币，成为促进商品生产与交换的重要因素。春秋战国时期，铸造形态各异的金属货币是各诸侯国重要的经济事务。当时，三晋地区通行铲状铜布币；燕、齐通行铜刀币；楚国通行小型蚁鼻铜币和金币；周、秦等地区则通行方孔圜钱等。北京作为古燕国都城蓟的所在地，其地理位置独特，中原、东北和西北的客商路过、交易，纷纷使用各自国家的货币，因此北京先后出土了多种早期货币也就不足为奇了。1957 年，北京朝阳门外曾有成捆的战国货币出土，共 3876 枚，其中布币 992 枚，刀币 2884 枚。北京是古燕国的都城，主要铸造、流行一种带有铭文的燕"明刀"。目前北京出土燕"明刀"的地方不仅遍及 15 个区县，而且在天津、河北、山东、山西、内蒙古、辽宁、吉林甚至远到朝鲜、日本等异邦都有其踪迹。说明北京地区不仅有悠久的商贸交易传统，而且交易的规模和广泛性令今人称叹。

　　不同地域的货币形制是当地生产力与文化性格的反映。在古风吹拂的三晋大地上,世代农耕,以最常用的铲型农具缩制成布币,尤其是空首币还形象地保留有安木柄的孔洞,制币者这份直白与纯朴犹如在同一时空中诞生的《诗经》那样,真挚得令人感动。而齐、燕刀币制作者的冷峻,就来自对"商场犹如战场"的深刻理解、来自孔氏《春秋》对社会变革的历史严峻性揭示后燕赵人所特有的侠肝义胆。而鼻蚁币的神奇与诡秘,与《楚辞》的美妙点化和《湘夫人》的婉转诗意一样,令人在感动之余产生出莫名的疑惑。货币——作为商业文化的载体,包含着太多的古文化信息。不仅其铭文表示多种涵义,而且货币铭文还是中国书法的起源。然而,无论货币的形制与工艺水平如何,其铭文内容是什么,它自诞生之日起,就是财富的化身。大量货币的出土,既表明持有者的富有,也表明燕地商业贸易的繁盛和广大的财富积累。

　　生产、交换是社会经济运行的基础,文化、思想与情感是这个基础过程的精神内涵,而生产工具——铲、刀,流通工具——商品、货币等,既来源于前者,又承载着后者。北京地区多元货币形态的出土,正说明了北京自古既是多种生产方式和谐的摇篮,又是多元商业文化荟萃的展台。

第二节　北京商业制度文化的起源

　　北京商业文化中的制度文化,包括最初的商业管理体制、市场布局原则、商业税收及市场管理方式等究竟是怎样的? 产生的依据是什么? 要想从根上找出答案,就必须分析古老商业的管理体制,探究哪个阶层是最早的商业经营主体,看看最初的市场是怎样管理的,并找出北京"城"的政治性与"市"的经济性之间的关系。

一、"工商食官"及其对商业制度文化的影响

　　"工商食官"是我国奴隶社会重要的工商管理体制,其涵义主要有两方面:一是社会上的手工业和商业基本隶属于官府;二是从事手工业和商业劳动的人属于由官府供给简单饭食的奴隶。正如《国语·晋语》中所说:"公食贡,大夫食邑,

士食田,庶人食力,工商食官,皂隶食职。"该体制显示了手工业、商业和官府三者间的紧密联系。其中手工业和商业间的模糊联系主要取决于社会生产力的发展水平。如史书中经常提到的"贩夫贩妇",他们多数时间是手工业者,凭借自己的一技之长,生产某种手工产品,如一些农具、刀具、鞍具、鞋靴、布帛、荆条草编、木器家具、盆、碗、瓢、铲等。市场开放时又是商贩,出售自己生产的产品。正是这种由生产力水平决定的工商二位一体的劳动方式,打下了手工业与商业紧密结合的社会基础,也是流传至今的前店后厂、自产自销的原始模板。

从夏朝到商朝,出现了专门擅长某种手工产品生产的氏族,其生产过程和产品是由氏族首领掌控的,成为后来官营手工业的雏形。原始的带有互赠性质的部落交换也是隶属于首领的,从而为官营商业奠定了原始的组织基础。奴隶社会时各部落间的战争产生了大量的部族奴隶,这些奴隶被集体地重新分配,具有手工技能或经商能力者,多数仍会发挥其原有的特长,只是服务于不同的王室或首领罢了。可见由生产力水平决定的手工业与商业的联系,和由生产关系决定的官营性质都是源远流长的。

"工商食官"制是怎样发展的,为什么会在整个奴隶社会占据统治地位,分析起来有以下几点原因:

一是土地、山泽、矿藏等主要生产资料归国家所有,分封给王族贵戚或战功显赫者占据和使用,如"封召于燕"。大量战俘奴隶归国家所有并分配给各官府、贵族役使。奴隶们除了进行农业生产外,有些被驱使专门从事山泽开发和手工产品的制作,有些则专门为王室贵族贩运和购销各种珍异特产,成为手工奴隶或商业奴隶。由于生产资料和劳动力都归官府所有,其生产的产品或交换来的商品也必然归官府所有。可见在奴隶社会里,除少数平民手工劳动者和贩夫贩妇外,手工业和商业的主体部分通过"工商食官"体制,维护了由官府掌控的局面,确保了国家在工商经济上的统治权力。

二是通过"工商食官"制,国家成为最大的商品卖主,同时又是最大的商品买主,从而牢牢地控制了商品市场的供求、价格和交换秩序等,真正实现了商品市场的国家垄断,商业成为国家财政重要的支撑行业。"工商食官"制虽然影响了自然经济条件下商品经济的正常生长,但并不意味着商周时期商品及市场凋零。恰恰相反,此期的商品交换和市场的发展速度在我国历史上是很突出的。因为在生产力水平不高的条件下，如果仅靠商品交换的自然发展，加上战乱的经常性破坏，其发展速度可能是缓慢的。但"工商食官"制依靠国家政治军事力量，把有限的社会剩余财富高度集中起来发展官营手工业和商业，这无疑大大加快了商品经济的发展速度和市场交换的兴旺程度。

三是西周奴隶主贵族为了自身的利益，已把"工商食官"中的官贾体制明晰地分成两大系统。其一是由太宰所管辖的专为王室内朝服务的商贾，负责为王室辨别贡奉货品之善恶与价值，同时负责为王室买卖禽畜、货贿、金玉玩好、丝麻织品等；其二是由司徒所属的在朝廷供有职级的商贾，分别为朝廷、官府供销各种手工产品等货物，购置军需、刑狱及各种办公用品等。很显然，前者作为王室的家奴属于"宫御商贾"，后者则作为官府的差奴属于"官役商贾"。但在中国"家国同构"的社会里，国家与王室可以天经地义的划等号，所以"宫御"和"官役"本质上没有什么区别，都是受奴隶主贵族统治与管理的国有商贾奴隶。

四是由于早期各诸侯方国王室之间的贸易往来常常与彼此间的贡纳和馈赠联系在一起，而那些拥有较高官职的商贾在这种交往中多充任礼官等重要角色；同时王室也常派商贾出使其他邦国，还赠珍宝，以示礼节。可见有职位的官贾在诸侯方国间的"贡纳贸易"中具有相当重要的地位和作用。

五是由于商贾的经营活动可以盈利，所以商周时期，不但王室、官府拥有商贾，就连一般的世卿大夫家中也有商贾。有的贵族怕财产流失，还亲自经营商贸活动，成为商贾中最为显赫的实力派。

从以上几点可以看出，"工商食官"管理体制出现并在奴隶社会长期占有统治地位，不是偶然的，它是由当时低下的生产力水平、生产资料国君所有制形式、互赠式贡纳、工商结合的交换形式和商业经营中明显的财富积累等因素共同作用的结果，因而有其历史的必然性。

作为我国商业管理体制鼻祖的"工商食官"，筑就了整个商业文化的社会基础，特别是对后世商业管理制度文化以及商人精神格调的圈定有很大影响，这主要表现在以下几个方面：

一是商业从业者总体身份地位是低微的。由于最早的商业从业者主要是"食官"的商贾奴隶，子承父业，世代为奴，造成了几千年来商人的身份远远低于其拥有的财富。从史书上看，商贾们是奴隶，与妾、仆并列，次序排在庶人和农工之后,居于各行业之末。正因此,商人不能与士大夫甚至平民杂居,以免影响了他们清雅、温馨的生活方式。皇亲贵族不能因购物等事宜走进市场与商人随意接触,以免跌失了尊贵的身份。卑微的社会地位造成了商人们先天自我贬低的心理和压抑的职业价值取向,这对商人来讲真可谓是一种历经千年的精神折磨。

二是由于"食官"的商贾们身份或官职的不同,会导致其经营的行业及其店铺之间具有明显的等级差异。为达官贵人们服务的大商家,不论是早期为王室服务且有些职级的御用商人,还是后来拥有进宫腰牌、誉满京城的老字号,皆因沾了皇族或官府的边,就比那些鸡毛小店、贩夫贩妇要牛气百倍。

三是"工商食官"使官商和官市成为商业发展的主力军,那些自发的乡野草市则始终被打入另册,进而造成了官吏在市场管理中的主观性和在商业经营中的垄断性。同时,"食官"的历史还造成了商贾们对各级官府的依赖、仰息。他们顺从于集权制的管理,除了家族血缘关系的纽带,不习惯于其他形式的社会联系和自我约束。这些都为后来官商的霸气和官吏的腐败埋下祸根。

四是在我国整个商品经济发展史中,有个突出特点——价值计算与等价交换的意识非常薄弱。究其原因是由于最初的交换是一种带有互换性质的纳贡和赏赐,虽然贡道逐渐变成各州间的商路,但在这种纳贡式的交换中,政治意义与情感成分远远大于经济价值。在官方正统的意识中,交换是不齿于计价的,这对后世民间商品交换乃至商业文化的形成都产生了深刻的影响。

五是"食官"的工商两业之所以是并称的,一是因为两业在为王室、官府享乐服务的功能是一致的,二是因为从业者都是统治者的役用奴隶。这些历史原因逐渐促成了几千年来商业与手工业、服务业和娱乐业在经营方面的紧密联系,同时也造成了上述行业从业者的同命相连。

总之,"食官"形成了官府对商业管理的制度规范,衍生出严重的等级观念,削弱了应有的价值理念,铸就了商人低下的社会地位和压抑的职业精神。商人们憎恨官府的依权盘剥,又不得不巴结官府,以寻求保护和获取某种经营上的垄断权。可见,在延续了几千年的商业文化中,不仅是制度文化,还有许多精神层面的东西,竟源自遥远的"工商食官"制。如果我们把传统管理制度和观念视为一种历史基因的话,其遗传能力的强大真是令人吃惊。

二、古老的"城"、"市"与"井"

城市是个常用词组，但最初"城"与"市"是两个具有完全不同涵义的概念。"城"代表着国家君主的政治统治地位和军事防御能力。奴隶制国家的城堡既可防范奴隶造反、逃逸，又可抵御异族的劫掠、侵犯。显然，"城"是在有了阶级和国家之后产生的概念。它是统治者政治和军事的中心，与经济发展无大关系。

而"市"的概念则可上溯到遥远的夏代。"市"是交换的场所，自有了易物行为后，就必然有其活动的场所。如前所述："神农氏作……日中为市，致天下之民，聚天下之货，交易而退，各得其所。"之所以"日中"才能为市，是因为交易者要来回赶路。可见，早期的"市"是在不同部落之间的旷野上聚散有序的交易场所，是人类商业活动产生与发展的标志。"市"早于"城"，早期的"城"与"市"之间没有必然联系。后来，随着城里人口日益密集，生产力与分工更为发达，设立在城外的"市"才移入城中，当"城"怀有"市"，并兼具经济中心职能后，"城市"终于合并为一个概念了。

考古证实，迄今为止，北京地区最早的古城遗址出土于琉璃河镇东的董家林村，属距今三千年前的商晚期。由于北京不是某种文化发展的核心区域，其区域性政治军事功能应晚于区域性自然经济功能，所以其"市"的建设应早于"城"的建设，只是年代久远，了无痕迹。

"井"是农耕文化的重要标志。从河边汲水到打井修渠，人类的居住范围和种植面积在不断地扩大，离开了河流和山泉。凡有人群居住的地方必有井，井已成为古人类聚集地的重要证明。由于井是人们几乎每天必去的地方，在常设的市场产生前，井周围自然成了人们小规模聚集和自发的易物场所。长此以往，"市"与"井"这两个本不相干的概念也合二为一了。

由于"井"是劳动者的聚集地，脱离了官僚贵族的视野与管辖，所以"市井"的概念一开始就带有民间性、自发性、约定俗成性，市井文化也就与商俗文化紧密相系在一起了。

北京因交通便利和广泛的交易，自古就是个移民城市。除战争强制和政治需要的行政移民外，还有与商业紧密相关的移民形式。如在其他地区的商人，看重了北京这块生意风水宝地，从在家乡做小买卖发展到在京城做大买卖。或是周边地区农家子弟因一无所有,先来北京学徒,然后逐渐在此扎根做买卖。各种身份的商人,由于经营期望值、运作方式、服务对象等的不同,导致了京城商贾们经营种类和层次上各不相同。各地民风商俗的潜入,也使北京反映基本民生的市井文化和商俗文化显得特别生动,进而积淀起北京商业文化的丰厚底蕴。

无论是夏朝部落首领间友情互赠式的交换,还是商周时国家直接管理的城中肆市买卖,其商业经营形式都具有明显的官商性质,其市场也是国有官市。只有那些在井边自发的、小规模的交换和乡野松散的集市,才具有自由民市的性质。可见,市场的发展有一个由官营到民营的过程。前者的服务对象是贵族消费或官府用度,以货币交易形式为主,因而名正言顺地得到各级府吏的支持,属正规的官辖市场范围。后者则完全是民间自发、无章可循的,常常带有非货币的以物易物性质。这种民间市场难以纳入官府管辖范围的原因有两个:一是由于其交换地点大多在井边、地头、村口等民众自辖之地,交换时间随季节或生产的变化,时大时小,时有时无,官府不便管理;二是由于其交换的物品多属于价值量很低的生活必需品,父母官们认为不值得管理。

商品交易出现官辖和民营二元制现象本身,说明了商贸交易行为自古就兼具为官方政治交往服务和为民众生存需要服务的二重性质。而这种二重性无论是在奴隶制下还是在封建制下,都是难以协调的,因而也难以用一种交易形式实现两种性质与层次各不相同的服务。尤其是在以手工为主的农耕社会,货币交易和简单的易物性交易会长期并存。可见,以正规的城市官辖市场交易为主,以"野火烧不尽,春风吹又生"的乡野自由集市为辅的二元制市场现象,是中国自古以来市场制度自身发展的产物,并由此成为商业制度文化研究中长盛不衰的话题。

三、燕地商业制度文化的起源

据春秋时期的《考工记》记载:"匠人营国,方九里,旁三门。国中九经九纬,经涂九轨。左祖右社,面朝后市。市朝一夫。"所谓营国即造城,其主要建筑除了左祖右社外,要把政权的中心——朝廷建在城中靠前的位置上,把商贸中心——市场建在城中靠后的位置上,形成全体商贾、百姓面朝君上的形制。如燕都蓟城遗址出土后,就发现其手工业作坊(一般与商贸同区)集中在城的西北部。这种

"面朝后市"的营国祖制,既说明了"市"在城中存在的必要性,又从其方位的建设上,呈现出商业服从于政治统治的法度,体现出国家对商业实行严格的等级管理制度。

这种等级管理在市场交易主体的分类上表现得也很清楚。如《周礼·地官·司市》云:"朝市朝时而市,商贾为主;夕市夕时而市,贩夫贩妇为主。"又云:"大市日昃为市,百族为主。"可知西周时期一天之中,市场上有三次不同对象的交易,早晨是各种买卖人忙着上货,是一种带有批发性质的交易过程。从午后接待的是百姓,包括为官僚贵族服务的管家和所役使的商奴们。只有到傍晚,那些亦农亦商或亦工亦商的贩夫贩妇在完成一天劳作之后,才能把自己的产品拿到市场中来交易。一天之中三种交易不仅在时间上有别,而且在位置上也不同。贵族的大市在整个市场的中间,商贾的批发交易在市场的东部,贩夫贩妇的平民交易在市场的西部,这样不同阶层的人减少了在市场中会面的机会。为了维护奴隶主的尊严体面与贵族的等级礼法,甚至规定了"命夫"以上之人不得入市,违者要受到相应的处罚,可见市场管理制度的森严。

商周至战国时,北方各地相继出现了不少大的商业性城市,其中包括燕国蓟都。那么最初国家对城市中的市场又是怎样进行管理的呢?

在国家的官办市场中,直到唐朝末叶甚至宋、元初年,都实行着一种市场分区管理的"坊肆制度",或称"坊市制度",即每个入市的商贩都要经过司市对其所经营的商品进行类别鉴定,指定给肆中相应的摊位。依次按行排列的肆称为列肆,做着同类商品买卖的列肆聚集在一起称为坊,如靴履坊、铁器坊等。坊肆制中物以类聚的分区管理,既便于司市进行市场管理,又方便消费者定向购物,是当时最具现实性的市场管理方式。

不同的坊之间有墙相隔,并设有坊门,所有的坊聚构成整个市场。市场也设有围墙,为的是把市场与官府、皇亲贵戚的居住地以及百姓的住所区分开,围墙上一般开有东、南、西、北四个市门,市门的开启和关闭有严格的时间规定。坊门和市门除有隔离和防盗的作用外,因受其商业性的影响,还具有引人注目的广告作用。所以它既不像城门那样厚重雄伟,也不像一般房门那样低矮实用,而是高大、漂亮、具有很强的观赏性。随着后来"坊市制度"的衰败,坊门、市门的隔离与防盗作用消失后,逐演变成只有靓丽的牌而无具体门的牌楼形式。

　　商周时，由于商业贸易是奴隶主阶级致富敛财的重要手段，所以商业及其市场的发展受到国家相当的重视，不仅在官职中设有专门管理市场的各级官吏，而且职责分明。据《周礼·地官·司徒》记载：管理市场的官吏分别称为"司市"、"质人"、"廛人"、"胥师"、"贾师"、"司虣"、"司稽"、"胥"、"肆长"等。其中司市为大市中总的负责人，主要职责有四项：一是对市场中的商贾进行宣传教育，对所犯错误作出处罚；二是检验市场中各种度量衡的准确性，针对违法或损人利益的商业行为发布禁令；三是代表官府向工商业主收取各种税赋，如关税、市税、房基税等；四是当人们因买卖或借贷发生争执时，由司市依法进行裁夺。为履行好这些职责，司市下设有大夫二人，上士四人，中士八人，下士十六人，府（管理财货）四人，史（记事）八人，胥（小吏）十二人，徒一百二十人。同时在大市中还有负责验证"质剂"和校验度量衡的质人和负责征收商税的廛人。他们分别下设中士二人，下士四人，府二人，史四人，胥二人，徒二十人。所谓"质剂"是一种买卖交易的契约凭证。"质"是买卖奴婢、牛马等大宗商品时的长卷式凭证，"剂"是买卖珍玩异宝等小宗商品时的短卷式凭证。二者均由官府以竹木制作，一书两扎，买卖双方各持一扎。立了"质剂"后如不按所规定的内容进行交易，发生经济纠纷，由质人依"质剂"来裁决，甚至有权处以墨刑惩罚。

　　胥师与贾师是大市中的分区负责人。胥师负责鉴别货物的真假，贾师则掌管物价，都是每二十肆设一人，同时各有史二人。此外每十肆设一司虣，以维护市场秩序、查禁聚众斗殴和游荡。每五肆设一司稽，是盘查形迹可疑之人，缉捕盗贼的吏员。同时每二肆设一胥，持鞭把守各市坊之门，担任纠察之责。每肆设肆长一人，负责本肆商品的陈列排序。

　　所有市场管理的官吏在执行公务时，都有法可依。如据《周礼·司市》记载：关于商品交易规定的禁律有很多，甚至具体到对一般平民、行商、坐贾和工人各规定了十二条，共计四十八条。如有违背，则视情节轻重，处以小刑、中刑、大刑或送交司刑部门审理。

　　市场管理官吏们还有专门的办公地——"思次"与"介次"，思次是司市听取"大治大讼"之所，同时表示每天开市的旌旗也悬挂于此。后世的"市楼"、"旗亭"等皆由西周的"思次"演变而来。"介次"则是胥师、贾师办理日常公务、听取"小治小讼"之所。

在上述市场管理制度中,还有一些法律时间上的相关规定。如在市场中拾物要交到思次或介次,三日后无人认领就按没收归公处理。处理质剂等契券纠纷时,有效期的规定是:国中(指本城市中)为十日,郊区二十日,山野三十日,都城三个月,其他邦国一年,过期则不再受理①。

从以上各种市场吏位与其职责设置的细密程度可以看出,我国官办的商业制度文化早在西周时期就相当的健全了,就连商品的市场准入和价格管理方面也不例外。如《礼记·王制》中规定:"圭璧金璋,不粥(鬻)于市;命服命车,不粥于市;宗庙之器,不粥于市;牺牲,不粥于市;戎器,不粥于市;用器不中度,不粥于市;兵车不中度,不粥于市;布帛精粗不中数、幅广狭不中量,不粥于市;奸色乱正色,不粥于市;锦文珠玉成器,不粥于市;衣服饮食,不粥于市;五谷不时,果实不熟,不粥于市;木不中伐,不粥于市;禽兽鱼鳖不中杀,不粥于市。"这些规定细分析起来,主要是从以下几个方面来维护礼治的:

一是凡体现奴隶主贵族身份、地位的物品均不能作为商品出现在市场。如:圭璧金璋、命服命车、锦文珠玉、宗庙之器和牺牲等。这些物品只能由隶属于百官之府或百族之府的工匠们直接为官贵们打造。一旦成为商品出现在市场中,被平民买走,就有越制逾礼之嫌。这种商业制度文化的传统一直延续了几千年,如清朝时那些专供宫中使用的官窑器皿,也不是一般人可以享用的。

二是直接用于阶级压迫的工具不能作为商品出现在市场。如各种兵器。很显然,这是为了防止奴隶造反。

三是一般不合质量规格要求的商品不能出现在市场。如不成熟的粮食、果实,幅宽不合尺寸的布帛和规格不周、色调不匀的器皿等均不能销售,这也是维护奴隶主贵族作为买者时的利益。

四是衣服、饮食等不能上市。因为在日常生活上,贵族的讲究与平民的随意有着明显的区别,彼此混淆会导致礼崩乐坏。

由于西周时正规的市场都是官办的,所以对商品价格的管理多是用行政命令手段,而不是由市场供求的自发调节。管理价格的贾师依国家或官府的需要,决定上扬或抑制商品的价格,不经贾师的查看和定价,商品是不得随意出售的。

---

① 参吴慧主编《中国商业通史》第一卷,中国财经出版社,2004年版,第91页。

商品在市场中的排列位置也与价格有关。同名但价格相差较多的商品不能排在一起,同一类别且价格相近的商品摆在一起,称为一"肆"。从商品价格的依官而定和按价格档次排列的方式,充分说明了西周商业制度文化中等级观念占据统治地位。

西周时,在正规市场上交易还需要交纳不少商业税,统称"布"。主要的税种有:肆市中商铺的房屋税——夕布;堆放在肆市中的商品税——总布;对交易凭证"质剂"收取的印花税——质布;违反禁令罚没的款项——罚布;租用存放商品的邸舍或场地所收取的仓场租金——廛布;还有以牲畜之角、皮、骨等形式缴纳的屠宰税和与门关相连的关税。

当时的城门往往也承担着现在的海关或地方关的责任。管理门关的官吏叫做"司门"和"司关"。"司门"由下大夫二人充任,掌有城门的钥匙,负责开启和关闭城门,并稽查是否有禁售的商品流出。"司关"由上士二人充任,负责具体检查商人的货物数量、品种与"符节"。商人在市场上买了货物要贩运到别的地方,必须握有司市给予的竹制"符节",上面记有进出关门的事宜和官印。商人手中的符节必须与门关管理者手中的符节合二为一,方可成行。如果外来商人没有在正规市场上采购,而是取货于民间,在通过门关时必须经过查验,并交上一笔关税。如不经门关的查验,非法出境,查出后不仅要没收货物,还要对商贩本人进行处罚。从境外贩运商品进城,也要经门关的查验,并发予"符节",上书货物的种类和数量。商贩到市场后要向司市递交"符节",经司市允许后方可入市买卖。

可见,西周时国家的市、门、关三道防线相互连接,这种共同防范商贩走私或其他违禁行为的制度是十分有效的。

西周时还有一个把商业、金融和信贷融为一体的专门机构——泉府(也称钱府)。该机构设上士四人,中士八人,下士十六人,府四人,史八人,贾八人,徒八十人。泉府的职能有四项:

一是负责掌管廛人与司关征收来的各种商税现金、税金的集中管理,形成国家财政收入的重要组成部分。

二是收购商贩手中的滞销商品,以供市场不时之需。该职能解除了商人们最大的后顾之忧,尤其是保护了外埠商人贩运各地珍奇异货的积极性,充分维护了奴隶主贵族的消费需求。

三是对可用店铺做抵押或持有地方官证明的买者，可以办理赊销业务。赊销的商品主要是官府收购来的滞销商品，赊欠期限最长不超过三个月，到期如数清偿者不计利息。

　　四是对因生产或经商等原因需要借贷者，经官府审批后，由泉府发放贷款或贷物。贷款来源于商业税收，贷物来源于平价收购的滞销商品。贷款要计利息，利率因贷款者经营的行业不同而有别。由于因生产经营而贷款的多是平民，所以泉府每年很大的贷款利息收入来自平民。

　　综上所述，西周以行政手段规范商业市场管理、森严的商品禁售和门关制度、对商业税种及税率的详细分类、以政府身份直接发放商业贷款等举措，极大地保障了奴隶主贵族的利益。这套奴隶主的商业制度文化对后来的封建社会长期发挥着影响作用，成为了后世统治者的摹本，可见其完善的程度。燕国作为西周王室的封地，蓟城是其重要的商贸交易之地，自然也要尊周礼、行周律。

　　官办市场自创办以来，政府就开始向商人们征税。战国时更由于商税是财富积累的重要渠道，大的工商业城市成为各国争夺的主要对象。战争需要大量的军队，军需物资从何而来？如果只靠国家调拨，数量和品种都不能满足将士们的需要。武力劫掠虽很方便，但也不是长久之计。况且丧失民心也是战争与治国之大忌。为此，战国时齐、赵等国就在军队驻地附近，设立了军市。即在有驻军的地方，由军队出面设置市场。军市上征收的市租可供军官与军队享用，士兵可以在军市上买到生活日用品。这种因战争需要产生的市场形式，对解决军队的经济收入和当地居民的商品流通都有好处，所以能够在日后历久长存。

　　军市是战争中一种特殊的市场现象，国家对其也有相应的管理规定。如《商君书》中就谈到：国家必须加强对军市的管理，以便于周边农民能安其本业，不要让懒惰的人游逛军市。就是说要防止因军市的存在干扰农民的耕作传统与平静生活，以保证社会基本生产方式的稳定。军市上的商人要能够为军队提供铠甲和一些刀枪剑戟类的冷兵器。这实际上是对军市所销售商品种类的限制。不允许军市贩运私粮。这样那些想在运送军粮中私自牟利者将不能得逞。不允许妇女出现在军市中。这恐怕与严格军纪和妇女要远离战争的传统有关。

北京地处中原农耕文化和欧亚草原文化碰撞的前沿地带，历来战事不断，以军市的形式进行商品交易是很正常的事情。只是因古代战争中马匹是军力的重要组成部分，所以北京周边的军市自古以买卖马匹为主，故又称为马市。而称谓上的变化，导致了一种误解，把马市只看作为普通卖马的市场，忽视了其作为军市的意义，忽视了从国家政治和军事需要的角度对其进行深入研究的必要性，使对军市的研究成了北京商业文化史研究上的一个空白。

第三节　北京商业精神文化的起源

商业精神文化起源包括的内容很广泛，其中最需探究的是古老商业发展与政治、军事的关系，探究商业在社会总体分工中的地位，探究商人的社会地位及其与各阶层的关系。因为这些决定了国家商业发展的大政方针，影响了商人的职业道德和经营习俗，圈定了世俗对经商行为的认同程度，酿就了店铺的文化氛围，属于对商业文化精神层面影响较多的东西。

一、政治与军事对商业文化发展的制约

夏朝晚期，铸铜业出现时，贵重的青铜多用于祭祀的礼器、酒器和兵器，生产工具仍以石、木、骨、角类材质为主。生产力低下，剩余产品有限，商业并不发达，社会财富增长与集中的主要手段是掠夺和战争。特别是某些游牧部落，把战争当职业，掠获财富是他们重要的生活目的。幽燕地区由于物产富饶、财货集中、交通便利，招致周边经济落后、武力强劲氏族部落的垂涎，成为兵家必争之地是历史的必然。

在夏朝建立的同一时期，北京地区作为黄帝部落的一个"都邑"，已经进入了奴隶社会。"都"是指国都（当时封国的规模很小），"邑"是指人们的聚集地。黄帝经常在北方活动，历史上两个最著名战役——"涿鹿"和"坂泉"的发生地都离北京不远。战略地位的重要自然会使北京成为夏朝、商朝的分封邦国。相传黄帝的第三代继承人曾到幽陵来祭祀（幽州是北京最早的名称）。帝尧时称为幽都，并派和叔负责管理。商朝时，北京附近有两个著名的部落邦国——孤竹和燕

亳,保卫着商朝北部疆界的平安。

自公元前 1045 年,周武王封召公奭于燕,此后八百年间,燕国作为中原抗击北方少数民族侵扰的屏障和诸侯国之一,先后与孤竹、山戎、赤狄、齐国、中山国、东胡、赵国、秦国等相继发生征战。表面上看,战争的结果是胜利者掠取失败者的土地和财富。实质上,古代战争更深远的意义是不同文化的民族以野蛮的方式强行碰撞和共生。特别是大量异族战俘与财富的转移,更在无形中实现了多元文化间的大融合,是以原始的快捷方式淘汰落后的生产方式和文明形式,催生并不断完善先进的生产方式和文明形式。

正是通过这一系列的战争,燕文化融合了先秦历史上燕地周边的各种文化,包括黄帝文化、夏文化、殷商文化、周文化、孤竹文化、东胡文化、戎狄文化、齐文化等,成为早期中原农耕文明与北方草原游牧文明相结合的典型代表。如在首都博物馆展出的青铜器中可以发现:燕地既有典型商文化的青铜器,如铸有各种饕餮文的鼎、鬲、尊、爵、瓿等;又有典型夏家店下层文化的装饰品——下端呈喇叭形的金耳环、金臂钏;还有来自东胡或戎狄草原游牧文化的鹰首剑、马首剑、羊首剑、奇异的铜戟等;特别是那些集中了不同文化形制的高浮雕具形装饰与明显变形的器皿,更体现了燕文化超强的融合能力。因为,在用具上雕饰具形动物本是草原文化的风格,中原文化多在器物上刻以图案纹饰。而在燕地出土的青铜器中有大量动物具形的高浮雕,但雕的不是鹰、马等草原动物,而是中原农耕生活中常见的牛、羊、鸟、龟、虎等。如伯矩鬲、三羊罍、鸟柱龟鱼纹铜盆等。还有那些足高异常的变形鼎、三角云雷纹高足豆等精美的器物,无不以草原文化或殷商文化的表现技法共同传达着中原农耕文化的内涵。这些不同民族的文化特征集中在一个器物上的史实,无可辩驳地说明了:历史上的北京地区是怎样通过战争和大量商贸行为,创造出一种融合性极强的本土文化——燕文化的。

正是在与多种文化的融合共生中,燕文化孕育出以下特点:

首先,从其成分构成上看,燕文化具有一种以姬周文化为主,殷商文化和北方戎狄文化并存的多元主体结构。故燕地商业文化也是由本土、中原和草原多种商业文化汇集而成的。

其次,燕文化的多元性不是彼此排斥的,而是自然融合的。北京地区许多战国墓葬中出土的器物,从其形制、雕刻和用途等方面看,分别是姬燕、殷商农耕文化和戎狄草原文化的典型代表。能在同一墓葬中出土,说明墓主人生前对不同文化的和谐接纳。

第三,燕文化中的浪漫性当来自于燕国东部烟波无垠的大海以及不同民族文化中的古老传说。恰是这种浪漫气质培育了今天北京人独有的、深刻而形象的幽默感,演绎出北京商人有趣儿的货声文化和特有人情味儿的攀谈艺术。

第四,燕文化的融合性大于自身文化的核心性,使它具有较大的依附性。战国时由于周边民族和邦国的强大,燕国一直处于"大而弱"的状态,造成每到危难时刻都要靠齐、晋等中原大国帮助的尴尬局面。文化上的依附性表现在商业方面,则是商贾们对官僚、权贵们的巴结和敬畏。

第五,燕文化的行侠仗义性显然受熏于北方游牧民族的游牧尚武之风。一曲"风萧萧兮易水寒,壮士一去兮不复还",就把燕文化中的慷慨悲歌精神推到极致。至今北京商人的仗义疏财,对识货者或好朋友甚至以送代卖的商风犹然可见。

古时,经济的不发达导致了觊觎他人财货的掠夺性战争频频发生,因而,对统治者来讲,发展军事比发展贸易更紧迫,政治统治的目的远远高于商业流通的目的。这就造成了商业贸易受制于政治和军事的局面,商业文化自然也只能顺从于政治和军事发展的风向标了。这一点仅从燕刀币(可视为燕国古老的商业文化遗痕)的使用和出土情况就可以证明。

刀币最初是以经商为职业的殷商氏族使用的货币。周灭商后,殷商后裔虽仍居住原地,但已分属于齐、燕两国。齐国本就是商族最早的发源地,继续通行刀币理所当然。而燕国通行刀币则完全是出于政治上的需要。因为古人很讲气节,如著名的孤竹国的伯夷和叔齐,就因"拒食周粟"而饿死在首阳山中。燕国初建时,也遭到过原土著民族的抵制。于是,执政的召公长子克为了笼络人心、稳固统治,实行了"启以商政,疆以周索"的类似"一国两制"的方针,保留了殷商后裔原有的氏族名称、族徽、彝器和首领的贵族待遇等,同时也保留了他们从事商业交往的重要手段——刀币。又由于燕、齐两地交往甚密,刀币自然成为燕、齐两国间重要的流通货币。但燕蓟作为交通枢纽,与周边地区间的商贸交易特别频繁,原齐国的大刀币在交易中多有不便,燕国逐渐自铸小刀币,后又加铸了铭文即燕"明刀"。燕"明刀"在今天的北京及周边省市大量出土,仅山东地区就出土了近万枚，这与当年燕、齐两国军事上的轮流称霸，致使诸多国宝、财货在两国间以洗劫的方式来回流动有很大关系。

燕昭王时政治开明，广聚人才，国力强盛，蓟城作为燕国的都城开始"富冠天下"。城市商业很是发达，城内的固定集市上不仅有本地和周边各国的商人，还有北方东胡和朝鲜的商人。市面上的商品种类既有燕地生产的鱼、盐、枣、栗、粮食、布帛、陶器、铜器、铁器、马匹、牲畜，还有中原与山东等地的礼器、丝帛、各色土特产品和草原民族常用的刀具、短剑、首饰、裘皮、毡褥等，可谓品种繁多，货源不断。想必在此过程中蓟城也融会了上述地域和民族的商业文化，包括不同的商业经营理念、经销手段、交换方式等，从而使其相互间的交换能够顺利地发展。

二、商人成分的变化及其影响

由于早期的商品交换是在部落之间以贩运的形式进行，用现在的话说就是行商产生于坐商之前。那么最早形成职业、具备规模的行商是由谁来完成的呢？在我国北方的黄河下游居住着一个历史悠久的氏族——远祖叫契，后因契及其子孙有功，先后受封于商洛与商丘，遂被称为商族。依靠肥田沃野和温和的气候，商族部落不仅拥有殷实的农业基础、较大的牲畜饲养量，而且有桑蚕、纺织和酿酒等手工业。强大的物质基础使商族部落比中原或北方其他部落更具有贩运贸易的经济优势。如契的六世孙王亥就经常驾着牛车载帛等进行贩运贸易，有时甚至深入到黄河北岸、北京以南的易水河畔经商。到王亥的七世孙汤的时候，商族的手工业已很发达，甚至把贸易交往和手工艺品作为政治斗争的手段，如输送大量的珍玩娱乐品及酒具、美色给夏王朝，以促其腐败与涣散，最终战胜了夏桀，使商由一个部落方国名称变成了一个朝代名称。据史料记载：商代已有方国七十多个，仅属于各部落方国的地名就有五百五十个。由于商族有经商的习俗和技能，这些地点均有商贾足迹所到，说明当时商贾贩卖活动的范围已相当广泛。正是由于商人们的这种非生产性经营活动的不断扩大，才使商业作为一个独立的部门从其他行业中分离出来。

"商人"一词在历史上有三种涵义：一是指商这个部落的人，二是指商这个朝代的人，三是指贩卖商品的买卖人。这三重涵义恰好反映了商氏族的历史发展脉络：首先是作为商氏族部落的人；到公元前 17 世纪，商汤灭夏，建立了商王朝，就有了商朝人之说；又由于商部落的人特别善于贩卖商品，商朝也是历史上商品贩运达到规模发展的时期，所以就把从事贩运贸易的人称为商人，把其所从事的职业称为商业了。商人的特征有两个：一是本身不从事生产性劳动，只经营流通性的买卖；二是买或卖的目的都不是为了自己的消费需要，完全是为了低进高出的盈利。周灭商后，商族人沦为奴隶或贱人，因其没有其他生产技能，只能继续从商为周朝贵族服务。而商族人低下的社会地位又滋生了世人贱商的思想。

有了职业商人，就有了经常性的交换。为了进行有效的管理，国家在城市中建立固定的交换地点——市场。市场是行商坐贾们的职业场所，也是商业正式脱离农业与手工业完全独立为一个专门行业的标志。当社会只有农业、手工业这些以使用价值为生产目的的行业存在时，其发展速度肯定受限。因为当人们对使用价值的需要得到满足后，发展生产的动力就消失了。而当社会上出现了以价值增殖为目的的行业时，整个社会再生产的运行就会加速。因为那些已经在交换中得到好处的商人和官吏们会继续追求更大的价值，从而推动了商品生产和流通的加速运行。这也正像马克思所指出的：人们对使用价值的追求是有限的，而对价值量的追求是无限的。

可见，商业的历史作用是推动社会再生产和流通的发展。这种推动表面上看仅仅是商品流通的物流变化导致的地域之间互通有无，实质上伴随着物流的变化，还有各种文化信息流的沟通，以及人们追求财富价值新观念的产生，和不满足于循规蹈矩生活方式的社会情绪的变化等等。物流变化是现实、定向和定量的，而文化信息流的沟通、新观念的产生以及社会情绪的变化是潜移默化、非定向和非定量的，具有发挥作用的历史长效性和在某种诱因刺激下的社会突变性。这也就是为什么后来的统治者都把商人和商业视为社会不稳定因素的原因所在。

自夏末到商、周，通行了近一千五百年之久的"工商食官"制，终于在战国土崩瓦解了，这是因为奴隶制的瓦解首先解放的是奴隶，包括那些与奴隶同等地位的商贾们。而当商人的社会地位等同于平民了，其他阶层的人才可能向其转化，从而促成了历史上商人成分的结构性变化。如历史上第一个经商的文人子贡、曾经官至国相的范蠡、国君的谋士计然等就是其中的代表。商人的社会地位低微，人所共知，但子贡、范蠡等人能从官吏或文人等身份主动转向商人，成为富甲一方的大商人,既有个人的智慧和勇气因素,也是整个社会大变革的结果。

随着商人社会地位以及成分的变化,商业的经营理念和策略逐渐成熟。其主要代表人物有计然、白圭、范蠡和管仲,他们的经商之道分别是:

计然的三点主张:一是贵流通,戒停滞;二是控制物价,崇尚平均;三是趁时进销,"无敢居贵"。

白圭的三点主张:一是乐观时变,人弃我取,人取我与;二是薄利多销;三是作为商人,必须具备"智、勇、仁、强"四个字。"智"是要顺应时变;"勇"是要当机立断;"仁"是要懂得取与;"强"是要能有所收,即能够耐心等待,不轻举妄动。白圭的这套经商理论使他被历代的商人尊为祖先。

范蠡的"积著之理":一是加速资金周转,扩大利源;二是注意商品的性能,关心商品的质量;三是掌握时机,灵活购销;四是预测商情,储备待乏;五是控制价格幅度,保护产销利益;六是选择经商地点,收集各方信息;七是知人善用,不责于人。

此外,孔子的商业理念对后世的儒商有深远的影响。作为儒家学派的创始人,经商不是孔子所长,特别是"君子喻于义,小人喻于利"[1]的著名论断更被后人用来贬斥商人。但作为伟大的思想家,孔子有明确的富民和利民思想。具体讲有以下几点:一是反对过分向民众征取赋税;二是主张正常地发展农、工、商业是富民的基础;三是主张从俭、节用、去奢;四是在财富观方面把富贵同伦理道德规范相联系,强调"君子爱财,取之有道",这一点对商业文化建设有十分积极的意义。

从上述的商业经营理念中可以看出,早期商人重视宏观的审时度势,重视商业经营中的伦理道德观念,重视商品的流通速度与商情预测,但同时也暴露出没有明确的价值观念和开放意识的缺陷。这些思想理念方面的得失,主要源自我国奴隶制商品经济的某些特点:商品交换虽然频繁,但商品生产相对滞后,商业经济的发展受制于政治制度,商品流通的内向运转等。正是这些特点使我国早期商品经济发展相对缓慢,并给古代商品经济思想及早期商人的职业性格打下了难以磨灭的印记。

---

[1]杨伯峻《论语译注》,中华书局,1980 年版,第 39 页。

早期商人职业性格的特点主要有：依赖性、制约性和内向性。商人职业性格中依赖性的根源在于商品生产的不发达。因为没有成规模的商品生产，就不会有充分的商品交换，聚集城中的商人其职业性失去了表现的根基。他们如果还想留在城市中继续职业生涯，就不得不企求于官方的纳贡贸易，否则只能辗转于城乡之间经营长途贩运贸易，甚至返回到乡村的集市贸易中去。商人职业性格中制约性的根源在于奴隶主政治制度对商业制度本身的制约，从而导致了商人在其职业性格中始终受制于政治风云变幻，导致了其谨慎从事、低调做人的习惯。商人职业性格中的内向性则源自与小农经济紧密相连的小商品经济发展的内向运转性，即小商品生产在局部地域封闭式的、自足的、简单的再生产循环，使在其中经营的商人不可能具备全面开放的思想、跨越式的进取精神和长期宏观操盘的能力。虽然在历史条件发生改变的封建社会，商人的经营思想和职业性格有了相应的改变，但传统的东西仍然像基因遗传似的对后世商人产生着深刻的影响。

三、从"四民分业"到"重农抑商"

商业在中国几千年的封建社会中被轻视，商人的地位始终处于社会底层，除了"工商食官"的制度因素和商人身份低贱的世俗因素外，文人及思想家们兴邦治国的理论因素也起了推波助澜的作用。这方面被人们经常引用的早期理论，当推管仲的"四民分业"。

贾人出身的管仲被举为齐桓公的执政大臣后，在政治、经济及军事上采取了一系列重大举措，使齐国成为春秋五霸之首。其改革的重要举措之一就是实行士、农、工、商四民分业。

管仲首先把已有的社会分工从宏观上概括为士、农、工、商四大职业集团，主张以此为基础组织和安排整个社会的经济生活，其理论要点是：

第一，管仲认为士、农、工、商是当时社会最主要的四大职业集团，划分的标准显然是脑、体力劳动的区别和从业人数的多寡，没有强调尊卑有别之意。

第二，管仲认为四大社会职业集团各居其所，不能混杂，其目的是让他们互不相扰和不能兼职，同时也防止由于互相吸引而见异思迁。

第三，管仲认为从劳动生产率的角度看，四民分业定居并且实行世袭制，是手工生产条件下最有效率的劳动组织方式。劳动者可以通过"相语以事,相示以功,相陈以巧",产生一定的协作性劳动效应。

第四,管仲通过"四民分业"理论充分肯定了工商业在社会经济生活中的重要地位,通过分业定居,集中建立商业区,不仅为本国商业发展提供了便利的条件,还吸引了周边国家的商人。

从上述"四民分业"的理论本意及管仲"通货积财,富国强兵"的国策上看,他有重视和努力发展工商业的美好愿望,想通过发挥劳动者的生产经营技能和职业知识的世袭传授,来促进社会生产的大发展。可见"四民分业"理论反映了当时社会分工、分业的客观存在,从中很难找到扼制商业和贬低商人的意思。当然受奴隶制世袭传统的影响,管仲把职业分工世袭化后,也把社会生产力与生产关系的动态发展僵化了。这种保守性被统治者所利用,把管仲对士、农、工、商的职业分类变换为等级分类,使人们产生了因社会分工导致的职业分类天生就有尊卑差异的错觉,并以这种错觉误导了人们几千年。

春秋战国是我国历史上从奴隶制向封建制发生裂变的时期,也是早期农商关系思想的转折时期,它经历了一个否定之否定的认识与实践的过程:即春秋之前"工商食官"制中的商人地位非常低下,商业基本官营;春秋时管仲和范蠡先后提出了"农商俱利"的思想,私营商业有了很大发展,商人地位得到相应提高;战国初年李悝开创了重农思想,战国中后期商鞅以著名的"重农抑商"政策无意中谱写了中国封建社会农商关系的主旋律,战国末年韩非子的"五蠹"之说则把商人钉在了社会发展的耻辱柱上,使其千年难以翻身。农商关系的发展为什么会出现上述阶段性变化呢?

第一,这种变化过程恰恰反映了统治者在政治统治和财富垄断方面的需要。当需要工商业的发展来增强国力,需要商人阶层的支持时,统治者就会采纳"农商俱利"的政策,就会放松对商人的管辖和税收。反之,当政权相对稳定时,就要竭力消除各种不稳定因素,包括工商业者在内的非农业劳动人口都被视为游食人员而加以控制。所以说从"农商俱利"到"重农抑商"的政策变化,是统治阶级保守性发展的历史表现。

第二,封建社会小农经济生产方式本身就排斥商品经济。社会绝大多数人口的自给自足意识,必然使商品生产和交换的规模、商品种类以及商人的数量和社会地位等受到制约和影响。正因为这是一种从生产方式上对商人的根本性排斥,方使"重农抑商"政策得以长久实践和发展。

第三,"抑商"显然是一种政府干预经济发展的行为。它是封建社会的"人治"化管理和有中国特点的"治人"手段达到无形契合的典范。商人们在名誉被贬、地位受压、经营受挫、利益受损、甚至人格受辱的状况下,哪里还有反叛之心和反抗之力,千绳万锁的"商末"再也不能对"农本"产生根本性的动摇,统治者的社会经济基础终于牢不可破了。

第四,从自然农耕经济中产生的国人思维模式,有一种价值判断的极致化倾向——泛伦理化思维习惯,这在儒学占统治地位以后表现得更加充分。在农商关系上的泛伦理化倾向导致人们进行简单、生硬的价值判断:认为农民尊礼有义、安贫苦行、忍辱负重、重情恶讼、重器节流,而商人则好言财利、内贿乱政、豪侈无伦、刻薄寡恩、偷奸耍滑。"重农抑商"由战国法家思想摇身一变成了儒家万世不变的教谕,结果必然会影响到商人职业心理的不平衡,影响到社会分工与生产、交换和分配的正常运行。

上述农商关系起伏变化,不仅描述了先秦农商思想史的发展脉络和统治者国策的变化,而且导致了各类商人不同的性格心理特征。如多数出身卑贱的商人们始终保有低调的处世哲学和收敛的职业性格;少数功臣或文人大夫出身的商人则有着自傲心理和散淡性格;贩夫贩妇们的纯朴节俭和富可敌国大商人的骄横奢华形成鲜明的对照。商人的多种性格心理出现在同一时代,乍看起来令人费解,实际上是春秋战国社会激烈动荡变革的真实反映。三部曲以"重农抑商"结尾,不仅对商人阶层和商业发展是个大不利因素,而且使社会商业文化发展处于备受压抑、既无助又无人喝彩的悲哀境地。除了司马迁的《史记·货殖列传》外,商业文化精神任由商人们在世代的职业生涯中默默地积累着、散失着,犹如一只孤独的埙,吹奏着忧伤怀旧的老歌。

第二章　秦汉至隋唐北京商业文化的发展

　　从秦朝到唐朝,中国封建经济从小到大,渐入鼎盛。北京也历经更迭,从燕国都城蓟变为秦朝的广阳郡治、隋朝的涿郡治所和唐朝的幽州治所,成为中原汉族统治下的北方军事和贸易重镇。在政治、军事、经济、贸易和文化等因素的促进下,北京地区新的商业经营形式不断产生,封建商业制度日益完善,民众的逐利意识逐渐强化,北京商业文化在漫长的岁月中积淀得愈加深厚。

第一节　秦汉商品经济的发展与封建商业制度的建设

一、秦统一后北京的特区地位

　　公元前221年秦始皇统一全国,除了政治、军事上的统一,秦始皇在经济、文化方面也采取了一系列措施。这些措施对建立和巩固中央集权制国家的统治、维护国内生活安定和反击外来民族侵略十分有效。

　　春秋战国时,虽然商人从周朝的奴隶状态和官府的严格统治下解放出来,商品经济出现了前所未有的发展,但在各诸侯国分裂割据的情况下,各国间道路、车轨的幅距不一样,币值不统一,度量衡等也不一致;各国关系紧张,关口阻塞,税卡严重,这些都影响了商人的职业行为和商业资本的正常发展。秦始皇统一六国后,为了政治统治和经济发展的便利,首先拆除了各国的关津城堑和堤防障碍,取消关税,积极从事全国水陆交通建设。其次是统一币制。秦始皇下诏令:规定黄金和秦"半两"圜钱为法定的钱币。黄金为上币,主要在社会上层统治者之间使用;秦"半两"铜制圜钱为下币,主要在平民百姓间使用。并明确规定:珠、玉、龟、贝、银、锡不能为币,从而使货币的使用具有法律规范。第三,统一度量衡。战国时各国的度量衡制度混乱,度有寻、步、尺,量有升、豆、区、釜、钟,衡有斤两、爰孚和镒 £三套计算单位,名目繁多,进位不同。统一后,秦始皇制发了标准的度量衡器具以为准则,以十进位,使计算和交换大为方便。

秦始皇的统一措施之所以推广顺利,除了符合"大一统"的历史发展趋势外,还有不少赢得民心的人文因素起作用。如推行的秦半两铜制圜钱,外圆内方的形制不仅便于携带,而且迎合了统治者"大一统"的政治观念和民间"天道在圆,地道在方"的自然观。当时人们称钱体为"肉";称钱孔为"好",因常用来穿线,又叫"穿"。钱体周边突起的边缘称为"外郭",钱孔周边突起的部分称为"内郭"。铜钱分正面和背面,主要文字和图案均在正面,如果背面无文字和图案的就叫"素背"。秦始皇信奉当时阴阳家们推崇的"肉,天圆;好,地方;天下一圆,地上四方"的说法,认为"秦半两"圜钱的问世是统一全国的先兆。一枚铜钱看似简单,却含有深刻的哲理和礼法,它不仅有天地、正背和上下左右之分,还有与城市围墙同名的内郭和外郭。在货币铭文书法方面,"半两"二字还体现了从"秦书八体"到"汉书六体"的艺术流变过程,是我国古代书法艺术在货币文化中的拓延。小小一枚铜钱被制作得如此讲究和规范,可见商品流通的发达和政府的参与程度。那么,在商人或百姓把玩这枚铜币时,会产生怎样的联想呢?至少他们可以从中体味到:招幌、匾额上的文字也要讲究点书法,商品摆放也应有正背、上下之分,店名铺号要有个好的说法或兆头等等。可见,很多后来被称为商业文化的东西,其实就来自那些对具有朴素民情的物件或心理的琢磨上。

北京所在地——蓟城作为北方重要的商贸中心,始终保持着与中原和少数民族间频繁的贸易往来。蓟城周围也出现了不少拥有千栗树或千羔裘的大转运商。可见,即使从自身商业利益出发,商人们也是大一统积极的拥护者。

自公元前222年秦始皇俘获燕王喜后,北京地区就失去了古燕国都城的地位,成为秦朝的四个行政区域:广阳郡、上谷郡、渔阳郡和右北平郡。西汉时,北京地区改称幽州。但不论称谓怎么变,区域如何划,北京地区自秦至唐一直作为北方重要的政治、军事重镇而受到历朝君王的高度重视。

秦始皇清楚地认识到广阳郡的蓟城是秦帝国北方重要的交通枢纽,所以从

秦汉时期北京地区行政区划

咸阳经中原、山西和内蒙修了三条通往蓟城的驰道,使秦都与蓟城间的交通更加便利。这既对当时秦帝国的政治、经济和军事建设发挥了作用,又对日后南北方交流和蓟城作为中原与北方少数民族的汇聚地产生了深刻影响。秦始皇本人也曾在公元前215年亲临蓟城,完成了他对整个北部边防的巡视。

全国统一后,蓟城的特殊性愈发明显,平时它是享有"边贸之利"的重要商贸城市,是与不同民族文化碰撞融合的接合部;战时又是抗击北方草原民族入侵中原的战略要塞。如东汉开国前,刘秀北巡至此,也是借助渔阳、上谷两郡兵力,才得以平叛政敌。获胜后还军蓟城,遂定河北,奠定了称帝实力。所以,统治者们对蓟城地区的重视及赋予蓟城的特区待遇,已经超出了蓟城人自己的认知和感悟。蓟城的商业文化,也以特区商业文化的形象出现在历史舞台上。

历史证明了蓟城具有以下关乎全局的意义:在与北方少数民族的军事对抗中,蓟城的存亡意味着中原的存亡;在商贸交往中,蓟城商人的利益得失实际上是汉族与少数民族及中国与日本、朝鲜等国商人间的利益得失;在文化影响上,蓟城汉文化对少数民族文化的同化与接受程度,就是整个华夏民族与外来文化间的碰撞和融合程度的先期试验。正因为这种关乎全局意义的存在,朝廷"委谕"给蓟城的政治、军事等方面的权力已大大超乎该地区自然经济本身承载的内容。相对于其他城市而言,蓟城实际具有一种特区经济及文化的内涵。

二、秦汉之民心与国策之向背

最初的商品交换是由简单的社会分工所致,人们对商品经济的认识也发自于对分工的认识。春秋时各业内部的劳动分工已经达到了一定的程度。如众所周知的樊迟向孔子"请学为圃",孔子曰:"吾不如老圃。"[1]说明当时已有从事园圃蔬菜瓜果类的专业菜农。又如燕国属地当时已有拥有数千头牛、马、羊的大牧主,并用牲畜与农业生产者交换粮食,说明当时在山林川泽地区的林、牧、渔业中,以分工为基础的商品生产有了一定程度的发展。随着铁制农具和牛耕技术的广泛运用,小农经济中男有余粟、女有余布者纷纷参与交易,燕蓟地区集贸市场发展很快,出现了距离市场近的家庭大多富足的现象。

在北京的汉代遗存中,不仅发现了大量铁制农具,还有大量形制各异的陶井。仅宣武区就发现了西汉时期的陶井二百余口,其中有一百五十余口集中在宣武门至和平门一带,最多的地方竟有在 6 平方米中集聚 4 口陶井的情况[2]。如此密集的水井,早已超出了一般居民饮水之需,当是为农业或园圃灌溉之用,说明西汉农业已进入商品化生产阶段。从丰台大葆台汉墓出土的物品和一些史料记载中可知:蓟城当时的冶铁、青铜、制盐、制陶、玉器等手工业和果木、畜牧等业十分发达。生产的大发展无疑为商品流通奠定了深厚的物质基础,自此贩卖

---

①杨伯峻《论语译注》,中华书局,1980 年版,第 135 页。
②谭新生、倪洁《北京通史简编》,南开大学出版社,2004 年版,第 85 页。

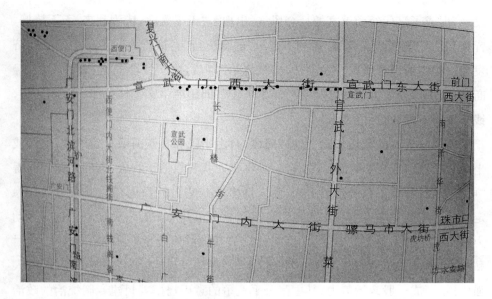

战国至东汉时期蓟城古井分布示意图(局部)

各种农果特产、手工制品、大小牲畜等的行商坐贾就成了蓟城街头繁荣的景观。

汉代的商业与秦统一前相比有两个明显的变化:一是人民生产和生活所需要的物资交流越来越多。据《盐铁论》等史书记载,住在山里的人,也能够通过交换得到自己想要的东西。可见,汉代商业的性质已从奴隶主贵族的官营商业转变为封建小农经济的私营商业。二是统一后战乱减少,市场中刀、剑类军需品渐少,而锅、灯、刀、剪、针、钉等民用品日多。另据《史记·货殖列传》记载:西汉时较大的城市中至少已有酿酒业、制酱业、屠宰业、贩粮业、造船业、造车业、竹木业、油漆业、五金业、牲畜业、杂货业、细布业、皮毛业、渔业、果菜业和赊贷业等三十多种商业行业,商品不仅丰富,而且更加讲究。富人穿的是刺绣精良的丝绸,中等人家穿素绨和洁白的锦缎,有钱人的鞋子用料考究、做工精美,连仆人的鞋头上也有装饰。过去马具和车子不加修饰,西汉时马已佩带银饰,挂珠玉和红缨。"衣服不中制,器械不中用,不粥(鬻)于市"的老规矩仍是市场管理的重要内容。

由于当时经商的利润率是 20%,比种田要高一倍,所以不少务农者愿利用农闲卖点农副产品,或凭手艺做点手工产品卖。这种手工生产和商品交换的具体场景,可以从大量出土的汉代画像砖中领略其风采。随着商人和商业资本的发展,促成了汉代经商求富的社会风气,出现了"天下熙熙,皆为利来;天下攘攘,皆为利往"①的景象。此番"无利不起早"的众生行为,恰恰表明了早期商品经济发展过程中的民心所向。特别是"文景之治"以后,由于社会安定,百姓安居,经商纳税,国库充盈,甚至出现"贯朽而不可校"(即国库中穿铜钱的绳子糟朽断裂,钱币散落不好收拾)之事。

秦统一为商品流通扫除了地域障碍,自由平民和私营商贩日益增多,他们或坐肆、或行贩,或自产自销、工商合一。不少人获利数倍于农人,有的大商人富得"可与王者同乐"。在统治者看来,商人增多及其实力的强化在几方面对社会稳定构成了威胁,如"弃本事末之风"日盛,造成了市井与田野争民现象。这在劳动力缺乏且生产力低下的时候,无疑对社会最基础的农业生产构成了威胁。同时私商发展,冲击了原官营工商业的一统天下,触动了封建统治者的利益。而商人强盛后,渐成一股政治势力,其主张公平竞争的意识摇撼着封建专制统治的政治体制。再加上少数大商人奢侈腐败,违背了传统的道德规范和价值观念,引起了社会各界的普遍反感。

由此可见,商品经济初始阶段是对小农经济起到互通有无的促进作用的,而一旦商品经济真正按照自身的规律运作和形成规模以后,它对小农经济的破坏作用就会大大增加。政府只能用超经济强制的手段,压制和打消人们经商致富的理想。所以政府要达到"重农"的目的,必须使用"抑商"的行政手段,二者紧密联系,缺一不可。自西汉中叶的盐铁会议后,"重农抑商"的思想几乎成为统治中国封建经济的主要指导思想,直到唐宋以后才逐渐受到"农商俱利"思想的冲击。

由于统一以前,秦国在商鞅的主导下施行以"重农抑商"为主要内容的农战政策,取得很大成功。统一后,秦始皇出巡时在琅邪台的刻石辞里亦宣称:"皇帝之功,勤劳本事,上农除末,黔首是富。"短短十六字可以视为秦始皇的治国宣言,其中明确讲到崇尚农业,减除末业(包括以商业为首的各种非农游食行业)。秦始皇三十三年(前214),又颁布了"七科谪"条例,让七种人到边防地区服苦役,其中四种人是商贾及其后代。汉代除了继续实行这些办法外,又增加了一些歧

---

①《史记·货殖列传》,中华书局,1959年版,第3256页。

视性的手段贬抑商人。"天下已平,高祖乃令贾人不得衣丝乘车,重租税以困辱之。孝惠、高后时,为天下初定,复弛商贾之律,然市井之子孙亦不得仕宦为吏"[1]。把商人贬抑为下等人,把商业看成是一种可耻的职业,如此抑制私营商业,商业又如何能够发展?

封建自给自足的农耕经济本质上是一种保守的经济,任何与之抵逆的社会变革都与其本质相违背。尤其是商品经济的发展及商品生产中平等竞争和价值交换关系的出现,更从根本上动摇了农耕经济的社会基础。所以"贱商"、"抑商"就成了封建统治者的惯常国策。然而经济总是要发展的,社会分工的不断扩大为商品生产和交换提供了客观前提,统治阶级对珍奇异品的需求也难以遏制。怎样在"抑商"的政策下满足社会生产和贵族的消费需要呢? 这个两难的问题在汉代已经找到了解决办法,这就是逐渐被制度化了的三大商业支柱政策——禁榷制度、土贡制度和官商制度。

三、秦汉的商业管理制度及其影响

自秦统一中国到东汉末年,四百年的秦汉史逐渐形成了封建社会基本的经济生产方式和政治统治方式,形成了国家主要的商业管理制度和税收形式,并由此奠定了封建商业制度文化的重要基础。

专卖制度又称禁榷制度,指封建政府对某些工商产品禁止私人经营,只由政府垄断经营的制度。实行该制度的目的是:让私营工商业主失去在无风险、高利润部门经营牟利的权利与机会,抑制其财富和势力的过快增长,国家通过控制这些产品的生产或流通,享有长期稳定的财政来源。由于此政策主要针对的是冶铁业和煮盐业,铁矿开采在山上,盐的获取在海边,历史上又被称为"官山海"。

专卖制度成功的范例是春秋时齐国的管仲,他将生产和流通分开管理。国人可以上山伐薪采矿、下海煮盐,但必须由国家统一收购盐铁产品,按户籍之需加价出售。"官山海"政策的成功,在于保留了原有生产者的生产空间,保障了人民对盐铁产品的需要,又把对盐铁产品的税收悄然增加在进销差价中,稳定且轻

---

①《史记·平准书》,中华书局,1959 年版,第 1418 页。

松地增加了财政收入，真可谓一举多得。管仲的高明在于把强制性的税收柔化为商业利润，把政府对盐铁专卖的垄断权转变成对国人生产、生活重要物资的供应权，从而缓解了官民之间的对立情绪，掩盖了统治者对百姓的剥削。能在二千六百多年前就把商业制度变成一种统治文化，对刚性的商业税收进行变相软处理，管仲真可谓中国商业制度文化史上的大师级人物。

战国时，商鞅在秦政改革中也实行了国家"专川泽之利，管山林之饶"[①]的禁榷制度。随着秦统一和汉承秦制，盐铁专卖成为汉代经济的重要国策固定下来。特别是中原地区经常遭到周边尤其是北方少数民族的侵扰，政府军费开支加大，不间断的修筑长城也用度无数。在生产力不高、商品交易量有限的情况下，盐铁专卖是一笔稳固的财政收入。所以汉以后，禁榷制度成为国家政治军事决策的重要前提条件。故从秦时的商鞅到汉武帝时的桑弘羊，禁榷制度的强硬刚性被逐渐恢复。盐铁在生产和流通两个领域全面实行国家专营，并逐渐固化为封建商业管理制度的传统。

禁榷制度迫使富商大贾退出最重要的盈利领地，让官营商业有了绝好的发展机会，是封建财政和商业双重利益实现政策性有机结合的典范。

自古以来，各地每年都要向权威的统治者纳贡"方物"，以满足其对各地珍奇异宝的欲求，长此以往，形成礼俗。但长距离押送费用高，且物品容易坏损。汉武帝时，桑弘羊深察其弊端，提出"均输"主张。即把原各郡国应缴纳的贡物连同运费按照当地的市价折合为一定数量的土特产品，交给政府派驻各地的均输官。均输官将这些土特产品销往需要的地方，再把所得上缴财政，或把中央最需要的物资贩运到京师。这样就解决了原各郡国因路途远近不同而在贡物的输运上劳逸不均的问题，所以叫"均输"。

均输法实际上是把原地方向中央交纳的"实物地租"转换成了"货币地租"。此法的好处：一是由于土特产品在当地价格便宜，再加上运费，可以折合为数量更多的均输物品；二是政府的均输官将这些产品销往急需的地方，价格可以相应提高很多；三是不少民营的贩运贸易无形中被官府所取代了；四是国家用调剂余缺的正当理由，以贩运贸易的形式增加了财政收入。总之，均输法的推广，不仅

---

①《汉书·食货志》，中华书局，1962年版，第1137页。

充实了财政国库,活跃了地区之间的物资交流,而且是继专卖法之后又一项打击私人商业资本投机兼并活动的有利措施。西汉政府正是通过派驻各地的均输官,在全国建立了一个官营商业网,"尽笼天下之货物",实行垂直管理,将各地方土产供奉变现为货币形式缴向国家财政。使封建的中央集权制在商品货币的新经济形式中得到了体现。

在"均输法"获得成功后,桑弘羊又推行了另一个新举措——"平准法",即由政府在京师设立专门机构负责对市场上关系国计民生的重要物资进行收购与销售,涨则售出,贱则买进。此法由官府吞吐物资,平抑价格,在很大程度上限制了商人投机倒把的活动,打击了囤积商和垄断性经纪商操纵市场的不法行为,实现了中央对全国性重要物资交流市场的控制。

均输、平准两法默契配合,既充盈了国库又控制住了物资市场,实现了鼓励基础农桑的治国目的。据《汉书·地理志》记载:东汉时北京地区作为较大的郡县所在地,设有专门的均输官,其太守依靠这些均输官进行盐铁和谷物的转换调剂,并将所得作为地方税纳予国家。

为了买卖公平和便于官府对商品价格进行监察和管理,明码标价已成当时重要的商业习俗。秦朝时以法律形式规定,凡市场上陈列出售定价在一钱以上的商品,必须在货物上各自系签标明价格。汉时仍沿袭此法,称此标签为"题署物"。汉代还专门设有"掌知物价"的官员,中央一级是大司农,地方级的是平准令。为了交易不失"贵贱之正",朝廷还有"月平"制度,即每月评定一次市内物价。这种评定由于是在每月初一进行的,故又称"月旦平"。地方政府要按季把物价及其他经济情况上报大司农。交易中,如发现有高于"平价"出售商品者,要受经济处罚,官员要被免爵。就连灵帝都曾在皇城内开设排列整齐的商肆,让太监、宫女们扮作买卖人进行公平交易的演练。此举虽不乏有娱乐成分,却显示了朝廷对市场价格管理的重视。然而,市场供求的变换是不以人的意志为转移的,报表逐渐流于形式,月平制度失去约束作用,讨价还价渐成商俗。

均输官和平准官,一个是官行商,分散在各地以调剂物资余缺的形式敛财;一个是官坐贾,在京城以平抑物价的名义吞吐商品,控制着市场。其中不少官员的经营,大大超越了贡输的额度和范围,从而使市场中的官营成分越来越大。加上盐铁专卖和酒类专卖,桑弘羊的系列商业政策产生了封建官营商业的统一体制。它不仅满足了统治者对珍玩异宝、丝绸锦缎、祭祀钟鼎、文墨武弓等消费品的奢靡需求,而且充盈了府库,还潜在地影响了京城的商业文化,使其具有了以下特征:

第一,为满足最高统治阶层奢靡的消费需求,所经营商品的精美程度和品位级别都是最高的,因此京城的商人在经营的过程中往往带有很强的炫耀性,并由此患上了"店大欺客"的通病。

第二,由于官营工商业的产品是为皇家或官府定制的,在"皇帝的女儿不愁嫁"的卖方垄断市场中,京城的商人们大多有一种"等客上门"的散淡逍遥和一副巴结权贵的媚骨。

第三,由于官营大多不计成本,所以京城商人们的成本意识、竞争意识相当薄弱,在出手阔绰的背后,常做赔本的人情买卖。

第四,由于京城商业经营在一定程度上依赖于皇家和官府的消费欲求,所以京城的商业行为完全依附于封建经济,商人的地位也视其所依附权贵的势力大小而定,他们缺乏独立的人格和发展的动力。

汉武帝以前,西汉政府对财产在三万钱以上者都要征收财产税,税率一般是1.2%,对商人的税率重些,为2%。汉武帝时为抑制商人的投机活动和解决国家财政困难,政府采取了"算缗"、"算商车"和"告缗"的税收政策。

缗,指穿钱用的绳子,也叫"钱贯"或"钱串子"。"算缗"是向商人和高利贷者征收的财产税。缗钱以每两千钱为一算,收税一百二十钱,税率因此由原2%提高到6%。"算商车"是指对古时长途贩运的主要工具——车船征收的财产税。按规定,一般的车船一乘按一算征收一百二十钱,商人的车船则加倍,由此开了中国征收商船税的先河。

算缗和算商车都是一年一算,商人的负担大大加重。为了防止商人的瞒产漏报,西汉政府还实行了"告缗"政策,即凡有偷、漏税的商人,一经告发,将受到戍边一年和没收财产的严厉处罚,告发者则可得到其财产的一半。"告缗"之策对商人打击尤为严重,几乎使中等以上的商贾皆遭查抄,破产者甚众,后世商贾皆谈此色变,实属一种恶税。正因为封建国家只允许与小农经济相适应的小买卖经营,常有打击大商贾的政策出台,逐渐形成了商人谨慎唯诺、不敢露富、缺乏远见、见好就收的小家子作风,严重阻碍了中国商品经济的发展。

四、《史记·货殖列传》——中国商业文化之精妙首唱

汉武帝时太史公司马迁忍辱负重,以宏篇巨著《史记》为西汉王朝之盛世书写了浓墨重彩的一笔,其中的《货殖列传》一篇更可谓中国封建社会商业文化的精妙首唱。表面上看,《货殖列传》是专门记叙从事"货殖"活动杰出人物的传记,实质上司马迁通过对历史上各地商品生产与交换及商人致富事例的考察,提出了与传统抑商政策大相径庭的经济思想——发展生产,扩大交换,富国富民。特别是他对地理环境造成的道德民风和商业习俗方面的考察,更是独辟蹊径,许多观点被后来的历史发展所证实。

司马迁所讲的"货殖"业不仅包括商业,也包括手工业、农业、渔业、牧业、矿业等能通过经营致富的行业。《货殖列传》中精辟的商业经济理论主要有以下几点:

首先,司马迁指出了商业经济的发展和经济都市的出现,是因自然物质丰富及人们由此产生的占有欲决定的,是不以个人或政府意志为转移的必然趋势。"农不出则乏其食,工不出则乏其事,商不出则三宝绝,虞不出则财匮少"[1]。商业与其他各业一样是社会分工的重要部分。所以给商人贸易经营的自由,引导农民和手工业者努力进行生产和交换,国家最好少干涉,不与民争利。

其次,司马迁认为物质财富的占有量决定了人们的社会地位,经济发展程度决定了国家的强盛和衰败。拥有万贯家财的富商们虽然没有正式的封号,却能像国君一样的享乐,难道不可以视其为受了"素封"吗?所以,经营致富是人们各种经济行为的真实动力。

第三,司马迁认为传统的勤劳节俭、精打细算不足以发财致富,必须出以奇招且专心守恒。各行各业都可以致富,关键看本领。司马迁列举了范蠡、计然、子贡、白圭、猗顿、乌氏倮等人的经营方略,给人们以致富意识和手段的启迪。

第四,经考察司马迁得出以下结论:不同的自然地理条件不仅生产了不同的物品资源,还形成了不同的民风习俗,并对商业经济的发展有重要的影响。比如

---

①《史记·货殖列传》,中华书局,1959 年版,第 3255 页。

对北京所在的燕地民风,司马迁讲:燕国故都蓟也是渤海、碣石山之间的一个都市。南面通齐、赵,东北面与胡人交界,北面临近乌桓、夫余,东面处于控扼秽貊、朝鲜、真番的有利地位。从上谷到辽东一带,地方遥远,人口稀少,屡次遭侵扰,民俗大致与赵、代地区相似。而百姓迅捷凶悍,不爱思考问题。当地生产鱼、盐、枣、栗①。

从北京地区后来的发展趋势看,司马迁此番分析确实有理。正因为北京地区有丰富的资源、通联四方的地形和本地人性格上的宽容不计,才吸引了各地商人的不断集聚。北京作为一个移民城市从古至今始终受着不同民族精神,主要是南、北两方地域人文因素的碰撞和角力。不论是官吏、学绅还是商人,只要身在此地,都无法逃脱对这种碰撞的困惑。

虽然西汉前期的经济政策、环境、体制等方面,为我国封建商品经济自由发展开了个好头,但商品经济对小农经济秩序的破坏,使汉武帝不得不推行盐铁专卖和算缗、告缗等中央集权制政策,以抑制豪强和大商人的势力。东汉政权慑于农民起义的威力,以"柔"治国,在对人民让步的同时也对大地主和大商人让步。豪强们对土地的大肆兼并加深了社会矛盾,致使东汉的商品经济发展始终没有超越西汉的最高水平。

第二节　魏晋南北朝的民族融合与商业形式的多样化

从汉末至隋,中间历经三国、两晋、南北朝,整个中原地区,特别是北部边防长城一线战事频繁,生产遭到严重破坏,交通阻断,市场萧条,商旅减少,自给经济发展,物物交换抬头。为适应常年征战,除正常的都市贸易外,临时性的乡村草市和以马市贯名的边贸互市成为这一时期主要的商品交易形式。随着佛教的传入,寺院经济也在混乱中得以发展。

一、征战中的民族融合

自战国始,为抵御各方国及北方游牧民族的侵略,汉民族经过历代的努力,

①《史记·货殖列传》,中华书局,1959年版,第3265页。

修筑了举世闻名的万里长城。当年长城两边景象截然不同：长城南面是汉民族自给自足的农耕经济和儒家礼乐文化的一统天下。他们世代男耕女织，固守家园，满足温饱和睦，陶然子孙绕膝。这种耕织并重、耕读传家、安土重迁的田园生活，养育出一种很强的保守性与容纳性并存的文化心态。而长城北面则是逐水草往来的游牧民族，与汉民族定居的"住国"相对而言，古人称他们为"行国"。一个"行"字就把其来似电、去若风的特征形象地概括了。当盛夏水草肥美时，游牧民族也陶醉于草原舒展自由的生活。但到草枯水乏的冬春季节，饥饿唆使他们骚动和劫掠。大自然的季节更替，竟成了游牧民族畜牧与掠夺两种生活方式转换的诱因。与长城南面的汉民族相比较，游牧民族的特点有三个：一是无城郭、少耕地，以迁徙游牧为生；二是无文字、少礼仪，徘徊于文明社会之外；三是食肉多，善骑射，勇猛剽悍，以弓马之利强取天下。

自古以来，北方少数民族对中原汉民族的劫掠和入侵从来就没停止过，修筑长城这样一个坚固的军事防御建筑，对于汉民族不仅是为了抵御金戈铁马，更是一种强大的心理安慰。值得注意的是，自秦统一后，原各方国共同"拒北"的长城，在千年间被不断地整修、迁移，且逐渐连成一体，长城最后的身影有相当部分竟与400毫米等降水量线基本重合。这不是历史的巧合。干燥和雨水这两种不同的自然气候，形成了长城两边不同的生产方式和不同的文化家园。一直被人们当作国境线的长城，就成了农耕文化与游牧文化的分水岭，成了对农耕文化理想的保护屏障。

对于北京人来说，长城既遥远又熟悉，且不说那些著名的长城旅游点，八达岭、居庸关、黄花岭、司马台，就是随便走入山区某个农户家，其柴垛的后院墙可能就是残缺的长城。

长城修筑于中原农耕和草原游牧两种生态体系的交界处，因而长城周边地区既是农、牧经济的自然过渡带和胡、汉民族间商业往来的地理接触带，又是农耕文化与游牧文化的汇聚融合带。自魏晋南北朝以后，北京独特的地理位置就生成了它特殊的历史印记——"长城文化带"现象。

东汉末年及三国混战时期，幽州蓟城由统一帝国的北方重镇，变成了军阀割据的争夺中心。战乱中，北方少数民族乌桓、鲜卑常以骑射优势趁机发兵，侵扰蓟城，掠夺百姓和财富。和平时，长城关口是胡、汉两族人民交往的通道和贸易的集市。他们与汉族人民的共同生产生活,互相影响,开始了一个漫长的民族大融合时期。五胡十六国时期,鲜卑族、羯族、氐族等少数民族曾轮流统治蓟城,大量少数民族贵族的乘兴入迁或衰败留居,无形中加强了不同民族的文化融合。如北魏孝文帝拓跋宏热爱汉文化,依汉制进行改革,充分证明了人类历史上"高势能"文明对落后文明强大的诱导作用。后世的元世祖、清太祖等少数民族卓越领袖也都在统治北京后显示出接纳汉农耕文明的渴望。

北京处在这特殊的"长城文化带"上,其本源的农耕文明在与少数民族游牧文明的碰撞中,显示出"高势能"的地位和"以我化人"的强韧信念。领土虽被异族侵占,统治者虽为异族首领,但以汉文化为核心的农耕文明的主体没有变化,只是不断地补充着异族文化的新鲜因素。正是历经了不断的战争和商贸形式的交替磨合,北京逐渐成为中华民族格局中多元经济文化一体化的典型代表。

二、乱世里商业形式的多样化

自秦至辽,北方经济与军事重镇和枭雄割据必争之地的特殊的地理位置,使蓟城的商品交易始终保持着三种市场状态:都市贸易、草市农集和边贸互市。

都市贸易的发展,源于西晋时国家统一,商品经济发展,特别是在中心城市,贸易市场内集中了各地拥有雄厚资本的大商人。当时,为了贩运交易方便,官府设立了不少房舍店肆。此期,幽蓟地区的手工业具有较高的工艺水平。在首都博物馆馆藏的西晋末年幽州刺史夫人华芳墓葬出土的文物中,有古波斯精美的玻璃料钵;还有来自中西亚地区工艺考究的银铃,在直径仅 2.6 厘米的球体顶端镶有坐虎提钮,球身用银丝捏成八人的胡人乐队,分别呈吹笛箫、击鼓和吹喇叭状。乐人之下系有嵌着红、蓝宝石的小铃铛,堪称艺术精品。这些文物无声地证明着魏晋南北朝时期贩运贸易的规模和水平。

再看草市农集。这是指乡村中不定期的农副产品的交易场所,一般设在中心村镇或交通便利的村镇。官府设"草市尉"为专管人员,负责维持市场秩序及征收商税。各地草市农集开市的间隔各不相同,短的三四日一会,长的可至十日一会,主要看交通便利或商品经济发达的程度。草市农集并无一定之规,一般摊位不固定,也没有明码标价,完全随行就市,讨价商定。风雨聚散,看似偶然,实际上正是这些草市农集铸就了北京商业文化宽厚悠远的民俗基础。

北京自古就是一个移民城市，各朝统治权贵、文官武将、门生墨客均移民于朝廷左近，包括南来北往的大商人也拥挤于都市中。只有农村才是真正土生土长的北京人。在历代史学家眼里，幽燕地区的人宽厚纯朴，头脑简单，不爱思考问题，不计较价值得失，所以每当城里人与他们交往时，常常有一种占便宜后的窃喜。并不是他们算不过仨瓜俩枣的账，只是出于农民的纯朴不愿因过于计较而伤和气。他们也可以在生产中偷工减料，也可以缺斤短两，但那会让他们良心上过不去，让他们觉得丢脸。所以随着

汉代画像砖：挑鸡进城
反映了当时小商贩进城贩卖农副产品的情景

农牧业商品经济的发展，农村草市农集中的买卖习俗及保守实在的小农经济心理，通过各城门两旁的关厢市场，通过走胡同串街巷、推车挑担的农人小贩，源源不断地输入到都市中来，这也是在北京的商业文化中，为什么总有一股浓得化不开的人情味和一种散淡悠闲的舒坦劲儿的原因所在。

最后看看边贸互市。它是指因幽蓟地区战乱不断，各民族在冲突与交往中，逐渐发展起来的以"马市"冠名的边关交易市场。之所以称为"马市"，是由于游牧民族主要以马、牛、羊等牲畜交易汉民族的粮食、茶叶、丝绸、铁器、瓷器等生产生活用具。北京处于封建割据和游牧民族南侵的前沿要塞位置上，所以边贸互市成了长期以来重要的商品交易形式。

边贸互市最早产生于春秋战国时期，当时叫军市。秦国商鞅还制定过有关军市的管理条例。两汉时期，边关上官方开设的边境市场称为关市，因当时通称边外少数民族为"胡"，故关市亦称"胡市"。魏晋南北朝时虽战乱不断，但敌对双方往往通过协商在边界设市交易，互通有无，称之为南北互市。与其他市场管理

一样,互市中的官僚贵族及边防官吏常利用职权,或趁乱聚敛,或勒索商贾。但总的讲,由于胡、汉关系不稳定,边贸互市并不长期固定,具有流动性和间歇性的特点。

孟德斯鸠曾说:"商业的自然结果是导致和平。两个互相贸易的国家变得互相依赖:如果一个国家对买感兴趣,另一个国家对卖感兴趣,一切联盟便在相互需要的基础上建立起来。"①的确,漫长而艰难的边贸互市,充分体现了长城两边各民族间的经济共生关系。正是这种根本的共生利益,使幽蓟地区由自古以来两种文明冲突的交锋地,经唐至元各朝的较量与磨合,到明清时,汉族农耕与女真、蒙古的游牧已混成为和平共处的中华一体文明了。

边贸互市有两个区别于其他市场交易的显著特点:一是主要的互市行为是以国家为主体进行的,不是纯粹的民间自由交易,其中含有很浓的政治色彩;二是为了挣足大国的脸面,边贸互市往往不是按照各取所需、等价交换的原则进行。细想起来,在北京的商业经营理念中,的确总带些政治色彩,为了某种利益做赔本的买卖也是常有的事,看来在京城商界为政治而牺牲价值的传统由来已久了。

魏晋南北朝时还有一种新兴的社会经济形式——寺院经济,又称寺庙经济,是北京日后十分兴盛的庙会经济的前身。

两汉时佛教传入中原,信仰者日众。魏晋南北朝时因战乱不断,灾难深重的下层劳动者因企盼美好生活,容易接受宗教幻想,致使僧侣人数大增。统治者也看到佛教有助于统治和安定社会秩序的作用,从思想意识和地方财政两方面大力支持。广建庙宇,封赐山泽,从而促成了寺院经济。佛教传入幽州地区最迟在西晋,俗话说:先有潭柘寺,后有北京城(潭柘寺建于一千七百多年前的西晋)。北朝时期文献记载北京地区有大安寺、木严寺、佑圣教寺、天开寺等寺庙,海淀车耳营乡的北魏石佛像也是当年北京佛教盛行的见证。

寺院经济的主要基础是土地,最初来源是统治者的施舍和封赐,后僧官与地方政治势力不断勾结,常借势兼并公众土地,成为不劳而获的寺院地主。而寺院的下层僧尼主要来自逃逸的奴仆和一般百姓,除修行外还要无偿地为寺院生产劳动。此外还有一些以各种名目依附于寺院的农民,每年向寺院交纳的地租与

---

① 〔法〕孟德斯鸠著、曾斌译《论法的精神》,中国社会出版社,第 1999 年版。

向国家交纳的数额相等。大量土地和劳动力的无偿占有,使寺院经济得以快速发展起来。同时与世俗地主兼营商业一样,寺院也把剩余农副产品拿到市场上出售。特别是寺院经济享有免税的特权,可以"寸绢不输官库,升米不进公仓",从而又为其商业盈利大开了方便之门。不少寺院实质上与大地主庄园已别无二致,成为与政府、大族鼎足而立的三种主要统治势力。当时形容寺院经济实力的说法是:十分天下之财,佛有七八。

当寺院具备了日益雄厚的经济基础后,又增设了带有慈善性质的典当业——"质库",以库藏钱财供人们质借,代替原来无偿的布施。那些香火鼎盛、财力日增的寺院,遂以一部分余资向平民贷放钱款,既享有慈善济贫之誉,又可坐收利息。有的寺院地主甚至借此进行高利盘剥,并收取实物作抵押。当农民还不上债时,抵押的土地、牲畜和生产工具等就成了寺院财产。典当业竟发端于慈悲的寺院,历史真是开了一个不大不小的玩笑。

为什么放贷生息的质库业能成为寺院经济的重要来源,恐怕与佛教"财的四分法"观念有关,即:一分用于己身的衣食之需,两分用作资本求取利润,另一分储藏以备非常时救急之用,此法意味着在佛教里以钱生钱的孳息法,不仅是被允许的甚至是被提倡的。

寺院经济与其他经济形式的区别之处,在于其经济性与宗教性的结合。既借百姓的宗教信仰之心收纳各种捐赠,又借众人上香祈福之际汇聚商业人气。寺院经济的特性在于以慈悲舍缘为名,将神秘的宗教性与世俗的商业性,公开的文化氛围与隐蔽的经济内容融为一体。寺院中所售的商品主要有四大类:一是寺院田园、畜牧等业的农工产品。二是药物。药物能成为寺院商业经营的重要内容,与百姓们来寺庙求佛保佑、祈福驱病的心理和不少僧侣精于医术有关。三是珠宝、文玩等奢侈品,这些珠宝、文玩,一般得自于帝王、贵族、官僚们的布施,被标高售价。四是经文、佛像等宗教用品。正是寺院经济的这种多元属性,为日后京城庙会文化中的宗教、民俗、商业、娱乐多位一体的综合性质奠定了基础。

在封建社会的生产条件下,可以把手工业的发达程度视为商品经济发展的风向标。从历史上看,蓟城地区的畜牧业和手工业比较发达,麻、布、盐、铁等的生产均有相当的规模。同时北方游牧民族大量涌入,畜产品加工业如筋角、弓弩等,也备受称道。再加上交通便利,蓟城地区的城市贸易、乡村草市和边贸互市原本都有不小的规模。

由于魏晋南北朝是一个战乱频仍、分裂动荡的枭雄割据时期,蓟城地区的农耕生产遭到严重破坏,经济衰退、市场萧条。特别是以下几个事件对北京商品经济的发展产生了深刻的影响:公元338年,后赵石虎强徙蓟城居民一万余户于中原地区;340年,又从渔阳郡掠走众多民户;同年,鲜卑慕容皝掠徙蓟城及附近居民三万户北走;380年左右,后燕叛将徐岩入蓟时掠走千余家居民;北魏初年,蓟城等地的手工业者被强徙平城(今大同)[1];尤其是魏文帝"罢五铢钱,使百姓以谷帛为市",流通手段严重倒退。总之,战乱、强徙、币乱,使蓟城地区的商品经济遭受严重打击。小农、小手工业者及小商贩们因资金薄弱,其经营规模十分可怜。当交通阻断、商旅减少时,为了维持正常的生产和生活,人们被迫以粮食、布帛、手工制品、畜产品等充当临时的货币。自战国起就拥有繁荣商贸经济的幽燕地区竟被迫回归到以物易物的低级交换形式。

第三节　隋唐北京繁荣的商业与文化

隋唐是北京社会经济发展史上又一个繁荣时期。从行政区划上,隋时北京地区称为涿郡,唐时复改为幽州,但都以蓟城为治所。为东征高丽,隋炀帝和唐太宗多次亲临涿、幽。安史之乱发于幽州,五代的儿皇帝石敬瑭敬献给契丹耶律德光的也是以幽州城为首的燕云十六州。可见,在封建大一统的鼎盛时期,北京作为北方门户和贸易重镇的地位已不可替代。

一、大运河与北京商业的发展

人类是亲水的动物,远古时人们逐水而居,水运也是古时最便利和最经济的方式。随着城市的发展,人口繁衍,自然水系已不能满足人们的需求,兴修水利就成了一件求民生、利国运的大事。北京地区较早的水利工程是三国时期的戾陵堰和车箱渠,并由此形成了京郊的古水道网。

隋朝西京长安、东京洛阳,其政治中心在北方,但两京和北部边防所需的粮

---

①谭新生、倪洁《北京通史简编》,南开大学出版社,2004年版,第109页。

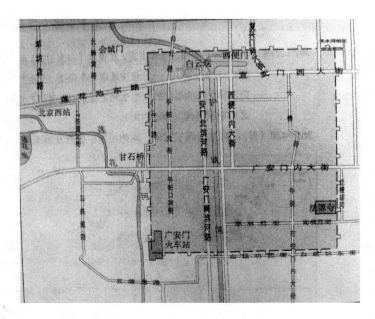

唐幽州城垣位置示意图
唐幽州城的大体范围是：宣武区南部烂漫胡同至法源寺，白云观至小红庙村，白云观至头发胡同、里仁街一带

食仍然要靠江淮供应。由于陆路运输费用较高，开通人工运河就成为当时社会经济发展的客观需要。大业元年（605），隋炀帝下令开挖大运河，历时三年多，余杭至涿郡全长二千七百多公里的大运河贯通，成为中国南北交通的大动脉。之后，隋炀帝三次亲征高丽，每次都用大运河调运兵将和粮饷，集结蓟城，并在此举行出师前的祭礼。其间运河上下船只不断，连绵上千公里。蓟城内百官群集，物资堆积，旌旗招展，喧闹激昂，整个蓟城一片繁荣景象。

　　大运河承载的商贸贩运功能对涿郡地区影响巨大。蓟城既是南货北运的终点站，又是北货南运的始发地，使得其在整个隋唐时期南北物资充盈，各地商人云集，市场制度完善，交易秩序井然，商业文化积淀，一些新兴的商贸服务形式和行业也随之迅速发展起来。

　　驿站或邸店说白了就是现代的旅馆，不过驿站主要是接待政府官员和各级信使，而邸店则接待各类客商。古时称旅馆为"逆旅"，"逆"乃迎客之意。历史上各个朝代对旅馆的称谓有所变化，商代称"驿传"；西周叫"客舍"；春秋战国时叫"客馆"；西汉在长安建立的旅馆称"群邸"，后又建立了专供外国使者和商人食宿的"蛮夷邸";南北朝时出现了"邸店"的称谓;隋朝时兴建了接待西域和日本等邻国客商的"典客署";唐太宗时下诏:令京城为朝觐官员建造"邸第"三百余所,全国设驿站 1639 所;宋以后,旅馆业大发展,出现了"四方馆"、"都亭驿"等,并有专门为客商存货的"塌房";元朝时全国设有 1383 处"站赤";明朝则在北京设"四夷馆"接待东西方来往过客;清朝旅馆名称更是五花八门,西北叫"骆驼站",南方叫"客栈"、"货栈",黄河以北则称"客典"、"大车店"、"鸡毛小店"等。

隋唐时国家统一,商贸经济发展迅速,邸店很多。"邸店者,居物之处为邸,估卖之所为店"①。当时一般都邑在市场周边均设有邸店,供各地商人租住和存放货物,少则百余处,多则三四百处。

质库是我国古代进行押物放款收息的商铺。亦称质舍、解库、解典库、长生库等,均为后世典当铺的前身。

"典当"一词最早连用,是在南朝时期范晔所著《后汉书·刘虞传》,说的是东汉末年黄巾起义,甘陵相刘虞奉命攻打幽州,与部将公孙瓒发生矛盾。刘虞打算把受赏之财质押给外族,却被公孙瓒劫掠了。可见,幽州地区很早就有质押性的商业行为和机构了。最早的当铺则是南北朝时由寺院僧人们以"质库"为名经营的,以后名称虽变,但押物放款收息的经营形式世代绵延。

隋唐时商品经济繁荣,借贷活动普遍,质库开始由乡村寺院转向都市街道。一般典质者将家中财物抵押给质库,折价后换取押款,到期后还本付息,将原物赎出。如到期不还,则抵物即被没收。由于抵物的估价总是大大低于其实际价值,再加上利息收入,因此质库的经营者有着丰厚的收益,成为富商大贾甚至官府、军队逐利的行业。据载,太平公主就曾依仗唐高宗和武则天之威,为搜刮民脂民膏而在家中开设质库。考古发现的唐代质库帐本表明,典当者多是劳动群众、城市贫民,他们为生活所迫不得已跨进质库的大门,抵押的物品大多是绢帛衣物、布衫巾履,或是日用物饰等生活用品。这在唐诗中也多有反映。如:"典桑卖地纳官租,明年衣食将何如"②、"走笔还诗债,抽衣当药钱"③等。可见,质库制度已成为封建剥削的重要手段。

---

① 《唐律疏义》卷四"诸平赃者",中华书局,1983 年版。
② 萧涤非、程千帆等《唐诗鉴赏辞典》,上海辞书出版社,1983 年版,第 863 页。
③ 《全唐诗》第七册,中华书局,1999 年版,第 5271 页。

唐代还有一种与质库同时存在的商业机构——柜坊，又称"僦柜"或"寄附铺"。它是唐代各大都市中代客存放金银财物的金融商业机构，可视为我国银行业的开端。柜坊既可用"飞钱"（类似现在的支票或汇票）调换现钱，也可受人委托出卖贵重物品。柜坊的服务对象主要是商人，他们除依靠柜坊谋求钱物的安全外，也试图避免搬运大量铜钱的不安与烦劳。

　　唐代的质库和柜坊等新兴行业高度商业化以后，成为当时二百多个商业行业中新兴的盈利大户。安史之乱后，唐王朝为解决国家财政入不敷出的问题，由政府出面向所有在京师开业的僦柜"借钱"，推行变相课税政策，规定每户课借资本金四分之一，共取得财政收入一百多万缗。可见，典当类行业已成为唐代利润最高的服务型商业。

　　从事长途贩运的商人除要战胜旅途的劳苦与险恶外，还要避免失货与伤人。在甘肃敦煌莫高窟的第 45 窟，有一幅绘制于唐朝的壁画——《商人遇盗图》[1]，表现的是商队在山中遭遇强盗抢劫的场景。莫高窟中唐代的壁画多以赞颂佛国欢乐、劝导人们皈依佛门为主题，在少量的世俗画里竟出现《商人遇盗图》，可见当时的商人们是多么需要保护。前面讲的驿站、驿使、驿马等多是为朝廷官员服务的，而民间商贸交往中人、财、货的安全主要靠镖户保护，即所谓的"商不离镖，镖不离商"。镖户是特殊的商业企业，走镖纯属私人商业行为，是镖局诞生前商贩们的主要保护形式。

　　隋唐时专为商人服务的保镖行业随丝绸之路、大运河商道的沟通而逐渐兴旺起来，成为一种新的商业服务业。镖户受人聘用，保护商人或货物由甲地到乙地，最快的一天可走八十多里路。镖户走镖成功不仅凭借高强的武功，更重要的是要善于同黑白两道的人打交道，甚至能和强盗达成一种默契。这种本领经过漫长的岁月磨砺，演变成了商业文化中的一种独特的行业义气、危难中应酬自如的智慧和敢于碰硬的骨气。后来，随着商业的发展，镖户的势力也逐步壮大，有声望的镖户开起了车马店，再经过国家的登记注册，镖行或称镖局就出现了，不过那已是明朝的事了。

　　还有一种经常出没于城乡贸易市场中专为买卖双方说合并抽取一定佣金的

---

①胡凌、邹兰芝编著《全彩中国绘画艺术史》，宁夏人民出版社，2000 年版，第 65 页。

敦煌壁画《商人遇盗图》
在数量极少的市井画中出现此画面,可见当时商贩的艰险

居间商人——牙商。为什么叫"牙"？古代"牙"是"互"字的俗字。"牙市"亦即"互市","牙人"就是将货物互通有无的人。西周时期就有这种买卖中介人,唐代因商贸发展,牙商进行买卖说合的范围不断扩大,牙人数量也大增。出身胡人曾任幽州刺史的安禄山,就因精通六国番语而做过互市牙郎。

牙商自身并不经营任何商业,只是在买卖双方之间传递信息、说合生意、接受委托、代人经商和代收商税等,特别是牙商在契约买卖和赊欠贸易中还起着担保人的重要作用。牙商在其经营过程中,按成交货物价值的 1% 向买卖双方抽取牙佣。如果是规模较大的牙行,能够提供存货的仓栈和客商膳宿的,抽取牙佣大抵占货物价值的 3% 左右。牙商最初是在茶楼、酒肆等公共场所进行交易,能和颜悦色地在推杯换盏中把买卖做成,并令双方满意,实在是需要有一个好脑筋、好脾气、好口舌甚至好肚肠。

由于唐代牙商众多、业务扩大,其行业性组织——牙行或牙店应运而生。牙行除负有代替官府监督牙商们交纳牙税的责任外,还要协助官府管理牙商的经营行为,如不得为漏税商品作中介活动,不得干预买卖双方自成的交易,不得妄自抬高物价,不得拖欠商人货物,有赊欠货物的,必须订立契约等。同时牙行或牙店也常常成为牙商进行大宗交易的办公场所。

牙商与牙行的产生与发展对商品交换起着双重作用。既有利于商品流通的一面，又有利用其居间地位和交易特权，贿赂官吏、垄断市场、操纵物价、对买卖双方敲诈勒索、阻碍商品正常交换的一面。甚至少数牙商还勾结地方流氓势力，成为地方一霸，这才有了"车、船、店、脚、牙，无罪也该杀"的那句老话。

二、幽州城发达的商业

唐朝是中国封建史上的极盛时代，与 7 世纪的西方、非洲和美洲相比，汉唐国富兵强，文明成熟，经济文化发展水平世界一流。以至于各国的国君、使者、客商、僧侣、学者、工匠、医生、胡姬等，沿着著名的"丝绸之路"（拜占庭通往敦煌、长安、洛阳）、"白银之路"（波斯通往敦煌、长安）、"香药之路"和"法宝之路"（印度通往长安、敦煌）纷至沓来。从长安到洛阳，从临安到蓟城，繁华的城市，展示着政治、经济、文化、世风上高度文明的水准。

在隋朝到唐中叶一百五十多年的和平发展过程中，幽州的军事作用淹没于商业繁荣之中。从中央政府委派的官员等级看，幽州特别是蓟城的政治地位迅速上升。而唐代的开放与东北方各民族的崛起，更使蓟城成为上至朝廷、下至各族百姓和商贾特别重视的交往之地。

李唐王朝与鲜卑族有密切的血缘关系，所以对北方少数民族的生活习俗并不排斥，城市中到处都弥漫着与汉文化截然不同的自由胡风。街市上卖的是各种胡食，安史之乱唐玄宗西逃咸阳时，途中也是以胡饼解饥的；酒店中是"胡姬招素手，延客醉金尊"[①]；人们爱穿胡服，妇女们喜饰胡妆；商肆中行走的多是胡商。就连目前北京仅存的几处唐代建筑上的精美浮雕壁画，其风格也受到外来文化的深刻影响。

如此众多的蕃客在大唐一统的国土上自由行走，千奇百怪的胡风在汉儒治律的沃野中蔓延传播，可见汉民族对自身文化的自信心和对外来文化的宽容度都很高。唐朝出现的文化融合趋势，不是某一边境地区两三个民族的文化融合，而是在规模化的国际交流中，全国性的大文化融合。

---

① 〔清〕曾国藩编纂《十八家诗钞》（上），岳麓书社，2009 年版，第 207 页。

这些胡人中除少数政府官员外，多数是商人、工匠和教徒。他们带来了异邦的奇特商品、工艺技术和文化观念，令世代农耕于广大中原地区的汉族大开眼界。特别是胡人多是游牧民族出身，善迁徙经商，有"商族"之称。故北方地区（包括北京所在的幽州）与突厥、回纥、吐谷浑、奚人、契丹、羌及党项等胡蕃的边贸互市均达到了前所未有的繁荣。玄宗时，契丹民族逐渐强大，每年要挑选数十名的酋长、富豪到长安城去朝拜。而他们携带的数百名随从人员，就驻扎在幽州城，进行大规模的商贸活动。辽东一些诸侯国的官员们，每年也借与幽州节度使礼尚往来的机会，在幽州城中进行各种商品交易，致使幽州"分遣商胡谐诸道贩鬻，岁数珍货数百万"①。

如此众多的胡商在各大中城市中出现，必然带动城市商业的迅猛发展。据史料记载：唐都长安的东、西两市各有二百二十行②。东都洛阳的丰都市有一百二十行，三千余肆③。在大运河的作用下，唐幽州城的商市也很繁荣，仅据房山云居寺唐代石经题记的就有米行、白米行、粳米行、屠行、肉行、油行、五熟行、果子行、椒笋行、炭行、生铁行、磨行、染行、布行、绢行、大绢行、小绢行、新绢行、小彩行、丝绵行、帛绢行、幞头行、靴行、杂货行、新货行等三十多种商贸行业④。"行"是由经营同种商品的店铺组成，店铺的主人称作铺人，他们或依靠自己及家人的劳动为生，或拥有少数的伙计和学徒。在上述诸行业中，米行、肉行的经济实力比较雄厚，对市场有较大的影响力。唐幽州是北方契丹、靺鞨、新罗、突厥、高丽等族与汉族杂居之地，胡商很多，其中不乏有富商大贾。所有商业活动都集中在"幽州市"，市内设有固定的商业区和手工业区，是唐朝北方重要的物资集散地。"幽州市"位于城门北面著名的檀州街上，据考就在今长椿街附近的三庙街。

"坊市制度"的雏形始于春秋战国，两汉时随着经济和商业贸易的发展，各大城市中"坊市制度"相当完善，隋朝和唐初时"坊市制度"发展到顶点。

"坊"指古时城市居民的分区居住地，秦汉时，在京都、郡、国所在的大县城内，居民住宅被安置在一些有围墙和坊门的矩形区域内，每个区域称为一个"里

①《资治通鉴》，中华书局，第1976年版。
②〔宋〕宋敏求《长安志》，中华书局，第1976年版。
③〔唐〕杜宝《大业杂记》。
④《资治通鉴》唐纪三十八肃宗上元二年注引《蓟门纪乱》。

坊”，有坊名。区域之间形成“井”字型街道，横平竖直。每天五更开坊门，黄昏关闭，便于管理和查巡。北方重镇幽州城仿照两都城，在城中置立若干坊。唐属于幽州的蓟城“南北九里，东西七里，开十门”①，城内坊的具体数目虽没有直接记载，但据宋人记载燕京“城中凡二十六坊，坊有门楼，大署其额”②。根据唐、辽的一些墓志所记载，现仍能确定唐幽州城这些坊的名称和大致方位，其中一些坊名直到金中都还在沿用。

“市”指古时由官府在指定的地区设立并由官府管理的专门进行商品交易的固定场所。按照“四民分业”的传统等级观念，经营商贸的“市”与居民所住的“里坊”严格分开，坊内禁止经商。虽然日常生活离不开市肆，但它毕竟是交利之处。传统观念认为：其出入者多是小人，君子无故不游观。

按唐制，两京及诸州、县治所在的城市，始准设市。可见当时的市都是官市，其设立和废止，都要遵行朝廷的命令。据唐代府、州、县等的设置，可估算出各城中官市的总数量应突破了两千大关。唐幽州城及其附近地区的人口已达四十万左右，手工业相当繁荣，加之新开通的大运河使南北经济交往更加密切，幽州已名副其实地成为北方著名的商业都会，商业活动主要集中在城北的市肆之区。

唐代商业制度健全的表现主要有两个方面：

一是市的形制在中唐以前与两汉别无二致。均为集中、封闭的场所。四周设市门，早开晚闭，市内的店肆，依行业排列，市中心亦设有市楼、旗亭之类。内驻市令、市丞乃至“市门监”等大小官员，掌管所有交易及开闭市易等。

二是市场管理制度严格。据《唐会要》卷八十六《市》记载：“大都督府市令一人，掌市内交易，禁察非为；通判市事丞一人，掌判市事；佐一人，史一人，师三人（掌分行检察州县市）。”③同时规定市令、市官们一律不得由本州、本县人担任，以防利用当地姻亲关系殉私舞弊，偷漏税款；凡较大宗的买卖，如买卖奴婢、牲畜、房屋、土地等均须立契约，携同保人，找官府检验，加盖市吏公章后，方能生效，否则视同违法；此外，对上市的商品质量、度量衡与商税的征收等都有明文规定和对违纪者的处罚规定；为防止市场物价的暴涨暴跌，自唐代始形

①《太平寰宇记》卷六十九《幽州》，中华书局，2007年版，第1399页。
②〔宋〕路振《乘轺录》，《历史地理》第四辑，上海人民出版社，第1985年版。
③《唐会要》，中华书局，1955年版，第1583页。

成了"旬价呈报制度"。即令商人把每种货物按品质,定出上、中、下三等不同价格,并将旬内物价涨落情况进行登记,每旬(十天)向市署呈报一次,由市令监督办理。同时严格限制以兵器与少数民族部落交易,充分显示了商业管理中的政治倾向性。

中唐前,在严格的"坊市制度下",各城市的居民常年居住在封闭的坊里,抬头不见低头见,面对的都是邻里熟人。而"市"则是一个相对陌生的领域,在"市"上需要与不少陌生的商贩打交道,产生了与日常生活不一样的感受。慢慢地"市"成了城乡生活的交汇点,成为沟通本土经济与外面世界的桥梁,更是人们借筹办商货之机聚集热闹之处。正因为"市"在社会经济和文化交流中的作用越来越大,对"市"的各种限制显得不够合理了。中唐以后,随着胡风日渐,经济生活不断繁荣和发展,城市夜生活出现,靠坊墙限制商品交换、用宵禁控制城市生活时间,已经与社会现实相悖了。特别是"安史之乱"(755—763年)后,唐王朝对地方的控制力明显削弱。在社会经济正常发展的必然趋势和现实政治压力的双重作用下,封闭的坊市制开始转向开放的街巷制。

"坊市制度"在唐末衰败主要表现在以下三方面:一是坊市界限被完全打破了,居民住区的坊中出现了"市"(商店)。如房山云居寺的《大般若波罗密经》中记载:"大唐幽州蓟县界蓟北坊檀州街西店"和"幽州蓟县界市东门外两店"。说明不仅幽州城居民的坊中已设有商铺,而且当时的商铺已扩至幽州市门外。二是夜市的广泛出现,突破了市场集散的时间限制。从前市门启闭时间明文规定:"凡市,以日中击鼓三百声而众以会,日入前七刻,击任三百声而众以散。"①市闭门之后与开门之前,若有行人,谓之"犯夜",是要受法律处罚的。三是市的设置已不限于州县治所,凡为"要路"且交易频繁的地方皆可设市,至此民间出现了许多自发的市,打破了官市的一统天下。可见隋唐时期是我国商贸市场由古代型市场向近代型市场转变的初始阶段。正是随着坊墙被推翻,开放、自由的商贸交易得到充分的发展,我们才可能看到《清明上河图》那样的热闹、繁华的商业街景。

---

①《唐六典》卷三十,第118页。

三、各方贡奉对北京商业文化的影响

自古以来,在世界主要国际关系中,有三大体系模式:朝贡体系、条约体系和殖民体系,其中朝贡体系存在于以中国为核心的亚洲地区。

"纳贡"作为古代税收的别称,起源于原始氏族社会末期。传说帝舜统治天下时,就曾划地分族、令四方献纳土产。显然早期的土贡制度带有强烈的原始部落军事联盟的色彩。这种完全出于政治和军事目的的供奉传统,从一开始就摒弃了价值的观念,既是忠君的表现形式,又是以经济利益换取政治安定的好办法。

夏禹继续实行土贡征收,他将境土分为九州,令各州献纳特产以供政府支用,并根据各地物产的不同,规定了不同的贡纳项目:如冀州的全国第一等田赋、皮货,兖州的漆、丝、织文(锦绮之属),青州的盐、绵(细葛)、海产物、丝、枲(大麻的雄株)、铅、松、怪石,徐州的五色土、磬、蛇珠、鱼、玄纤缟(黑白细绸),扬州的金三品(一说是铜之白、青、赤三色,一说是金、银、铜)、瑶、琨、齿、革、羽、毛、贝锦、桔柚,荆州的羽、毛、齿、革、金三品、砮、丹砂、美竹、珠玑青芽、大龟,豫州的漆、枲、𫄨、纻(芝麻)、纤扩(锦之细者),梁州的理(玉名)、银、镂、砮、磬、熊、署、狐狸、织皮(皮毯),雍州的球琳(美玉)、琅玕(美石)、织皮等都是土贡之物[1]。商、周时,出于对中原王朝乃"天朝上国",周边民族都是蛮夷戎狄番土的认识,原始的土贡制度进化到理性的畿服制度。"服"即服事于王之意。王朝直辖地区称邦畿,王朝职官为内服,都城以外各辖区诸侯为外服,并按各邦国、部落同王朝的亲疏和距离远近分为不同的服,历史上曾有五服、六服和九服等概念。所有外服之地都负有进贡的责任。可见,自古凡统治力量强大、威服四方的权威者,均拥有"九州入贡,四夷来朝"的体面。

土贡最初的目的是为了满足权威统治者对稀有珍品占有的欲望,满足权贵们奢侈的生活需要,与商业无关。正由于它是以强权为征纳基础的,所以成为以后商品流通行为中非价值观念产生的根源。土贡和赋税一样,带有强制性和无偿性,应贡而不贡,被认为是犯上的行为,会受到严厉的制裁。从主观方面看,随

---

① 《尚书·禹贡》,河南大学出版社,2008年版,第147—154页。

着封建大一统吏制的发展，土贡成了各地郡主和官员们向朝廷争表忠心以求加官进爵的手段。据史料记载：一次唐代宗过生日正赶上端午节，四方来贡献者多至数千人。从客观方面看，农业和手工业的发展，使进贡的产品范围更加广泛了，土贡制度逐渐蜕变为一种对下层劳动者直接剥夺的苛政。如据唐朝《通典》记载：各郡县的贡献之物，皆为当地的土特产品，价值约按 50 匹标准绢的价值计算。当时全国主要的 287 个郡每年奉献给朝廷的贡品有：黄金 100 两、白银 780 两、麝香 417 颗、人参 360 两、贡绢 1360 匹、贡绫 746 匹、丝葛 139 匹、贡绸 94 批、朱砂 50 两、贡纸 12000 张、龙须席 82 领、野马皮 72 张、鲛鱼皮 150 张，此外还有珍珠、犀角、豹尾、象牙、牛黄、蛇胆等珍稀物品和布匹、棉纱、蜡烛乃至棋子等大量的生活用品。当时幽州的范阳郡每年贡品是贡绫 20 匹。

每年有如此大量的奢侈品、日用品集中到京城，供帝王权贵们挥霍之用。这些不通过市场和买卖程序，超越了商品货币关系的贡品存在，大大缩小了市场流通的范围，抑制了农业、手工业生产的商业化过程。在整个封建社会里，土贡制度已演化成严重阻碍商品经济发展的抑商政策。虽然隋唐时幽州蓟城还不是帝都，但在历史的长河中，需要等待的时间已经不多了，自辽、金以后土贡的影响就在北京这块六朝古都的土地上逐渐显现出来。

秦统一后，建立了严格的中央集权制国家，西周的畿服制度得到推广。汉武帝击败匈奴后，周边诸国和少数民族受到汉王朝的"册封"，他们均有对汉王朝纳贡的职责，故自汉以后有了"职贡"之说。宫中不少《职贡图》记录的真实情景，就可窥见封建社会鼎盛时期各臣属国和少数民族向中原帝国朝贡的情况。

存世最早的当数南京博物院收藏的宋代人临摹南朝画家萧绎的《职贡图》[①]，又名《番客入朝图》或《王会图》，展现了南北朝时期国家间友好往来的繁盛场面。从现存的滑国、波斯、百济、龟兹、倭国、狼牙修、邓至、周古柯、呵跋檀、胡密丹、白题和末国十二朝贡使者的形象看，使臣们着各式服装，拱手而立，风尘仆仆的脸上流露出既严肃又欣喜的表情，传达了不同民族、地域使者面貌和气质方面的差异及特点。唐太宗时任过工部尚书的阎立本绘制的外域人物来朝职贡

---

① 胡凌、邹兰芝编著《全彩中国绘画艺术史》，宁夏人民出版社，2000 年版，第 22—23 页。

场面的《职贡图》①，形象非常怪异，最具独特风格。为此苏轼还专门作过诗。宋真宗时开始了官修《职贡图》的传统。如曾官至朝奉郎的北宋著名画家李公麟绘制的《五马图》②，描绘了西域进贡朝廷的五匹名马和牵马的奚官、圉夫。马旁或站着头戴毡帽、虬髯满腮的西域须官，或是一手执毛刷，一手执缰，袒裸右臂的圉人。线描加施极清淡的颜色，含蓄地表现了人物的民族特征和马的神态。因马后有黄庭坚行书签题的马名、年岁、尺寸、进贡年月、收于何厩等，表明了该画册的《职贡图》性质。此外，流散于国外和明、清绘制成册的《职贡图》都真实再现了各少数民族和各诸侯国对中原华夏帝王恭顺称臣的历史。

职贡对帝都商业和商业文化发展的影响，主要表现在以下三个方面：一是职贡者来自外域，作为中原少见的珍稀贡品虽只给宫廷或官府使用，但帝都的手工业者和商人们见之即可打开创意的思路，从而丰富了帝都的商品品种；二是职贡提高了帝王权臣们享乐的水准，并升格了帝都商品的档次；三是绵延千年的职贡传统无形中让帝都商人们见多识广，有了一种对小地方客人居高临下的心理和生就于骨子里的傲慢情绪。

虽然隋唐时期北京所在的幽州地区还只是北方的军事和商贸重镇，但由于当时无论是国内的下属入朝，还是境外遣使入朝，据其所肩负的使命可以分为朝觐者和朝贡者两种。朝觐者多是等待召见的王侯贵族或境外政权的政治使者，而朝贡使者一般是在边郡缴纳贡物，再由边郡官员代朝廷回赐钱物。而幽州正是朝廷在东北方接受境外遣使朝贡的重要边郡，所以上述职贡对帝都商业发展的诸般作用也同样作用于幽州城。

唐朝代、德年间，宫中采买官以不等价形式对民间的强行索买被称作"宫市"或"市买"。当时以宦官为"宫市使"，甚至设"白望"数十人，专在市场上瞭望，见好东西就口称奉了"敕命"，用不值钱的东西强换商人的货物，遭到市人普遍痛恨。对"宫市"行为揭露最深刻的诗篇《卖炭翁》，就是生于代宗、长于德宗的白居易所作。他对该诗的自注是："苦宫市也。"千百年来，每一个有良知的人读此诗篇都会为宦官的无道和老人的悲凉而心恸，但是宫市的恶果绝不能归结为宦官

---

①胡凌、邹兰芝编著《全彩中国绘画艺术史》，第 35 页。
②胡凌、邹兰芝编著《全彩中国绘画艺术史》，第 97 页。

个人的道德行为,从深层次看有其产生的社会历史根源:

一是内廷供送体制转换期的失控。唐前期,内廷所需基本是供送制,自己采购的部分很少。后随着官营手工业的衰落,城市商品经济的发展及内廷对市场需求的增加,供送制开始转为采购、供送并举。这本是政府财政供应体制的正常改变,但"安史之乱"后中央政府的控制能力大大削弱,宦官势力伺机恶性膨胀,对正常的政府采购与市场交易形成干扰。

二是封建社会君臣思想和土贡传统意识作祟。在君臣思想的统治下,皇帝身边的宦官及权臣们可以仗势欺人,正是他们"手把文书口称敕",百姓才会"宫使驱将惜不得",在封建社会的鼎盛时期,官府与平民之间、皇家(哪怕只是皇家的奴才)与百姓之间怎么可能产生平等的交换呢?

三是坊市制为宫市行为提供了方便。坊市制中交易时间和地点的限制,从客观上助长了宫市行为。如《卖炭翁》里有这样一句话,"牛困人饥日已高,市南门外泥中歇"。为什么老人不赶快入市交易,而在市场的南门之外歇着呢?显然是时辰未到,市门没开。再有老人为什么恰好在这里遇到要命的宦官呢?恐怕市场南门附近正是柴炭之肆所在地,老人必须等在这里,这就为准备采购柴炭的宦官专门在此截车拉炭提供了方便。

总之,宫市作为皇家商业文化中最丑恶的一面出现在唐朝中叶,是有其历史必然性的。随着皇家商业文化的示范效应,封建社会的中后期,各地方官府和某些地头蛇们均有欺行霸市的行为。特别是在帝都的交易观念中,官民之间的不等价交易竟被视为一种自愿的孝纳性贡献,商人由被迫孝纳官府到自觉巴结官府,竟演化为商业文化中一种丑陋的生存方式。

第三章 辽、金、元北京商业及其文化的发展变异

本章阐述的是三个少数民族取代汉族统治的朝代,是北京帝都历史的开篇,农耕文化和草原文化从非正式的、渗透性的民间融合,发展到大规模的、强制性行政同化的过程。伴随着农耕与游牧二元社会文明一体化的过程,传统以政治伦理为中心的权力统合型社会,逐渐向以商品经济为中心的相对疏离型社会嬗变,包括商业文化在内的各种文化的整合也从政治权力的统合中分离出来。

第一节 辽陪都的商业发展及其文化变异

一、陪都地位对商业发展的促进

契丹族原居住在今辽宁西北部的西喇木伦河地区,由于地理位置的接近,与汉族在经济、文化方面有着恩怨交加又难以割舍的交往。作为游牧民族,契丹以畜牧和狩猎为主要生产方式,每当冬春之交粮草不足时,常会南侵到汉族地区劫掠粮草、财物,甚至强驱汉人为奴婢。隋唐时汉民族强盛,汉文化发达,迫使契丹族臣服。为了朝贡方便,契丹人在幽州城设立馆舍,经常派使臣前来与唐修好。双方的使者和商人之间长期的交往,消除了彼此在文化上的基本隔阂,特别是汉民族先进的生产方式和灿烂的文化深深吸引着契丹人,他们自觉学习汉文化,向往中原沃土。五代时,契丹族先后以武力征服了突厥、吐谷浑和党项等部落。916 年辽太祖耶律阿保机称帝,辽国正式建立。926 年契丹又灭了东邻渤海国,

"得地五千里,兵数十万"①。由于河东节度使石敬瑭的背叛,936年辽朝取得了燕云十六州,随即升幽州为陪都——南京,又称燕京,府名幽都,后易名析津府。直到1122年被金人攻陷,南京作为陪都共存在了一百八十四年,在北京由北方重镇演变为一国之都的历史上占有重要的地位。

辽朝"因俗而治"的开明统治在历史上是留有美名的,表现了契丹民族对汉文化积极吸纳的态度。这不仅仅源于游牧民族的质朴和豁达,更源于契丹民族文化上的自信心。作为少数民族,他们除了占领汉族的土地,还想在心理上取得对汉族的统治态势,对被宋人称为"夷"十分反感,认为"吾修文物,彬彬不异于中华"②。辽的文化的确也在某些方面达到了较高的水准。如辽朝创造了契丹文字,包括辽太祖皇子耶律倍在内的一些辽朝贵族文人能写诗绘画,宋朝曾藏有耶律倍的绘画十五幅,其中"猎骑图"一幅,直到元代仍受到珍视。另外自辽圣宗始,辽就仿仿汉人修史的传统,撰修了辽朝的历史。正是这种文化上的争雄,消融了民族间的隔阂,促进了多民族国家共同体的形成。

现实生活中,辽朝契汉杂居的现象比比皆是,如西夏墓木板画《侍奉图》中所描绘的契丹贵族,在日常生活中大多着汉装。《童戏图》中一起玩耍的孩童,既有梳契丹的髡发,也有扎汉式的髻发,其关系之密切,亲如一家。契丹人习惯用蜜蜡腌制各类水果,以防腐烂,此法后来竟成为北京特产——蜜饯果脯的制作方法。另外汉儒文化中的不少伦理思想也被少数民族欣然接受,如从契丹贵族耶律羽墓出土的随葬器物中,有一个通体錾花的精致银罐,上面竟绘有八幅孝子图,说明忠孝思想对少数民族的影响已相当深刻。

与定居的汉族不同的是,游牧民族建立的是"行国",在设立一个都城的同时,还设有不少陪都,其中尤以辽朝的五京为最甚。多都的设立,恐怕与游牧民族的四时巡抚的"捺钵"制度有关,即每年春、夏、秋、冬四季契丹皇帝都要到各地狩猎或避暑,并召集臣僚商议军政大事,五京实际上是契丹皇帝的重要行宫。

五京相比,幽州析津府所在的南京(今北京)有六大特点:一是人口最多,《契丹国志》卷二十二记载:南京曾有"户口三十万";二是汇聚了汉、契丹、奚、渤海、

①《辽史·地理志》,中华书局,1974年版,第493页。
②杭侃《中华文明传真——草原帝国的荣耀》,上海辞书出版社,2001年版,第64页。

女真、蒙古及西域较多的民族;三是城池相当完整;四是地理位置重要,驻有政府管理机构和大批军队;五是经济最为发达,为辽朝创造了大量的税赋收入;六是商贸最为繁盛。

以上六大特点的形成,其实都源于一点:即南京是两种经济、文化的对接地。辽国建立之初,是以狩猎为主的奴隶制国家,得到燕云十六州后,为适应中原先进的生产方式,创造性地推出了"以国制治契丹,以汉制待汉人"①的国策。长城以北地区采用官帐、部族制度,太后和契丹臣僚穿契丹的"国服"。长城以南地区则沿袭唐制,主要任用汉官、着汉服。虽然是一国两制,但在幽燕封建经济的示范下,辽国迅速地由奴隶制向封建制转变。可见南京既是辽朝统治汉人的政治中心,又是向汉人学习先进生产方式和管理制度的实践基地,还是辽、宋作战的前沿军需地和修好往来的商贸中转站。

可见,正是由于两种政治制度、两种生产方式、两地商贸关系以及两种民族文化在南京的多角度对接,使其成为辽宋间各种矛盾的发生地和化解地,应该说南京对于辽朝的重要性,具有一种历史性和全局性的意义。

南京地区自古多水泊,大量的植桑养蚕为丝织业的发展提供了有利的条件,而北方少数民族对绫锦绸缎的大量需求又造就了丝织品广阔的市场。特别是923年,后唐将领卢文进、王侑投辽,裹挟了大批"士女",教其织纴,从而使辽南京拥有大量技艺相当的织工。从1955年北京双塔寺出土的辽金时代丝织品看,其质地、色彩、图案和织绣技法确已达到很高的水平。

契丹民族喜爱精美的手工艺品,常用马匹、牛羊和皮毡制品同汉族交换各种农产品和手工产品的传统。幽州升为南京后,特殊的位置,使商品需求不断扩大,手工业自然得到了较快的恢复和发展。据宋人许亢荣《奉使辽记》所载:辽南京地区"水甘土厚,人多技艺"。当时南京城中有很多手工作坊,其中少数民族传统的手工皮革、甲胄、皮囊、毛绳、鞍鞯、弓箭等行业兴盛,反映"四时捺钵"的玉雕挂件"春水玉"和"秋山玉"形象生动,各种金银錾刻工艺也十分精湛。

中国的制瓷业举世闻名,然早期的瓷窑大多集中在江南和中原,燕京地区著名的龙泉窑就诞生在辽代。辽代瓷器造型粗犷、质朴,既有中原汉族传统样式,

---

① 尹钧科等《古代北京城市管理》,同心出版社,2004年版,第126页。

如碗、盘、罐、盒、盆等，也有契丹等少数民族样式，如鸡冠壶，原名"马盂"，是契丹人用来储存水、酒、奶的工具。此类壶完全模仿游牧民族皮囊的原始状，就连边沿缝合线的针脚都清晰可见。还有著名的"辽三彩"，是与"唐三彩"一样的随葬冥器。契丹民族原本实行的是"树葬"和"火葬"，进入中原后渐行汉族的土葬与厚葬，随之出现了大量仿唐的三彩陶器。

此外，辽南京的煮盐、冶铁、印刷等手工业也很发达。辽兴宗时雕印的大藏经，约近一千册，被高丽僧人赞为"纸薄字密"，"帙简部轻"，说明辽朝的造纸术和印刷术都已达到很高的水平。

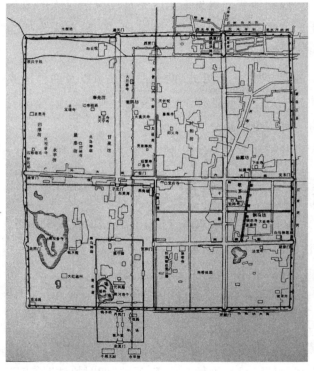

辽南京复原图

辽代五个京城即是各地区的政治中心，也是商业贸易的中心，但其形式各不相同。上京统辖的契丹各部落多通过贡赐或以原始易物形式进行着交换，只是在汉人聚居的南城和回鹘商贩集中的回鹘营，才进行着较规范的商肆贸易；中京宽阔的街道两旁有廊舍约三百间，周边牧民将车马、骆驼置于坊间，到廊下进行交易；东京的外城有以汉人为主的汉城，经常有高丽和日本客商来此市场中交易;西京是军事重镇,商贸不很发达,只是在四时捺钵的皇帝和官员驻在地有些临时的市场,商民驱车随从进行货卖;五京之中的南京是纯汉人的城市,农业和手工业的发达,加上特殊的地理位置,成了辽王朝最大的商贸中心。

辽南京城基本保持唐幽州城的规模,四面八门,城内干道井字分布。干道两侧设二十六坊,坊名大多为唐代旧称,坊内有住宅和寺庙。依汉人"前朝后市"的营国旧制,三个主要商贸市场均设在城北,陆海百货皆在市上买卖。南京先进的生产方式和丰富的货源吸引着周边各国客商前来,除后梁、后唐、后晋、高丽等国外,较远的日本、南越、西夏、高昌、吐蕃等国的使者和客商也乘船、骑驼而来。当然最大的商贸伙伴还是宋,辽卖给宋的商品主要是马、羊、驼、鞍辔、珍珠和镔铁刀,自宋朝输入的商品有粮食、茶叶、药材、丝麻织品、漆器、瓷器、铜钱、犀象、香料以及九经等印本书籍。据《帝京景物略》记载,当时辽南京自白云观西南五六里,经通州到香河曾有一条"萧后运粮河",就是因贩粮船多而得名的。

据《契丹国志》说:南京"膏育蔬蓏,果实、稻粱之类,靡不毕出,而桑、柘、麻、麦、羊、豕、雉、兔,不问可知"。"水甘土厚,人多技艺","锦绣组绮,精绝天下"[1]。在南京城北的商市中,蔬果稻粱无奇不有,精湛手工百货齐全。辽南京的繁荣、昌盛为其日后成为中华民族的国都奠定了基础。

辽国统治燕京时期,毗邻的宋国商业分工已多达三百六十行,宋京汴梁的坊市制也已基本废除。但辽南京的坊市制还保留着一定的封闭性,沿袭着传统的听街鼓声,日出坊门开启、日落坊门关闭的旧习。辽朝规定"习唐学宋",首先就在两国经济、文化的交流对接地辽南京进行了经济改革,渐使辽南京城内店铺林立、市场繁荣。辽太平五年(1025),南京年谷丰熟,辽圣宗耶律隆绪车驾临幸,全城庆贺,百姓争献土物,至夜间"六街灯火如昼"、"士庶嬉游"[2],热闹非凡,乃使圣宗被引至市中看楼观赏闹市。

辽初的商贸交易手段依游牧传统习俗,多拿羊作为物物交换的比价,但在远离草原的诸陪都城,多改用布作交换的媒介。由于契丹银矿丰富,采冶技术也较发达,就为以银作货币打下了很好的基础。特别是北宋时期,辽每年可从中原获

---

①〔南宋〕叶隆礼《契丹国志》卷二十二《四京本末》,四库全书本。
②尹钧科等《古代北京城市管理》,同心出版社,2004年版,第14页。

取大量的朝贡岁银,曾由年贡三十万两增至五十万两,所以在辽的大宗贸易交往中白银多为流通手段。辽景宗、圣宗以后,辽自铸的铜钱开始与宋钱兼行,代替布帛广泛流通。

辽与北宋因势均力敌,相互之间不能并吞。除少数交战期外,长期保持着默契的贸易往来,其形式主要有官方朝贡贸易、榷场贸易和私人的走私活动三种。

朝贡贸易是辽太后与宋皇帝之间,在每年正旦和彼此生辰时节单独遣使送礼祝贺。据《契丹国志》记载,宋朝贺契丹国主和太后的生辰礼物是:金酒食茶器三十七件;衣五袭,金玉带二条,乌皮白皮靴二 ';红牙笙,笛,觱栗,拍板;鞍勒马二匹,缨复鞭副之;金花银器三十件,银器二十件;锦绮透背杂色罗纱绫縠绢二千匹,杂采二千匹;法酒三十壶,乳茶十斤,岳麓茶五斤;盐蜜果三十罐,干果三十笼。

辽国贺宋朝皇帝生辰礼物有:缂丝花罗御样透背御衣七袭或五袭七件,紫青貂鼠翻披或银鼠鹅顶鸭头衲子,涂金银装镶金银水晶带银匣副之;锦缘帛皱皮靴,金玦束帛白楮皮靴鞋;细锦透背清平内制御样合线缕机绫共三百匹;涂金银龙凤鞍勒,红罗匣,金线绣方鞯二具;白楮皮黑银鞍勒、毡鞯二具;丝褐楮皮鞍勒、海豹皮鞯二具;白楮皮裹筋鞭二条;红罗金银线绣云龙红锦器杖一副;黄桦皮裹楮皮弓一,红锦袋、皂雕羯角狍头箭十,青黄雕翎箭十八;清法曲曲酒二十壶;密晒山果十棵棵碗;蜜渍山果十棵棵匣;列山梨市梨四棵棵罐;榛、栗、松子、郁李、黑郁李、面枣、楞梨、棠梨二十箱;面秫糜梨秒十碗;芜荑白盐十碗,青盐十箱;牛、羊、野猪、鱼、鹿腊二十二箱;御马六匹;散马二百匹[1]。

根据礼尚往来的习俗,宋廷对前来朝贺的辽国使节都有定时、定额的赏赐规矩,同时对于贡献也有数量不小的珍奇宝物的回赠。可见这种贺礼性的朝贡,已经成为当时统治阶层间交换奢侈品的重要贸易形式。

辽、宋之间在南京的周边地区还存在着不断发展的榷场贸易,即由双方政府本着"以我无用,易彼有用"的原则,开辟的官方边贸市场。根据需要,榷场的交易时间各不相同,有每天定时开放的,也有三、五天开放一次的。榷场贸易规模

---

①张雪慧《中国商业通史》第三卷,中国财经出版社,2005 年版,第 156 页。

相当大,如宋每年在河北榷场仅买羊一项,"所耗官银,不下四十多万"①。榷场管理官吏两人以上,负责查验商人的交易许可证,查验禁运物资,估价商品,并收取双方交易千钱5%的税。随着榷场贸易的扩大,仅宋朝政府每年可增加四十万缗的收入,以至进贡给辽的岁银,多可从榷场贸易中收回。

古代榷场形制图

作为敌对国间的榷场贸易,双方政府均对输出商品种类有严格禁令,如辽禁止毛毡、白银、好马、牡羊等入宋。宋则禁止粮食、火药、军器和除九经外的其他书籍。正由于这种人为的限制,人民的许多需求不能得到正常的满足,必然出现走私现象。辽时走私很盛,既有朝贡使节官吏大量的夹带走私,也有私商的路陆、海路的走私。就连宋徽宗被俘到辽南京后,也曾用衣服换到了王安石所著的涉及国家政策的《奏对日录》一书,可见民间的走私活动已不可小视。

二、辽南京商业文化的变异

辽南京在商业制度方面实行的是"汉制",和唐朝、五代在管理形制上无大差

---

①《续资治通鉴长编》卷二百四十"神宗熙宁三年五月庚戌条";《宋会要辑稿·职官二一》。

别。作为经济中心,南京被辽廷视为主要的财赋来源地,所以不仅挑选严厉者为南京财赋官,还建有专门的工商管理机构和一套税收制度。

从管理机构和任职官员看,归户部所辖的南面官主要有三种:南京三司使主要掌管南京的财政收支之事;南京转运司使负责全国的财物转运及其他财务工作;南京栗园司使负责南京地区的板栗生产、管理和税收工作。因南京地区栗园较多,所产板栗是辽王朝的一项重要的财赋来源。各司使之下还有个不同级别的官吏负责具体的管理、税收、度支、估价等事宜。如据史料记载:重熙六年(1037)张绩"充燕京管内都商税判官,吏不敢期(欺)"①。经他管理后,辽南京"商修所鬻,市征倍入,府库无虚"。从此记载中可以看出:一是张绩为官有权势,一般小吏不敢轻侮;二是张绩执政严厉,收缴商税,措施有效,同前任相比,能够"市征倍入";三是当时辽南京的商业市场之繁荣,否则不可能"府库无虚"。

辽朝开放豁达的"因俗而治"②,是取得少数民族统治汉族成功的要因,尤其是在解决商贸税收等经济问题和交易民俗方面,文化及心理上的认同起了很大的作用。据《辽史》记载:"征商之法,则自太祖置羊城于炭山之北,起榷务以通诸道市易。太宗得燕,置南京,城北有市,百物山峙,命有司治其征,余四京及他州县货产懋迁之地,置亦如之。"③看来征商税是各族各朝必有的商业政策。辽太祖自得韩延徽之后,就开始采用汉人的商税制。但辽朝的商税分中央和地方两种,地方税又分军队和州赋两种。除酒税上缴国家外,其他市井之赋各归其主,这主要与契丹民族长期自由分治的游牧生活习俗和契丹奴隶制下各部落、各军队均有自己的头人有关。为保各方利益均等,辽廷不得不将市井之赋各归其主。商税的归属权由中央向地方的转移,恰恰说明了铁板一块的农耕文化在与游牧文化碰撞后,权力统合型的政治伦理受到了商品经济中利益主体相对疏离意识的挑战,并成为社会总体文化嬗变的发端。

在关税的收缴上,由于各地方利益不同,五京之间的商贸往来也要征关税。故在辽南京的居庸关、松亭关、古北口等重要关口均设卡征税,以加强对来往商旅的管理,增加政府的财政收入。同时根据各关口商人贩运物资的变化,了解各

---

①《全辽文》卷八《张绩墓志铭》。
②《辽史·百官志》,中华书局,1974年版,第685页。
③《辽史·食货志》,中华书局,1974年版,第929页。

地市场贸易情况,并通过调整关税政策来调整宏观市场。如史料记载:"圣宗统和初,燕京留守司言,民艰食,请弛居庸关税,以通山西籴易。"①

伴随着农耕与游牧二元社会文明一体化的进程,必然出现相应的文化变奏现象,这是由辽到清,从量变到质变渐次完成的。那么从辽朝开始的量变是怎样发生的呢?

首先是"捺钵"制的影响。"捺钵"即"行宫"或"行在",辽朝的四时捺钵制与契丹族的游牧、渔猎生活密切相关,同时又受到政治形势的制约。辽初时,捺钵多在上京附近,后因与北宋经济、军事方面交涉频繁,南京成为辽帝冬季捺钵之地。春、秋两季捺钵的主要内容是渔猎,春为捕鱼捉天鹅,秋为射猎虎、鹿。这是契丹民族生产生活的重要内容,是贵族们游乐放纵的机会,也是辽帝安抚、控制和考察各部属下动态的机会。而冬、夏两季的捺钵名义上是违寒、避暑、休闲、赏花,实际上是辽帝与南北臣僚间共商国事、定夺国策的大政会议。如同农耕民族的四时耕种一样,四时捺钵是游牧民族的习性,由于加入了政治因素,捺钵地点变成了辽朝随季节变幻的政治中心。

契丹民族五京的设立和四时捺钵制,充分体现了游牧民族的随意行走性。南京本是辽朝的经济中心,四时捺钵时,大批贵族、臣僚、近卫军尾随,捺钵地万民欢庆,那阵势和礼仪需要许多商品和商贩相助。所以自辽朝始,跟着皇帝的行踪做买卖成了不少商人的生财之道。慢慢的,原来习惯于定时、定点的坐商们意识到:买卖可以不拘形式和地点,随时随地去做。如从契丹壁画中可看到随军出行人员中,有头顶大圆筐箩,内放碗、碟、杯、壶和饼状吃食者。可以想见,少数民族以头顶货物沿街叫卖的习俗,甚至以歌舞助兴买卖的习俗,也由辽至元日渐增多,各色游商的出现更成了辽南京城的商业景观之一。

其次是游牧经济喜好商业的影响。汉族自战国后期开始的"重农抑商"国策,使商人和商业发展受到很大打击。而契丹作为游牧民族自身物资贫乏、产品有限,且居无定所、收入不保,他们希望商人能经常性地伴随左右,便于以畜牧和渔猎产品换取生活之需。正是他们对商人、手工匠人和艺人们采取欢迎态度,南京的手工业和商业才得到顺利发展,使商人的历史地位恢复正常,商业不再是末

①《辽史·食货志》,中华书局,1974年版,第929页。

业,出现了继唐朝开放以来商业平稳发展、多元文化内涵自然融合的大好时期。

第三是民族豁达开放心态的影响。契丹民族生长在苍茫的草原荒漠,艰苦的游牧生活使他们善战、耐寒,就连后妃、公主们都以鞍马为家,皆善射驭,何况男儿。其民族的心理特质是:纯朴、豁达和开放,相对于农耕民族的善良、保守和封闭具有一定的优势。当两个不同心理特质的民族共生时,高势能心理必然会影响低势能心理。从辽、金、元到清,汉民族不断地从少数民族那里获取特殊的心智营养,使北京商人在纯朴、宽容和散淡之中,又添了豁达、大气与开放。随着各民族文化和礼仪的精华被保留下来,那些不适合农耕生产的野蛮、棱角个性被磨掉。北京商业自此在多民族文化融合中多姿多彩地向前发展,北京商人的心理态势,也在皇城紫贵之气的笼罩下得到提升,形成了积淀深厚、情感生动、海纳百川、文味十足的京商文化特色。

第二节　金中都商业制度文化的基本形制

一、金中都的建立及商业兴衰

女真族是五代时期由东北靺鞨族的一支——黑水靺鞨发展起来的,在白山黑水之间过着原始的游牧和渔猎生活。他们身体健壮,善奔走、骑射,经常以马匹、猎鹰、黄金、珍珠、人参和蜜蜡等剩余产品,同外族交换铁器、布帛等生产生活资料。11 世纪时,受着契丹族压迫和辽朝剥削的女真族,生产能力和经济实力发展较快,共同的利益和愿望使女真各部落逐渐联合起来,由完颜部首领阿骨打(即金太祖,1068—1123)领导举兵抗辽,不断取得胜利。自 1116 年至 1222 年,女真军队先后攻陷了辽朝五京,结束了辽朝长达一百八十多年的统治。

金朝初年,统治阶层中保留着较多的贵族部落联盟残余,在皇位继承、官制改革、移民华北、治理中原等方面各派出现了严重分歧。1149 年,完颜亮杀熙宗即位,史称海陵王。完颜亮本人粗通经史,受到中原封建文化的濡染。即位后,将"励官守、务农时、洋侧陋、恤穷民、节财用、审才实"七事诏告天下,改革官制,使金朝国力不断增强。但海陵王因即位和改革等问题,受到旧贵族的指责,统治阶层内部矛盾重重。此时金朝的势力范围是淮河以北的半个中国,华北、中原大

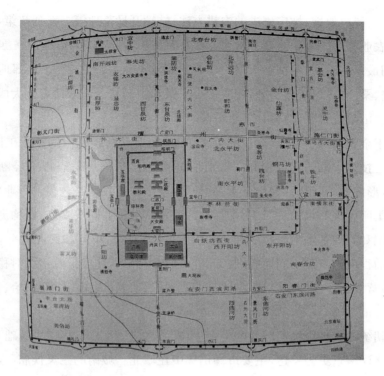

金中都城复原示意图

片新占领地区的统治急需巩固,远在黑龙江的上京会宁明显鞭长莫及。为加强皇权的统治,1151年完颜亮以上京"僻在一隅,官艰于转输,民艰于赴讼"为由,决定迁都南京府。

又经过三年的宏大工程,美丽的金中都建成。至此北方游牧、渔猎文化和中原农耕文化有了交流的中心,从而极大地促进了各民族间政治、经济和文化间的融合,加快了北部中国社会的发展。金中都的确立,在北京的发展史上更具里程碑意义。它不仅把中原都城建筑、宫阙制度引进到幽燕,更重要的是使北京开始了一国之都的历史篇章。著名历史地理学家、北京大学的侯仁之教授就曾把金朝建都燕京称之为北京的"巨变之始"。

金朝初年,战争破坏了中都地区的生产流通,一片"市井萧条,草莽葱茂"、"城市丘墟,狐狸野处"①的破败景象。为此,海陵王采取了减轻徭役、禁止军队

①孙健《北京古代经济史》,燕山出版社,1996年版,第61、70页。

扰动生产、释放奴婢、推广先进的农耕方法、鼓励开垦荒地等一系列政策,使中都地区的农业和手工业生产迅速恢复,耕地面积扩大,人口增殖迅速。据史料记载:金朝最鼎盛时期,中都路下辖户口曾达到八十八万户之多[1]。京郊地区除种植稻、麦、桑、麻、瓜果、菜蔬外,还有不少干果和中药材。南宋使者范大成曾赋诗云:"紫烂山梨红皴枣,总输易栗十分甜。"[2]

由于金朝劫掠了宋、辽大量的手工工匠,加上女真族传统的手工工匠,所以金代手工技艺水准的起点较高。特别是织绣新工艺——缂丝,以通经断纬的独特技法,形成"锦绣组绮,惊绝天下"的效果,至今都是我国工艺美术行业的一绝。在统治集团奢侈需求的刺激下,中都地区的官营手工业匠夫众多,机构庞杂。其劳动组织和管理基本沿袭隋唐和北宋的制度,有官匠、军匠和民匠之分,待遇和被管束的程度因身份不同而有别。此外,迁都中都后,在经济政治相对稳定的环境下,私营手工业发展也较快,主要行业有丝织、造酒、造车、铸铜、矿冶、采煤、刻书等。

金朝统治了整个淮河以北的半个中国,在农业、手工业发展的基础上,中都的商业比辽南京更为发达,主要市场仍集中在城北。城南的三灵侯庙(今陶然亭西北)附近也有市场,规模大于辽南京,重要干道两旁商业繁华。当时的中都不仅"陆海百货,萃于其中",而且集中着各民族的商人。金政府对私营商业采取了减轻商税和禁止官府扰商等鼓励政策,如金朝的商税法规定,商人们的经营税率是:金银业税 1%,其他各业税是 3%,较前朝有了大幅度下降。又如大定二十一年(1182),金世宗的元妃李氏的丧事在兴德宫举办,官府为了清道,将周边肆市毁撤,令商人们歇业。世宗"过肆市不闻乐声",问明原因后对宰臣云:"岂以妃故禁之耶?细民日作而食,若禁止是废其生计也。其勿禁。朕前降旨兴德宫,有司请由蓟,朕恐妨市民生业,特从他道,故见街衢门肆,或有毁撤,障以帘箔,何必尔也,自今务复毁撤。"[3]正因为政府的鼓励,加之金中都有开放的城市街道布局,市场的规模比辽时扩大了许多,除在城市南北都有大型的综合市场出售粮食、手工业品外,还出现了一些专业市场,如:马市、布市、柴市、油石市、蒸饼市和"人

---

[1]《金史·地理志》,中华书局,1975 年版,第 572—578 页。
[2]孙健《北京古代经济史》,燕山出版社,1996 年版,第 62 页。
[3]《金史·世宗纪下》,中华书局,1975 年版,第 180 页。

市"。

中都城出现"人市"，主要是战争中金从南宋虏掠来的大批人口，无法生活，只好在劳力市场上寻求出路。此外，在中都市场上还有不少僧侣经营高利贷。如《大金国志》记载："燕京有民数十家，负富僧金六七万缗。"又据洪皓《松漠纪闻》中记载：燕京诸大寺院，多设有质坊，以经营高利贷。

金代中期以后，南方饮茶之风逐渐北上，中都街头又出现了茶叶贸易。如《金史》记载："比岁以来，上下竞啜（茶），农民尤甚，市井茶肆相属，商旅多以丝绢易茶，岁费不下百万。"

金世宗时还恢复了金、宋间的榷场贸易。根据《大金国志》卷十七《世宗帝纪》所载："自南北通和，始置榷场。凡榷场之法，商人货百千以下者十人为保，留其货其半在场，以其半赴南边榷场博易，俟得南货回，复易其半以往，大商悉拘之，以俟南贾之来。"可见金朝对榷场贸易采取了严厉的十人为保、以货抵押的措施，防止欺诈和违法行为出现。另据《宋会要辑稿》"食货·互市"中记载：金朝收缴的榷场商税相当重，每个商人来往北界一趟，没有三贯钱是不行的。尽管如此，金、宋间的榷场贸易还是发展很快的，如 1167 年时一个年税收三至五万多贯的榷场，到 1196 年时可达到十至十二万多贯。金宋之间共设有十几个榷场，可以想见金朝榷场贸易的商税是其财政收入的重要来源。正是大量输入的南货，促成了中都市场的繁荣景观。据史料记载：当时中都市场上最大的酒店——秦楼，"便似东京白樊楼一般；楼上有六十个阁儿，下面散铺七八十副桌凳。当庭卖酒，合堂热闹"①。可见当时中都的商业、服务业发达、市井繁华；街上人稠物攘，买卖兴隆。

中都商业发展的另一原因是交通的改善。除陆路交通外，金朝首次修通了中都东面到通州的漕渠，又在南面的卢沟河渡口建造了举世闻名的卢沟桥（因该桥的建设广利四方当时叫广利桥），并在桥的东西两头营造大量廊舍以方便来往商旅、吏民。

---

① 〔宋〕许亢宗撰《宣和乙巳奉使金国行程录》。

二、中都商业制度文化的基本形制

金朝的职官制度基本仿照唐宋旧制,据《金史·职官制》记载:当时户部有专管经济事务的职官,全权负责田宅、财业、盐铁、酒曲、香茶、矾锡、丹粉、坑冶、榷场、市易等,包括工商贸易和市场税收等商业管理工作。因中都城市经济是朝廷重要的财政来源,所以中都地区虽设有大兴府,其城市经济、商贸和军警系统一样,接受朝廷的直辖管理。

朝廷设在中都的最大经济管理机构是中都转运司,下设中都转运司正使、同知、副转运使和都勾判官等官吏。此外还设有中都都麴司、中都都商税务司、中都广备库、永丰库、中都流泉务、中都店宅务、中都左右厢别贮院、中都木场、中都买物司、太仓、草场等十一个经济管理机构,共同掌管中都的经济大权。

据《金史》所云,主要商务方面的职官设置与职责分别是:中都都商税务司主管征收中都城的商税,即"从实办课以资国用"。该司分别设有正、副职的都商税务使,负责掌管处理商税方面的文书、巡查匿税等违法行为。各使下面分设有都监一人、司吏四人、公使十人,负责具体事务处理。中都流泉务是官方所设立的典当机构,分别设有正、副职的流泉务使,下设"勾当官"和攒典办事员若干。北京正规的官办典当业务,就始于金朝。中都市场上还设有专门的管理机构——市令司,负责"掌平物价,察度量衡之违式、百货之估值"[1]。从其掌控管理物价、检查度量衡的职责看,当与现在的工商和税务职官类似。这在《金史·刘焕传》中有记载:"刘焕……调中都市令。枢密使傊散忽土家有缘结工,牟利于市,不肯从市籍役,焕系之。忽土召焕,焕不往,暴工罪而挞之。"可见中都的市令使因直属朝廷,权力很大,不仅对那些非法牟利、不从市役者的违法行为有严厉的处罚权,甚至对一些官吏也可以不予理睬。为支持和监督中都商贸市场的管理工作,朝廷还经常派"中都都商税务司"的官员进行巡查和指导,以保证中都市场的管理严格和秩序井然。

此外,金中都还设立了"都孔目官"和"知法官",隶属大兴府。此二员职同知事,掌监印,监受案牍。还设置了勾案、户籍案、盐铁案、支度案、开折案五个具体

---

[1]《金史·百官志》,中华书局,1975年版,第1319—1320页。

办案机构。金朝有意识地以法度治工商,较之辽南京的统治有很大进步,而且奠定了北京作为皇家都城法制工商的基础。

金朝在中国货币历史上有一个重大革新——银币的出现。金以前的交换都是以银锭重量计算价值,大而沉的银锭给商品交换带来很多不便。银币则体积小、重量轻,极大地方便了商民。虽然因种种原因很快就停止了使用,但为以后银币的使用开创了先例。

据《金史·食货志》记载:大定二十年(1181)正月,"定商税法,金银百分取一,诸物百分取三"。"大定间,中都税使司岁获十六万四千四百四十余贯。承安六年,岁获二十一万四千五百七十九贯"。可见中都商税对金政府的重要。中都的工商税种主要有:商税、金银税、房地产税、关卡税、茶税、盐税、酒税等。其中,盐、酒沿袭辽制,属国家专卖商品,不许私人买卖。

以酒税为例:中都城内居住着皇室、贵族和文武百官,对酒有很大的需求量。在高消费和高利润的驱使下,中都不但酒的酿造数量大,而且品质好,如《北辕录》中曾讲:"燕山酒颇佳,馆宴所饷极醇厚,名金澜,盖用金澜水以酿之者。"中都城专门设有"中都都曲使司"负责对酿造和卖酒收税和监控,保证每年能有十分丰厚的财政来源。同时,金朝政府对酒税的管理十分严格,就连宗室也不得私酿。如《金史·食货志》记载:"大兴县官以广阳镇务亏课,而惧夺其奉,乃以酒散部民,使输其税。大理寺以财非入已,请以赎论。上曰:'虽非私赃,而贫民也被其害,若只从赎,何以惩后。'特命解职。"正因为金政府采取了严厉的税管措施,才保证了鼎盛时期中都每年三百多万贯的税收,其中仅酒税一项就达四十余万贯,可见酒税是金代税制中相当完善的一项制度[①]。

金太祖时,战乱后的贫穷只能靠有限的国家救济,导致民间的高利贷盛行。金世宗了解到贫民受到重利盘剥后,决定在中都等地设置官办的典当行业,想以此减轻民间疾苦。据《金史·百官志》记载:"中都流泉务。大定十三年(1174),上谓宰臣曰:'闻民间质典,利息重者至五七分,或以利为本,小民苦之。若官为设库务,十中取一为息,以助官吏廪给之费,似可便民。卿等其议以闻。'有司奏于中都、南京、东平、真定等处并设质典库,以流泉为名,各设使、副一员。凡典质

---

①尹钧科等《古代北京城市管理》,同心出版社,2004年版,第221页。

物,使、副亲评价值,许典七分,月利一分,不及一月者以日计之。经二周年外,又逾月不赎,即听下架出卖。出帖子时,写质物人姓名,物之名色,金银等第分两,及所典年月日钱贯,下架年月日之类。若亡失者,收赎日勒和千人,验元典官本,并合该利息,赔偿入官外,更勒库子,验典物日上等时估偿之,物虽故旧,依新价偿。仍委运司左贰幕官识汉字者一员提控,若有违犯则究治。每日具数,申报上司。"另据《金史·食货志》记载,国家曾规定:"举财物者,月利不过三分,积久至倍则止。"金朝不仅最早在中都设立了官办典当机构——流泉务,其经营活动也受着相当完整的法规制约。遗憾的是,金朝官办的流泉务多设于大城市,乡村的民间高利贷者仍很活跃,至宣宗元祐年间,其利息重的甚至不到一个月就涨了三倍,债台高筑的百姓,被迫卖身为奴者屡见不鲜。

金初战争连绵,对北方农业生产破坏严重,国家储粮很少,金世宗大定十三年实行常平仓(萌生于战国为国家储积费用的官仓)制度。规定:"丰年则增市价十之二以籴,俭岁则减市价十之一以出。"[1]以恐物贱伤农和物贵伤民。到金章宗明昌元年(1190),"奉天下户六百九十三万九千,口四千五百四十四万七千五百,而粟止五千二百二十六万一千余石。除官兵二年之费,余验口计之,口月食五斗,可为四十四日之食"[2]。为此,金章宗在全国大力推行常平仓制度,并设立了严格的奖勤罚懒管理措施,以保证丰籴俭粜制度的执行。

金代在中都和通州等地建有不少常平仓,如通州有丰备仓、通积仓、太平仓,中都有广盈仓、丰盈仓、永丰仓、广储仓、富国仓、广衍仓、三登仓、常盈仓等。每仓均设有监支纳官,负责粮仓管理及支纳业务,以维持朝廷、官府等庞大的用度。金中都的仓储制对后世的影响极其深远,自金以后,北京地区的仓储制日渐完善,为满足需要,除粮仓外,还有各种皇家御用物资库。如今北海公园西侧的"西什库",就是明朝在皇城内和紫禁城外建立的十座皇家仓库的总称。

第三节　元大都丰富多彩的商业文化

1206年,蒙古尼伦部的首领铁木真在经过近三十年的征战后,实力日益强

---

[1][2]尹钧科等《古代北京城市管理》,同心出版社,2004年版,第228页。

大,终被全蒙古奴隶主贵族推举为"成吉思汗"。为使统治范围扩大,1209年成吉思汗征服了西邻的畏兀儿和西辽,后又三征西夏,攻打金朝,1218年西征,相继占领了中亚、西亚乃至欧洲的大片领土,建立起强大的元朝。由于蒙古族习惯于且牧且猎的草原游牧生活,有重商的传统,对城里的商市建设很重视,商贸方面的税收管理也相当宽松。故元朝在中国历史上既是疆域辽阔、军力强大、商贸发达的时代,又是一个民族矛盾充斥、等级压迫明显而让人感叹的时代。

一、元大都的城与市

元朝最早的都城建设是在1234年,成吉思汗的儿子窝阔台命刘敏在鄂尔浑河上游的东岸营建都城——哈剌和林城(在今蒙古后杭爱省尔德尼召北)。1271年,成吉思汗的孙子忽必烈取得了攻打南宋的节节胜利,随着国土南扩,迫切需要建立一个能统治全国的、庞大的帝国政治中心。忽必烈采纳了汉人才子刘秉忠的建议,建国号"大元",并开始在原金中都北面的琼华岛周围兴建都城。1272年,将新建成的大都定为元朝的正式京都。迁都之举标志着以忽必烈为首的革新派推行汉制的一大胜利,对于维护多民族国家的安定团结,促进经济文化的发展,具有重大的历史意义。北京也从金中都时北方的政治中心,提升为全国的政治中心。

元以前,北京的城市建设始终在今广安门一带,元大都北迁重建的主要原因是高粱河水系比莲花河水系水源更充足,为满足元统治者每年从南方调集数百万石粮食的需要,解决大运河终点通州到皇城四十多里旱路的运输问题,负责都城水系和建材的郭守敬奔波于大都城西北部山区,勘察泉流水道,使增大水量的高粱河,从和义门(今西直门)流入城内积水潭,顺大都城内皇城东墙,流过沙滩及南河沿,经御河桥南出丽正门(今正阳门),转东南流过文明门(今崇文门)与旧闸河相接后东流达通州运河。该河全长82公里,于公元1293年秋完成。江南粮船、商船等浩浩荡荡驶进大都城内,泊在积水潭。当时正值元世祖忽必烈从上都归来,路过积水潭,见船多人众,十分高兴,遂命名大都至通州运河为通惠河,郭守敬也因此受到北京人民永远的尊敬和纪念。

通惠河开通,使元大都的城市规划建设以湖泊水面宽广的积水潭和太液池琼华岛为中心展开。之后,元大都成为13世纪世界上最雄伟壮观的城市和东方

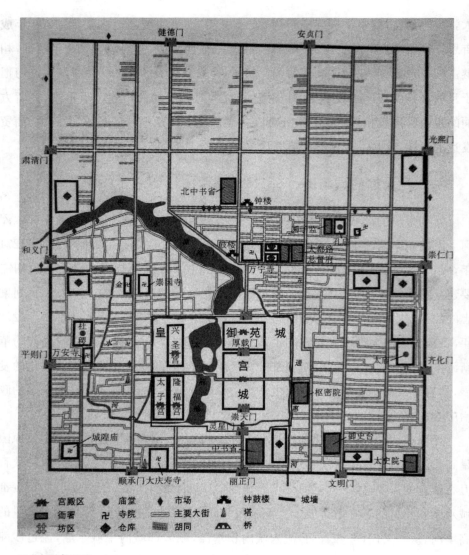

元大都城复原图

的商业大都会。诚如马可·波罗所记："应知汗八里城内外人户繁多,有若干城门即有若干附郭。……郭中所居者,有各地往来之外国人,或来入贡方物,或来售货宫中……外国巨价异物及百物之输入此城者,世界诸城无能与比。盖各人自各地携物而至,或以献君主,或以献官廷,或以供此广大之城市,或以献众多之男爵骑尉,或以供屯驻附近之大军。百物输入之众,有如川流不息。仅丝一项,每日入城者计有千车。用此丝织作不少金锦绸绢及其他数种物品。……汗八里大城之周围,约有城市二百,位置远近不等。每城皆有商人来此买卖货物。盖此城乃为商业繁盛之城也。"①成书于元后期的朝鲜古汉语教科书《老乞大谚解》中,也以高丽商人和辽阳商人结伴来大都经商为线索介绍元代大都:辽阳同伴问:"你这马和布子,到北京卖了时,却买些什么货物回还高丽地面里卖去?"高丽商人答:"我往山东济宁府东昌高唐,收买些绢子绫子绵子,回还王京卖去。"辽阳同伴说:"我年时跟着汉儿伙伴,到高唐,收买些绵绢,将到王京卖了,也寻了些利钱。你自来到京里,卖了货物,却买绵绢,到王京卖了,前后住了多少时?"高丽商人说:"我从年时正月里,将马和布子,到京都卖了,五月里到高唐,收起绵绢,到直沽里上船过海,十月里到王京,头到年终,货物都卖了,又买了这些马弁毛施布来了。"②由此可知,高丽商人、辽阳商人均是常年往来于大都和高丽之间的。可见大都当年各路商人云集,是全国最大的商品集散地。

大都城内有三处主要商业区:大内北面的钟鼓楼市场、西四牌楼西的羊角市和东四牌楼西的旧枢密院角市。这三处主要商业中心,分处在大都的东、西、北城街道的要冲。从城市的商业布局上,可以看出大都城的设计是前朝后市,主次聚散合理。时至今日,北京城的规划布局和主要商业街区建设仍保有大都旧痕。

大都市场的交易盛况,以大运河终点附近的钟鼓楼市场最为典型。这里紧邻什刹海码头,交通方便,商贾云集。元人熊梦祥的《析津志》记载:"钟楼之制,雄敞高明,与鼓楼相望。本朝富庶殷实,莫盛于此。……此楼正居都城之中,楼下三门。楼之东南转角街市,俱是针铺,西斜街临海子,率多歌台酒馆。昔日皆贵官游赏之地。楼之左右,俱有果木、饼面、柴炭、器用之属。"③钟鼓楼市场分布有缎子市、皮帽市、珠子市、靴市、铁器市、鹅鸭市、米市、面市等。尤其是钟楼前的"沙剌市,一巷皆卖金、银、珍珠宝贝",尤为繁华④。

因少数民族聚集,达官显贵众多,大都的各色商品交易频繁兴盛,逐渐形成了同种买卖扎堆的街巷和专业市场三十多处。如"羊市、马市、牛市、骆驼市、驴骡市……俱在羊角市一带。其杂货并在十市口。北有柴草市,此地若集市。近

---

① 《马可·波罗行纪》,凤凰出版传媒集团·江苏文艺出版社,2008年版,第199页。
② 《元史论丛》第九辑,中国广播电视出版社,2004年版,第73页。
③ 〔元〕熊梦祥《析津志辑佚·古迹》,北京古籍出版社,1983年版,第108页。
④ 〔元〕熊梦祥《析津志辑佚·城池街市》,北京古籍出版社,1983年版,第5—6页。

年俱于此街西为贸易所。……菜市,丽正门三桥、哈达门丁字街。菜市,和义门外。……穷汉市:一在钟楼后,为最。一在文明门外市桥;一在顺承门南街边;一在丽正门西;一在顺承门里草塔儿。鹁鸽市在喜云楼下。……省东市在检校司门前墙下。文籍市在省前东街。纸剖市,省前。靴市在翰林院东。就卖底皮、西甸皮,诸靴材都出在一处。车市,齐化门十字街东。拱木市,城西。猪市,文明门外一里。鱼市,文明门外桥南一里。草市,门门有之。……柴炭市集市,一顺承门外,一钟鼓楼,一千斯仓,一枢密院。人市,在羊角市。……煤市,修文坊前。南城市、穷汉市,在大悲阁东南巷内。蒸饼市,在大悲阁后。胭粉市,披云楼南。果市,和义门外、顺承门外、安贞门外"①。湛露坊自南而转北,多是雕刻、押字与造象牙勺箸的,及成造宫马大红辔辔、悬带、金银牌面、红绦与贵赤四绪绦、士大夫的青扁绦并诸般线香。有作万岁藤及诸花样者,此处最多②。显然,上述市场可以分为两大类:一是主营日常生活用品,以满足城市居民的一般生活需要;二是主营珠宝珍玩等高级商品,以满足权贵富豪奢侈生活的特殊需求。

　　大都城中市场繁盛的经济基础,很大程度上取决于蒙元统治者对手工匠人的保护和充分使用。除大批官营匠户外,城镇中还有一大批手工业者,列名在民户之中。据元明之际的通俗读物《碎金》的记载,元代工匠有如下行业:"都料、大木、小木、锯匠、泥水、杵手、体夫、杂工、起塔、造殿、凿石、打眼、楞作、砌街、修井、淘井、挽鼓、铸钟、锻磨、箍桶、掌鞋、磨镜、磨刀、整漏、雕佛、布銮、明金、使漆、碾玉、打绦、穿结、绣草、像生、销金、描金、垒珠、铺翠、镟镂、锃剑、钉铰、装背、裱背、裁缝、打弓、造箭、打帘、油作、油伞、做伞、梳篦、剃面、铰耳、净发、割脚、整足、传神、貌真、碾药、圆药、修香、浇烛、刷马、做笔、烧墨、凿纸、打席、打荐、竹匠、雕印、修伞、面领、藤作、打帆、刺旗、造船、写牌、钉秤、蜡器、络丝、打铁、撘灶、捏塑、旋作、灯作、穿交椅、修冠子、打香印、打炭墼、赤白作、糊黏作、妆銮、发错、摺经、褶裙、打绳、打线、使绵、秋扇。"这里列举的各种行业,既有真正从事工艺造作、制造各种用具的匠人,也有社会服务行业如理发、修脚等方面的手艺人,更有制作小工艺品的民间艺术家。商人和倡优(伎乐歌舞人)、娼妓等,因职业的需要,也大

①〔元〕熊梦祥《析津志辑佚·城池街市》,北京古籍出版社,1983年版,第5—7页。
②〔元〕熊梦祥《析津志辑佚·风俗》,北京古籍出版社,1983年版,第208页。

多居住在城市。手工匠人的大发展，使大都全城沿街巷、河沿、庙宇遍布各色商店、酒楼、饭馆和小集市，行商坐贾随处可见，齐化门（今朝阳门）附近的东岳庙就是北京城最早的庙会市场之一。五颜六色的招幌牌匾，身影晃动的推车挑担，声声入耳的吆喝响器，街巷飘散的花果香气，这些散摊小贩不但为市民生活提供了便利的条件，亦展现了大都城独特的市井风貌。特别是那些推车挑担的小贩，游走于街巷胡同，培养了京城百姓"倚门买鱼菜"的习惯。据《日下旧闻考》记载："燕地苦寒，……妇人安坐炕上，市

元代称物图
表现了当时市井买卖登堂入室的情景

贩者至，汤饼肴蔌传食于窗牖中。"另有暖炕诗云："市声穿枕来，闹坊卖浆粥。"①

大都城外还有四个商业区：文明门（今崇文门）外为"舳舻之津"，设有猪市、鱼市；丽正门外为"衣冠之海"；顺承门（今宣武门）外为"南商之薮"，城外设有柴炭市、果市、穷汉市；平则门（今阜成门）外为"西贾之派"；此外，旧城檀州街（广安门一带）等处的传统市场仍很活跃。齐化门附近因得江南与通州漕运之济，趋之交易者日众，居民殷实。就是郊区，亦"春晚冰融，雨济土沃，平平绵绵，天接四野。……种草数亩，可易一夫之粟。治蔬千畦，可当万户之绿。……有方外之黄鸡、玄凫，与沙际之缘凫、白鹅"②。可见大都商业的繁荣发达远远超越了辽、金，成为国内各族及周边各国商贸修好的著名都市。

---

①〔清〕于敏中等《日下旧闻考》卷一百四十六"风俗"，北京古籍出版社，1983 年版，第 2334—2335 页。
②〔明〕沈榜《宛署杂记》卷十七，北京古籍出版社，1983 年版，第 190 页。

至于市场的建筑形式,据《析津志辑佚·风俗》记载:大都城内,"官大街上作朝南半披屋,或斜或正,于下卖四时生果、蔬菜,剃头、卜算、破房磨,俱在此下"。而在节日期间,因商机大增,还会临时在街巷两侧搭建各种节庆山棚增售应时应景的各色商品。正如黄仲文在《大都赋》中所描绘的:"论其市廛,则通衢交错,列巷纷纭。大可以容百蹄,小可以方百轮。街东之望街西,仿而见,佛而闻。城南走城北,去而晨,归而昏。华区锦衣,聚万国之珍异;歌棚舞榭,选九州之秾芬。招提拟平宸居,廛市主于宦门,酤户何泰哉,扁斗大之金字,富民何奢哉,则龙盘之绣纹……庖千首以终朝,酿万石而一旬。"这正是大都城繁荣的写照。至于巨商、小贩们的生活,黄仲文的记述更为生动:"是以吾都之人,家无虚丁,巷无浪辈,计赢于毫毛,运意于莛倍,一日之间,一哄之内,重毂数百,交凑阓阛,初不计乎人之肩与驴之背,虽川流云合,无辙而来,随销随散,杳不知其所在,至有货殖之家,如王如孔张筵设宴,招亲会朋,夸耀都人,而费千万贯,其视钟鼎岂不若土芥也哉。若夫歌馆吹台,侯园相苑,长袖轻裙,危弦急管,结春柳以牵愁,凝秋月以流盼,临翠池而暑清,褰绣幌而雪暖,一笑金千,一食钱万,此诚他方巨贾,远土浊宦,乐以销忧,流而忘返。"[1]根据北京人好面子、讲排场、求吉利的习俗,"都城肆市初开,必盛张鼓乐,户结彩绘。贺者持果核堆盘,围以屏风祀神。正阳门东西街招牌有高三丈余者,泥金杀粉,或以斑竹镶之,或又镂刻金牛白羊黑驴诸形象以为标识。酒肆则横匾连楹,其余或悬木罂,或悬锡盏,缀以流苏"[2]。当然这是就一般体面的坐商而言,小商贩们的讲究就简陋多了。如在街市中蒸做各种麦糕的货饼食者们,五更即起,做前先以铜锣敲击一阵,以示开张大吉[3]。

二、元朝京城商业文化的主体内容

元朝是多元文化的大一统,因而,元朝商业的主体文化也是由多元因素组成的,这主要表现在顺应四时的商业民俗、讲究极致的皇家传统、追求排场的官贵消费和宗教信仰与浓浓乡情等方面。

经过辽、金、元三朝的磨合,中原农耕文明取代北方游牧文明已是大势所趋。

---

①〔明〕沈榜《宛署杂记》卷十七,北京古籍出版社,1983 年版,第 190 页。
②《日下旧闻考》卷一百四十六"风俗",北京古籍出版社,1983 年版,第 2338 页。
③〔元〕熊梦祥《析津志辑佚·风俗》,北京古籍出版社,1983 年版,第 207 页。

依四季农耕节气而运作,成为社会基本的生活习俗和商业交易节奏。什么时令备什么货,有什么讲究,商家一清二楚。顺应四时的节日习俗,既是商家可利用的绝好商机,也是元代商业文化的典型表现。据《元史》和《析津志辑佚·风俗》等文献记载,元代每年按季节排序的节日和流行的商业习俗有:

正月初一庆元节,即新年。这是汉、蒙都过的节日,只是汉人以红色为喜庆,这一天妇女们多着红妆,头上流行戴花;而蒙古人以白色为吉祥,在隆重的元正受朝仪式上,"自王以下皆衣纯白裘"①。各地进贡的礼品,要配上白布,进奉的马匹,大多数是白马。贺礼结束之后,要举行盛大的"诈马宴","大会诸王宗亲、驸马、大臣,宴飨殿上"。朝廷的朝拜仪式后,开始私人的拜年活动。亲朋好友间互赠贺岁礼,一时间大都城内车水马龙,茶坊、酒肆,各种杂货交易好不热闹。"市利经纪之人,每于诸市角头以芦苇编夹成屋,铺挂山水、翎毛等画,发卖糖糕、黄米枣糕之类及辣汤、小米团。又于草屋外悬挂琉璃蒲萄灯、奇巧纸灯、谐滤灯与烟火爆杖之属。自朝起鼓方静,如是者至十五、十六日方止"②。

正月十五上元节(俗称灯节),这一天,宣徽院、资正院、中政院、詹事院等宫廷机构,"常办进上灯烛、糕面、甜食之类,自有故典"③。届时,大都丽正门外有一棵被忽必烈封为独树将军的大树,树身上悬挂诸色花灯,高低照耀,远望似一条火龙。"树旁诸市人数,发卖诸般米甜食、饼 ∕、枣面糕之属,酒肉茶汤无不精备,游人至此忘返",成为大都城灯节一景④。

正月从初一到十五,大明门(现天安门广场南端)左右,每天有市,称朝前市。东华门外,每年灯节十天有市,称灯市。东华门内,每月三天有市,称内市。正阳桥昃市(黄昏市),称穷汉市。城隍庙每月初一、十五、二十五有市,称庙市"。⑤

五月初五端午节,受汉族传统习俗的影响,元朝宫廷亦举行节庆活动。大都城内的小经纪人重搭席棚,张挂画卷,发卖凉糕、粽子等食品。市内多有买卖艾虎、泥大师、彩线符袋牌等物。大都城内届时举行"赛关王会"活动。关公画像,

---

① 张德辉《纪行》,载〔元〕王卫挥著《秋涧先生大全文集》卷一百,四部丛刊本。
②〔元〕熊梦祥《析津志辑佚·岁纪》,北京古籍出版社,1983年版。
③〔元〕熊梦祥《析津志辑佚·风俗》,北京古籍出版社,1983年版,第347页。
④〔元〕熊梦祥《析津志辑佚·岁纪》,北京古籍出版社,1983年版,第213页。
⑤《帝京景物略》,见《日下旧闻考》卷一百四十六"风俗",北京古籍出版社,1983年版,第2338页。

极其华丽,各行以画像及鼓乐等相赛。

八月十五的中秋节,是汉家团聚的重要节日,蒙古皇室贵族等亦受到影响。大都城内,"市中设瓜果、香水梨、银丝枣、大小枣、栗、御黄子、苹果、奈子、红果子、松子、榛子诸般时果发卖"。此时距圣驾回都日近,商家刻日计程迎驾,买卖日兴,喜色渐添。皇帝入城这一天,"都城添大小衙门官人、娘子以至于随从、诸色人等,数十万众";"京都街坊市井买卖顿增"。皇帝回京后九天之内要开国学,商贩们便多备羊、酒等,祭祀和宴请百官与教书先生。

九月九日重阳节,又称"菊节",登高赏菊看红叶和饮菊酒、馈赠面糕等习俗,继续在汉族地区流行。大都居民,在这一天往还燕礼,以面糕相互馈赠。商人或作席棚出售食品,或以小扛车沿街叫卖面糕等。

每年进入农历九月,京城买卖人就开始拴牛装车,赶往西山煤窑载取煤炭,也有用驴、马驮筐盛运的。根据官府设关抽税的统计,整个冬天,往返如织的煤车每天有数百辆之多。开春就只剩少量牛车和驴、马驮运些山草之货售卖了①。

十月初一送寒衣,不论贫富,祭祖之心皆诚敬,故出城行追远之礼甚厚。按照汉族地区的传统习俗,当天要置酒作暖炉会,准备过冬。且十月里元廷依蒙古习俗,必举行盛大的射圃活动,届时又是一番庆贺与破费。

腊月为冬月,庆典活动基本围绕迎新年展开,从官府到百姓,准备各色朝贺大礼不可怠慢。流传至今的民谣就历数了从腊八到除夕的系列活动。此外,还有农历二月二龙抬头,三月清明节,七月七女儿节等节气吉日,自有独特商俗可循。元代每年四季的节日庆典,既有按汉族传统习惯安排的各种活动,也有按北方游牧民族的传统习俗安排的各类活动,还有各种宗教仪式活动,其场面之大,花样之多,常使身临其境的人惊叹不已。

元世祖至元五年(1264)对官员的休假日做了如下规定:"若遇天寿(皇帝寿辰)、冬至,各给假二日;元正、寒食,各三日;七月十五日、十月一日、立春、重午、立秋、重九、每旬,各给假一日。"至元十四年(1277),对每月的假日进行了调整,将每月初十、二十日、三十日放假,改为初一、初八、十五、二十三及乙亥日放

---

①〔元〕熊梦祥著《析津志辑佚·风俗》,北京古籍出版社,1983年版,第209页。

假①。

显然,迁都后的元朝,农业生产逐渐发展,为大都商业文化的丰厚奠定了物质基础,各民族的生活习俗和宗教信仰构成了其大都商业精神文化多彩的内涵。每个年节喜庆之日都是大都商贩们的发财之机,他们搭芦棚,扎彩灯,挂画卷,堆商品,大都街巷喧闹,市人喜悦繁忙。可见,北京的商业自元以后持续发展的真正原因,不仅在于首都地位的确立,还在于农耕社会平稳而规律的生活节奏。

不仅民间讲究四时民俗,皇家在宫中亦如市井一样过各种节日,形制基本按汉制。然蒙元统治者继承着奴隶主强烈的占有欲和奢靡习惯,致使官办贡品量大、精致,费用惊人。仅以礼部筹办端午节之事就可略见一斑,节前三日开始置办御扇、凉糕、角黍等食品。扇面用缂丝织成各色花样,人物、故事、花木、翎毛、山水、界画,极其工致,层层退晕,淡染如天然生成,还有用金线细绣出云中翻腾升降的两条龙。相比之下,原画作反倒不及后制的。扇柄以玉作成,长约一尺,上面同样雕刻着流云龙升。在扇柄的刻纹中填上赤金,再用金色线条束好扇穗。也有用银线缠绕的,不同的制法可以有好几样。仅扇柄就有串香、玛瑙、犀角等好几种,但都雕有龙凤,并用金填涂刻痕。还有拂尘,用洁白细冗或经过染色的软牛毛制作。另有各种金绦、彩索、金珠、翠花、面靥(胭脂)、花钿(首饰)、奇石、洗药等,全如扇子和拂尘一样精致。这些是由南城的织染局总管府管办。还有典饮局需准备的光禄寺酒、凉糕、蜜枣糕、江米粽、金桃、御黄子、藕、凉瓜、西瓜等都是精挑细选,并且年年如此。此节的各项进呈所费白银五千余锭。办好之后,由专门官员亲自押送,呈进给皇帝和三位后妃,这是历年的定制。同时端午节时三公宰辅、省院台等处也都有宫扇、拂尘、彩索、凉糕等。中等以上贵族官员的待遇亦如此,所以费用是很大的。太庙中进献的祭品也丰富起来,果类有:桃、李、御黄子、甜瓜、西瓜、藕等,蔬菜类有:茄、韭、葱、玉瓜、胎心菜、苦菜等,神位前也有凉糕、香枣糕、江米粽、扇子、拂尘、各种绦索等,亦如进贡的仪式②。

除了各种民俗节日外,皇家还有专门的祭祀或庆典习俗也要大肆破费,如皇帝诞辰。从忽必烈开始,每年的天寿节各地除大量进贡外,还要举行盛大庆典,

---

①《元都市中的游牧民族》,引自《通制条格》卷二十二《假宁·给假》,浙江古籍出版社,1986年版,第269—270页。

②〔元〕熊梦祥著《析津志辑佚·岁纪》,北京古籍出版社,1983年版,第218页。

届时,持续三天的宫廷大宴被称作"诈马宴",因参会的人都要穿上御赐的质孙服,且每日须统一换装,亦称为"质孙宴"。"皇帝赏赐质孙服表示对臣僚的恩宠,受赐者以此为荣,质孙服已经成为当时社会上达官显贵的身份象征。"①应知大汗待遇其一万二千位近臣,缘其颁赐此一万二千男爵袍服各十三次,每次袍色各异,此一万二千袭同一颜色,彼一万二千袭又为别一颜色,由是共为十三色。此种袍服上缀宝石珍珠及其他贵重物品,每年并以金带与袍服共赐此一万二千男爵。金带甚丽,价值亦巨,每年亦赐十三次,并附以名曰不里阿耳之驼皮靴一双。靴上绣以银丝,颇为工巧②。

宫廷、王府的奢华消费,促成了大都奢侈品贸易的异常繁荣,并成为大都商业区别于其他城市商业的重要特点,商人们也趁机牟取暴利。如一两三钱的小石,竟索钞十四万锭。"贾人有奉珍宝进售者,其价六十万锭"③,致使珠宝商人能够"朝无儋石之储,暮获千金之利"。当然有些奢华的皇家贡品是宫廷造办处下设的"官窑"类工场制作,但那些精美的东西总会或多或少地流到百官家里,甚至流到市面或民间。以皇家的偏好为社会的审美标准,追求商品的硕大、端庄、精细和正统。正是受皇家极品消费的影响,京城商业文化中潜藏了追求极致的价值观念,甚至到了有些矫情的程度,并铸就了日后京商特有的大爷心态。

大都作为元代官贵们的消费中心,追求排场渐成风气。如元代的朝鲜古汉语教科书《朴通事谚解》中,对大都几个官宦购置宴会所作的描述:"逢着这春二、三月好时节,……咱们几个好弟兄,去那有名的花园里,做一个赏花筵席。……着张三买羊去,买二十个好肥羊,休买母的都要羯的,又买一只好肥牛,买五十斤猪肉;着李四买果子拖炉随食去。酒京城槽房虽然多,街市酒打将来怎么吃,咱们问那光禄寺里,讨南方来的蜜林檎烧酒一桶,长春酒一桶,苦酒一桶,豆酒一桶;又内府管酒的官人们造的好酒,讨十来瓶如何。……桌儿怎么摆,外手一遭儿十六楪,菜蔬;第二遭儿十六楪,榛子、松子、干葡萄、栗子、龙眼、核桃、荔子;第三遭儿十六楪,柑子、石榴、香水梨、樱桃,……当中间里,放象生缠糖,或是狮仙糖,川炒猪肉,鸽子弹,……蒸鲜鱼,棚牛肉,炮炒猪肚。席面上,宝妆高顶插

---

① 史卫民《元代社会生活史》中国社会科学出版社,1996年版,第92页。
② 史卫民《元代社会生活史》中国社会科学出版社,1996年版,第91页。
③〔明〕宋濂《元史·尚文传》,中华书局,1976年版,第3988页。

花。……叫教坊司十数个乐工和做院本诸般杂技的来,……我们先吃两巡酒后抬桌儿,弹的们动乐器,叫将唱的跟前来看他唱。如今抬桌儿上汤着,捧汤的都来,第一道燂羊烝卷,第二道金银豆腐汤,第三道……脆芙蓉汤,都是些细料物,第四道三鲜汤,第五道五软三下锅,……第七道粉汤馒头。"①一个非年非节的普通聚会竟如此铺张,可以想见元代官员们的豪奢与排场。同时也从另一个侧面反映了大都城的商业繁荣,市场便利,各色消费品应有尽有。

在北京作为首都的历程中,自辽金始,经元、明,到清,以少数民族统治时期居多。而契丹、女真、蒙古和满族(后女真)这些北方的少数民族,均以比较原始的游牧和渔猎的生产方式为主。苍茫的草原、山林放逐着他们自由的心智,展露着他们粗犷、豪迈的性情,恶劣的自然环境锻炼出他们强健的体魄和顽强不屈的斗志。当他们依靠武力走出偏僻一隅,占领广大中原沃土,面对农耕民族千年积累的物质和精神财富时,贪婪得到了满足,一掷千金的豪爽变成了讲究排场的挥霍。以物质上的富足弥补文化上的缺憾,以精神的强悍取代修养的深厚,成为落后民族统治先进民族以后的必然选择。自此,京都的官贵消费和受此影响的商业文化,都深深地烙上了奢靡铺张的烙印。

北京地区多民族大规模的融合共生,多宗教的互不干扰,始于隋唐,磨合于辽、金,固化于元、明、清。此间,京城商业文化也在佛、道、儒多种信仰的渗透中,得以日益繁荣发展。如为纪念全真教名道士邱处机的诞辰,大都居民以正月十九日为燕九节,每年这一天白云观内举行纪念活动。大都仕女倾城,手曳竹杖,前往南城的长春宫和白云观烧香拜佛,并春游宴乐一番。小贩们沿途售卖各色糖果、点心、香蜡供品及妇女们喜爱的装饰物、小玩意等。

二月十五日大都城内要举行佛教盛大的佛事活动,奉伞盖周游皇城内外。其浩大的声势,首尾排列可达三十余里。凡宝玩珍奇希罕番国之物,乃至百禽异兽,皆争相展现夸耀,以表天下太平和圣上与民同乐之意。从二月初八至十六,平则门外的西镇国寺两侧廊下的买卖特别兴隆。因大多是江南富商在此经营,故"海内珍奇无不凑集","开酒食肆与江南无异",不仅市场极甚奢华绚丽,而且

---

① 《元史论丛》第九辑,广播电视出版社,2004年版,第73页。

全京城不分南北,各种杂戏也聚集于此,热闹非凡[1]。每年四月的浴佛节和蒙古族洒马奶酒的祭祖节,春光明媚,城中的官员、士庶、妇女、童子,多盛装春游,一时间积水潭海子车马杂沓,人来人往,一片热闹景象。商贩们自不会放过这赚钱的好机会,"道途买卖,诸般花果、饼食、酒饭、香纸填塞街道,亦盛会也"[2]。

"十二月,宫苑以八日佛成道日,煮腊八粥,帝师亦进。"可见腊八节是一个宗教节日,"禅家谓之腊八日,煮红糟粥,以供佛饭僧"。但在元代,腊八节已成为民间的一个欢庆节日,"都中官员、士庶作朱砂粥";腊八节之后,人们开始为新年的庆典做准备。

汉儒礼教中的等级观念在商业文化中的体现更多,尤其在商品制作和消费方面,君臣尊卑的等级规矩很大。大到住房、服饰,小到伞盖、折扇,不论质地、色泽、款式、做工,每一个细节都有等级的差异。在这种尊卑等级观念的主宰下,京城商人"看人下菜碟"的工夫必然到家。见什么人说什么话,总能让人听着那么舒坦,真不枉那"京油子"的绰号。

八方来客及各地商人的移居,还使大都成为一个充满思乡情结的地方。如《析津志辑佚》中记载当时京城碓米屋子一般朝向偏东南的讲究,大概就是因稻米产自东南方,思乡之情所致。一般移民城市常被宽容的氛围所笼罩,大都的商贩不仅宽容,还有着浓浓的乡情和与人方便的商俗。如售卖蔬菜、水果、各色小吃的摊贩,多用荆筐或实用的红漆四方盒盛装,没有红漆四方盒的,就用方盘盛满各种果品摆放案上,有官员、庶人、夫人、小女子过往,随意买卖,间或顺手送个人情也行。

总之,顺应四时的商业民俗与讲究极致的皇家传统构成了北京商业文化中最重要的主题内容,而多种宗教信仰和浓浓乡情下透出的宽容度与亲和力,则是北京海纳百川、融合万千的历史必然。

三、元代商业精神特色

元蒙统治者出自游牧民族,恶劣的自然条件使他们难以生产出养活自己的

①〔元〕熊梦祥《析津志辑佚·岁纪》,北京古籍出版社,1983年版,第214页。
②〔元〕熊梦祥《析津志辑佚·岁纪》,北京古籍出版社,1983年版,第213—217页。

物质资料,逐水草和财富而迁徙的生存方式使其极具扩张精神和商业素质,不断重新划拨牲畜的原始赏惩传统,强化着他们的嗜利欲望。高扬着野性精神元素的草原文化,当遇到丰富物产刺激和诱惑时,那些野性元素马上活动起来,迅速作出相关的反应,他们强烈渴望打破疆界壁垒,扩大通商范围。

成吉思汗西征的导因就是东西方的商业冲突。所以"成吉思汗从西征始,便大量开辟'驿路'、设置'驿骑',把中原的驿站系统延伸到西域。一个完善的驿站系统,将几千万平方公里之内的各个部分彼此联系起来。如元朝境内有陆站、水站、狗站等1383处,拥有驿马44301匹,驿车3937辆,驿船5921条。"四方往来之使,止则有馆舍,顿则有供帐,饥渴则有饮食,而梯航毕达,海宇会同","脉络相通,朝令夕至"①,至此东西方之间开始了大规模的商业和文化交流。正是从这个角度研究成吉思汗,近年来世界不少学者和新闻界认为他"冲破了亚欧各国的封闭状态,沟通了东西方经济文化交流","从政治、军事、民族心理上深深地影响了欧洲及世界",是功不可没的英雄和千年伟人②。

成吉思汗确实杀人如麻,统治野蛮,然这是冷兵器时代崇尚力量的原始部族实现理想的唯一选择。正是游牧初民这种原始的气质和精神元素,构成

急递铺令牌

元代急递铺令牌

急递铺是专门传递紧急官方文件的驿站。每隔十里、十五里左右设置一个,有铺卒五至十五人。铺卒腰系响铃,手持缨枪,快马疾驰,所过之路人要躲避。前面急递的卒铺听到铃声,就提前在路边等候,接过令牌和文书立即赶赴下一个急递铺。按照当时的规定,文书一昼夜要传递四百里

①《元史·兵制四》,中华书局,1976年版,第2583页。
②巴拉吉尼玛等《千年风云第一人》,民族出版社,2005年版,第32页。

了典型的草原文化类型，与中原农耕文化有着明显的区别，其特征包括：

第一，草原文化虽然落后的成分参半，但它包含着人类远古以来许多美好的东西，即原始初民身上最鲜活的精神——人类在和万物的竞争中取胜的坚定信念和聪明智慧。草原文化本身并不深奥复杂，但它传导给人的那些精神因素却能使人的内心世界永葆青春的绿色，永葆创造的勇气和活力。这与农耕文化的固守理念、忍让精神和中庸之道形成鲜明对照。

第二，草原文化的内涵，并不主要表现为物质、典章、制度和各种符号所记录的思想成果上，而是通过其生活行为、思想方式表现他们的精神气质。游牧部族以家庭个体为生存单位，口传身授的经验和英勇顽强的精神比典章制度和理论知识更为重要。而农耕社会多以氏族、乡村为生活单位，宗法制度、伦理观念以及由此产生的繁缛的典章制度是维护集体生存秩序的必然文化现象。这也是史学界对草原文化的记述经常断层、而对农耕文化记述完整有序的因由。

第三，游牧的特点在于人与畜的游动，商业则要求商品和货币的流动。牧民需要冒险，商人也需要冒险，因此，由草原文化发展为商业文化是很自然的。这个社会文化形态的重要转变由成吉思汗以武力的强制帮助欧洲人完成了。但中原农耕文化的特点是静态固守，本能地反对商人的动态逐利行为，因此农耕文化与商业文化少有共通之处。

正是草原文化的上述特点，成就了元朝商业的大发展和大都城内浓厚的商

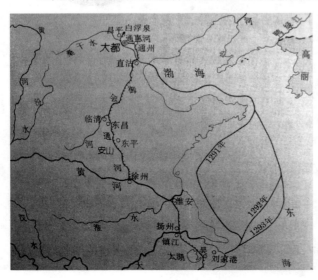

元代海运及运河图

业气息。受游牧民族商业扩张精神的影响，元朝商业获得了大发展。

首先是交通。西征打通了前往西域乃至欧洲的通商之路。"元朝的陆路贸易，以大都为中心，由三道通往西方。……元朝的海路贸易，相当发达"。东到日本，"南达爪哇、苏门答腊，西通印度、锡兰、阿拉伯半岛和东非。海外贸易进口的丁香、豆蔻、胡椒、钻石、珠宝、玳瑁、象牙、犀角、珊瑚和药

卢沟运筏图
再现了元代卢沟桥畔繁忙的运输与商贸往来的情景

物等，从广州、杭州、苏州等地经驿站、漕运和海运，汇聚至大都"①。以至各国的朝圣者、通商者和传教士为元蒙帝国的伟岸与繁荣所倾倒。另外，元时取直大运河，缩短了九百多公里，每年有三百多万石南粮、千艘盐船和各色方物，通过大运河漕运至大都城。

其次是驿站。元朝不仅拥有庞大的驿站体系，而且这个驿站体系具有很强的商业服务性质，这在中国驿站史上是前所未有的。一个使者、商人或旅行者只要能领到帝国发的乘驿牌，就可以在亚欧各地通行无阻，所谓"之千里者，如在户庭；之万里者，如在邻家"②。中国的驿站制度因政治需要建立，因商业需要发展，其间，蒙元的商业扩张精神功不可没。

第三是大的商业城市空前繁荣。不仅大都和北方城市扩大了商业经营传统，随着蒙元统治向南推进和各水路及港口运输的发展，杭州、泉州等地迅速发展成为重要的商贸城市，为日后南部经济、政治超越北方大发展打下良好基础。

第四是仓储业大发展。自大都建设时起至1312年，元代京师在城内沿河设

①阎崇年《中国古都北京》，中国民主法制出版社，2008年版，第65—66页。
②巴拉吉尼玛《千年风云第一人》，民族出版社，2005年版，第9页。

有 22 仓,在通州设有 13 仓。到至正十五年(1355),大都已有粮仓 54 座。这不仅满足了蒙元统治者的消费需求和扩军囤粮的需要,也为大都城输入了勇武好斗的精神和偏向商业技能的市井文化。

第五是大资本聚集。由于蒙元以武力征服的手段扩张商业,造成短期内商业资本的迅速集聚,出现了富可敌国的大商人沈万三、拥有"巨舰大舶"能与各番夷往来交易的大贩运家张暄、朱清、沙不丁和"治蔬千畦"的大菜户等。这些富商大户的涌现早已超出了小农经济需要,完全是为蒙元统治者铺张性消费服务的,同时也标志着我国封建商品经济开始进入南北方贸易交流的发展阶段。

在商业发展成为统治繁荣标志思想的主导下,商品流通范围随着统治版图的扩大而恣意蔓延,因而元朝的商业文化潜藏着一种野性的扩张精神。特别是蒙元统治掺杂着奴隶制的野蛮倾向,使得工商市场中缺少中原汉族普遍精细化的市井基础,元代商品的制作工艺出现了严重的两极分化:统治者穷奢极欲的务求精致和百姓通用之物的粗制滥造。所以今天国内古玩市场上能见到的元代器物,大多粗笨不精良,像鬼谷子下山青花大罐那样价值连城的精品极为罕见。硕大、漂亮的元青花多保存在西亚、中东的博物馆中,那是当年赠送给外国使臣的礼品。

15 世纪古波斯的细密画
再现了自元以后中国精美瓷器输出西域的情景

出于统治的需要,元朝根据不同的民族成分,把社会居民分成四个等级:蒙古人、色目人(西域人)、汉人(北方原金朝属下各族)和南人(南宋遗民)。"色目"一词源于唐代,意为"各色各目",指随蒙古西征,东来入华的大批西域人。元人史料中记载的色目人主要有:回回、唐兀、乃蛮、汪古、畏兀儿、康里、钦察、阿速、哈剌鲁、吐蕃、阿儿浑等。终元一代,色目人在政治、经济、科技及文化等领域,都产生过极其重要的影响。元代色目人的地位之所以略高一些,主要有三个原因:一是他们特别善于经商,蒙古大汗和贵族需要依靠他们经商获利;二是不少色目人掌握多种语言(蒙古语、波斯语、汉语等),具备在不同文化间沟通交流的能力,能协助汉化程度低的蒙元统治者实现对汉人的统治;三是色目人在中原内地是无本之木,要取得一定的社会地位,只有依赖并忠实于蒙元统治者。在所有非蒙民族中,色目人对元蒙统治者最不构成威胁,因此,比汉人和南人受宠,且拥有一些特权。如元世祖宠信的"理财"权臣阿合马(回族)就从元世祖家奴的身份,渐成为忽必烈的宫中心腹,又成长为掌握财政大权的近臣,身居高位近二十年。为了迎合忽必烈迫切的敛财之心,阿合马上台后推广了朴买——包税制。即确定承包的税额后,朝廷就不再过问征税之法,承包人可以任意提高税额,勒索百姓。此外,滥发钞币、强化各种重要商品的专卖制度等财政政策,都成为阿合马强权敛财的重要手段。元代另一个敛财能手——色目人桑哥(畏兀尔族),也是靠发钞、通胀和增课等不光彩的搜括手段,补救着元廷的入不敷出。可见,色目商人从政是元代特定历史条件下的产物。

色目商人中还有很多是斡脱商人。"斡脱"是突厥语的译音,原为同僚、同伴之意。元代时,在草原和内地间结帮贩运的色目人,自称"斡脱"。他们或以自有资本,或借用官方资本营运生利,是元代名正言顺的高利贷商人。早在成吉思汗时,蒙古贵族委托西域商人经商放贷、坐收息银之事,就有"黄金缆绳"之称。斡脱大多经营金银珠宝、名贵皮毛、绫罗绸缎等奢侈品。不仅迎合了大都官贵们的欲求,还提升了大都市场的消费档次。斡脱的高利贷实行"羊羔息",初时年息100%,次年转息为本,又计复利,一锭银的债,十年后本息合计1024锭。所牟巨利部分交予出资者,其余全归斡脱商人。由于斡脱商人给蒙元统治者带来极大的商业利益,得到了特殊的政策保护。如蒙廷曾规定:斡脱商人被偷盗或抢劫,一年之内不能破案的,由当地居民代偿,如不及时赔偿,则作为债务,迫纳"羊羔息"。沉重的高利盘剥,对人民危害极大,成为元代社会矛盾尖锐的根源之一。当然,斡脱商人也有促进汉族与西北各族之间,促进中国与西方国家之间经济、文化交流的历史作用。在贩运珠宝类奢侈品的同时,也把西方的其他商品,特别是阿拉伯的医药贩运进中原,受到汉族人民的欢迎。

斡脱商人现象的盛行,既表明了蒙元统治者奴隶主占有制的遗风,也显示了色目商人超强的敛财本领。元代商业的迅速发展,增加了以回回为主体的色目商人在大都城的集中居住。作为与汉族差异很大的少数民族,色目商人被同化的程度较低,成了早期京商的重要组成部分。时至今日,京城的回回商人仍是很独特的一支。不论是珠宝玉器行的大商人,还是在经营普通吃食的小摊贩,色目商人强烈的敛财意识、勤奋的劳作精神、顽强的生存能力,都对日后其他在京商帮产生了无形的影响。

可见,正是蒙元一朝彪悍的扩张精神和强烈的敛财意识,给大都城的商业文化历史加入了浓艳的斑斓色彩。

第四章 明清北京商业及其文化体系的演变

1368 年 8 月,朱元璋的军队攻占大都城,推翻了蒙元统治。因北方在元末战乱中破坏严重,地旷人稀,经济凋敝,加之大运河尚未修复,南方的粮食、物资北运困难,太祖遂定都应天(今南京),大都改称北平府。作为抗击蒙古残部的重要城市,由太祖信任的四子朱棣把守。永乐元年(1403)朱棣称帝,经过十五年的精心营造,建成了举世无双、雄伟壮丽的北京城。1415 年复通三千多里的大运河,当年从江南运抵北京的粮米近六百五十万担。永乐十九年(1421)正月,成祖朱棣正式迁都北京。

第一节 明代北京商业文化的社会经济背景

社会生产方式最初的变异,多发端于一些细润无声的量变,白银货币化即是如此。

一、白银的货币化

明初有一个经济恢复阶段,农业、手工业平稳发展,便商政策实行,京城日趋繁荣的商业超过前朝历代,出现了洪永创业、仁宣守成的大好局面。但到了英宗、武宗手里,却因政治腐败、敛聚无度而出现了倒退。白银在宝钞破产、钱法紊乱之际,自然成了商人和百姓愿意接受的硬通货,专管兑换银钞的钱铺也应运而生。

在民间白银货币化的推动下,明廷被迫对货币政策作调整,并逐渐实现了财政收入的货币化。如英宗时有"收赋以米麦折银之令",继而徭役折银、关税折银、盐茶等课税折银均渐顺理成章。同时财政支出也开始货币化:如禄米折银、边饷折银,据《明史·食货志》钱钞篇记载:武宗时发官俸已是"银九钱一"。政府其他开支在成、弘以后也以白银作为计量单位。白银代替钞钱成为流通主币是货币发展史上的大事,田赋征银之举是税赋史上的重大变革,这两件事均发生在明中叶,绝非偶然。它表明了中国封建经济已经成熟到以货币地租取代劳役地租和实物地租的阶段。

白银货币化对明朝社会产生了深刻的影响,它将社会各阶层卷入到市场中来。不仅官宦经商、军队经商,耻谈钱财的文人取润笔、卖选文,就连闭塞的农民也将自己的劳动产品换成白银以纳税赋。在明初奠定的基础上,嘉、隆、万三朝是明代经济发展最快的时期。随着国内统一市场的逐渐形成,单一的农业经济结构开始向农、工、商多元经济结构转移,资本主义萌芽开始产生。其典型表现是:土地的开发利用率提高,精耕细作技术推广;手工业生产出现半机械化技术和普遍的雇工现象。新型手工行业成为新的经济增长点,尤以棉纺织业的影响最大,江南地区"家纺户织,远近流通","日出万匹,衣被天下"①。

封建社会资本主义萌芽在商业中的主要表现是:以商人为代表的商业资本直接控制生产并转化为产业资本;商业通过财富的迅速积累,改变了多数人的社会期望,产生了独特的社会文化影响;全社会的商机意识、财富意识强化;非商品性的官营手工业、商业向商品性的民营手工业、商业转变。在封建社会自给自足小农经济的汪洋大海中,商品经济的岛屿正慢慢浮出水面,并悄然迅速地扩大。

汉儒传统中,商居四民之末,地位很低。然明中叶以后,商人的地位逐渐提高,他们不仅对走江湖、逛娼楼的生活乐而不疲,信心十足,而且以做儒商、光耀门楣成为时尚。明代著名文学家王世贞曾对朋友说:徽州商人见了苏州文人,就像苍蝇追逐羊肉一般。这位朋友却答道:苏州文人见了徽州商人也像苍蝇追逐羊肉一般。王世贞无言以对,只好付之一笑。这则小故事说明,自命清高的王世贞,看到了徽州商人经济实力增长后开始了文化上的追求。而他的朋友却一语

---

①〔明〕徐光启《农政全书》卷三十五《蚕桑广类》。

道破过去以圣贤自居、羞于言利的文人正朝着拜金主义演变①。晚明以后，士大夫们更喜欢与市井富儿结交，有嫁女人贾室而不计门第者，就连皇室、贵官也纷起开办皇店和官店，可见社会尚利意识之浓。

二、明代北京商业经济的新因素

明中叶以后，在全国经济发展的影响下，北京地区的商品生产也有较大的发展，特别是出现了一些新的商业经济因素，如塌房、铺房、会馆、官店等。

塌房即仓库，是朱元璋建都南京时，为解决外来商人进城做买卖有存货、落脚之地而行的便商之举。朱棣迁都后，北京因是帝都所在，万国梯航，故效行南京，在城内外设立了很多客店和塌房，以吸引和方便远途贩商来此经营。在塌房存货的客商，其货物价值以三十分为率，一分纳官税，一分出牙钱，一分为看守人的报酬，其余货物听便自卖。"至景帝时，又定凡商客纺、罗、绫、锦、绢、布及皮货、瓷器、草席、雨伞、鲜果、野味等一切货物，依时估值，收税钞、牙钱钞、塌房钞若干"②。可见明朝的塌房已有了与商税并重的纳税制度。

铺房既是店铺，又可作民居之用。为改变元末北京地区的经济萧条，繁华市容，朱棣先后在皇城四门、钟鼓楼等处广盖铺房，召民居住，召商居货，以使京城真正成为商人铺户的荟萃之区。这些可作民居的铺房又称"廊房"。据史料记载，当时仅宛平一县，就建廊房计 801 间半，店房 16 间半③。此后，京城前店后场，边做边卖的手工作坊和坐商日多。

明代中后期，京城居民总计约八十四万人，其中工商铺户人口大约二十三万人，占有相当比例④。据《明会典》卷三十五所记，为使这些铺户"应官取用"，明朝政府将其按业按货注籍后编入 132 个行业。计有绸缎、珠宝、玉器、典当、粮食、盐、生药、布行、香蜡、茶食、糖坊、酒坊、磨坊、裱褙、染坊、纸坊、木坊、桌器、卖铁、倾银、卖铜、打铜、停塌、绒线、棉花、靴、冠帽、杂物、伞、酱菜、颜料、绣座、茶叶、面粉、纸伞等等。遇各衙门有大典礼时，则按籍给值役使。根据贫富差距行

①陈宝良《明飘摇的传统》，湖南人民出版社，2006 年版，第 286 页。
②〔明〕徐光启《农政全书》卷三十五《蚕桑广类》。
③陈宝良《明飘摇的传统》，湖南人民出版社，2006 年版，第 92 页。
④孙健主编《北京古代经济史》，燕山出版社，1996 年版，第 154—155 页。

户间分为三等九则,上三则多系富商,资本数千,而下三则系贫丁小户,资止数金。故征银之法亦分九等,上上则征银九钱,下下则征银一钱。嘉、隆、万三朝,京城铺行每年征银一万余两。可见,铺行制度是明廷对工商业者实行超经济"科索"的组织形式。

明朝的商业会馆首创于北京,最早的芜湖会馆创设于永乐年间,最晚的四川会馆建于崇祯晚年,前后共有41个,主要集中在福建、浙江、山西、安徽等南方省市。会馆筹建有各省在京显宦捐建的,也有商人合资兴建的。会馆具有很强的地域性,属同乡性组织。同乡工商业者在此聚会,"献戏酬神",联络乡情,救难济贫。由于行会没有严格的"行规",所以属于松散的非行业性组织。明朝大量商业会馆在京出现,即说明统一的全国性市场已经形成,又是帝都凝聚力的自然体现。

随着京城商业活动频繁和货币拜金思想的刺激,人们普遍强化了商品经济意识,就连宫城内的皇室、官宦们也纷纷开办皇店和官店。"内自京城九门,外至张家湾、河西务等处,拦截商贾横敛多科"①。京城的官店,景泰帝时有和远、福顺、普安等店,弘治、正德、嘉庆时有仁字、宝源、福德、吉庆等店。在戎政府街,世宗、神宗时开有宝和、和远、顺宁、福德、福吉、宝延等六处皇店,"经管各处客商贩来杂货,一年所征之银,约数万两"②。据万历年间(1573—1619)太监刘若愚《酌中志》记载:六处皇店"每年贩来貂皮约一万余张,狐皮约六万余张,平机布约八十万匹,粗布约四十万匹,棉花约六千包,定油、河油约四万五千篓,烧酒四万篓,芝麻约三万石,草油约二千篓,南丝约五百驮,榆皮约三千驮,供各香铺作香所用也。北丝约三万斤,串布约十万筒,江米约三万五千石,夏布约二十万匹,瓜子约一万石,腌肉约二百车,绍兴茶约一万箱,松萝茶约二千驮,杂皮约三万余张,大曲约五十万块……玉约五千斤,猪约五十万口,羊约三十万只",还有滇粤之宝石、金珠、铅铜、砂汞、犀象、药材,吴楚闽粤山陕之币帛绒货等③。以上数字,不仅让人惊诧皇店、官店的规模之大,商利之多,而且表明京城商业及其文化必然会在封建超经济强制的局限下畸形发展。

①《明实录·武宗实录》卷一百零八,中央研究院历史、语言研究所出版,第2214页。
②孙健主编《北京古代经济史》,燕山出版社,1996年版,第211页。
③侯仁之《北京城市历史地理》,燕山出版社,2008年版,第225页。

鉴于皇店对市民和商人利益的侵占,刑部侍郎吕坤曾上疏指出:"夫市井之地,贫民求升合丝毫以活身家者也。陛下享万方之富,何赖于彼?……今豪家遣仆设肆,居民尚受其殃,况特遣中贵,赐之敕书,以压卵之威,行竭泽之计,民间岂顾不问哉。"①可见人们对皇店、官店的非议不浅。

明代京城小本商民日多,万历年间,全城已有中等以下店铺一万多户。自古以来,商业服从政治、市场回避官府,是天经地义的事情。但在明末,京城竟出现了因商区扩大而侵占官道的事情。如崇祯七年(1634),因正阳门外商业繁荣,商铺棚户较多,成国公朱纯臣家灯火走水(即着火),司城官借机对那些侵占官道的商户进行清理,但侍御金光辰以扰民为由上书谏止,曰:"京师贫民僦舍无资,藉片席以栖身,假贸易以糊口,其业甚薄,其情可哀。皇城原因火变恐延烧以伤民。今所司奉行之过,概行拆卸,是未罹焚烈之惨而先受离析之苦。"疏入,有旨停止。可见,明中期以后,商人得到了社会舆论的普遍同情,不仅有上书者为其呐喊,连朝廷也默认了商占官道的事实②。

三、明代京城商业街区的变迁

中国自商周始到明清止,城市中规范的商业市场在时空上的发展变化很大。明中叶以后,开放式的商业街区日益繁荣,为商业自身服务的新行当也不断涌现。城市的政治功能削弱,经济机能强化,近代商业市场萌生。京城商业经济革命悄然无声地进行,其主要表现有以下几个方面。

第一,街市同一源于城市对市场的依赖。明代中国城镇市场经济有了大发展,北京作为全国政治、经济、文化中心,是规模最大的繁华商业都会。正如明代张翰《松窗梦语》中所言:"京师负重山,面平陆,地饶黍谷、驴、马、果瓜之利。然而四方财货,骈集于五都之市。彼其车载肩负,列肆贸易者,非仅四亩之获,布帛之需。其器具充栋与珍玩盈箱,贵及昆玉、琼珠、滇金、越翠,凡山海宝藏,非中国所有,而远方异域之人,不避闭关险阻,而鳞次辐接,以故畜聚为天下饶。"③

---

①《明史·吕坤传》,中华书局,1974 年版,第 5939 页。

②朱诚如、王天有主编《明清论丛》第八辑,《明清时期北京的商业街区》,紫禁城出版社,2008 年,第 148 页。

③冷鹏飞《中国古代商品经济形态》,中华书局 2002 年版第 296 页。

古代城市的标志是驻有大批军队，近代城市的标志是遍布街巷间的商铺与市民攒动。这正是随着社会的发展，伦理政治逐渐屈从于经济利益的必然结果。生产力发展，战争减少，人口增加，城市规模因此加大。农业社会的城市是纯消费性的，需要周边农村或其他生产地供养。所以，市场这个市民换取生活所需的地方是不可或缺的，城市发展的最终结果就是商业与市场的发展。城市的存在及发展，已经从依赖军队转化为依赖市场了。

据 16 世纪到中国来的西班牙人拉达所著《记大明的中国事情》一书所载，明代城市总数是 1720 个，其中包括 155 个府城，235 个州城，1155 个县城，以及 7 个制盐的府城及其他城市①。

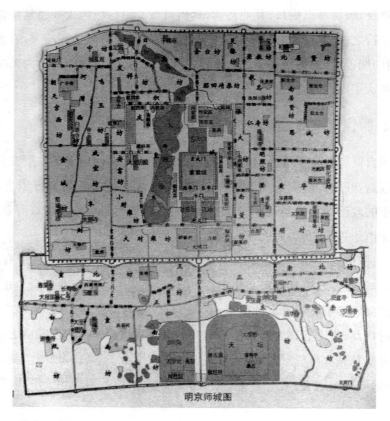

明代京城地图

①陈宝良《明飘摇的传统》，湖南人民出版社，2006 年版，第 2 页。

北京作为都城,当然是最具规模的。明代北京在正阳门内、大明门(现毛主席纪念堂处)前新辟的棋盘街是当时联结东、西两城的主要通道,各府衙均集中在街两旁,并逐渐形成一个商业中心。正如明人书中所云:"棋盘街府部对列,街之左右,天下士民工商,各以牒至,云集于斯,肩摩毂击,竟日喧嚣。此亦见国家丰豫之象。"①"京师大明门御道两旁,商贩云集,百货罗列。"②

可见,明代京城的府部衙门已经和鳞次栉比的店铺并立,商贩肆无忌惮地在御道两旁摆摊叫卖,街道所担负的政治功能和经济功能逐渐一体化了。街道与市场同化为一体,表明城市中的古老主体——政客,已经被新的主体——市民取代了,这正是近代城市商业成长的重要标志。当时,地处交通要道的西四牌楼大街就因商铺众多而被称为"西大市街"。

第二,几大特色集市的形成。除了街市同一外,北京的集市、专业市场、庙市等也在元朝基础上得到发展和固化。明代北京有五大集市:朝前市、灯市、内市(亦称宫市、大市)、穷汉市、庙市,其中以宫市、庙市和灯市最为著名。

宫市在皇城之内,紫禁城之外。根据"前朝后市"的传统,明代在宫城北面的玄武门(今神武门)外,每月初四、十四、廿四日三天开市,商人可到此贸易,士绅可以游观。宫市的繁丽"不如庙市,然诸货亦毕集"③。除日用百货和食品外,主要是奢侈品,如宣德铜器、成化窑器、永乐果园厂器、景泰蓝等精巧的工艺品以及进贡皇宫的各种奇珍异宝。后在东华门内,也开过一处内市。

京城最早的庙市是辽代的护国寺庙会,但属规模有限的"上巳春游"。经过元代的发展,明中叶以后,京城已有六大著名庙市,即城隍庙市、上地庙市、白塔寺庙市、护国庙市、隆福寺庙市和花市人神庙市。其中城隍庙市是最早和最具规模的庙会,位于今复兴门内成坊街(以前称城隍庙街)路北,始建于元朝1267年。城隍庙市,每逢月朔望并廿五日开市,商贾毕集,列肆东西达三里。据吴溥《送司训徐君序》所载:"大者车载,小者担负,又其小者挟持而往,海内外所产物咸集

①〔明〕蒋一葵《长安客话》北京古籍出版社,1980年版,第11页。

②朱诚如、王天有主编《明清论丛》第八辑,《明清时期北京的商业街区》,紫禁城出版社,2008年版,第148页。

③蒋德璟《游宫市小记》,《明文海》卷三百五十九。

焉。"①庙市所售，各样货物，无所不备，如供士大夫用的图籍梽铅，武士用的弓矢，农夫用的钱镈¥钐，工匠用的釜凿刀铁，富贵人家用的明珠大贝，贫夫用的敝衣败履，儿童玩的弄具，妇女用的粉黛脂泽，以至释家用的鱼螺铙鼓，俳优用的笛等箫管。即以绫锦来说，产地不一，分别来自滇、粤、闽、楚、吴、越②。仅出售图书文物、古玩珍宝的商人，就有天下古今图书典籍、商周彝鼎、秦汉古镜、唐宋书画、南海珠宝象牙、外洋贡品、耶稣画像、日本倭扇、西藏铜佛等五花八门的商品展售。由于各庙市"集期错开，使北京庙市逐日开放，经久不衰。

明代货郎图

灯市是伴随上元节展示灯饰的集市，正月初八始，至十三日而盛，迄十七日罢。灯市在东华门外，一直向东，绵亘二里。白天为集市，晚上则放灯。届时政府百官照例放假十天，喜庆之余，观灯逛市。开市之日，"省直之商旅，夷蛮闽貊之珍异，三代八朝之骨董，五等四民之服用物皆集。衢三行，市四列，所称九市开场，货随队分，人不得顾，车不能旋，阗城溢郭，旁流百廛也"。正如明人冯琦《观灯篇》中说："五都万宝集燕台，航海梯山入贡回。白环银瓮殊方至，翡翠明珠万里来。"③但总体讲，北京定时开闭的集市发展，反映了北方城市和乡镇商品经济不够发达的商业特征。

此外，随着城市经济大大发展和人口的不断增衍，一些新的商业区域和专业市场逐渐形成，如明嘉靖年间，米市、猪市、羊市、牛市、马市、布市、面市、煤市、缸瓦市、鲜鱼市等专业性市场出现。还有夜市和晓市的发展，也是明代城市商业繁

①《明文海》卷二百八十八。
②陈宝良《明飘摇的传统》，湖南人民出版社，2006年版，第10—11页。
③〔明〕刘侗、于奕正《帝京景物略》卷二上海古籍出版社，2001年版，第89页。

荣的标志。

第三，正阳门大街商业的地位凸显。明代北京的商业活动集中区域，在元大都基础上进一步扩大。除了延续下来的钟鼓楼地区外，新辟的有棋盘街和正阳门外大街的商业区。

棋盘街商业的发展与明代北京城区范围的变化有关。明代将元大都的北城垣南缩五里，南城垣向南拓展两里，使正阳门内的棋盘街成为联结东、西两城的主要通道。街市同一的发展趋势，使这里逐渐成为商业中心。

特别是迁都北京后，在城内的空地上修建了几千间临街的铺面式"廊房"，以便"召商居货"筹建商业街。正阳门外至今还保有廊房头条、二条、三条等地名。商人的集聚，使这里逐渐形成一定的商业规模。永乐元年（1403），明朝政府将浙江等九省、苏州等十府的一些富豪搬迁到北京落户，其中有不少大商贾落户于此。到了嘉靖年间，北京城外的居民数量已经超过城里。特别是通惠河被圈入皇城后，原来运到积水潭码头的货物，现在大部分从通州转运到正阳门外集散。从各地来京的商客也大多落脚南城，并纷纷在正阳门前东西街一带搭盖棚房作为摊店。致使正阳门内外店肆丛聚，招牌林立，终成京城最著名的商业街市了。

第四，市井道德区域的逐渐形成。因"士、农、工、商四民分业"的理论自古以来影响着商业的发展，加之手工技艺具有世袭相传的特点，造成了城市阶层分布、市场分布乃至居民分布都具有明显的职业特点。如北京因居住在东城的商人较多、西城的官人较多、北城的穷人较多、南城的戏子较多，而形成了"东富、西贵、北贫、南贱"之说。

在以农业和手工业为主要生产形式的社会中，人们的活动半径相对狭小，前店后场或店家一体现象十分普遍。相同的职业性情、相近的心理嗜好、相向的喜怒哀乐，使人们自然而然地分群聚类，并构成了不同的社会"道德区"。最明显的就是琉璃厂和天桥两个相邻却差异明显的街区。前者书店、古玩店聚集，誉为文人墨客玩赏古董字画之地。后者戏班、妓院较多，贬为低层俗人寻求吟唱嫖赌之处。虽然琉璃厂里一样充满欺诈，天桥的地面上也有善良，但人们还是把它们视为两个截然不同的市井道德善恶区域。

第二节　明代社会风气与北京商业文化特点

由于明代已进入我国封建社会的中晚期，封建商业文化的社会经济土壤腐殖深厚，伴随资本主义形式的新经济萌芽、新商品贸易的意识逐渐产生。再次作为都城的北京，官贵举子云集，市场发展迅速，消费城市的性质日益明显，其商业文化体系的发展演绎着夕阳中的绚烂光彩。

一、奢靡之风渐起

"岁办制"作为每年各地向宫里进贡的一种皇差自古就有，进入封建社会中晚期的明代此制更甚。明实行户役制度后，更方便从全国征集劳力、粮食及各种物料，包括大量的名贵土特产及精美的手工艺品。这些物品聚集京师，就成为明政府的岁收。但明廷对岁办之物还不满足，又通过官府向商人购买，形成"采办制"，又叫"采买"。明代采买涉及的范围比唐代宫市还要广泛。采买的价格，名为平估，实际上往往被压得很低，明中叶以后变成了官府向商人的一种征发，不仅使商人苦不堪言，也在一定程度上抑制了商品流通的发展。据《明史·食货志》记载：采办制"大约靡于英宗，继以宪、武，至世宗、神宗而极"①。

明廷的岁办、采办制盛行的原因，在于自然经济对财政收支形式的深刻影响。明廷对贵族、官员实行供养制。公主岁供以及勋戚功臣的岁禄，还有百官的月俸等，主要支出皆以米为主，再搭配少量的钞、纺丝等。这既造成了政府收支和官贵消费与市场的脱节，又铸就了奢靡消费的温床。定期奉送的物品超过正常消费的用度后，必然出现浪费，甚至出现奢靡比赛。

明初，太祖朱元璋奉行戒奢侈、求俭素的政策，不仅自身生活俭朴，而且以法律形式限定全国服饰的颜色与等级。任何人不得越级穿着，违者严惩不贷。朱元璋此举可谓一箭双雕，一可维系封建贵贱之礼，让百姓居处安分；二可通过禁止庶民"衣锦绣"，恢复敦朴之风。然明中叶以后，城市的服饰风尚松动，官绅越级穿戴，妇女追求风流。随着服饰由纯朴转向美好，厌常斗奇、刻意装饰之风渐

---

①《明史·食货志》，中华书局，1974 年版，第 1989 页。

起。富家子弟二十四节气衣饰款多,绫罗锦绣,色彩艳丽。社会上曾行汉锦,又尚唐锦、晋锦、芙蓉锦,就连贫者也翻改旧缎,争穿绸绢。

　　明代自万历以后,奢靡之风渐起,自上而下不仅华服艳丽,饮食方面也日益丰腴。谢肇淛在《五杂俎》卷十一中曾感言:"龙肝凤髓,豹胎麟脯,世不可得,徒寓言耳。猩唇獾炙,象鼻驼峰,虽间有之,非常膳之品也。今之富家巨室,穷山之珍,竭水之错,南方之蛎房,北方之熊掌,东海之鳆炙,西域之马奶,真昔人所谓富有四海者,一筵之费,竭中产之家不能办也。"整个京城果肴讲究,品种繁多,酒楼林立,宾朋斗奢。宅院构筑,越礼逾制,亭廊池台,镶金缀碧。北京这个皇族聚居、贵戚勋爵寄生之地,随着享受欲望的增长,不仅消费品市场兴盛,奢侈品市场也得到超级发展。

　　对明代北京商业繁胜景况最直观的表现,莫过于绘制于嘉靖、万历年间的著名长卷《皇都积胜图》。画面从卢沟桥经广宁门(今广安门),又经正阳门棋盘街、

《皇都积胜图》(局部)

大明门、承天门(天安门)、皇宫等街市,向北一直延伸至居庸关。画中京城的商业街道上车马行人熙来攘往,茶楼酒肆店铺林立,招幌牌匾随处可见,小唱、马戏处处聚集着听众看客,金店银铺人头攒动。在正阳门和大明门之间的"朝前市"上,清晰可见货摊上有冠、巾、靴、衣裳、布匹、绸缎、皮毛、折扇、雨伞、木梳、蒲席、刀剪锤头、陶瓷器皿、灯台、铜锁、马鞍座、书籍、字画、纸墨、笔砚、彝鼎、佛像、雕漆、象牙、草药、线香、纸花、玩物等商品[1]。但从销售的品种上仍可看出其商业畸形发展的特点:一是生产资料较少;二是闲乐玩物较多。早在西周时,周王就曾通过观测市场商品价格的变动来体察社会民风的好坏,如果奢侈

---

[1]田培栋《明代社会经济史研究》,燕山出版社,2008年版,第293页。

品价格上扬,表示"志淫"者多,风气败坏①。明中叶以来,北京文玩奢侈品充斥市场,说明社会已开始奢靡成风。

京城历来奢侈品贸易发达,杭州的丝绸、苏州的刺绣、江西的瓷器、云南的掐丝,甚至西伯利亚的刀鞘不断梯运进京,促进了京城官营手工业的发展。上行下效,为满足那些小富人追逐大富人社会地位的需求,私人作坊也争相仿造这些产品,一个活跃的奢侈替代品(仿制品)市场产生了,而这正是明中晚期北京商业文化中涌动起虚伪、没落暗流的明证。

二、明代北京商业文化的特点

相比从前的朝代,明代北京的商业文化产生了一些新的特点:

第一,经营的大方向决定了商业文化的主旋律。京城作为政治、文化的中心,官宦、举子众多,高档消费、文化消费、休闲消费引领主流。社会大环境导致商家必须在经营中以文化为主导、为特色。如琉璃厂古文化一条街,辽时曾是寺院印制佛经的地方,明代进京赶考的举子多在此查寻古书、购买纸墨笔砚,做官得势后仍常来赏购文玩古董。商家除在经营种类上以文化用品为主外,还要在方方面面体现出店主的文化底蕴,以迎合文人和官人的消费心理。久之,这里因积淀着浓厚的传统文化气息而闻名于世。踏进琉璃厂的店铺和逛大栅栏不一样,店家讲究礼数,顾客虚怀若谷。买卖中双方谈天说地,聊古今中西,比拼着彼此的学识眼力,把玩的是一种文化享受。看似谦和,话却到位,买卖不成,交个朋友。这就是以丰厚的传统文化底蕴为基调的北京商业文化最富有吸引力的地方——情韵悠远。

北京商业浓厚的文化气息,成因是多方面的,有历史悠久、有海纳百川、有民族杂居、有礼数讲究等等。谁要想在京城成为有名气、有特色的店铺,拥有深厚的文化不输于拥有雄厚的资金。为迎合官人的高档消费、举子的文化消费、市井的休闲消费,京城商家的经营方向也不一般。如经营古籍字帖的书店、经营文房四宝的文具店、经营古董字画的古玩店、经营花鸟鱼虫的花鸟店、经营刺绣制品的绣庄、经营绫罗绸缎的绸缎庄和钱庄、饭庄、酒坊、玉器行、珠宝店、茶叶店、靴

---

① 吴慧主编《中国商业通史》第三卷,中国财经出版社,2005 年版,第 93 页。

帽店、点心铺等，这些在一般城市也有，但数量不多，而在北京则遍布四九城。特别是他们在经营中全有讲究，各具特色，文化内涵可以渗透到一张包装纸或一个待客手势。明代北京商界继承和光大了京商文味儿的好传统，固化了以文促商、商文交融的特点。

还有一点需要注意的是，明代城市文化的繁荣从技术层面讲，得益于雕版印刷业的发达，当时全国有四大书市——北京、南京、苏州和杭州。北京本城的刻本并不多，但由于文人多、官人多，所以全国几大印刷地的书籍都流向北京。当时位于前门西河沿的洪家老铺是一家久负盛名的书铺，主要刻《绅齿录》类书籍①。京城的书肆主要集中在大明门右侧，每次朝廷会试举子，书市就设在会试场前。花朝节后三天，移到灯市。每月朔望及下浣五日，则移到城隍庙中。

第二，商业市井文化在低水平中徘徊。虽然明代北京的商业文化主流是好的，但随着封建社会中晚期政治、经济整体走下坡路，商业市井文化始终在低水平中徘徊。其主要表现有：

厚重的审美与没落中的虚假并行于市。作为政治、文化的中心，帝都商人见多识广，正是他们进货时挑剔的讲究，促成了明代大气、端庄、简洁、流畅的审美观。看看明式家具的高雅和官窑瓷器的精美，就知道其汇集了数千年的审美经验和异族文化的精髓。即使在当今社会，高端人士的低调奢华，也多取源于明代厚重的主流审美意识。但明中叶以后，随着整个社会的没落和奢侈替代品市场的形成，审美流于浅薄与世俗。手工生产开始追求"表面光"，市场假冒伪劣商品充斥，欺诈行为滋生。

市场与店铺间在环境上差异很大。小农"自扫门前雪"的意识与习惯，市场管理重税收、不重环境的惯性使然，使明代北京商业市场外部大环境的脏、乱、差与店铺内部规整讲究对比强烈。虽然每逢年节街市表面光鲜亮丽，但平日里顾客们依旧是"晴天一身土，雨天一脚泥"，特别是极少有顾客方便的地方，不雅之迹随处可见。

流动不羁的地摊文化形成了市民商业活动的潜规则。明代与市井百姓最贴

---

①陈宝良《明飘摇的传统》，湖南人民出版社，2006年版，第6—7页。

近的买卖是那些借助于庙会、草市的小型摊商。商贩是豪侠仗义还是卑微畏缩，是忠厚老实还是诡计奸诈，全看个人品性。无运行规范、少行业标准、没组织约束。出现纠纷，买主一般只能自认倒霉。多数小贩，商品包装粗劣，如食品多用荷叶、旧书甚至烂纸包装，此风一直延续到近代。

低俗及色情商品悄然衍生。万历之后社会风气江河日下，以《金瓶梅》为代表的色情小说大量出现。人们以讲究身心享受为名，暗行同性恋、房中术，故迎合此俗的淫秽小说、春宫画、春宫酒杯等色情类商品大肆泛滥，淫药、淫器更是暴利多多。就连荷兰著名的汉学家高罗佩（R. H. van Gulik）也撰写过《明代春宫彩印》和《中国古代房内考》。包括大量色情小说在内的通俗读物当时要价极高，如一套《封神演义》，要二两纹银，相当于一个私塾先生两个月的酬劳。明代还风行打纸牌，俗称斗叶子。从达官公卿到百姓妇孺，穷日累夜，纷然若狂，连大学士周延儒也酷爱到狂热的地步。崇祯十五年（1642），周延儒出京巡视军队，已行百里，突令手下持令箭，飞马回京，京中见状惊疑相告，以为军情严重，实际上是取纸牌等玩具而已。时人有诗讥之曰："令箭如飞骤六街，退朝司马动忧怀。飞来顷刻原飞去，立限回京取纸牌。"[1]显然，北京商业文化于明代末期刮起了市井低俗之风。

第三，京城商业文化出现的新曙光。

首先是重商理论日益丰富。随着商品经济发展和资本主义萌芽出现，一些思想家对商业的地位和作用的认识进一步深化，重商理论承袭唐宋农商关系思想的轨迹继续向前发展。如邱浚（文渊阁大学士）、王夫之（大思想家）等人分别从不同角度阐述了商业在满足各阶级、阶层物质需要、扩大就业、解决民食、缓解灾荒、增加财政收入等方面的作用。邱浚讲："食货者，生民之本也。"把象征农业生产的"食"与象征商业的"货"并列，一起提到了"生民之本"的重要地位。在反对官营商业方面，邱浚的论述更是典型生动。他以传统的贱商之矛攻封建政权的经商之盾，认为经营商业既然是低贱的事，那么国家经营商业同样是不光彩的。他还抨击了统治者垄断部分商品经营权的专卖制度。

---

①周同谷《霜猿集》，丛书集成初编本，第 8 页。

陆辑在为奢侈品生产与消费辩护时,曾讲过民俗尚奢有助于民生的现象。理由是富商大贾自侈其宫室、车马、饮食、衣鞋,则耕者、窑者、疾者、织者就能分其利。陆辑讲的奢侈就是以商业发展为基础的高消费,他主张以商业作为交换的中介,将使财富流于民间。

　　明末清初著名思想家顾炎武则十分明确地将工商业与民众就业及社会安定联系起来,认为如果政府过于抑商,则"商不得利之祸浅,而灶不得食之祸深"。

　　明永乐官员王源在强调农、商两业重要性的同时,更多地考虑到了商人的政治地位问题,要求在政治上实现士农工商并重,平等对待商人。因其观点是建立在商人对国家缴纳商税的前提之上的,故具有以资产论地位、金钱面前人人平等的思想倾向。

　　其次是商业专门类书籍问世。明代自嘉靖万历以后,社会商贸经济逐渐繁荣,为经商参考之便,刊刻了不少商业教科书及通用类书籍。如《恩寿堂三刻世事通考》分上、下、外卷。上卷有天文、地理、时令、人物、俗语、商贾、数目、历科状元、历代帝王、天下省属衙门等二十五个门类,下卷分释道、宫室、杂货、珍宝、蔬菜、酒名、农器、军器、花类、诸译国名、书柬活套、京省水陆路程、算法、课占、药方、文约等洋洋大观共五十四类。还有像《五刻徽郡释义经书士民便用通考杂字》、《商程一览》和《水陆路程宝货辨疑》等,都可以成为经商指南。特别是崇祯时出版,清初又增补的《新刻张侗初先生分类四民便用注释增补五朵云三卷》(简称《五朵云》),对商贾往来应酬的各类文字、契约,均有可参考的套话,还有贺开店、经商归来宴客请帖等各种书柬、文约样本,方便异常。

　　中国现存最早的文物鉴定专著《格古要论》,书成于洪武二十一年(1398),反映了明代城市消费与商业经营方向由生活用品向奢侈品的转移。全书共三卷十三论,作者曹昭。上卷为古铜器、古画、古墨迹、古碑法帖四论,中卷为古琴、古砚、珍奇(包括玉器、玛瑙、珍珠、犀角、象牙等)、金铁四论,下卷为古窑器、古漆器、锦绮、异木、异石五论。此书后来又由王佐于天顺三年(1459)增补了墨迹、古碑法帖和一些金石遗文、古人善书画者、文房论、诰敕题跋及杂考等。该书问世后,很快成为上层士绅购买高档传统手工艺品或古董的启蒙教材,该书的出版与大受欢迎,从一个侧面反映了明代奢侈品贸易的繁荣。

　　三是商业语言日益丰富。随着日常生活越来越商品化,柴、米、油、盐、酱、醋、茶,这开门七件事已得到社会的普遍认同。特别是对社会行业的总称谓,宋元时期称"一百二十行",明代时则因社会分工日益细密而改称为"三百六十行"。"酒、色、财、气"等明显带有商业气息的词语也越来越多地进入人们的口语。明代商业语言中还出现了大量带有神秘色彩的行话、俚语、黑话。如从一到十数字的念法,演变成忆多娇、耳边风、散秋香、思乡马、误佳期、柳摇金、砌花台、霸陵桥、救情郎和舍利子。还有像市人被称作"井通",贩子是"不将人",典铺是"兴朝阳",杂货店是"推恳朝阳",茶是"青老",白酒是"水山",粥是"稀汉",牛肉是"春流",金是"黄琴",银是"硬底",卖假货是"跳符恳",真货是"实赞",有钞是"热子",假钞是"将肯",没生意是"念搠"等等,不一而足。不同的行当有不同的行话,外人很难明白,既可保守商业秘密,又便于捣鬼。而明代北京商业语言丰富的独特性,还表现在出现了不少诙谐幽默、韵味悠长的吆喝声。如每到阳春三月,桃花初放,卖花者满街唱卖,其声艳羡。

四是反映商业文化的文艺作品不断出现。随着商品经济逐渐繁荣,明代的商人意识渗透到社会的方方面面,包括诗歌、词曲、小说、戏剧、绘画等形式的文学作品中,也都有不同程度的反映。如明初诗人王燧的《商贾行》就记载过一个不知名的小商人越洋行贩,归来时已发达的另人瞠目。从此人们生下男娃就教其识钱弄楮,农夫也纷纷卖了耕牛买商船,整个社会趋商成风。就连万历才子袁宏道也曾感叹:说明"儒生"不及"商贾"。明代小说中也有不少描写商业文化的内容,如著名的"三言两拍"、《金瓶梅》等。尤其是刻于万历年间的《鼎刻江湖历览杜骗新书》小说集,共八十多则。该书根据史实把形形色色的行骗故事分为二十四类,包括有脱剥骗、丢包骗、换银骗、诈哄骗、伪交骗、牙行骗、引赌骗、露财骗、谋财骗、盗劫骗、强抢骗、在船骗、诗词骗、假银骗、衙役骗、婚娶骗、奸情骗、妇人骗、拐带骗、买学骗、僧道骗、炼丹骗、法术骗和引嫖骗等。清晰地描述了人们为追求钱财、色相而实施的种种卑劣手法,该书既是一本商业骗术大全,又是晚明商业经营文化没落的真实写照。

第三节　清朝北京商业的发展

清朝是女真族建立的封建王朝。它是中国历史上继元朝之后又一个少数民族统治的朝代,也是中国最后一个封建帝制国家。

一、清朝北京商业经济发展的背景

女真族是满族的前身。明朝后期,在爱新觉罗·努尔哈赤的统治下,女真族迅速崛起。1616年,努尔哈赤建立"后金",脱离了明朝的统治。1636年,努尔哈赤之子皇太极在沈阳改国号为清,正式开始灭明的战争。1644年睿亲王多尔衮率清兵进占北京,建立起由满洲贵族主持、满汉官僚共同掌权的清政府。清代京师的建置大体沿袭明代,但实行满汉分治。内城改驻八旗军,未入旗的汉人皆迁移南城。

康熙皇帝在位期间是清朝发展最快的一段时期。经济方面,康熙废除圈地制度,鼓励开荒,兴修水利,减少赋税,使耕者有其田,农业发展,国力昌盛。为了商贸经济的进一步繁荣和加强对蒙、回等少数民族的统治,清廷在维持明朝河运、海运的同时,大力发展陆路的长途贩运,形成了全国的商业运输网络(见下页图表)[①]。

可见,清前期已拥有密集的商路网络和川流不息的贩运贸易,以北京为中心的国内统一大市场已具规模。

清朝从乾隆末年开始逐渐衰落。统治者失去了早期那种锐意进取的精神,渐趋保守和僵化。1840年鸦片战争失败后,西方列强不断入侵,清政府被迫割地赔款,开放通商口岸。通过一系列的不平等条约,中国逐步沦为半殖民地半封建社会。为挽救自身命运并增强国力,清政府内部进行了一些维新运动,试图革新图强,其中最为著名的是自1860年开始的洋务运动。随着洋务运动的开展,全国各地开始先后引入国外科学技术,开设矿业、工厂,建设铁路,架设电报网,修建新式学校、培训技术人才,同时也成立了新的军事工业,洋务运动使得清朝的国力有了一定程度的恢复和增强。

光绪二十四年(1898),百日维新失败。宣统三年(1911),辛亥革命爆发,推翻了清王朝,结束了北京封建王朝帝都的历史。

[①]冷鹏飞《中国古代商品经济形态》,中华书局,2002年版,第310页。

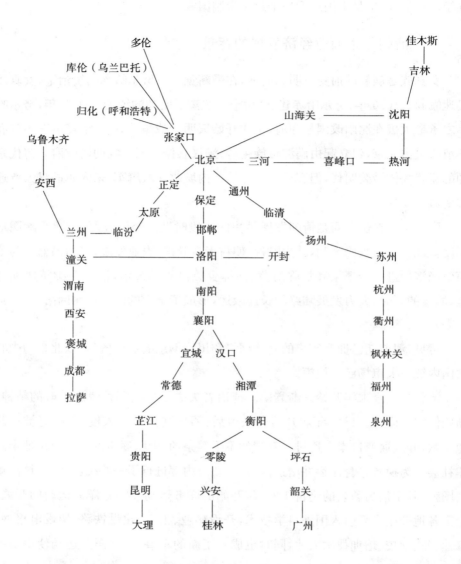

二、清代北京商业企业的主要经营形式

康、雍、乾三朝鼎盛，北京作为全国的贸易中心，市场上烟、酒、茶、粮、布匹、绸缎、铁器、瓷器、陶器等重要商品种类繁多，从无间断。大商铺里还供应蒙、藏、回等少数民族用商品和特别的手工艺品。清朝政府还在城内御河两岸设立"里馆"，专门接待蒙古来京的客商，以加强其商业联系。

清代北京商业在很长一段时间以外城商业区为主要市场,这是清初实行满汉分居政策造成的。城里主要是满八旗居住,汉官和百姓都被迁往南城,商业店铺也就集中到了外城。1756 年清廷以内城开设商店容易隐藏犯罪为由,下令将店铺迁移到外城,只保留了几十家肉店、酒家、炭厂、碓房、车店等。

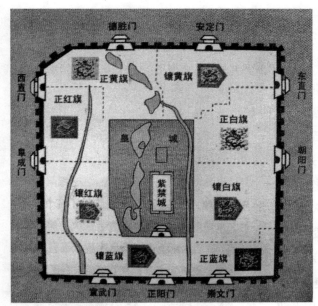

北京城内八旗方位图

1871 年的前门大街,商铺多为二层,人流熙攘,很是热闹

清代北京商业经济发展的一个特点是"前三门"（崇文门、正阳门、宣武门）一带特别繁荣。东便门外通惠河至张家湾，集散着大运河运来的南货。崇文门设有税关，门内往西有会同四译馆，商人多出入崇文门。宣武门外会馆多，士子常出入。离此不远的琉璃厂文化街，在承明制的基础上，得到进一步发展。官员上下朝多进出正阳门。正阳门外大街众商云集，六必居、同仁堂、都一处、合香楼等著名店铺林立，珠宝店、绸布店、粮食店、杂货店盛极一时，是清代北京最繁华的闹市区。同时，北京商业企业的经营形式也分化出很多种。如一般有坐商、行商和摊商之分，有本地商铺、外地客商甚至外国洋行之分，还有官办、官督商办和商办之分等等。

坐商、行商和摊商的区别主要在不同的售货方式上。

坐商是指拥有一定数额资本、具有某一字号、在固定地址上经营的商人，也称铺户，其售货方式为封闭式。商店有柜台，商品摆放在货架上，顾客隔柜台指出所需商品，店员拿出让客人挑选购买。由于过去坐商没有多少手段宣传商品，只是坐等交易，顾客在进入商店前，很难弄清销售何种商品，于是便出现了"幌子"，即通常所说的"招牌"。因此坐商多有一个重要的标志设在自己的店门口，如以实物、模型、包装品、额匾、旗子等为招牌，悬挂于店铺门前显眼处，以引人注意。唐以前市中的"肆"就是坐商的前身，宋、辽时，市中有了固定门脸的经营

旧京东四的大成楼老烟铺
华丽的门脸与"膀爷"伙计形成鲜明对比

者，这就是后来的商店。坐商大都集中在居民区和大城镇，靠的是回头客，所以，除了在商品的适销对路、物美价廉方面下功夫外，特别注意养成良好的店风，诚实守信、笑脸相迎、热情招呼，绝无厌烦之举。

清初整个社会的生活水平不高，购买力低下，而且一般的顾客大都是当地居民，比较了解商店和店主的情况。因此，传统的旧式商店，大多面积狭小，所用器具粗制简陋。有的店主甚至将售货的柜台放在门口，买东西的人被拦在外面，也

称"拦柜"。随着商业的发展,到清末北京已经出现不少讲究铺面装饰的大型商店,以纺织品和药店为主,一般都是高门深院,外面装饰有字号牌匾,以及书写经营商品和业务特色的楹招。例如北京的瑞蚨祥绸布店就采用雕梁画栋、金碧辉煌的传统式房屋,商店前面是花饰铁栅栏门,院内有罩棚方便停车。店内设有头柜、二柜、绸楼、信楼和货房。商品都是用布或牛皮纸包装起来保管在柜内或货架上,待顾客进门提出要求后才取出供挑选。对于皇族和官僚富户,多是由商店派人送货上门,即便到商店来,也是在客室接待和选购。

行商又称游商或走贩,指那种走街串巷、肩挑车推的小商贩,在农村亦称"货郎担",其售货方式是开放式的。行商与坐商的主要区别就在于行商具备配送能力,并以此作为竞争的核心能力,甚至有为客户预订商品的服务。行商所销售的商品,多是生活杂物和食品,也包括一些收购旧物类的小贩。行商的特点是利用不同的响器所发出的音响和叫卖声来招揽顾客。卖什么吆喝什么,拖腔拉调,连喊带唱,与敲击节奏相映成趣,人未到声先到,渲染了老北京的大街小巷,给人们枯乏单调的生活增添了些许情趣。行商基本是小本买卖,终生辛劳,老来才搁担歇业。他们凭借信誉,老少无欺。进出巷院,与百姓和谐相处,情感融洽。清朝实行"满汉分居"后,因为清除了城里的商店,更使行商的踪迹遍布四九城。清政府把行商和铺户分为一百三十六行,每行设官牙,负责收税,评议物价,发卖货物和处理商人间的纠纷等。

旧京走街串巷卖耍货的(之一)

旧京走街串巷卖耍货的(之二)

除行商和铺户外,当时北京城里还存在大量的摊贩。他们平时在街头巷尾摆设摊子。例如前门外，大小摊贩摆满了布棚摊位，出卖各种日用品。遇到庙会和集市日期，他们就去赶庙会和集市。正是他们的到场，才使京城隔三差五的庙会无所不有，热闹非凡。

在封建社会，贩运是各类商业活动的基础，贩运商是商人的主体，其活跃程度直接影响到铺商、中间商等的兴衰。贩运商通过组织货源和长途贩运，把货物运输到北京和全国的市场中去。清前期，长途贩运十分普遍，成为商品交换的主要形式之一。贩运的货物种类繁多，既包括生活用品，也包括生产资料。他们将货物运输到目的市场后，大多不是亲自摆摊设点进行销售，而是通过赊卖的途径转手给坐商或行商。

作为都城以及商业中心，北京历来就是个移民城市。晚清时，随着政府管理的放松和政治经济交流的扩大，北京的外来人口急剧增加，市场中聚集了来自全国各地的商人。北京在政治、经济及文化方面特有的魅力，把四面八方的人吸引过来，并融入自己的社会生活，使他们成为新的北京人。当时，在京经商的外地商人以宁波、胶东、广东、徽州、山西等地的商人为主，经过多年的演变，逐渐形成了各自的行业优势。在中国的几大地域商人集团中，晋商在明清五百多年里一直称雄于京城的银号、票庄、当铺、烟铺、颜料铺、干果铺、油盐店、皮货铺、布铺、杂货等行业。山东由于地少人多，海陆交通便利，致使许多人外出经商。山东商人也是北京商界的主力军，主要经营布铺、绸缎铺、饭馆、粮食店、碓房、猪肉店等行业。山东人在京声誉很好，有"京师精华尽在八大祥"的美称。江苏、江西、安徽、浙江等地的商人在北京被称为三江商人。他们主营绸缎、茶叶、广货、书肆、文房四宝等。陕西商人则多经营烟钱铺。

1689年《中俄尼布楚条约》签订以后，两国建立了正式的贸易关系。除了在黑龙江地区通商外，清廷准许俄国商队每隔三年来北京一次，并要求每次不得超过二百人。繁华的北京吸引大批俄国商人蜂拥而至，人数最多时达八百多人，来访的次数也日益频繁。在1691年到1697年间，俄国商人菲拉季耶夫等人就派遣了五次商队。俄国商队带到北京的货物主要是西伯利亚地区的皮货，也有一些手工业品。从北京贩回的是丝绸、茶叶、棉布、大黄、烟草等，他们居住在皇城外东南部的俄罗斯馆。到这里来与俄国商人做买卖的，除中国商人，还有日本、朝鲜等国商人。中俄贸易使俄国政府和商人都获得了巨额利润。1754年，北京出现了由中国商人组成的专门负责经营对俄贸易的商行。

20世纪初,随着大量洋货飘洋过海涌进北京,北京城里已经开设了几百家专销或附带销售洋货的店铺。北京并不是开放的商埠,但是在北京有许多外商洋行、店铺相继开设,政府也没有进行干涉。

鸦片战争前,外商、外国公司到中国做生意,开始采取直接在中国境内设立行号的做法,亦称为"洋行",如美国的旗昌洋行,英国的沙逊洋行、怡和洋行、安利洋行,德国的禅臣洋行、礼和洋行,日本的三井洋行、三菱洋行等,都在北京设立了分行(多集中在东城),有的规模很大。如英国的烟草公司在1900年至1910年的十年间先后在北京城内和海淀、通州、长辛店等处,设立了九处代销商号和栈房。鸦片战争后,外商获得了在各通商口岸的自由贸易权,这些洋行不仅从事西方工业品和中国的丝、茶、瓷器等贸易活动,而且从事贩毒、抢劫、走私等违法活动。

京城的洋商最初是以欧美商人为主,他们除经销各种洋货外,还经营旅馆、古董、钟表等业。

这是20世纪初美国人绘制的前海、北海、什刹海、积水潭、白塔寺、西四牌楼、西单牌楼、阜成门、西直门一带的地图。内容详细有趣,相当于办事指南。可见当时洋人对北京的了解程度

文盛斋灯笼铺
文盛斋曾是廊坊头条历史最悠久、规模最大的灯笼铺,为吸引洋人,在幌子和地址上标有不同语种的洋文

北京灯笼铺
此图为英国画家根据 1793 年的画稿绘制

1900 年后，在京的日本商人数量增多，其经营范围很广，从洋行到书籍、文具、照相、旅馆、餐馆、药店甚至当铺。仅 1903 年日商在北京就开设了五家当铺。日本商人除了独资经营外，还同中国商人合作经营，如位于前门大街经营杂货的西海洋行，和专售石油的元记洋行都是日商与中国商人合营。

官办企业是指 19 世纪 60 年代以后，由清政府指派官员，筹拨创办费和常年经费，雇佣工人，使用机器进行生产的企业。在这一类企业中，军事工业占的比重很大。如 1865 年以后清政府拨款兴建的江南制造总局、金陵制造局、福州船政局和天津机器局。到 19 世纪 70 年代，清政府也曾设立若干民用企业，主要分布在采掘、冶炼和棉、毛、纺织等行业。

伴随着绅商阶层的形成，清代相应出现了一大批特殊的官督商办企业。它是洋务运动期间清政府招募私人资本创设近代民用企业的一种经济组织形式，可以解决洋务事业资金匮乏的问题。19 世纪 70 至 90 年代洋务官僚兴办了二十多个民用企业,绝大多数采用这种形式。在投资关系上,商股未凑齐以前,先由官本垫入,以后再逐步归还。"官督"包含两层意思:一是官对企业保护扶持;二是官对企业进行监督稽查。"商办"同样也有两层含义:一是商务由商人经理,官不过问;二是商要向国家尽义务。

商办企业是近代中国民族资本主义企业的发端,也是中国社会经济发生变化的重要标志。这些企业主要是由一部分官员、地主、买办、商人投资创办的,也有一些是从原来的手工业工场、作坊采用机器生产转化而来的。这些企业主要是日用轻工业,规模不大,设备简陋,技术落后。在外国资本主义和国内封建主义的双重压迫下,中国民族资本主义企业的发展困难重重。为了生存,许多企业既要依靠外国势力的保护,又要寻求封建势力的支持。因此中国民族资本主义同外国资本主义、本国封建势力既存在矛盾的关系,又存在依赖的关系。

三、晚清商业企业的主要组织形式

鸦片战争以后,在外国资本主义的影响下,随着民族资本主义工商业的初步发展,出现了新兴的近代企业组织——公司。在晚清时期,占主导地位的企业组织形式仍然是独资与合伙企业,公司仅仅是开始而已。

独资企业是以个人的名义出资组建的,财产为投资人个人所有,投资人以其个人财产对企业债务承担无限责任的经营实体。

合伙企业一般是指由两个或两个以上的个人联合经营的企业。合伙企业由各合伙人共同出资,共同经营,共享收益。清代的合伙又称合股或连财,是由于经营规模扩大需要而产生的。多数投资者是官僚、地主,其中那些不在店的股东并不参与企业经营,只是以股本分占利润。

在小型的独资、合伙企业里,从业人员很少。虽然也有店东、伙计和学徒之分,但出资人与家庭成员一般都直接参与经营活动,故被称为"连家铺"。

公司是西方资本主义发展过程中出现的一种企业组织形式。公司以法人资格集中资金、技术和人才,是独资和合伙企业不能举办的大企业。19世纪70年代,清朝兴起的官商合办、官督商办的经济实体都曾采用"集股"的形式,应该说具备了公司的特征。但是由于缺少相关的经济法规,不具备法人资格。1903年,清政府实行"新政",编订了大清国《公司律》,对企业的资金筹集、经营管理、盈亏责任进行了规定,中国的公司开始走向法制化发展的轨道。1914 年北洋政府农商部又公布了公司条例和施行细则,从而完全确立了近代企业制度。此后北京的大型商业企业一般都实行公司制,但传统的独资或合资企业仍占统治地位。

四、晚清新式商业企业的特点及其文化特征

北京的商业虽然在鸦片战争前就有了很大的发展,但这些商业资本仍建立在小商品基础之上,主要通过贱买贵卖的方式来获取利润,因此属于封建旧式商业。从 19 世纪 50 年代到 20 世纪 20 年代,经历了近八十年的发展过程,近代新式商业基本成型。新、旧式商业的主要区别在于同资本主义生产方式的联系,以及采用资本主义经营方式和管理制度的程度。

近代新式商业企业既与世界资本主义市场相联系,又保持浓厚的传统色彩。中国近代商业的产生和发展最主要的原因是资本主义国家对中国的商品输出与经济侵略。第一批新式商人就是受雇于洋行,为外商服务的买办商人。随着买办商人向民族资本家的转化,旧式商业同时向新式商业转化。近代新式商业大多是在对外贸易中发展起来的。在经销洋货与收购土货过程中,被迫卷入世界资本主义市场体系。

中国有两千多年的封建历史,封建的旧式商业又一向比较发达,近代商业受到旧式商业的影响,在经营组织上带有浓厚的封建色彩。企业内部的关系主要是以血缘为纽带的家族联系和以地缘为基础的乡亲关系。在经营组织上多采用家族式、子承父业、兄弟之间的联合等。

最早采用近代管理方式的是中国商人开设的西药房,如使用新式账册和单据、采用近代度量衡制度等,店堂布置也与传统中药业不同。20 世纪出现的一些大型综合性商店和专业店,吸取了资本主

民国时期的"六必居"记账簿

义先进的经营方式和制度,改变了封建家长制模式,实行决策与管理分离,并采用了新式会计制度和复式簿记法。商店实行分级管理,由营业部负责经营商品事务,下设若干商品部,直接经营商品的柜台销货业务。在职工管理,进、销货业务等方面都建立了有效的规章制度。但经过改良的旧式管理制度在商业企业中仍占有重要地位,特别是商店的人事管理制度基本保留原来对店员和学徒的管理条例。

新式商业经营方法在晚清时期被逐渐运用。随着京城市场上商品品种日益齐全,顾客选择余地不断增加。零售商业企业在商品陈列方面进步十分明显。封闭的柜台陈列与售货方式,改为开放的玻璃架、橱窗陈列,甚至把商品陈列在柜台外的样盘内,顾客进入店堂可以自由挑选。如1924年北京瑞蚨祥西号取消柜台,将货场前后打通,增加玻璃货架,布置橱窗陈设,很受欢迎,各店竞相效仿。

民国时期阴丹士林牌染料商标

近代商业销售技术中最大的进步是明码标价取代了讨价还价的交易方式。从20世纪初开始,北京一些新式商业企业开始采用明码标价的方式。为更好地宣传商品,商店开始运用各种广告手段,其中多种多样的印刷广告占据主要地位。

上述新型商业企业极其运作方式,必然有其独特的商业企业文化。归纳起来,清朝北京新兴商业企业的文化特征主要有以下几点:

一是为官服务。庞大的官宦阶层和较高的消费水平,刺激了北京的商

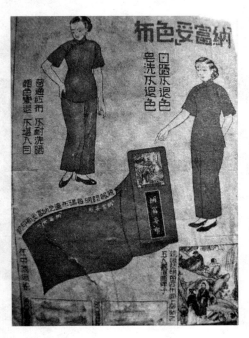

民国时期纳富妥色布商标

业、餐饮、娱乐等各色服务业的发达，并产生了一个共同特点——为皇室、王公贵族、官僚士大夫的消遣服务。因此，北京上述行业中浓郁的官气也就不足为怪了。各大店铺以能为官服务而荣耀，著名商号大都有一段与宫廷或官府相关的故事。

清代万义川银铺的银票

官场文化甚至体现在菜肴的名称上，例如京城名肴"一品豆腐"、"一掌河山"、"状元饺"等。还有用大官僚姓氏命名的菜肴，如用清代翰林潘祖荫姓氏命名的"潘鱼"；出自曾国藩的"曾鱼"；出自江树昀的"江豆腐"；出自内阁中书吴闰生的"吴散丹"、"吴鱼片"等。

二是血脉相承。清代北京城里没有多少职业教育机构和职业介绍所，平民子弟想择业非常困难，所以基本上是"父传子"和"师带徒"。"世袭罔替"不仅表现在官史、士大夫、手工业者、商人和艺人身上，甚至连乞丐、妓女也都存在"世袭罔替"。每个人都被牢牢地钉在社会结构的某一网格内动弹不得，从皇帝到乞丐概莫能外，这充分体现了封建社会对人进行身份管理而非契约管理的特点。

三是等级分明。北京商家等级差别很大，头等商人是官商，炙手可热，财大气粗，横行霸道。其次是像瑞蚨祥、同仁堂这样的老字号，声名遐迩，日进斗金。再下一等的是遍布京城的普通商号：粮店、油盐店、中小饭馆和五花八门的服务业，盈亏相抵，平淡经营。最后一等是行商和小摊贩，起早贪黑，日晒风吹，蝇头小利，维持生计。

四是和气生财。在商家激烈的竞争中，北京商人更推崇和平共处、和衷共济的胸怀与经营术。大栅栏里那么多的鞋帽店、绸布店毗邻而居，经营内容相仿，却多年来相安无事，就是对儒家"和为贵"哲学观点的最好诠释。做买卖特别讲究"和气生财"，为此，老北京店铺里的伙计都要学唱和气歌。过去老北京商家

清代商铺宣传挂牌

管顾客叫"照顾主儿",商家心里头有数,如果没有和气了,就没有人气;没有人气了,也就没有财气。大家都不照顾商家,都不买商家的东西,商家的买卖怎么做啊？所以商人要把"和气"列为做商人的第一要素。

五是诚信为本。近代北京商业企业多是家庭资本和家族管理的店铺,有其独特的文化氛围。商贩们古意盎然的买卖方式,加上十足的人情体贴,形成令人难忘的经营艺术,也是北京商人的基本修养。即使买卖不成,商贩也会把失望严严地封在心里,欢迎顾客再来。虽然这中间包含着商业目的,但却让人感觉舒坦。因为,北京商人更多依赖的是传统的人情信托,而不是现代的商业契约。以信义、人情、礼仪等非商业手段达到商业目的,这正是北京商业文化独特的内涵。

老北京商人信奉勤劳诚信,"言无二价,童叟无欺",这句话表现出正派商人的基本道德规范——诚信为本,也代表了我们民族向上、向善的愿望。而"一年赔,二年平,三年才能把钱赚"则反映了一种经营规律,由小买卖开始,逐渐做大,最后形成规模。如东来顺、张一元等著名商号皆如此。

六是神明崇拜。商事活动中的诸多不确定因素,经营中潜藏着许多不可预料的风险,往往使沉浮于商海之中的商人有宿命感,并油然产生对冥冥之神的畏惧与祈求。商人们将这种宿命思想演化成固定的宗教仪式,春秋祭祀,以慰藉自己且警醒他人。故敬神活动在清朝的商业社会中非常盛行,所有会馆、公所、公会,都供奉有崇拜的偶像。

然而,这种宗教行为不单为满足商人个体的内心需求,而是与清朝商业秩序的建立、规则宗旨的确定,以及对商人内心世界的引导和外在行为的约束等紧密相连的。在清朝商人的心目中,"奉神明,立商约"并行不悖,具有同样重要的意义。它已从个人行为转变成具有社会意义的行业行为,从而更增添了宗教仪式的威严与震慑力。清代商业社会的宗教仪式不仅制度化,而且成为商业秩序得以建立和维护的内在力量。神明崇拜成为清代商人精神上的一种需要,行业组织在一系列祀神活动中实现了对于商人思想和情感的控制。

第四节　清朝绅商阶层的政治意识和价值观

近代中国的新式商人群体产生于晚清,既是新式商业发展的结果,又是整个社会发展变迁的产物。他们必须与新的资本主义生产方式建立直接而紧密的联系。因此,只有资本主义性质的新式商业出现之后,才能产生具有近代意义的新式商人。近代新式商人群体作为一个独立的整体跃上历史舞台,在社会经济中发挥重要的作用,经历了一个从分散到联合,最后形成一支整体社会力量的发展过程。近代新式商人群体崛起的过程,实际上是近代中国资产阶级的形成过程。那么,这个新生的群体,会有怎样的政治意识和价值观呢?

一、"在商言商"的无奈

清末,商人的经济实力、思想意识都有了显著的变化,与此同时商人的组织程度也大为增强,成立了商会,商人的时代使命感逐渐增强。"在商言商"一词开始流行,应是新兴商人群体从居于四民之末而一跃成为新型民间社会主导力量的反映。此话最早出自何人何处,无从得知,一般认为是沿用古代的"在官言官"而来①。

商与工是近代新兴资产阶级的两个主要组成部分:商业资产阶级和工业资产阶级。在近代半殖民地半封建社会的特殊历史条件下,中国工业不发达、商业畸形发展,无论是经济实力还是社会影响,工业资产阶级都远不如商业资产阶级。在清末较长的历史时期中,工商一直不分,往往是统称为商人,即使是工厂主也以"商"自称。所以工业资产阶级在清末没有成立自己独立的社会组织,一般都是加入商会。20 世纪初清朝政府实施振兴工商、奖励实业的新政策,倡导和鼓励商人成立商会,但出于维护其统治地位的目的,又始终将商会和商人的行动限制在商务范围之内,不允许商人干预地方政务和过问国家的内政外交。清朝统治者将商会限制在"在商言商"的戒条之中,这也是"在商言商"产生的原因之一。

---

①朱英《近代中国商人与社会》,湖北教育出版社,2002 年版,第 199 页。

所谓"在商言商",从字面上可以理解为身为商人只谈商事,莫问国事,但实际上它在清末却具有非常丰富的含义,也体现出近代商业文化独特的政治色彩。貌似缺乏政治责任感的"在商言商",对商业资本家个人而言,是其拒绝参与政治活动最充分的理由,具有明显的消极影响。而对于商会及其领导人来说,"在商言商"则是要名正言顺地过问"商政",是其向官府提出自己种种要求的依据,又具有一定的积极作用。可见,虽然清末新式商人在登上社会政治舞台时还需要"在商言商"的遮羞面纱,但他们毕竟已经一只脚跨入政界大门了。

二、义利观念的变迁

义利之争,古已有之。在长期的辩争中,以儒家为代表的重义轻利之说占据主导地位,并对商人的思想与行为方式产生了明显的影响。近代新式商人的义利观仍带有浓厚的传统色彩,与他们受的教育及其经历有密切的关系。晚清是中国社会从传统向近代转型的初始时期,旧的传统因素仍在很大程度上制约着社会价值取向。近代新兴商人大多是受传统儒学的教育与熏陶,在思想深处对传统伦理抱有崇尚心理。晚清的许多商人在从商之前,仍寄希望于通过科举走上仕途。因此,在他们身上传统儒学及其伦理的根基相当深厚,致使新兴商人中有不少后来成为典型的儒商,其义利观也在很大程度上受中国传统儒学伦理的影响。

晚清,中国新兴商人大多数虽然重义,但他们所追求的义,除了一部分属于儒家伦理中的传统内容之外,更多的则是注入了近代的新内容。在他们看来,最大的义已不是恪守封建伦理道德,而是通过发展工商实业,为救亡图存、富国利民尽自己的一份力量。例如自称"言商仍向儒"的张謇,创办实业绝不单纯是求利,而是为了富国致强的大义。他不仅创办实业,同时还致力于兴办教育和地方自治,以及慈善和社会公益事业等,并且在各个方面都取得了引人瞩目的成就。

近代商人不仅对义有新的认识,而且对利也有新的理解。传统的利只是指个人经济方面的得失,并不涉及国家、民族等非经济因素。在近代,利的这一含义本身并无什么变化,但却有不少商人将自身经济利益的得失与国家的存亡连在了一起。他们意识到随着主权的丧失,国家的灭亡,商人之利也将无法得到保障。

20 世纪 20 年代，近代中国商人的义利观较之前辈又发生了变化，他们的义利观受到西方商人的影响。这些商人幼年时一般都接受过新式教育，受西方资本主义的教育与熏陶。西方商人以追求利润为唯一宗旨，并且认为这是上帝赐予的天经地义的义务与权利。因此许多中国商人开始摆脱传统儒学束缚，直截了当地追求利润。这对近代中国商人而言，是一个非常重要的变化。

在长期的传统封建社会中，中国商人的名誉和地位不仅仅与其财富的多寡相联系，更重要的是取决于其在"义"方面的建树，因此商人不得不义、利兼顾。但在新的历史条件下，随着社会价值观的改变，财富被视为名誉和地位的象征，利润更是成功的唯一标志。传统的义利观逐渐失去了以往强大的影响力，商人也敢于公开言利求富了。

晚清儒家正统的"义利观"逐渐在人们心目中贬值，求利求富的功利型价值观逐渐占据上风。以近代功利主义价值观取代传统的伦理型价值观，为商人作为一支重要的社会力量登上历史舞台的中心找到了依据。但是近代大多数中国商人，无论是观念上还是行动上，对利的认识与追求仍不能简单地与近代西方国家的商人同日而语。同时中国商人对利润的追求，并不意味着近代中国商人都放弃义，仍有不少商人对义较为重视，尤其是在面临国家和民族生死存亡的大义时，商人依旧表现出炽热的爱国之情，并在行动上做出牺牲自己的经济利益而致力于救国救亡的义举。

第五节 晚清的重商主义

晚清的重商思想是受西方重商主义的影响而萌发的，它与西方的重商主义有一些相似之处，二者都产生于封建社会解体和资本主义萌芽阶段，是伴随着机器工业的发展而发展的，都把通商看作是经济生活的核心内容。但是由于二者产生的背景完全不同，使晚清重商主义较之于西欧重商主义，形似而内容不同。晚清重商主义是在国家面临严重危机的情况下萌发的，这就使它具有明显的反侵略特征。在对外贸易上，它具有浓厚的商战色彩。晚清重商主义在经历了甲午战败的刺激和维新运动的推波助澜后，到 20 世纪初的新政时期，达到了顶峰，并推动了中国经济近代化的进程。

一、商战论——经济民族主义的崛起

中国近代重商思潮源于清末维新派代表人物郑观应等人提出的"商战"思想。郑观应把商战作为民族自立的条件:"自中外通商以来,彼族动肆横逆,我民日受欺凌,凡有血气,孰不欲结发厉戈,求与彼决一战哉!"[①]这一思想的产生,同当时的民族危机意识有直接的关系,是经济民族主义的重要内容。中国在鸦片战争战败后被迫签订了一系列的不平等条约,民族危机不断加深。商人自身经济利益的得失决定了他们政治态度的倾向性。帝国主义的经济侵略,使商人地位每况愈下,商人生计受到严重威胁,因此商人的反帝爱国热情日益高涨。在他们看来,无形的"商战"较之于有形的"兵战",在某种意义上说更厉害,商战能以更隐蔽的方式,夺人之财,弱人之国。近代重商论者认为学战、兵战与商战是外国侵略中国的三种相互配合的形式,其中商战的危害更强,甚至能够掌握一国之利权。他们提出"以商敌商"的对策,即动员国家的经济力量,同列强展开经济的角逐,收回已失的利权,这也是商战所要实现的最直接目标。很快,商战论便在商人中引起共鸣,形成一种共识。

洋货倾销在中国引起了严重后果,为此重商论者忧心忡忡。他们认为商战首先是一场贸易战、商品战,振兴中国商务,大力拓展中国商品的国内和国际市场乃是商战的当务之急,故主张以商战推动同列强在各方面的竞争。第一,商战求富,兵战求强。兵战的物质基础在于商战,故应商战居先,兵战随其后,商战与兵战相互配合。第二,"心战"为体,"商战"为用。民族精神与社会心态对商战起着至关重要的作用,这是商战之本,也是商战深层次的内容。而且商战论者意识到,中国工商业颓萎的症结,在于市场意识淡漠,经营管理不善,素质低下,这些均有赖于教育的普及与发展。强调通过振兴工商业、发展民族经济以达到民族救亡的目的,是晚清重商主义的首要特征,也是理解近代重商主义的关键点所在。

---

① 〔清〕郑观应《盛世危言》,华夏出版社,2002 年版,第 339 页。

二、晚清尊商意识的兴起

中国自古就有重农抑商的思想，秦以后成为国策并被历朝政府推崇。明清时，商业有了重大的发展，商人的地位也开始相应地上升。明中叶以后，弃儒就贾的趋势一天天高涨。清以后，政府对商人的控制有所放松，重商呼声日高。晚清时期，轻商、贱商的社会心理和社会风气开始逆转，商人的社会地位开始上升。商人的主体地位在近代社会中确立，是晚清重商思潮的重要特征之一。

在中国传统的社会结构中，士、农、工、商"四民"有序，不可逾越，其基本特征是尊儒尚学，贵农贱商。商人和商业活动受到政府的限制和社会的轻视。"四民"序列中，士为"四民之首"，享有种种法律和社会特权；"农"虽也属下层社会，但其社会角色评价值高于工、商；"工"与"商"的社会角色评价值最低，属"贱民"之列。这一传统的"四民"秩序自战国时确立，至清初，两千年来一脉相承，构成大一统封建社会的基本组织形态。直到近代，轻商、贱商的社会心理和社会风气开始逆转，在各通都大邑，经商成为时髦行业，商人的社会地位扶摇直上，商人俨然成为时代的宠儿。随着贱商心理的逆转，商人开始摆脱自卑感，越来越自尊和自重。

商人社会地位的提升，引发传统四民排序结构的失衡。由过去所习称的"士、农、工、商"变成为现实中的"士、商、农、工"。唯士独尊的价值判断已成过去，"四民"交相为用，不能偏废的近代职业观正成为主流意识，在京、沪等大城市，尊商、重商乃至从商开始成为时尚。

三、晚清重商主义举措

"重商主义"一词有两种含义：广义的重商主义是重视商业之意。狭义的重商主义是指风行于欧洲的经济学说和经济实践，主张应由政府控制国家的经济，以便损害与削弱竞争对手的实力，增强本国的实力。晚清的重商主义主要是指政府对商人的重视和保护。一般学者和民众所谈的重商和重商思想，或者重商主义多是从此意出发[1]。

晚清重商主义是近代中国影响深远的经济思想之一。它萌生于洋务运动时期,是在西方列强经济侵略的刺激下,适应国内民族资本主义经济发展的产物。在反思传统"重农抑商"经济观的基础上,提出了以"士商平等"、"商战固本"和"以商立国"为中心的一系列具有反抗传统和外来侵略性质的思想。受重商主义思想的影响,晚清朝廷的政策体系也出现了相应的改变,其主要举措:

一是设立商部。经历甲午惨败和八国联军毁灭性打击之后,清廷朝野上下受到了前所未有的震动。此时,清政府才真正意识到再继续依靠地主阶级维持统治已难以奏效,他们转而企图依靠工商业主的致富来摆脱困境,把发展民族工商业作为立国之本。

1902年,清政府特派贝子振国将军载振赴欧美和日本考察商务。同年十月载振回国,即提出设立商部的请求。经过一段时期的筹备,1903年8月清廷正式设立商部,其序位仅次于外务部而居第二,反映了清政府"商战"强国的决心。在职能上,商部担负着制定各项政策,领导发展国家工商实业的重任,其作用和地位十分重要。

二是制定商律。如何制定一部法律来保护商人的利益,成为晚清重商思潮所关注的焦点。商部设立后不久,1904年1月,《商律》中的《公司律》先行制定出来并由清政府颁布施行。其主体条文共131条,详细规定了贸易公司的组织形式、创办方法及经营管理方法等,并给予商办公司与官办、官商合办公司以同等的法律地位。其中列于卷首的《商人条例》9条,首次具体规定了商人的法律身份及经商权利。

从1903年到1911年,清政府在商部主持下进行了一系列商事立法活动,基本形成了以《钦定大清商律》为主,各项商事章程为辅的商事法律体系。在漫长的农业宗法社会中,我国历来是诸法合体,不存在专门的商法,尚不完备的商律成为我国第一部正式的商法,对近代商人的经商活动提供了一定的法律保障,同时也为解决各种各样的商事纠纷提供了一定的法律依据。

三是颁行奖商章程。商部设立后,清政府决定颁行各种各样的奖励章程予

---

[1]冯筱才《在商言商:政治变局中的江浙商人》,上海社会科学院出版社,2004年版,第36页。

以鼓励。从 1903 年起,清政府为了鼓励商人和其他社会人士投资工商实业,先后颁布了《奖励华商公司章程》、《奖励实业章程》、《奖给商勋章程》、《改订奖励华商公司章程》、《援照军功例颁赏商业奖牌章程》、《华商办理农工商实业爵赏章程》,奖励等级逐年提高,颁奖范围则逐年扩大。特别是《奖励实业章程》规定,集股两千万元以上者,拟准作为商部头等顾问官,并加封头品顶戴。筹集资本五十万元以上者,拟准作为商部五等议员,加七品顶戴。上述奖励工商实业的规定,直接促使"商"的社会地位大幅度提升,对人们投资近代工商业有很大的刺激。

奖励章程的实施,形成了一批官僚、买办、富商争相投资工矿业的热潮。这些经济法规和奖励政策,对于保护中国工商业的发展起了一定的作用。据官方统计:1900 年前,商办厂矿 121 家,约占资本总额的 40%;到 1911 年,商办厂矿 277 家,占资本总额的 60%①。

四是成立商会。早在 19 世纪末,维新思想家们就发出了仿效西方设立商会的呼声。20 世纪之后,随着民族资本主义经济的发展,各地绅商越来越感到传统的会馆、公所等商业组织不能适应近代商业发展的需要,迫切希望建立商会,联络工商各业,维护自身利益②。1904 年初清政府颁行的《商会简明章程》26 条,谕令各省迅速设立商会。与此同时,外洋各埠的华侨商人也纷纷创设中华商务总会。

近代商会已属一种制度比较完整、机构比较健全的工商社会团体,在经济上具备了以振兴工商业为主旨的各项社会功能,诸如联络工商、调查商情、兴办商学、调息纷争等。由于商会组织能较好地适应商战时代的要求,因此在清末民初始终保持着蓬勃发展的势头。通过商会组织的联结作用,商人之间的凝聚力进一步增强,不再以个人或落后的行帮形象,而是以社团法人的姿态出现在社会历史的舞台上。

此外,清廷还实行了鼓励商人出洋贸易和参加赛会、鼓励商人设立公司,以及整顿币制、设立新式银行、发展近代交通运输业等举措。可见,清代晚期的重商主义在一定程度上保护和促进了民族工商业,推动了近代资本主义的发展。

---

①严中平《中国近代经济史统计资料选编》,科学出版社,1955 年版,第 93 页。
②叶昌富《清末商事立法百年回顾与反思》,《江汉论坛》2002 年第 6 期。

但是,由于清政权的封建性质和吏治腐败,以及"重农抑商"观的根深蒂固,重商主义在近代中国社会的影响和作用受到了一定的限制。随着政治经济形势的演进,到 1911 年辛亥革命前后被一种更加适合时宜的经济思潮——"实业救国"思潮所取代。

在中国长期的封建社会中,统治者一直推行"重农抑商"和"贱商"政策,阻碍了商品经济的发展。清朝时,随着商品经济的发展,北京商业在时间和空间上都发生了巨大的变化,北京以政治中心的地位处于商业发展的领先位置,但其商业与文化仍强烈体现出为封建政治服务的特点。同时它还受到来自西方经济思潮的冲击,并在市场上做出了一定的回应。尽管如此,其内在的商业秩序并未改变,更无法影响到国家的经济体制。在中国成熟的官僚体制下,北京的商业经济及其文化按部就班地在近代社会秩序的范围内运行着。

下　　篇

横展北京商业文化的诸般表象

第五章 从三百六十行中透视北京商业文化

商品生产行业的多少,是与社会生产力的发展和人口的增衍成正比的。在北京的发展历史上,商业的发展也是随着社会生产力的提高,城市人口的流动及增长而发展变化的。由于北京特有的城市传统及历史背景,其商业发展具有独特的经营特点和丰富的文化内涵。在北京商业的发展中,既有典型的传统行业,如京味饮食、小吃业、民俗行业等,也有在不断吸纳外来文化和加强对外交往中形成的各种行业,如皮货行、杂货行等。同时,随着历史的变迁,各种商业行业也历经变革,有些随着时代的变迁逐渐消亡,如多数的民俗行业;有些在经营形式和内容上都发生了巨大的改变,如各类服务业;但也有些发展延续至今,经久不衰,如很多老字号餐饮行业。

第一节 北京商业发展中的各种行业

一、与百姓日常生活密切相关的商业行业

商业发展中凡涉及百姓日常生活的行业都是最具生命力的,尤其是涉及到吃、穿、用、行等方面的行业,这些行业的经营涉及到百姓生活的基本需求,既是地方商业发展的主体,又具有很强的地方特色。

谈到"吃"的方面,北京商业发展中的粮食、餐饮行业以及相关的茶业、烟酒业都很值得一提。

北京是一座人口密集的大城市,粮食的消费量大,因此从事粮食业的业户和人员很多。近代北京的粮食业源于清代的"老米碓坊","老米碓坊"多是由山西人设立专作旗人生意的粮行。当时朝廷每月向旗人发放银两和口粮,有官职的还另外发放禄米,这些从南方经漕运进京,又存放在粮仓中的稻谷,因陈旧而颜色变红,被称为"老米"。这种稻谷须经加工碓出米来才能食用,"老米碓坊"专门接受旗人的委托,收取一定手续费后,代为领取口粮和禄米,并将其加工成净米。由于旗人是寄生阶级,不事生产,只知享乐,生活奢侈,经常寅吃卯粮,不得不向碓房预借,碓房借机收取利息,提高手续费,逐渐扩充实力,最终垄断了北京的粮食业。

老米碓坊舂米的伙计(晚清明信片)

清朝咸丰年间,山东人在崇文门外开设了大顺粮店,之后又与山东商人中善于经营的同乡互助,山东帮的粮店规模日益扩大,逐渐在北京的粮食业中占据了优势地位。其中像广安门一带的永盛厚、永盛德、永盛福和安定门一带的天德粮店都非常有名。到20世纪20年代,北京的粮食业发展为内外三行。内三行为:米面行、陆陈行、米庄行。米面行从市场购进粮食,自设磨坊,加工零售粮食还兼营油盐;陆陈行与米面行业务大体相同,只是既做零售也做批发,但不兼营油盐;米庄行从外埠采购粮食,以批发为主。外三行为:粮栈行、粮麦

永定门关厢大街荣庆栈粮店伙计售粮食

行、经纪行,粮栈行除代客存粮、卖粮外,也自行采购,专做批发;粮麦行专门采购和批发杂粮和小麦;经纪行替买卖双方介绍生意,提取佣金。除内外三行外,还

有广渠门、朝阳门一带的斗局行,专门替进京卖粮的农民计量和介绍生意。此外,在珠市口和教子胡同还有自发形成的粮食批发市场,这些共同构成了老北京的粮食行业。

在北京,餐饮业的发展渊源悠久,最早可以上溯到金朝。金贞元元年(1153)海陵王定北京为中都之后,便开始有了餐饮业的经营。至元明两代,北京的餐饮业有了较大的发展。到了清朝,尤其清中叶以后,北京的餐饮业越发兴旺起来。老北京的饭庄在命名上有着约定俗成的规矩,规模最大的叫堂,比堂略小的叫庄,再次之的叫居。所谓堂,既可以办宴会,又可以唱堂会,所以饭庄里不仅有桌椅,还设有舞台,场地较大,很是气派。最早的堂一般都在皇城周围,比如金鱼胡同的隆福堂、东皇城根的聚宝堂、打磨厂的福寿堂、大栅栏的衍庆堂、北孝顺胡同的燕喜堂,以及东单观音胡同的庆惠堂和前门外樱桃斜街的东麟堂在当时都是名噪一时;庄和居与堂的区别在于前两者只办宴席,不办堂会,是一般官员或进京赶考的秀才的落脚之地。清末民初北京餐饮业的八大居名气很大,包括:前门外的福兴居、万兴居、同兴居、东兴居(这四家又称为"四大兴"),大栅栏的万福居、菜市口北半截胡同的广和居、西四的同和居、西单的砂锅居。

北京作为五朝都城,餐饮业的发展中不断吸收各地区、各民族饮食文化的精华,逐步形成了特色鲜明的商业经营风格。颇具代表性的菜系有:

第一,宫廷菜肴。宫廷菜起源于皇宫"御膳房"烹制的供帝后们食用的菜肴,被称为御膳。北京的宫廷菜在全国可谓独树一帜,主要的宫廷菜馆是仿膳饭庄和听鹂馆饭庄。仿膳饭庄位于北海琼岛,始创于1925年,其前身为清宫御膳房,代表菜点是"满汉全席"。这是兴起于清代的一种大型宴席,是满菜与汉菜相结合而形成的精华,共有108道名菜,九百多种菜点,要三天六顿饭才能吃完。"满汉全席"不但菜式精美,而且用餐时礼仪隆重,是中国烹饪文化的一项宝贵遗产。听鹂馆饭庄位于颐和园内,原为清代皇族看戏的场所,1949年始建,其最著名的菜点是用取自颐和园昆明湖中的鱼烹制的"全鱼席"。

第二,清真菜。北京的清真饮食历史悠久,种类繁多,最有名的清真餐馆有:鸿宾楼饭庄开业于1853年,以"全羊席"及"海味河鲜"等久负盛名的独家名菜而闻名。烤肉季是京城著名的老字号,于1848年开业,以烤羊肉最为著名。东来顺始建于1903年,以经营独具民族特色的涮羊肉而驰名海内外,并逐步发展成为集涮、炒、爆、烤四大系列为一体的清真菜肴体系。

第三，山东菜，也称鲁菜。是中国十大菜系之一，对北京的餐饮业影响很大，著名的餐馆有：丰泽园饭店，始建于 1930 年，主要继承了山东济南和胶东地方菜的传统特点，擅长烹制各种海鲜。惠丰堂饭店，是一家百年老店，经营的山东风味菜肴达几百种。

第四，广东菜，又称粤菜。它博采众长，鲜爽嫩滑，讲究原料的新鲜和烹调的火候。北京的粤菜馆经营始于康熙、乾隆年间，当时有名的粤菜馆叫醉琼林。此外，道光年间开设的广和居，光绪年间开设的位于陕西巷的奇园和月波楼都名噪一时。

除了各类饭庄餐馆外，北京的小吃业也是颇具特色的。北京小吃俗称"碰头食"或"茶菜"，融合了汉、回、蒙、满等多民族风味小吃以及明、清宫廷小吃而形成，品种多，风味独特。北京小吃大约有二三百种，其中以清真回民小吃为主体。小吃的品种包括佐餐下酒的小菜，如白水羊头、爆肚、烧羊肉、芥末墩儿等；宴席上所用的面点，如小窝头、肉末烧饼、羊眼儿包子、五福寿桃、麻茸包等，还有可以作为零食、早点或夜宵的多种小食品，如艾窝窝、驴打滚、蜜麻花、切糕等，其中最具京味特点的有豆汁、焦圈、灌肠、炒肝、麻豆腐等。一些老字号都有专营的特色小吃品种，像仿膳饭庄的小窝头、肉末烧饼、豌豆黄、芸豆卷，丰泽园饭庄的银丝卷，东来顺饭庄的奶油炸糕，合义斋的大灌肠，同和居的烤馒头，大顺斋的糖火烧等，其他各类小吃除小商贩沿街叫卖的以外，大部分是在遍布大街小巷的烧饼铺、早点铺、馒头铺出售的。

此外，老北京专门有一种出售生猪肉并加工制作熟肉冷荤食品的"盒子铺"，"盒子铺"经营的冷荤熟肉品种繁多，有酱货、熏货、火锅等，除零售外，还批发给各大饭庄和饭馆，顾客可以事先订好，由"盒子铺"送货上门，十分方便。老北京的"盒子铺"大多由山东人经营，规模不等，遍布大街小巷，其中有名的是清中期开办的"五坊"、"五楼"、"两号"、"一馆"、"一斋"。"五坊"是菜市口的"老便宜坊"、骡马市的"便宜坊"、前门外的"六合坊"和"便宜坊"、西单的"便宜坊"，"五楼"是前门外的"合香楼"、东四的"普云楼"和"庆云楼"、西四的"德庆楼"、新街口的"普云楼"，"两号"是前门外的"天盛号"、西单的"天福号"，"一馆"是东安门大街的"金华馆"，"一斋"是西单的"宝元斋"。

老北京人喜欢享受怡然自得的生活,因此,烟、酒、茶作为日常饮食文化的组成部分,在商业经营中也占据了重要的地位。

北京人讲究喝茶,茶与柴、米、油、盐、酱、醋并列为老百姓的开门七件事,以茶待客更是北京人世代相传的习惯。老北京无论是官员、学者等社会上流人士,还是贩夫、走卒等下层之人都有早间喝茶和饭后喝茶的习惯,就连生活贫苦的苦力、车夫也要在街边小摊喝上一碗大碗茶。正因为北京人喜爱喝茶,所以北京的茶叶行业一直发展兴旺。北京市场上的茶叶,产地以安徽、福建、浙江为主,品种有红茶、绿茶、花茶、乌龙茶、紧压茶五类,但在各类茶中北京人更为偏爱的是颜色鲜亮、口味香醇的茉莉花茶。在北京经营茶叶的以安徽和福建两省人居多,清代中期以前,方、张、汪、吴四家安徽和福建茶商垄断了北京的茶叶市场,后来又有了安徽王家、山东孟家,并称为北京茶庄六大家。这六家开设的茶庄有:方家的景隆、宝源、泰昌,张家的鼎盛、源成、张玉元、张一元,汪家的汪正大、汪裕兴、馨泰,吴家的吴德泰、吴鼎裕,王家的森泰、和泰、利泰,孟家的鸿记等茶庄。这些茶庄资本雄厚,每年派专人到江南采购优质茶叶,自行熏制,工艺讲究,在经营中保持各自的特色,品种齐全,尽量满足社会各阶层顾客的要求,成为北京茶叶行业中的佼佼者。

民国时期的吴德泰茶叶筒

旧时北京流行的烟主要有:烟袋、卷烟和鼻烟。烟袋是在清初由关外传入北京的,随着烟民人数的骤增,北京的烟草种植面积不断扩大,清政府特将烟税定为常税。据清初记载:"大街小巷尽摆烟摊,土产烟具和清水,供人随购随吸,大户人家年购烟已逾千斤,户数已过酒户一半。"[1]发展到清雍正年间,吸烟的风尚已由京城传遍了全国,烟草的种植占据了全国大面积的农田,为此雍正帝于1727年颁布上谕号召戒烟,但收效甚微,后

————————
①见《烟丝与烟税》。

来为了保证政府的财政收入,雍正帝只好放弃了戒烟的打算。鸦片战争后,美国卷烟业在全球发展迅速,自1880年起,美国"晋隆洋行"将卷烟推入我国市场,由于与烟袋相比有着方便、便宜的优势,卷烟很快在北京乃至全国打开了市场并逐渐取代了烟袋,其中北京更成为全国的卷烟销售之首。

北京人吸鼻烟是从明代开始的,到了清朝顺治年间,鼻烟在北京广为流传。老北京的鼻烟制作有一套严格的生产工艺,先要挑选山东兖州的上等烟叶晒干粉碎,制成坯子,然后将坯子运到福建,用当地产的单片茉莉花熏蒸一个夏天,熏过的坯子运回北京后还要再用丰台黄土岗产的白茉莉花熏蒸,越是高档的鼻烟熏蒸的次数越多。老北京专营鼻烟的鼻烟铺有十几家,其中最有名的是创建于清朝道光年间的前门大栅栏天惠斋鼻烟铺,当时的很多社会名流都是天惠斋的常客。

北京的酿酒业从明清以后已相当发达,在灯市口附近有一处烧酒胡同(现已改名为韶九胡同),是明代光禄寺所属烧酒作坊。清代在光禄寺内设有良酝署,专司酒醴之事,同时在西安门内建有酒局房二十四间,专门用于酿酒。封建统治时期,北京官办的酒坊酿酒,采用的是号称"天下第一泉"的玉泉山泉水,当时制酒的时间,多在春秋两季,因为这两个季节,北京雨水较少,泉中喷出之水,清澈无杂质,所酿之酒剔透甘甜。清代以后,除了皇家御用的特制名酒之外,民间陆续出现了不少酿酒作坊,当时称为"烧锅",北京的烧酒也就按照烧锅分布的地理位置分成了东、西、南三路。我国古代历朝政府都对酒业课以重税,明清两代也不例外,所以北京市场上出售的酒历来有"官"、"私"之分,完税的酒叫"官酒",没有完税的叫"私酒"。"官酒"集中在崇文门外磁器口一带二十多家酒店出售,这些酒店都领有政府发给的商贴,不仅零售,更主要的是批发。此外,北京街市上大大小小的酒铺很多,规模稍大的酒铺称为酒缸,小的就叫酒铺,由于出售的多是未完税的"私酒",所以价格便宜。同时,不论是酒缸还是酒铺,都出售自制的美味可口、物美价廉的酒菜,所以很适合普通百姓消费,总是酒客满堂。

在"穿"的方面,旧京商业里的布匹行、成衣行、皮货行、鞋行都与百姓的日常生活息息相关,是商业发展中必不可少的主要行业,有很多知名商号,经营中多以质量取胜,这些行业的消费者遍及各个阶层,在商业发展中得到百姓的广泛认可。

布匹行在老北京商业中占有一定的地位。在我国漫长的封建社会里,男耕女织是传统的生产模式,纺纱织布一般是农村妇女的主要副业,所以布匹行的经营方式主要有三种:一是农村妇女将自产的布匹拿到市场上出售;二是商人提供棉纱委托农村妇女加工成布匹,然后到市场上出售;三是在城市中开设织布作坊,雇用工人织布。在北京的布匹行中,这三种经营方式都存在。北京农村及周边河北等地区农民手工生产的粗棉布,被称为"土布",因为结实耐用,在市场上一直很受欢迎。同时,北京的各大绸布店在农村及外省都有相对固定的生产加工基地,像瑞蚨祥在章丘就建有自己的织布厂,满足自产自销的需要。北京市场上大量销售的棉麻布匹主要产自山东的青岛、烟台等地,丝绸主要产自南方的广东等地,多采用就地收购和委托加工的方式。鸦片战争后,进口布匹也逐渐进入北京市场。此外,北京也建有二十多家织布厂,比较有名的有:崇文门外南河漕的同丰织布厂和花市大街的和记织布厂。即使是这些较有名气的所谓大织布厂也不过二十人左右的规模,属于小型手工作坊,本地生产的布匹只占北京市场销售量的一小部分。

成衣行,也叫裁缝行,在老北京是一个相当发达的行业。过去在北京人的传统观念中,穿成衣铺量体裁衣做出来的服装才算是穿新衣服,而买做好的现成服装,即使买的是新衣服,人们也认为不是按照本人的身材制作,算做旧衣服。旧时北京人有句俗话,叫"下剪子为估衣","估衣"也就是旧衣服的意思,所以当时北京的成衣铺遍布大街小巷,东到朝阳门南、北小街一带,西到阜成门、广安门一带,南到南横街、蒜市口都有大大小小的成衣铺。北京较大的绸缎庄也都经营成衣制作,如瑞蚨祥绸布店就有自己的服装作坊。除此之外,还有一大批没有门面的小作坊和一大批夹包裁缝,前者主要服务于普通的平民百姓,后者则专门到大户人家上门缝制服装。

在北京经营成衣行的,以宁波人居多,且技艺精湛。除宁波人外,北方裁缝大多为京郊的通县、顺义、昌平等县的农村人口。当时人们将宁波的服装从业者划分为本帮裁缝和红帮裁缝,本帮裁缝是缝制中式服装的,大家习惯以姓称之;红帮裁缝是缝制西装的,北京人称他们为洋裁缝。

本帮裁缝铺一般是临街设一两间门面房,规模不大,设备简单,讲究手工制作,整件衣服都是用手工缝制。当年众多的裁缝铺中有几家佼佼者,一是朝阳门南小街竹竿巷双顺的韩师傅,一是和平门外徐庆记的徐师傅,还有北池子南口路东的叶师傅,他们都是宁波人,缝制的衣服不但裁剪合体,而且缝工精细,技术精良。无论单、夹、皮、棉、纱都能缝制,针脚内外平整,衣服沿边平直匀称,滚边、镶嵌、对花、裘皮拼花、盘花扣攀等制作手艺精湛,尤其是盘花扣攀花型的样式多种多样,可以随着季节做出相应的花型点缀于衣服之上。这些较为知名的裁缝铺各有不同的服务对象,如和平门外的徐庆记客户以戏剧界和青楼女子居多,北池子的叶师傅的客户以工商界人士居多,朝阳门南小街双顺韩师傅的客户以政界人士居多。各家裁缝铺中双顺的规模和名气最大,而且善于推陈出新,不断改进服装的裁剪方法和样式,如:将清代以来流传的旗袍样式进行改良,经过多次创新,得到社会认可,而且赢得了"旗袍大王"的美誉。双顺做的衣服受到社会各阶层的欢迎,很多知名人士和社会政要都曾在双顺做过衣服。但是本帮裁缝铺的局限性在于,只缝制中式服装,不制作西式服装,而且只做来料加工,不销售材料,这样只能赚取有限的加工费,商业利润较低,在某种程度上对其发展形成了障碍。

北京的红帮裁缝经营西装缝制始于清朝末期,由宁波师傅传入,到20世纪三四十年代,仅北京的王府井就有二十多家西装店,从南口起路东有鑫昌祥、大东、协昌、东光、惠康、东方、福丰、李铭新、隆懋,路西有陈振昌、陈森泰、印度洋行、新记等字号,东安市场内的有大陆、青年、华宝、文信成等。此外米市大街、东单、八面槽大街、南北池子也有不少西装店;苏州胡同、裱褙胡同、观音寺以及金鱼胡同内还有一大批只做加工,不经营原料的西装作坊;西单商场和前门外的门框胡同附近也有一些店铺。当时的西装店大都是两层小楼,楼下为门店、楼上为作坊,即采用前店后厂式的经营方式,大多数西装店出售原料并为顾客量体定制成衣,但不经营来料加工业务,也不销售成衣,所以有些店铺称自己为西服庄,以表示资金雄厚并区别于裁缝铺。那些设在胡同内的规模较小的西装作坊一般只做加工,不经营材料。西服庄和西服作坊各有固定的主顾,西装的缝制大部分为手工活,包缝、扦边、锁扣眼、钉扣子也全部是手工操作。20世纪30年代以后来自哈尔滨、大连以及日本的服装从业人员大量涌入北京,使北京西装业逐渐形成海派、苏联派、日本派和北京派四大派,经营方式和制作工艺各有特色。

除了本帮裁缝和红帮裁缝外,老北京的成衣业中还有一类值得一提,就是专门翻改旧服装和缝制低档布料服装的作坊,这类作坊聚集在崇文门外东晓市一带,多为山东人经营,其中以长清县人居多。这些作坊主要经营翻改旧衣、缝制新衣和制作"风衣"三个类别。翻改旧衣就是以旧货集市或被称为"鬼市"的早市上收购来的旧服装为原料，把这些旧服装拆开、洗净，以里做面，再用熨斗熨烫平整，缺毛或破损的部位用铁刷子刷、用麻袋或纸粘或用挖补等处理办法掩盖，再将衣服换上新里子，有的还配上皮领子等装饰，可以达到整旧如新的效果，然后将这些产品在天桥旧衣市场上销售。此外，还有把从旧货集市上收购的旧被里、窗帘、包皮布等旧布料用水洗净，再用建筑用的青灰水染成灰色，缝制成中式裤子，拿到东晓市上销售。缝制新衣的作坊，都是用便宜、纱支稀薄的布料，经过粗糙的裁剪和缝制做成服装，熨烫时在案子上画好服装的形状，用绷针把那些粗制滥造的服装绷成与所画的服装形状相同，用熨斗熨烫平整，这样的衣服洗过之后就会变形，但原料的色彩和款式却是五花八门，价格也相当便宜。这些产品除在天桥和东晓市销售以外，大都被小商贩运到北京东北、西北和门头沟、长辛店等工矿区销售。缝制"风衣"的作坊所缝制的主要是夹克、制服等服装，"风衣"就是西式服装的意思，这些作坊的产品质量较差，但价格便宜，主要供给东安市场、西单商场的服装摊和卖新衣的商店销售。

皮货行业是我国的一大行业，遍布全国各地，尤其是在长江以北地区，不但在城市，就连乡镇也有皮货行。老北京的皮货行业分为两种，一种专门经营狐皮、貂皮、水獭、海龙、紫羔等细毛皮货，称为"直毛"行或"小毛"行，这些皮货行经营的贵重皮毛大都产自东北、内蒙古、新疆、甘肃、宁夏等地的深山老林，皮货行每年冬季会派出有经验的采购人员到各地进货，运到北京后再经过专门的程序进行加工制成皮衣；另一种专门经营山羊皮、狗皮、老羊皮等粗毛皮货，称为"老羊皮"或"大毛"行，这类皮货行主要从北京当地、河北、河南等地的羊肉铺进货，其中很多都是碎皮，要经过有经验的工人拼接缝制才能制成成品。老北京的皮货行主要集中在前门外西半壁街和东珠市口一带，主要有富成厚、裕丰、天佑、复源永、天发成、德源兴等几十家。

鞋是人们生活当中的必需品，鞋行在北京起源很早，也一直是一个十分发达的行业。据史书记载，清代时鞋行已形成了"缝、切、圈、绱、排"五行的分工。缝行是指做鞋帮的工人，讲究缝线细密，缝好的鞋帮不但要耐踢耐磨，还要跟脚；切行和圈行都是做鞋底的工人，前者负责用特制的刀把袼褙切成鞋底的形状，再用白布包边，后者负责用麻绳纳鞋底，并将鞋底整形；绱行和排行是缝鞋和整形的工人,前者将鞋帮和鞋底缝合在一起,有正绱、反绱两种工艺,正绱就是不用鞋模子,直接将鞋帮和鞋底缝好,技术要求较高,反绱就是先把鞋帮和鞋底反绷在鞋模子上进行缝合,缝好后再翻过来,两种工艺都讲究"腮满、跟圆、腰平",就是鞋的两边要鼓满好看,鞋跟要圆整,靴子的中腰要平整,绱行的工人将鞋缝好后还要经过排行的工人上木楦,给鞋整形,整个制作才算最后完工。鞋行的经营形式大体可分为四种类型:

第一种是前店后厂式,即前柜是鞋铺,后柜是作坊,不过这种作坊并不承担制鞋的全部任务,只负责其中的几道主要工序,如纳底、绱鞋缝脸、缉鞋口等,其他工序则由其他小作坊或个体劳动者来做。当时的天成斋、步瀛斋、内联陞等鞋铺就是如此,这些鞋铺附设的作坊设立之初规模都很小,只有几个工人,随着商业门市的扩大,工人逐渐增加,并作出了自己的特点。在北京历史上,出售靴鞋比较著名的鞋铺明代就有。据《茶余客话》记载:明代著名货物,其中有"东江米巷党家鞋,大栅栏宋家靴"[①],不过年代已久,已无从考证。开业于清咸丰年间的靴鞋铺"内联陞",至今尚存。这个鞋铺于咸丰三年(1853)开业,已有一百五十多年的历史。在清代时专为皇室京官和外任官员做朝靴,因为他们的服务对象是上层统治阶级,因此生产经营工艺精湛,每道工序都要求十分严格,制作的朝靴,保证官员们穿之满意。清朝灭亡以后,内联陞以制作千层底布鞋为主,为了维护老店的声誉,仍然保持了过去做工精细、独具一格的好传统,尤其他们纳出的千层底,针脚工整,坚固耐穿,与众不同。北京老百姓评价内联陞生产的鞋,穿坏两双帮穿不坏一双底,可见其深受消费者的欢迎。

第二种是专为鞋铺加工的作坊。这类作坊通常没有门市,一般都是一个小业主带领四五个工人和徒弟组成小的加工作坊。他们承接的生意主要是绱鞋、缝脸和缉鞋口。备有简单的生产工具,本钱很少,旧时也叫"卖活作坊"。

第三种是零星加工的作坊,即北京旧时的绱鞋铺。他们除绱鞋外,也代配鞋帮和鞋底,主要服务对象是普通市民。这类作坊一般也只有四五个人,一间门脸,规模很小,但数量很多,遍布街巷。旧时也叫"门活屋子"。

第四种是为鞋铺加工的个体劳动者,又叫"外带加工活"。这种个体劳动者,

①〔清〕阮葵生《茶余客话》,中华书局,1959年版,第548页。

都具备一定的手艺,有的是在鞋铺包活;有的是凭鞋铺发给的折子,每天到鞋铺去取活送活,一般都是在家制做,然后领取加工费。

除此之外,还有一种修鞋业,过去也叫"单夹板行",老北京俗称"皮匠挑子",以修旧鞋为主。其所做之活除缝绽外,还有钉前后掌、打皮虎头、钉扁掌,以及新鞋卦弯子等等。

除了与百姓衣食有关的各行业外,日常生活用品的生产和销售行业也是老北京商业的重要组成部分,这些行业虽然各自发展的规模都不算太大,难以独立构成城市商业发展的主流,但由于所经营的产品都是日用必需品,满足京城百姓"用"的需求,所以具有不可替代的市场地位。

北京是一座文化气息浓郁的古老城市,因此经营文房四宝即笔墨纸砚的纸墨行自然历史悠久。过去毛笔是人们书写的主要工具,作为文化古都的北京,制笔行业的发展十分发达。在北京的制笔业中较为有名的是琉璃厂的戴月轩笔铺和崇文门外大街的吴文魁笔铺,他们所做的毛笔,笔杆选料讲究,既圆且直,粗细均匀,笔头制作精细,笔毛整齐,形圆头尖,得到了众多文人墨客的认可。此外,各种小规模的无名制笔作坊遍布大街小巷,很多纸店也都销售毛笔。制墨业在我国的发展以南方最为发达,尤其是安徽出产的徽墨以质地精良闻名。北京的制墨业算不上大规模行业,多为小作坊生产,仅开办于清朝同治四年(1865)的一得阁在北京享有盛名。其创始人谢松岱当年在参加科举考试时觉得考场上研磨太浪费时间,想到应生产墨汁,研制成功后他特意到贡院向考生推销,结果大受欢迎,一得阁也由此在制墨业中名噪一时。北京的造纸业和制砚业特点相同,造纸企业在北京为数很少,而且规模也极小;制砚业的经营则主要集中在我国南方各省,北京基本没有砚台制作行业。另一方面,纸、砚在北京都有很大的销售规模。民国初年,北京的纸铺就有四百多家,遍布京城各地,但销售的都是外省纸张和洋纸。按其经营纸张的货源分为南纸店和京纸铺,前者主要销售南方各地生产的纸张和文具,后者则销售北方和北京本地生产的纸张并兼营婚丧礼仪等民俗用纸。北京所有纸铺和书铺都销售各式砚台,较为出名的是琉璃厂的荣宝斋,其经营的砚台样式种类繁多,而且有很多精品。

老北京很少有综合性的大型商业市场,所以杂货店就成为老百姓购买日用小商品的首选。老北京的杂货店中规模较大的多为山西人开设,门市遍及各繁华街道,其中出名的有:前门的通三益、西单的源兴昌、西四的隆景和、阜成门的吉益公。这些杂货店一般店面不大,但货源充足,货品十分齐全。经营品种不但有各种应季水果,元宵、粽子、月饼、年糕等节令食品,还有像清明的烧纸、供果,夏季的凉席、扇子、雨伞、酸梅汤,秋冬时节的秋梨膏、糖炒栗子、蜜饯等无所不包,到春节时更是从腊八米、关东糖到各地特产年货、各种上供祭祖用品、待客送礼的干果烟酒,甚至连各种调味品和洋酒都一应俱全。杂货店的经营范围都是百姓日常生活所需,可谓细致周到,而且货真价实,商品质量较好,在经营中注重信誉,童叟无欺,别看做的都是小买卖,却以殷勤的服务赢得了顾客的信任和广泛的市场,经久不衰。

北京的旧货行业按照经营的业务分为收购和出售两种。收购旧货的以行商为主,他们有些专门上门收购金银首饰、古玩玉器等贵重物品,人们称为"打硬鼓的";另外有些挑着有竹筐的挑子,好坏物品都收,人们称为"挑筐的"。这些收购旧货的商贩早上天没亮就到小市上出售收购来的物品,白天则走街串巷进行收购。出售旧货的以坐商为主,最早的经营形式是"挂货铺",因此类商铺常将一些商品挂在店铺四壁展示而得名。清朝末年八旗子弟为支撑门面大量变卖金银古董、家具摆设,"挂货铺"在这一时期发展最快,经营的品种繁多,既有珠宝、漆器、珐琅雕漆、象牙、竹木石雕等古董摆设,也有地毯、绣花、瓷器、木器、戏装、佛前供器等用品,还有纸扇、鸟笼、鱼缸、鼻烟壶、水烟袋、马鞍、马镫、檀香等杂物。北京的挂货铺集中在前门南大街,有瑞珍祥、达文斋、兴巨号、双和号、义和号、奇古斋、祥和成、兴盛永、同德福、奇珍祥、同义成、恒兴号、祥和号、和兴号等。这些挂货铺都有专职的采购人员,派到全国各地收购旧货供店中出售。后来,出售旧货的店铺逐渐有了经营分类,如古书铺、古玩铺等,再后来,旧货业逐渐演变成委托商行。

晚清北京的老瓷器店

在"行"的方面,旧时北京的城市交通主要由洋车行承担。洋车,也叫人力车或黄包车,是清末由日本传入中国的一种人力载客车。这种车是由两个车轮承托着一个半圆形或方形车厢,供客人乘坐,车身前有长长的两根车把,车夫拉着车把在路面上行走。自清末起,洋车就成为北京街市上常见的交通运输工具。洋车行中虎坊桥的"西福星"、崇文门外上三条的"东福星"、东华门大街的"懋顺"、西四的"华馨",还有"起顺"、"双和顺"、"悦来"等字号都是制造人力车较有名的车行。当时的北京除少数有钱人家自购人力车,雇专人包拉外,大量的人力车都是车厂经营,车夫租车拉客,像朝阳门大街的"马六"车厂、"繁华"车厂,崇文门外上头条的"五福堂"车厂等,都拥有一二百辆车,属大型车厂,车夫则是流动的。其他分散在京城各地的小车厂通常仅有三十辆以下的车。洋车行主要经营客运,同时也兼营少部分小型货运,在北京的大街小巷,尤其是十字路口,繁华街区等地,经常聚集着等活的洋车。另外,旧北京的运输行业中已出现了出租汽车行业,到 20 世纪 20 年代,北京已经有了很多家汽车行,像王府井的美华汽车行、八面槽的中美汽车行、西交民巷的永昌汽车行、东四的大通汽车行等。但由于当时北京的道路状况不好,大街小巷坑洼不平,基本都是卵石路或土路,而且百姓生活清苦,很少有人雇得起出租车,所以出租车行业在当时的北京发展缓慢,百姓日常出行和搬运小件物品主要依靠洋车。

老北京的人力车

在没有汽车的时代,北京城内的运输和搬家全靠排子车。排子车是木制的大车,与北京常见的畜力大车的构造和样式大体相同,只是车辕的设计适合人的双臂进行操作。排子车的拉法是一人驾辕,另有一至二人拉套,主要替客人搬运大件物品,另外就是为人搬家。老北京人家多用硬木家具,重而难运,这就成了排子车的一项主要业务。另外,在排子车行业里还专门有一种行业叫"窝脖儿"。

"窝脖儿"是一种特殊技术,其产生的原因,与老北京的旗人有直接关系。那时中等经济状况的旗人家,在桌案上都摆着九桃大盘、九桃大掸瓶、各种带大玻璃罩的盆景、如意等被称作娇嫩物件的东西。那时北京城内的路非常不平坦,搬家时这类娇嫩物件容易损毁,且经不住车颠,只能用人搬运。那时最大的盆景玻璃罩高达三尺以上,不能手拿,于是发明了用人的脖子"窝"着搬运。另外北京人办婚礼要先"过嫁妆",嫁妆中也必有配置大型玻璃罩的陈设,还有大型掸瓶和果盘,所以也离不开"窝脖儿"。"窝脖儿"和排子车行同属一行。排子车行业不设门脸,一般在胡同口外留一车一人,其余的人带着车辆到茶馆儿去坐着喝茶等活。顾客在胡同口或茶馆讲好价钱后,他们就上门服务,这一行业在服务中靠认真负责赢得人们的信任。

老北京的长途货物运输主要是通过托运行完成。托运行业专门承接长途货物运输,这种行业早在汉、唐时期就已经十分活跃,那时称之为"镖局",至清末发展为托运行。北京托运业的始创者是清末创建的"沙记栈",发展鼎盛时除沙记外,还有开源栈、京津栈、承兴栈、安利太、运亨达、瑞生和、春生和、元丰裕等二十多家托运行。这些托运行多集中在前门一带,一方面因为这里商业和手工业较为集中,另一方面因为自1893年北京开通铁路后,前门车站成为了重要的货物运输集散地,为托运业的发展提供了便利条件。托运业的经营方式分为包运和托运两种。包运是货物的包装、发运、提货等全部由托运行负责,直至送到顾客指定的地点,如有丢失损坏,托运行负责赔偿;托运是承接业务后托运行负责包装、发运货物,然后将提货凭证交给客户,如发生丢失损坏,由运输部门负责。托运行业经营的货物各有不同,有专运食品杂物的,有专运日用百货的,有专运洋行进口货物的,有专运灵柩的,其相互竞争的条件就是运输迅捷、安全。

二、服务于达官显贵的奢侈性商业行业

北京历来是政府要员、达官贵人云集之地,因此在商业经营中派生出专门服务于显贵阶层的奢侈品经营行业。

老北京的商品经营经常采用集中的方式,同类商铺聚集在一起,便于顾客选择和比较。北京的珠宝玉器业则大部分集中在前门外廊房头条、二条和崇

文门外的花市一带。廊房头条以金店为主,比较有名的有天宝金店、物华金店、三阳金店等几十家。金店也叫金珠店,因为金店以经营黄金为主,但其经营的黄金饰品上有的镶有宝石,所以金店也经营珠宝、钻石。廊房二条及珠宝市街珠宝店较多,他们各具经营特色,有各自的经营对象。前门外的宝权号、义文斋、余宝斋、聚珍号、德源兴等规模较大,主营珠宝翠钻,销售对象是京津的巨商富户和官宦人家;全兴盛、恒盛兴、三盛兴主营珊瑚和珍珠,销售对象是蒙古和西藏的少数民族客商;花市一带的福盛公、双顺和、万聚兴以经营翡翠为主,销售对象广泛,除本地同业外,还有外地和外国客户,每年都有大批朝鲜客户前来采购;永顺成、田成号等主要经营珠宝首饰,品种繁多,销售对象主要是外国客商。

珠宝玉器业有固定的销售方式,主要有:第一,门市销售,这也是最主要的销售方式,包括批发和零售。第二,同业串货,也就是同业商户之间当遇到大宗批发业务或客户有特殊要求时,同业间可以相互串货以解决货源的不足。第三,上门兜售,珠宝玉器属于奢侈品,消费者多为达官显贵,所以珠宝商人历来就有结交王公贵族,上门兜售货物的传统。他们或者通过特殊的关系打通门路进入朝房,利用大臣们等候上朝的时间兜售珠宝,或者买通大宅门的门房,到富户人家向主人兜售珠宝。各珠宝商号和商人之间这些特殊的关系都是相互严格保密的。第四,走街串巷,也就是沿街叫卖,这是经营珠宝的小商贩常用的销售方式,其销售对象主要是一般贫民百姓,所售货物也以普通饰品为主。第五,庙会、集市销售。珠宝商利用白塔寺、护国寺、隆福寺等庙会还有厂甸、火神庙等热闹集市上人流密集的特点摆摊销售珠宝。

由于珠宝玉器业的经营特点,其货物来源也各自有专门的渠道。其中一部分货物是新产品,由行业组织集中到广东等地采购。但珠宝玉器业的大部分货源是旧货,这部分货物往往价值高,珍品多,收购方式有:第一,门市收购。各家珠宝玉器店都有门市收购业务,此外,还专门派人到京城各地和外地去采购货物。第二,当铺的"封当"。老北京的当铺每年春季处理逾期不赎的货物,各珠宝玉器商号把有购买意愿的商品名称及报价封册交给当铺,其中出价最高的得货。第三,挂货铺和打鼓小贩串街收购。挂货铺经营各种古物杂项,也兼收珠宝玉器,打鼓小贩串街收购,也是珠宝玉器业经常性的货源之一,他们收来的商品再通过市场销售到珠宝玉器店铺。

除珠宝玉器行外，北京的古玩业自成一体，专门面对达官显贵和大户人家进行交易。古玩业的兴起始于清乾隆年间，古玩主要包括青铜器、石刻、碑帖、玉器等，开始时多为行商，主要是在春节庙会期间摆摊，乾隆以后逐渐转为坐商经营，古玩铺逐渐增多。首先增加的是碑帖店，然后是卖古玩珍宝的铺子。由于清代官府交往以及文人学者之间的来往都重文化，遂促使古玩业繁荣起来。古玩铺的种类大致可分为三类：一是外地客商在北京经营的古玩铺。清光绪年间，山西、河南、山东等地的商人从外地收购货源，然后挟货来京开店，其资金比较雄厚。如德宝斋是山西人开设的，人称"老山西屋子"；论文斋是河北衡水人开设的，人称"衡水帮"。二是清朝官员开设的古玩铺。按清王朝规定官员是不准经商的，官员们便假借王府总管的名义出面经商。如笔彩斋是由郑王府总管出资，赏奇斋是由摄政王府总管出资，延清堂和大观斋则是由内务府总管出面经营。三是为外国人开设的古玩铺。光绪年间，帝国主义侵华势力在中国不断扩张，他们觊觎中国的文物，在北京、上海、天津等地开设了贸易商行，专门收购中国的文物，市场上亦有专为这些外国收购者开设的古玩铺。旧京古玩铺都有专门的货源：一是来自外地，主要由外地商人如山西、河南等省的古玩商挟货来京。二是来自皇宫，末代皇帝溥仪离开紫禁城时带走了大量的珍贵文物，他的奴仆也乘机窃走了大量的古玩字画，这些文物后来相继流落在外。伪满覆灭时，这些文物有一大批散失在长春、通化一带，后来其中一些逐渐通过商人之手回到北京的古玩市场。三是来自外国侵略者。英法联军火烧圆明园以及八国联军入侵北京之后，外国侵略者直接把他们从清朝宫廷和官宦家中抢劫来的文物拿到社会上出售，成为人们争相购买的宝物。

此外，钟表行在我国的兴起是明末清初时期，在清宫的内务府中已有了专造钟表的作坊。老北京的钟表店铺据统计约有四百多家，多集中在前门、大栅栏一带。当时钟表店分为两类，一类是南方店，另一类是北方店。南方店是以沿海地区南方人为主经营的表店，通常是店堂大，门面豪华，前面卖表，后台修表，以卖为主。比较有名的字号有亨得利、慎昌、太平洋、华盛顿等，尤其是亨得利，是由浙江人开设，建于江苏镇江。由于钟表业在我国发展较晚，钟表属于市场上的新商品，市场广阔，顾客较多，亨得利很快在全国开设了二十多家钟表店，仅在北京就有前门、王府井、西单三家"亨得利钟表店"。北方店一般规模较小，只修不卖，最大的字号是广宁亨，旧址就在前门外。广宁亨没有固定的打烊时间，节假日也照常营业。由于当时我国钟表业的整体规模较小，不能独立生产钟表，所以钟表店经营的多为瑞士进口的手表和怀表，同时经营钟表配件和维修。因为其经营的商品以洋、新、精为特色，带有洋务色彩，维修钟表对技艺水平的要求很高，要求耐心精准，所以钟表业在当时是人们羡慕的行业。

清末民初伟林表店招幌

三、遍布京城的玩赏行业

北京是帝王之都，北京人以养鸽子、放飞鸽子为娱乐由来已久，明、清两朝养鸽最盛。北京人养鸽子是为了训练鸽子放飞。放飞时，用一个鸽哨系在鸽子的尾部，鸽子起飞后在高空凭借风力发出高低婉转，悠扬悦耳的哨声，鸽哨被称为北京城市天空的声音，是北京的标志性声音。在北京，凡是养鸽子的人家都备有鸽哨，按照音色分类：低音的叫"大葫芦"，中音的叫"中葫芦"，高音的叫"二连"、"四连"等。鸽哨的贩卖不是专门性的行业，一般的鸽贩都销售鸽哨，但鸽哨的制作是非常讲究的，老北京制哨者不下三四十家，但优劣精粗，差别甚大。在北京制作鸽哨的名家共有八家。最早的一位名家是"惠"字，所谓字，是指鸽哨下刻的字，等于作者的署名。"惠"字创建于嘉庆初年，"惠"字之后出现的是"永"字父子，人称"大永"、"小永"。"大永"之后出现的有"鸣"字和"兴"字两家，价值不在"惠"字及"大永"以下。晚于"小永"出现的又有"文"、"祥"、"鸿"三家，前后共称八大家。各家的制作工艺不同，但共同的特点是音色佳、刀工细、漆质好，使鸽哨不但是养鸽人的玩物，还具有了较高的收藏价值。北京的鸽哨制作，"小永"以前的几大名家以音妙形佳、刻字独特著称，"小永"以后的几大名家则更讲究鸽哨的造型和装饰，像"祥"、"文"、"鸿"等家制做的鸽哨，只漆哨口，哨身则保留本色，用烫花的工艺烧灸图案，山水人物、花卉禽鱼、金石文字，无所不有，然后用香樟木做盒，将鸽哨分行排列，以资观赏之娱。其中，"祥"字鸽哨以工艺细腻著称，就连鸽哨的底部都刻有精美的花纹;"文"字鸽哨以造型考究著称,哨身圆浑,呈流线型,可以减少气流阻力,减轻飞鸽负荷;"鸿"字鸽哨以音响佳著称,为养鸽者所公认。

　　空竹,以竹木为材料制成,因中空而得名,也称"胡敲"、"地铃"、"空钟"、"风葫芦",江南又称之为扯铃。空竹在我国有悠久的历史,传说三国时,曹植曾作《空竹赋》。明代刘侗的《帝京景物略》一书中记述了空竹玩法和制作方法:"空钟者,刳木中空,旁口,荡以沥青。卓地如仰钟,而柄其上之平。另一线绕其柄,别一竹尺有孔,度其绳而抵格空钟。绳勒右却,竹勒左却。一勒,空钟轰而疾转。"①根据从明定陵出土的文物考证,抖空竹在民间流行的历史至少在六百年以上。到清代对空竹有更多记载,清代富察敦崇《燕京岁时记》中记载:"空钟者,形如车轮,中有短轴,儿童以双杖系棉线播弄之,俨如天外晨钟。"②又清代李若虹在《朝市丛载》中记曰:"抖空竹,每逢庙集,以绳抖响,抛起数丈之高,仍以绳承接,演习各样身段。"③生动地记述了当时民间抖空竹的情景。空竹最初为宫廷玩物,后传至民间并广为流行,特别是在北京,空竹更成为了家喻户晓的健身娱乐玩具。在很多老北京人的记忆里,空竹声和鸽哨声都是这座城市的标志性声音。在老北京的隆福寺、护国寺、白塔寺、厂甸等庙会都有销售空竹的摊点,其中宣武区广安门内下斜街的土地庙建于明代,逢三就有庙会,这里的庙会以出售竹、木、藤制品为主,尤其在春节和二月二,表演和出售

旧京火神庙前的空竹摊

①〔明〕刘侗《帝京景物略》,上海古籍出版社,第67页。
②《帝京岁时纪胜·燕京岁时记》,北京古籍出版社,1981年版,第85页。
③〔清〕李若虹《朝市丛载》,北京古籍出版社,第118页。

空竹更是庙会的重要内容。受其影响,广安门内地区历史上就有许多以"抖空竹"为重要游艺活动的居民,其中不乏世家传人,是当时市民生活中的一景,更是北京胡同文化的重要组成部分。

在观赏娱乐方面,花鸟鱼虫及各种玩意儿是满足北京遗老遗少休闲消费和体现一般市民散淡心理需求的典型表现。

老北京人,不论贫富之家都有种花的爱好。由于这种需要,在北京西南郊的丰台、黄土岗、草桥一带,农民们专以养花为业,一年四季向北京城内供应花草。北京城内销售的花草,除各种草本、木本盆栽外,还有应季的各种鲜花、插花。销售方式上在城内有很多大大小小的花店,以隆福寺、护国寺、土地庙等地的花店最为有名。同时,北京还有集中的花卉交易市场,最具规模的是崇文门外的花市。此外,走街串巷沿途叫卖的花贩也不少。

旧京卖花的小贩

老北京人喜爱养鸟,尤其是在清朝建立后,规定凡是旗人都由国家供养,不让他们从事任何生产劳动,这些八旗子弟悠闲度日,提笼架鸟成为他们生活的主要内容。受他们影响,北京人也养鸟成风。北京人养鸟的目的有三个:一是为观赏,这部分人在北京的养鸟人中最少,爱养羽毛艳丽的鸟,再配上美观的笼子或架子作为装饰;二是为娱乐,这些人爱养燕雀等智商较高的鸟,

旧京驯鸟人

经过训练可以进行"叼旗"、"打弹"等表演;三是为听音,这些人在北京的养鸟人中最多,他们专养百灵、画眉等善于鸣叫的鸟,讲究每天遛鸟,然后聚集在茶馆中当众展示鸟的善鸣,以此为乐。老北京每年七月举办的鸟市,所售的鸟来自全国各地,观赏鸟和画眉等大多产自江南,百灵产自漠北地区。同时,在北京西郊的香山一带有些人以捕鸟售鸟为生。由于养鸟的人以有钱有闲者居多,所以也促成了一些相关行业的发展,如:鸟笼和养鸟器具的制作和销售。为迎合养鸟人的喜爱,手工业者制作出精美讲究的各种养鸟器具,如鸟食罐就发展为瓷器制作中的一个专项,并编列了专门的谱册。另外,社会上有人从事鸟把式的行业,专门替有钱的名人、贵族养鸟、训鸟。

北京人养金鱼的历史可以追溯至金元时期,金元统治者从宋朝抢掠品种名贵的金鱼供自己玩赏,并抓来养鱼的把式为自己服务。据史书记载,北京前门外的金鱼池和现在朝阳区的高碑店是老北京以养殖金鱼为业的两个地区。明朝时,高碑店出产的金鱼就是供奉皇宫的贡品。此外,北京大街小巷沿街叫卖金鱼的小贩也都从这两个地区进货。北京百姓养金鱼的很多,普通人家是自娱自乐,大户人家讲究品种奇特,都要专门雇用鱼把式。

老北京养蛐蛐儿、斗蛐蛐儿非常普及,北京的一般人家和出售蛐蛐儿的商贩都是自己到郊区抓蛐蛐儿或收购蛐蛐儿,像北京西郊的福寿岭、黑龙潭、十三陵都出产上好的蛐蛐儿。此外,北京城里也有很多家蛐蛐儿店,店里出售的中低档品种一般产自京郊和华北地区,价格比较便宜,名贵的品种都出自苏杭、上海、安徽三地,价格昂贵,专供京城的达官贵人选购玩赏。老北京斗蛐蛐儿十分常见,到清朝时,政府都参与其中。老北京斗蛐蛐儿分为富绅赌斗法和平民赌斗法。富绅赌斗法是在官方注册的斗蛐蛐儿场所或王府豪宅中进行,设豪华宴席,王公贵族、社会名流都带着自己的名虫参赌,往往是一掷千金,极尽奢华;平民赌斗法在专门向普通百姓开放的斗蛐蛐儿局子中进行,赌者带着蛐蛐儿和赌资前来赴局,旁观的百姓也可以下注,由赌局坐庄。

除了养蛐蛐儿外,北京人玩蝈蝈儿可以追溯到明代,明代的袁宏道在《促织志》中对蝈蝈儿的论述是:"似蚱蜢而身肥大,京师人谓之聒聒,亦捕养之。"[①]潘

---

① 〔明〕蒋一葵《长安客话》,北京古籍出版社,第35页。

荣陞在《帝京岁时纪胜》中写道:"少年子弟好畜秋虫,……此虫夏则鸣于郊原,秋日携来,笼悬窗牖,以佐蝉琴蛙鼓,能度三冬。以雕作葫芦,银镶牙嵌贮而怀之。食以嫩黄豆芽、鲜红萝卜,偶于稠人广座之中,清韵自胸前突出,非同四壁蛩声助人叹息,而攸然自得之甚。"①到了清代,北京人玩蝈蝈儿已成了一种文化,不但老百姓喜欢冬天听蝈蝈儿叫,就连皇上也好玩冬虫儿。宫廷里专门有"份"蝈蝈儿的把式。附庸风雅的乾隆皇帝曾专门写过一首诗《榛蝈》,记述玩蝈蝈儿的乐趣:"啾啾榛蝈抱烟鸣,亘野黄云入望平。雅似长安铜雀噪,一般农候报西风。蛙生水族蝈生陆,振羽秋丛解寒促。蝈氏去蛙因错注,至今名像混秋官。"蝈蝈儿葫芦是养蝈蝈儿的主要工具,分为不同的形状和装饰。老北京养蝈蝈儿的主要是两类人,一类是贫民,靠养蝈蝈儿卖钱糊口。另一类人是冬虫儿的玩家。老北京卖蝈蝈儿一般都在固定的地点摆摊儿。如白塔寺、护国寺、隆福寺、土地庙的庙会和天桥鸟市等处。

老北京人喜爱把玩各种精巧的手工艺品,故北京的手工业发展历史久远。金、元两代在北京建造都城,从民间征集了一批数量相当可观的工匠,其中除从事建筑的土木工匠外,也有一批技艺高超的手工艺人。元代曾设留守司,下设少府监,管理各路工匠,负责供应各种御用器物及内府修缮事宜;同时还设有专门机构"掌修建宫殿及大都造作",其中也包括制作各种手工艺品。到了明成祖迁都北京以后,重新修建宫廷皇室,从全国各地调集到京的手工匠人数量更加可观。修建工程竣工以后,相当一批手工业匠人留在了这里,从而把我国各地传统手工业技术带到了北京。明代管理手工业及特种工艺制造的机构叫"御用监","凡御前所用围屏、床榻诸木品,及紫檀、象牙、乌木、诸玩器皆造办之"。内府、工部都设有包括许多行业的手工作坊,当时称作"官局工业",专门制作皇家贵族所需要的各种精美绝伦的工艺品和消费品,客观上也推动了明代北京手工业所生产的各种产品技术水平的提高。当时手工艺人所制作的漆器、景泰蓝、瓷瓶、宫扇、绢花等等,都是驰名中外的艺术精品。

明代,北京官府手工艺生产相当发达。据《明会典》记载:当时工艺分工有188种,工匠艺人一万一千八百余人。到了清代以后,北京的手工业又有所发

---

①《帝京岁时纪胜·燕京岁时记》,北京古籍出版社,1981年版,第35页。

展,例如乾隆年间是北京刺绣业最繁荣的一个时期,无论宫闱民间,衣着服用皆喜刺绣,那些皇亲贵戚和富贵人家,每年所需的刺绣产品用量很大。再有纸绢花业也较以前有了很大发展,制品种类繁多,有绢花、绒花、纱花,以及绒花球、绒花篮等,工艺精致,外形美观,在宫廷中极为流行,因此称为"宫花"。

北京历史上的手工业,著名的产品种类很多,如玉雕业,原料来自国内外各地,琢玉技术在我国有据可考已有四千余年历史,技艺深湛,手工精细,无论立琢,还是深浅浮琢等,都要达到"鬼斧神工"的水平。再如料器业,这种行业原由山东博山传入北京,清代官吏的服饰,如朝珠、顶子之类,多用此物。此外,用料玻璃制成的各种动物、果品以及各种"玩艺儿",形象逼真,如同实物,颇受人们的欢迎。北京"葡萄常"制作的料葡萄,已有百余年历史,名扬国内外各地。北京历史上的手工业还有很多,如挑补花业、宫灯业、珐琅业,等等,都各具特点,异彩纷呈。北京的手工业工人经过长期的创造、琢磨,不仅使传统制作技艺逐步提高,而且也吸收了一些先进的生产技术,形成兼收并蓄,但又独具一格的"京造"特点。

戏曲和曲艺的发展也是北京玩赏、娱乐行业发展的重要标志。清乾隆五十五年(1790),逢清高宗(弘历)八旬寿辰,徽伶高朗亭等率"三庆徽"戏班进京贺寿演出,演毕立足京城,班址位于韩家台胡同内。此后许多徽班相继来京,又有四喜、启秀、霓翠、春台、和春、三和、嵩祝、金钰、大景和等班,亦在大栅栏地区落脚演出。其中三庆班和位于陕西巷内的四喜班、位于百顺胡同的春台班和位于李铁拐斜街的和春班最负盛名,被称为"四大徽班"。徽班在长期艺术实践中,不断从秦腔、汉调、昆曲、京腔等剧种汲取营养,经数十年演变,形成京剧。咸丰、光绪年间,清宫掌管演出事务的机构"昇平署",每年都要选著名艺人进宫当差。由于慈禧嗜好京剧,加之京剧名家频繁在宫中献艺,使京剧声势日强。同期,位于大栅栏地区的广德楼、三庆园、庆乐园、中和园、文明园等戏园,每天都有京剧演出,形成了京剧一统天下的局面。京剧发展到鼎盛时期,出现了不同的流派和许多著名的演员。京剧不但被北京的观众喜爱,更逐步发展成为中国最大的剧种,成为中国的国粹。

曲艺是具有北京特色的艺术形式,旧京的剧院、茶馆等都有曲艺演出,还有庙会等街头演出,渗透到社会各阶层的娱乐生活中。北京的曲艺种类十分丰富,其中发源于北京又广受人们欢迎的要属相声和京韵大鼓。这两种曲艺表演形式都创始于清朝,因为形式简单,语言大众化,故事性强,很受人们喜爱。此外,还有单弦、评书、双簧、口技、戏法等。老北京的天桥是曲艺演出的集中场所,艺人们有些在天桥一带的剧场演出,有些就在天桥摆地摊,出现了很多曲艺表演的著名艺人。

剧场行是和京剧、曲艺的发展密不可分的行业。旧时北京称剧场为"戏园子",剧场这个名称是清朝末年才有的。清朝末年北京有十多家戏园子,其中很多沿袭至今。北京剧场业的发展中值得一提的是:前门外的广和剧场原是明朝富户查氏所建的私家戏楼叫"查家楼",清康熙年间,曾被火焚,重建后改名"月明楼"。光绪二十六年(1900)"查家楼"两次被火烧毁,重建后先后改名为"查家茶楼"、"广和茶楼"、"广和楼"。20世纪初,广和楼被誉称为"东广",是广和楼的鼎盛时期。梨园科班富连成班长期在广和楼演出,名声大振,梅兰芳、周信芳、马连良、谭富英等京剧著名演员,都曾在此登台献艺。吉祥戏院是清朝末年兴建的,其所在地王府井东安市场原是清政府赐给明朝降将吴三桂的封地,后吴反叛清朝,遂被没收为养马之地。光绪末年将此地修建为市场,招商以后扩充并将东北角辟为杂耍场,就是吉祥戏院的前身。中和戏院是清朝末年兴建,原名"中和茶园",四大徽班在此轮番演出,京剧大师谭鑫培就是在中和戏院一举成名的。长安戏院,原名长安大戏院,1937年兴建,由富商王守义独资修建经营,当时京剧四大名旦、四大须生都曾在此献艺,长安大戏院当时在北京是较大的剧场。此外,北京还有广德楼、庆乐戏院、开明戏院、万盛轩、小桃园、丹桂、天乐等剧场。

四、旧京地区的民俗行业

北京的民俗行业很多,主要服务于人们的宗教祭祀、婚丧嫁娶等活动,较为典型的有:

香蜡铺。老北京的香蜡铺是规模很大的行业,其发展兴盛的原因主要有:第一,宗教活动的需要。老北京的居民以满、汉两族为主,主要信仰佛教和道教,大大小小的寺、庵、观等遍布京城各处,很多人家里还设有神坛或佛堂,一年到头香火不断。第二,祭祀活动的需要。老北京的各个行业都有供奉和祭拜行业祖师的习俗,每逢店铺开张、徒弟拜师、出师、逢年过节等都要举行祭拜祖师和祭拜财神的典礼,普通百姓家中凡遇年节、婚嫁、寿日、育儿等,也都要举行祭祖仪式。第三,巫医活动和民间组织的需要。民间的巫医自称通仙道,利用百姓的迷信,设立神坛,假托神鬼附体为人治病,老北京还有很多会道门性质的民间组织,都要开设若干神坛。在以上各类活动中,烧香都被人们看作敬神、敬佛、敬祖的表现,所以香烛、神马的用量很大,老北京的香蜡铺也因此发展了起来。

老北京的香蜡铺以南城最多,有名的是:前门外珠宝市的合香楼、花汉冲;大栅栏的云香阁、庆云楼;崇文门外花市的仙香阁、天香楼、滋兰芳、桂香斋。其次是东城,有名的是:东四的万春楼、惠兰芳、中合馨楼。再次是西城,有名的是:西四的北天馥楼;西单的内天馥楼、甘石桥的异馥轩。香蜡铺最少的是北城,有名的是:北新桥的桂林局、永安楼、东芝兰轩;地安门的闻异轩等。这些香蜡铺主要经营的是佛、道两教寺庙和民间祭祀通用的诸品名香,品种有:大、小金锭、百速锭、高香、线香、子午香、藏香、檀香等。香蜡铺出售的蜡烛是由专门制蜡的蜡局生产,除敬神供佛的"素蜡"外,也出售婚礼和生日堂会上用的"喜烛"、"寿烛",香蜡铺还出售神马和敬神的"钱粮"。神马就是一次性祭用的神像,神马根据民间宗教信仰中的诸神印制,种类很多,供人选择。敬神"钱粮"就是纸做的黄钱和元宝,人们在祭祀时焚烧表示对神佛的敬意,也有商家买来过年时挂在幌子上象征招财进宝。另外,按照经营传统,香蜡铺还兼营老式的化妆品,如胭脂、梳头油、香皂等。清朝康熙、乾隆年间是北京香蜡铺发展的鼎盛时期,此后,随着民间祭祀活动的减少和宗教信仰的淡化,香蜡铺逐渐失去了市场,走向了衰亡。

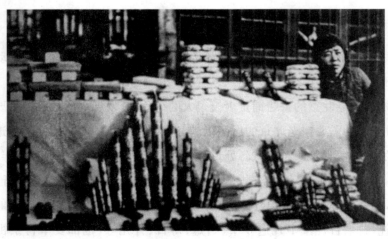

旧京南新华街的香蜡摊

喜轿铺。喜轿铺是为老北京传统的婚嫁礼仪服务的行业，以租赁婚嫁喜庆用品为主，是服务于传统婚嫁各环节的一条龙式服务。老北京喜轿铺的特点是：各种租赁设备用品齐全，像男方"通信过礼"时用的鹅笼、酒海、鱼池，女方"送妆发奁"时用的寿杠、栏杆桌，迎娶新娘时用的喜轿、金灯、执事等，还有新娘的服饰、礼堂的供器等都要准备齐全，所置设备还要尽可能的新、多。另外，北京的居民中满、蒙、回、汉都有，各民族的婚嫁礼仪不同，需用的物品也不同，喜轿铺要能满足各民族的婚俗需求。喜轿铺的生意通常比较集中，因为百姓婚嫁讲究黄道吉日，所以在这些日子办喜事的比较密集，喜轿铺的生意也买卖兴隆，但那些设备少的小

旧京街头蘸羊油蜡烛的摊贩

旧京婚礼花轿

型喜轿铺却无力同时承揽太多的业务。北京的喜轿铺比较分散，在经营中各有各的地盘和服务对象，其中比较有名的有：地安门外的兴泰喜轿铺、天顺号喜轿铺，崇文门一带的合兴号喜轿铺、阜顺号喜轿铺，西长安街的道德生喜轿铺等。民国以后，随着人们思想观念的更新，传统婚礼逐渐淡出人们的生活，喜轿铺也就自然淘汰了。

棺材铺和杠房。这两个行业都是服务于老北京的殡葬需求的。明清以来，北京对死者实行土葬，相关的民俗行业应运而生。棺材铺又称"桅厂"，由于棺材的体积都比较大，而且北京的棺材铺通常是前店后厂式的经营，所以铺面一般较大，棺材铺在经营中是不进行宣传的，主要通过社会关系介绍生意，所以棺材铺

的店主很注重人际关系。因为所经营商品的特殊性,这一行业有很多独特的经营礼仪,比如顾客进店时不能主动兜揽生意,成交后不能主动问买家送货的日期等,有些会拉关系的棺材铺还给每位买家送上礼金或亲自去吊唁死者,建立良好的口碑,这样将来买家还会给自己介绍生意。北京棺材铺经营的商品品类繁多,不但有质量、工艺、价格的区别,还有满、蒙、汉的民族区别和南、北方的地域区别。老北京有名的棺材铺有:骡马市大街的鹤年长椁厂、庆寿椁厂,珠市口的贵寿椁厂、万鹤祥椁厂,东直门内的延年椁厂、义茂椁厂等。杠房是为殡葬仪式服务的行业,以租赁杠、罩、执事,代雇杠夫、执事夫、吹鼓手为主。北京的杠房主要承接满、蒙、汉、回不同民族、不同规模、不同形式的丧事,杠房不但要准备好所租赁的各种设备,还要使承办的丧事符合民族习俗,满足丧家的各种要求。一般杠房的服务是从病人病危起到下葬为止的全程服务,但是出于行规,杠房绝不主动揽客,都是先等丧家提出要求后再具体商议,或是由同行、朋友介绍生意。老北京规模较大的杠房有:灯市口大街的永利杠房、地安门外的合兴杠房、信成杠房、东四的永盛杠房、西四的德兴杠房等。由于棺材铺和杠房都是为民间治丧服务的行业,所以这两个行业有密切的关联。北京的棺材铺和杠房经营可以分为两帮,一为山西帮,是清朝时北京杠房业的创业者,以承接满蒙殡葬业务为主;二为北京帮,是从山西帮中分化出来由北京人创办的,后来居上,全面承揽满蒙汉各族、南北各界的殡葬业务。北京内、外城的棺材铺和杠房经营方式有很大区别,分工明确,界限严明。内城的棺材铺通常带有杠房,合二为一,有些还代卖寿衣,成为殡葬服务的综合性店铺。内城的棺材铺和杠房专门服务于王府宅门,承接满、蒙族丧事。外城的棺材铺和杠房是分开经营的,专门承接汉族平民丧事。

　　京棚行,也叫席棚业,兴起于明朝永乐年间,主要服务于上至宫廷皇家,下至平民百姓的生活礼俗需要。席棚行经营的品类有:一、喜棚,也叫红棚、酒棚,用于婚嫁、生日等庆典。比较讲究的席棚不仅要在杉槁架子上围墙盖顶搭建成棚,还要搭建装饰性的栏杆、花墙、挂屏等,对一些较为挑剔的顾客,还要根据顾客的要求对席棚进行专门的设计和加工。二、丧棚,也叫白棚,用于葬礼。因为丧棚搭建的种类多,花样多,工艺讲究,所以被席棚业称为"全棚"。一般搭建丧棚包括灵棚,是治丧活动的主棚,灵棚内还要搭经台;月台,放置灵牌和祭品;经楼,在月台对面,放置佛像;祭棚,供前来吊唁的宾客起坐;过街棚,在大门外搭建;一些大户人家还要在出殡的沿路搭建路祭棚,用于沿路吊唁,更重要的是显示死者及家庭的显赫地位,所以要求讲究、气派。三、凉棚,也叫天棚,老北京的富户人家、商业铺户每到夏季时都要在院子里搭建凉棚,用于消暑纳凉。凉棚设计讲究,既要通风又要遮阳,还要有一定的装饰。此外,席棚行还有一些附属经营的项目:老北京的房屋屋顶和窗户都是用纸裱糊的,在新居落成、搬家、过年时都需要请席棚行进行裱糊;老北京的各类寺庙在举办法会、道场时要请席棚行搭建经棚、经台;年节庙会时席棚行还承接粥茶棚、暖棚、牌楼的搭建。

北京席棚行有棚铺二百多家,其中有名的是:致兴局,位于东华门南池子,是清朝政府开设的,由皇宫内的营缮司管辖,专门服务于宫廷,主要搭建夏季凉棚,工匠技艺高超;西单报子街德利兴棚铺,明永乐年间创建,直到清朝业务长盛不衰,专为王公贵族服务;西长安街六部口六合棚铺,承接了五次清朝宫廷用棚而闻名,分别是慈禧太后两次"万寿庆典"的寿棚、光绪帝"大婚"的喜棚以及慈禧太后和光绪帝"奉安大典"的灵棚、祭棚;德胜门外双和棚铺,承办光绪帝"奉安大典"的路祭棚而闻名;地安门外永泰棚铺,独家经营一种叫做"木殿"的豪华丧棚,专门为京城的王府服务。

明清时期,老北京的百姓在婚丧嫁娶、寿庆等活动中都讲究排场,礼俗多,一般都要根据自家的环境、条件搭建席棚,尤其是清代以来,八旗子弟争相把婚丧排场作为光耀门庭的大事,在富有之家甚至普通百姓中也形成了宁奢不俭的风气,所以北京的席棚业在清朝时达到了鼎盛时期。但到了清朝末年,随着外国侵略者的入侵,经济日益萧条,社会各阶层的婚丧礼俗被迫一再简化,席棚业也日渐萧条,终至消失。

除了上述为各种服务于民俗活动的民俗行业外,北京的洗浴业可以称得上是独具地方特色的民俗行业。

旧京的澡堂子是兼带吃、喝、抽、赌、玩等功能的,除洁身保健外,也是休闲娱乐、洽谈联络的去处。老北京最早出现的澡堂应当算是元代寺院僧人开办的"香水行"。到了明朝永乐年间北京正式出现了洗浴业。到清朝时,北京的澡堂子已经由内城发展到外城,逐渐普及起来。民国时期,澡堂子更是遍布京城,尤其在繁华闹市更为集中,像西单附近有万聚源、义新园、裕华园,王府井一带有清华园、卫生池、广浴池、海泉池等,这些澡堂子不仅数量众多,而且规模较大,环境优雅,经营也十分规范。北京澡堂子生意红火的原因,不仅是因为能满足人们个人卫生方面的需要,更重要的是澡堂子的多功能性。

老北京澡堂子的设置一般分成三个等级。第一级称为"官塘",官塘的设施豪华,水分为温、暖、热三池,还附设包间,包间内家具摆设齐全,是专门为有钱的达官显贵或富商巨贾准备的。这些人到澡堂子不光为了洗澡,通常会招朋唤友,或谈生意或消遣娱乐或请客应酬,所以常在包间内喝茶、设宴、打麻将、抽烟。晚清时期,随着鸦片战争的失败,鸦片流入北京,有些澡堂子也设有烟榻、烟枪等,还代售烟土,供客人吸食享用。官塘的客人洗完澡后还要在包间内休息,叫伙计到街上采购各种小吃或叫艺人到澡堂子来表演,享受够了,客人才会满意离去。第二级称为"盆塘",是在单间内设搪瓷浴盆,另有躺椅、茶具等,客人多为职员、公务员或带小孩的妇女,盆塘的客人洗完澡后也可以在单间内喝茶、下棋、看报纸等。第三级称为"池塘",也叫散座,设施比较简单,仅以木板相隔,两板中间是两张小的床铺,两张床铺中间有桌子,有简陋的茶具,这里的客人主要是体力劳动者等贫苦百姓,但即使是这些客人,在洗完澡后也常常不急着离开,而是泡一壶茶,然后彼此天南地北地聊天消磨时间。老北京的澡堂子除洗澡外,都兼有搓澡、理发、修脚、洗衣等服务,所以客人常常在澡塘子一泡就是半天,百姓之间的交往中也常以请朋友洗澡作为联络感情的方式,有事商谈时也常将对方请到澡堂子,边洗边谈,显得亲切自然。可以说北京的洗浴业功能独特,在北京的商业经营中独具地方特色。

第二节　北京商业的经营特色

一、重礼仪、讲信用

在老北京的商业经营中,讲究的是以礼待客,商人极其推崇的信条是"和气生财"。对于上门的客人一视同仁,不论客人是否购买商品,商家待客的礼节一点也不会少,这既是北京商人的生意经,也是北京商业社会中礼仪传统和深厚文化底蕴的反映。

和气,就是要为客人提供优质的服务。在老北京的商业社会中,商人们首先是以一种和善、谦恭、自然节制的态度进行人际互动,并在此基础上从事他们的经济活动。这种独特的商业文化魅力,形成了北京商业经营的独特风格。许多知名的老字号商家,甚至规定有自己的一套礼节规矩,有自己的待客之道,他们把商业礼仪当成经营内容的一部分。在老北京的商铺中,不论是大商号还是小店面,也不论是老板还是伙计,都表现出一份知书达理、善于容人的气度。平和、稳重、知礼是老板考察伙计的基本要求,店铺中的伙计都是和颜悦色,奉承恐后,绝没有慢客的举动。客人进店,伙计要主动招呼接引,同时还要察言观色、礼貌适度;如果客人愿意攀谈,伙计必需热情相待、认真回答,让客人满意;客人如果不想多说话,伙计决不能上前打扰;客人买好商品后,为了方便顾客携带,商家会无偿提供各种美观而实用的包装用具,大多数行业还送货上门;即使客人随意闲逛,什么也没买,伙计也要热情送客,招呼客人"走好"、"再来"。

诚信,是老北京商业经营中十分重视的一项基本商业行为规范。诚实守信、规矩本分是北京商人的一大特点。在商店和市场交易中,除了一些特殊行业和特殊情况外,商家通常不会漫天要价,他们的开价一般都比较实际,离成交价的差距不大,像"言无二价,童叟无欺"这样反映商业经营要求的谚语就表现出北京商业经营中讲求"商德"的道德规范。而且相邻企业竞相杀价的风气不重,很少有你死我活的公开争斗。在客人选购商品时,伙计们都会态度友好、实事求是地向顾客介绍适合他们的商品,让客人充分体会到经营者重义不重利的经营态度。这些在商业活动中尽量多为别人考虑的优点,是京商诚信待客特质的一种表现。同时,老北京商人通常不贪图眼前小利,他们往往更重视长远利益,凡是答应了客人的要求就一定要做到,如果条件不具备要向客人讲明实情,宁可不接纳业务,也不能破坏了商家的声誉。此外,老北京商业经营的各行各业中都有让客人在交易当日现场验收货物的行规,不符合客人要求的可以随时调换,在交易过程中,允许客人改变约定,但商家必须无条件履约,不得违背。在北京商界中出现过不少历时逾百年而越来越兴盛的企业,讲求货物品质、诚信待客的经营方针是他们生存发展的宗旨。

二、重交际、讲行规

北京是中国传统文化中城市仪制规范的完美体现,这里长期以来是中国的政治中心,人们对于天地君亲、长幼尊卑非常熟识。这种文化的世代熏陶,使得人们自然地重视秩序规则。因此,北京整个城市的布局处处都表现出一种规矩严谨的风格。北京的商界也不例外,来自全国各地的商人和平共处,共同遵守基本的商业行为规范。京城的商业经营者注重社会交往,彼此间保持协作关系,尤其是小规模经营者,更要靠良好的协作关系赢得生意。老北京商业经营中讲究"天时不如地利,地利不如人和"、"人和是一宝",所以社会交往、人际关系是老北京商业经营的生命线。在各行业的经营中,通常都要处理好以下关系:

首先,要搞好同行之间的关系。在北京商家之间的相互竞争中,很少有刀光剑影、你死我活的血腥竞争,他们更推崇的是和平共处、同舟共济。例如同处王府井大街的同陞和与盛锡福,毗邻而居,经营内容相仿,但他们共同遵守"和为贵"的经营原则,多年来相安无事,被传为北京商界佳话。同行业商家之间的协作关系主要表现在:一方面,相互介绍生意。当某家店铺遇到生意多,应付不了或客人要求高,自己难以满足时,就会主动把生意介绍给其他有联系往来的店铺,彼此互帮互助。这种情况在北京的民俗行业中较为多见。另一方面,在人员、商品上互通有无。当某一店铺承揽了业务后,如果发现所存商品数量不足或与客人要求不符,或者加工企业在加工过程中需要借用高水平的工匠,都可以向其他商铺求援,各家携手合作,共同完成业务。在老北京的古玩、玉器加工业中,这样的情况很普遍。这样一来,商家不但满足了客户的要求,在顾客心目中赢得了声誉和威信,也促成了同行的发展,受益的同行也会给予相应的回报,形成相互协作,相互受益的关系。

第二,要与本行业有关的其他行业搞好关系。很多商业企业在经营中注重搞好与关联企业的关系。像老北京的大多数商铺是不自设作坊的,所经销的商品要从加工业进货,如:香蜡铺要从蜡局子采购香蜡;杂货业、纸业等要从作坊中进货等,所以各商家都与相应的加工企业建立起密切的产销合作关系。一来,可以获得稳定的商品来源,保证商品的供应和质量;二来,可以从长期的合作中得到关系企业的优惠待遇,降低进货成本。另外,各行业之间往往存在业务连带关系,如:婚礼业务以喜轿铺为中心,可以使珠宝行、成衣行、京棚行、京彩行、饭庄形成连带业务关系。老北京的商业经营者都很看重这种连带关系带来的影响,因此,都非常注意发展和维护与相关行业间的良好合作关系。这些相关行业之间可以相互推荐、介绍生意,以便相互提携,同时还可以通过相关行业与客人交往中的宣传扩大企业的影响,便于开展业务,扩大客源。

第三,要搞好社会关系。老北京商人做生意时看重友情,把友情的相互渗透、彼此交流作为维系良好生意关系的最佳方式。北京商人在人际关系中世世代代都遵循着中国传统观念中"礼之用,和为贵"和"中庸之道"的准则。商家多注重搞好"街坊"关系,与周围居民和老主顾互相照应,友善和睦地相处,注重"礼尚往来"的交往方式。这种温厚的社会关系形成了一种稳固的文化心理,融入到北京商业经营的氛围之中。此外,企业还必须搞好与官府、地方主管当局及地方恶势力的关系。在中国几千年的封建社会中,商人的社会地位都很低下,所以,要维系、拉拢好各方关系,从中寻找靠山,争取支持,才能顺利开展业务。

北京的商业文化不是土生土长的,而是多层次、多元化,由全国各地汇集而来。从明清到民国,山东人都控制着老北京的餐饮业、粮食业,另外,老北京卖猪肉的多是山东掖县人,开饭馆的多是山东福山人,开粮店的多是山东烟台人,山西人控制着杂货业、钱庄、票号、颜料铺、干果行业,茶叶行的张一元、吴裕泰,都是由浙江、福建人创建的。因此,北京的商业文化很独特,富有北京特色,同时又融合了全国各地的商业特色。在北京的商业经营中,各地商人共同遵守本行业的行规,很多商业行业都建有同业公会,协调各商家之间的经营关系。

第三节　北京商业的文化内涵

一、官俗与民俗相承、相容

首先,官俗与民俗相互影响。作为皇城,北京的商业经营中为政府部门、官员服务的较多,其行业要求会体现到商业经营中,商家往往以此作为吸引大众消费者的手段,因此,商俗与民俗在一定程度上会相互影响。在北京的商业经营中,官俗与民俗相互影响的现象比比皆是,比如:一些为皇宫、政府要员服务过的企业会以此作为宣传和提升企业商业地位的工具,像一些老字号企业有御笔题写的匾额、御赐黄马褂等,普通百姓会提升对这些企业的信任和认可,会认为在这样的企业消费自己的身价也会提高;再比如封建政府每年要按时举行各种祭祀仪式,如祭天、地、日、月、祖先等,在北京建有天坛等举行这类祭祀活动的场所,每年皇帝或大臣要前往举行祭祀仪式,百姓受此影响会在沿途观望,并自发形成庙会,久之便形成北京商业经营的一种特定现象。

再以北京的古玩业为例,老北京的古玩业十分发达,同时由于它的货品多为历史文物,价格昂贵,可供考古、鉴赏之用,所以古玩业也是北京商业中的一个特殊行业。北京是五朝古都,是政府部门、政府官员云集之地,官场中人对古玩历来有着浓厚的兴趣,经常想方设法搜求奇货,一来可以摆设在厅堂几案之上,用以炫耀自身的豪富;二来可以用于官场交际,以此媚上,铺平进身之路。受这种官场风俗的影响,北京的达官显贵都喜好收藏古玩,加上北京的官员及各地往来的学者文人等都具有一定的文化层次,很多人收藏、购买古玩用于历史、艺术方面的研究;同时普通百姓受这种风气的影响,也把古玩业当成寻宝发财的好机会,因此,使北京的古玩业有了较为宽阔的经营空间,同时也形成了自己的经营特色。旧时的北京古玩商人,一般都习惯于把店铺开在旗人贵族居住较为集中的地区,方便就近收购和交易。古玩铺主要经营的是旧瓷器、历代书画珍品、古代陶器、铜器、石器、玉器、金银首饰和红木家具等,这一行业利润甚巨,其经营对象是一掷千金的政府官员、达官贵人和专业的收藏家。普通百姓经常光顾的是挂货铺,它的性质与古玩铺大体相同,不过由于经营者的资本少,因此经营的货物在档次上就低得多了,买卖的物品通常价钱较低,经营范围也相对广泛,除一些档次较低的古玩外,像旧挂毯、戏衣、戏靴、茶具、烟盒、笔架、镇尺甚至纸扇、鸟笼、民族乐器等琳琅满目。这两种店的并存,满足了不同层次消费者对古玩器物的供求需要,较为集中地体现了在北京商业发展中官俗和民俗的相互影响及作用。

其次,官俗与民俗相互融合、大同小异。由于地域影响,商业经营中官俗与民俗交融,共同形成了北京大都市的商业特色。

一方面,北京作为历代都城,是统治阶级的聚居地,由于统治阶级、贵族不事生产,家境富裕,所以在日常生活的各种活动中形成了繁琐的仪式和排场,尤其是明清以来,统治阶级崇尚汉族历代相传的典章礼俗并制定了极尽奢华的典制规章。因此,朝廷和官宦人家无论是年节、庆典还是婚丧嫁娶都本着"炫耀天恩祖德、功名富贵、显示国恩家庆"的原则,极力讲究排场,甚至不惜为此举债或变卖家产直至倾家荡产。当时的社会风气是"耗财买脸,傲里夺尊,誉满九城"。在这种风气的影响下,普通百姓也纷纷效仿,朝野相承,上下一体。人们在各自的社会阶层中追求相同的繁文缛节,与之相关的商业服务业应运而生。这些行业在服务中也努力迎合"以俭为耻,以奢为荣"的社会风气,形成了重形式不重内容的经营特点。

另一方面,由于北京特殊的社会、历史地位,在北京的商业发展中,很多属于政府的官俗不可避免地融入民间,与民俗融合,比较典型的像隆福寺街的商业发展。隆福寺属朝廷香火院,寺院的规模宏大,寺前的"神路街"直通到马市大街,寺北紧邻钱粮胡同。隆福寺庙会在明、清两代都非常兴盛,吸引了京城众多的百姓和商家,是北京城内有名的大规模庙市。隆福寺庙市的兴旺可以说是官俗与民俗互动的一例。同时,由于往来于此的政府官员、文人学子很多,吸引了大批书商进驻开店。1898年京师大学堂创立,民国元年(1912)京师大学堂更名为"北京大学",并从景山东侧迁移到沙滩。当时中国这种新式的高等教育学府很少,因此具有敏锐眼光的商人们,相继在与沙滩相距咫尺的隆福寺街上开设书铺,经营书刊或与文教业相关的一些商品。最盛时在此开业的有三槐堂、聚珍堂、修经堂、修文堂、宝文书局、文殿阁、三友堂、带经堂、宝会斋等二十多家书店,占据了隆福寺东段的半条街。这些书铺除买卖经史子集、珍本、善本等古旧书籍外,像三槐堂、聚珍堂等实力较强的书铺还曾刻版印制了大量古书。到清末民初时,隆福寺街的发展达到了鼎盛,成为与外城的琉璃厂和打磨厂两条传统的文化街齐名的内城文化街。

二、多民族特色融合

自清代起,逐渐形成了满汉蒙藏四族共和之势,在商业发展中,四个主流民族的特点和影响很明显,可谓"满汉合璧、蒙藏兼镶",体现了多民族融合的商业文化特色。我国是统一的多民族国家,北京作为五朝都城,历来是多民族人口的聚集和往来之地,发展到元代,这种多民族居民和多民族文化汇集交融的趋势更加明显。据有关文献记载,在元代的大都城内就已汇集了全国各少数民族在此居住和生活,其中居住人口较多的有满族、回族、蒙古族、藏族、维吾尔族、苗族、朝鲜族等等,广泛分布在北京各处,有的还形成了本民族的聚集区。这些以少数民族居住为主的区域，大都延续和保持着各自鲜明的民族习俗和文化特色，从而构成北京历史上特有的多民族文化并存和相互融合的文化现象。

清政府定都北京后，实行"旗民分城居住"的制度。清初时，"旗"主要指在旗的满族人。"民"指汉、回等其他民族的居民。内城房屋一律让给旗人居住，不允许有汉人住宅，旗民分城居住，不得擅自越制。"旗民分居"政策使北京内外城的社会结构发生了转变，北京城形成了"兵、民分置，满、汉分治"的格局，从而在北京出现了不同民族的生活区相对集中的局面。清代北京内城多为满族王公贵族的王府，其他各民族居民都居住在外城。有些民族居住地区域性较强，如在京城的回族居住点，基本上是围绕清真寺而形成的，其中牛街是北京回民最大和最古老的聚居区，此外还包括有教子胡同、糖房胡同、羊肉胡同、麻刀胡同、寿利胡同等四合院区域。崇文门的东花市清真寺周围，包括磨刀胡同、堂子胡同、雷家胡同、羊市口、小市口和珠营等四合院地区，是回民的又一聚居点，其居所建筑都有本民族的特色。分区居住并没有影响到各民族间的交流和融合，在北京的商业发展中各民族特色相互共融的现象比比皆是，比如饮食业著名的满汉全席、京味小吃中占据主体地位的清真小吃、服装业以满装为原型经汉化改造的旗袍等等，都体现了不同民族"一国同风"的风尚。不仅如此，北京自元代以来就是一个向世界开放的大都市，与世界各国都有很多交往，特别是外国的宗教人士、学者、建筑师、艺术家、科学家等到北京进行交流的记载很多。中外交流日渐频繁，西方的文明在北京的商业发展中起到了很大的作用，西方的商品也大批涌入中国市场。因此在北京的商业发展中渐融进些西方经济文明带来的影响，使北京商业呈现出多元化特色。

不同的民族具有不同的宗教信仰，多种信仰并存能影响和带动相关行业的发展。由于不同的信仰影响不同民族的生活习惯，所以在北京的商业发展中形成了多民族相互融合的特色。

各个民族都有自己独特的生活习惯、宗教信仰和岁时节日等，在生活上，各自遵循不同的习俗。历史上各民族所信仰的汉传佛教、藏传佛教、正一道教、伊斯兰教的各种寺、院、观、庙、堂、宫等在京城遍布各地，多种信仰的并存在很大程度上促进了商业的发展。

一方面，各教派在宗教纪念日和岁时节日举办的庙会、法会等丰富多彩的宗教活动,都能吸引各族民众前去"进香"购物,反映了各民族的相处共聚的特点及民族文化间的相互融合。借助庙会、法会的密集人流,各宗教寺庙、场所附近往往自发或有组织地形成庙市,这类庙市有些是在宗教活动期间临时举行,有些经过长期的发展形成了固定的区域性市场,构成北京商业文化的一大特色。各民族宗教信仰的多样化为庙市的发展提供了广阔的空间。

另一方面,由于不同民族多种信仰在民间并存,促生了相关商业行业的发展,比如老北京经营极盛的香蜡铺。因为不同宗教信仰都有烧香敬神的习俗,各民族的宗教信徒也惯于在家摆设香案礼神拜佛,所以老北京的香蜡铺一度是很红火的大行业。同时香蜡铺出售不同宗教信仰供奉的神像,称为"神马",通常可达一两百种之多,以供人们选择。另外,由于不同的宗教信仰会衍生出不同的礼俗,这些礼俗的影响常体现在各民族的婚丧嫁娶等重大活动中,因此一些为这些活动服务的行业比如喜轿铺、京棚行、杠房等在经营中就要满足不同宗教信仰的礼俗要求,也由此形成了这些行业的经营特色。

三、传统行业的传承

北京历史上的传统商业随着社会经济的发展而兴盛,一些具有浓郁京味特色的行业沿袭至今。自明清以来,京城内先后形成以东安市场、西单商场、前门地区及琉璃厂等为代表的传统商业区,并先后产生了一大批各具特色的商业行业和老字号企业。至今还有很多著名的老字号商业企业,如内联陞鞋店、瑞蚨祥绸布店、同仁堂药店、六必居酱园等。伴随着传统商业的发展,北京商业逐步产生和形成了独具特色的传统商业文化。构成北京商业文化的核心内容是,在商业经营中注重质量、讲究信誉、服务周到、善于经营管理、保持传统特色等。经过数百年的经营积累而形成的传统商业文化,既是我国商业历史发展的产物,又是商业文化水平的体现,已成为北京优秀传统文化的重要组成部分,其中有些备受传统商家推崇的"注重质量、讲究信誉"等信条,仍是现代商业界所遵循的经营准则。

一些老字号商业企业的发展传承,集中反映了行业的经营特色及文化传统,比较典型的有:

瑞蚨祥绸布店。北京的绸布业有"八大祥"之说,是指北京有八家带"祥"字的大绸布店,其中瑞蚨祥位居"八大祥"之首。它始建于清朝同治年间,由山东人孟鸿升在济南开办。光绪十九年(1893),孟鸿升的儿子孟洛川在北京大栅栏开设了瑞蚨祥绸布店。瑞蚨祥的经营作风是货真价实,童叟无欺,热情待客,礼貌周到,而且经营的货品齐全,从高档的丝绸、毛皮到中档的花布、色布到低档的粗布一应俱全。所售布品都是采购上好的原料,在瑞蚨祥自己的生产基地专门织造,质量上乘,颇受欢迎。到光绪末年,瑞蚨祥生意兴隆,在大栅栏大街连开五个分店,成为当时首屈一指的绸布店。

瑞蚨祥绸布店

同仁堂药店。"同仁堂国药店"于清康熙八年(1669)开业,以经营自制的丸、散、膏、丹闻名于全国。同仁堂的创始人是乐显扬,祖籍浙江宁波,祖辈三代行医,明朝永乐年间迁居北京。他

同仁堂老药铺

自幼耳濡目染,广读方书典籍,致力于方药研究制作。他制作的丸药,取材纯正地道,制作精细严谨,患者用后疗效显著。他把行医卖药作为一种养生济世效力于社会的最高追求,他说:"可以养生、可以济世者,惟医药为最。"他把这种理念应用到了同仁堂的经营中。资料记载,同仁堂所制药品选料、制作极为严格,所制之药都是根据民间验方、文献验方、家传秘方、宫廷太医良方等,精心选配,反复研究,并根据患者的用药反映,多次调整,力求精善。同仁堂立下"炮制虽繁必不敢省人工,品味虽贵必不敢减物力"的古训,并制订出《同仁堂药目》。清朝雍

正六年(1728),同仁堂开始给皇宫专供御药,历经清朝八代皇帝,达一百八十八年之久。当年有诗曰:"都门药铺数同仁,丸散人人道逼真。纵有齐黄难别味,笑他若个述通神。"当时还流传着"国药属京药,京药属同仁"之说。就连民间也有"同仁堂的药——货真价实"这样的俗语流传。同仁堂生产的各种中成药以"处方独特、选料上乘、工艺精湛,疗效显著"而享誉海内外,为患者所信赖。

六必居酱菜园。六必居酱园始于明朝嘉靖九年(1530),是京城历史最悠久、最负盛名的老字号之一。六必居店堂里悬挂的"六必居"金字大匾,出自明朝宰相严嵩之手,此匾虽数遭劫难,仍保存完好,现已成为稀世珍品。六必居的涵义是:黍稻必齐,曲蘖必实,湛之必洁,陶瓷必良,火候必得,水泉必香。"六必"在生产操作工艺上可以解释为:用料必须上等,下料必须如实,制作过程必须清洁,火候必须掌握适当,设备必须优良,泉水必须纯香。六必居酱园以酱菜技艺精湛,品质优良,色香味佳而数百年来声誉经久不衰,驰名中外。据史料记载:甜酱黑菜、甜酱八宝菜、甜酱八宝瓜、甜酱黄瓜、甜酱甜露、甜酱姜芽、甜酱什香菜、甜酱小酱萝卜、甜酱瓜、白糖蒜、稀黄酱、铺淋酱油等十二种传统产品,是当时供给宫廷的御用品。为了进宫送货方便,当时清朝宫廷还赐给六必居一顶红缨帽和一件黄马褂。六必居制作酱菜,有一套严格的操作规程,为了保证酱菜的质量,每个操作环节都严格把关,一丝不苟,以此保证了六必居酱菜几百年来的风味和声誉。

随着时代的变迁,城市经济的发展变化会潜移默化地影响到商业的发展,各商业行业也会随之呈现自身的生命周期。在老北京旧有的商业行业中,有些行业已不符合社会需求的发展变化,因此被自然淘汰。

第一,随着社会经济的发展,新的生产技术、生产工艺促进了工业生产水平的提高,与之相配套的销售、服务等商业行业也必然随之变化,除旧更新。比较典型的有:

冰窖行。过去没有冰箱,老北京的富裕人家用冰桶为食物保鲜。冰桶就是用硬木做成方形箱,上盖一半固定,一半是活的,以便开关。桶内设有木架,用以放置天然冰,鲜果、鱼肉、酸梅汤等食物放在冰块上。桶底有一孔,以排放冰融化的冰水。这些人家每到夏季就到冰局去订购天然冰,由冰局派专人送冰到户。"冰局",也就是冰窖行的门市部。冰窖行在每年冬天雇人在天然冰面上将冰打成方块,再将冰运到专门的窖内储存。窖外盖起席棚,筑有极厚的土墙,再用土拥掩,使窖内冷气不散,外界暖气和热气不能进入窖内,保持低温。夏季每天取冰为客户送上门。因为客户家的冰桶必须每天补充天然冰,所以冰窖行的生意十分稳定。清代内务府有专属的冰窖,称为"官冰窖",为皇家供冰。但是随着电冰箱的发明和使用,冰窖行失去了存在的价值,已经销声匿迹了。

排子车行。排子车是老北京的人力运输工具,在没有汽车的时代,排子车行承担了北京城内所有的货物及物品运输。汽车运输出现后,由于成本高、路况差等原因,使用尚不普及,排子车行在北京仍然存在了相当长的时期,直至汽车运输日益普及,排子车行才完全消失。

第二,随着封建统治的逐渐衰亡,封建统治阶级走向没落,那些服务于封建统治阶级的商业行业也失去了生命力。比较典型的有:

小器作。小器作是专门修理硬木家具的行业。"硬木"包括花梨、紫檀等贵重木料。老北京的宗室王公以及达官贵族之家,都很讲究排场,家里一律摆设硬木家具,这些家具通常都从广东定制,工艺技术十分高超,价格昂贵。因此,这些高档家具的维修需要由技术精湛的专门人员完成,由这些人组成的行业被称作小器作。但是到了辛亥革命以后,小器作的修理业务逐渐衰败了,主要原因就是随着满清统治的灭亡,原先的王府和显宦之家逐渐没落,很多只能依靠典当为生,硬木家具等值钱的东西都被售卖一空,更无力维持往日的排场。所以小器作也变得难以维持,只得经营起家具制作,即使是这样,到了20世纪40年代小器作还是从北京的市场上彻底消失了。

口子行。口子行也称红白口儿,在清代时发展最盛。清代旗人收入稳定,家境富裕,每遇婚丧嫁娶、年节庆典等大事,都必须广邀亲朋,大摆宴席,这类宴席通常由口子行承办。口子行不设门脸儿,由厨师承头组成。厨师通常在茶馆喝茶等主顾,客人与厨师讲妥条件和要求后由厨师带助手到客人家制作宴席。口子厨师厨技精湛,做菜原是按北方传统烹调法,后来又与清宫膳食房的辽东做法相互混合,由此形成真正的京味。口子行坚守信用,决不延误,有条不紊,敏捷迅速,深得主顾好评。后来北京的旗人衰败贫困,无力大摆酒席,而且口子厨师传艺必须遵守祖师训条,一是永不离口子,二是不任饭馆厨师,三是不开饭馆。因此口子行随之而衰。

第三,随着社会文化的更新,人们的礼俗文化及传统观念发生了较大的变化,一些服务于旧礼俗、旧传统的商业行业就被自然淘汰了。比较典型的有:

杠房行。老北京的杠房是一大行业,稍大的街上就有杠房,而且杠房业一度是个很富有的行业。汉人自古就有厚葬的习俗,清朝时,满族人崇尚汉族的丧葬文化,这就导致满人葬礼大讲排场,形成北京的满汉合璧的丧葬习俗。无论是皇室、官宦,八旗之家,还是普通百姓,死人就要办丧事,只是繁简不同而已。因此,那时杠房生意极为兴隆,从业者甚多。辛亥革命后,皇室的丧事已无,但新的权势人家讲求排场,大办丧事者不少,所以杠房仍能维持。直到20世纪40年代末,新中国成立后,移风易俗,杠房终于绝灭。

接生行。老北京的医院还不普及,妇女生产都在家里进行,请接生婆帮忙,所以接生婆也成了专门的行业。经营此业的多为中年妇女,在家门上悬挂有带红布的小木牌作为招牌,上面写有"吉祥收洗"、"快马轻车"或"某氏收洗"等字样。产妇分娩前三四个星期就得将接生婆请至家中,叫作"认门"。临产时再请到家中,由她负责接生、剪脐带、包扎婴儿等诸事。按照老北京的风俗,婴儿出生第三天时,产妇家还要将接生婆请到家中为婴儿"洗三"。主人家将熟鸡蛋、红枣、栗子、花生染成红色放于盘中,并置一盛有温水的大盆,接生婆将盘中的鸡蛋、红枣等物放在盆里,然后将婴儿抱起,一边给婴儿洗澡一边口中念叨"先洗头,做王侯;后洗腰,一辈总比一辈高。……长流水,聪明伶俐,早儿立子(取枣和栗之谐音),连生贵子"等吉利话,至此,整个接生过程结束。20世纪40年代以后,随着科学卫生知识的发展和普及,妇女生产都到医院,繁琐迷信的洗三仪式也被社会淘汰,接生行就此消失了。

第六章　北京商业区划中的文化现象

　　城市的商业区域划分,不仅体现了商业功能的基本需要,更是商业文化的重要体现。在北京的商业区域分布中,不仅充分体现了北京商业发展的需求,更体现了北京作为皇都、商都的独特文化内涵。从北京商业街区的发展变迁中,可以看出在历史的演变过程中,文化与商业发展的融合及相互影响。

第一节　北京主要商业区域的划分

一、各城区的商业分工

　　北京城分为三层,从里往外,分别是紫禁城、皇城和京城。紫禁城是城中之城,共有四个城门:南面午门,北面神武门,东边东华门,西边西华门。皇城始建于明永乐年间,共设七个城门:天安门、地安门、东安门、西安门、大明门(大清门、中华门)、长安左门和长安右门。京城是明成祖于 1406 年至 1420 年建造的,共设九个城门。九门各有分工严明的用途:正阳门(前门)走皇车,崇文门走酒车,宣武门走囚车,阜成门走煤车,西直门走水车,德胜门走兵车,安定门走粪车,东直门走木材车,朝阳门走粮车。明嘉靖三十二年,在京城南建外城,使北京形成了"凸"字形格局。外城共设七个城门:永定门、左安门、右安门、广渠门、广安门、东便门和西便门。至此,形成了北京城的基本结构。

　　北京城的前身是燕国的蓟城,城市中各区域的功能规划十分严格,其中,"市"指的是工商业者从事商业活动的场所,古代北京城中的市一直设在城市的

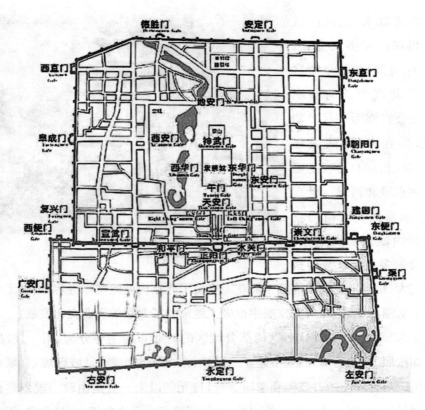

北京的各城门分布图

北部地区。隋炀帝时期修建的大运河,到唐朝时开始发挥作用,将幽州(即北京)与江南各地的贸易联系起来,幽州城内设有三市,都在城北。宋代以后,水路运输仍然是货运的主要方式,当时的运河码头设在通州,货物到岸后再通过闸河运到北城,因此北城仍然是北京的主要货物集散地和交易中心。元代时修通了通惠河,使连接南北的大运河的终点码头由通州改设在北城的积水潭,这里更成了进出京城货物的集散地,并一度成为北京最繁华的商业中心。各种商业行市多达三十多种,各类商品应有尽有,这一带的手工业、服务业发展也多是为满足往来客商的要求而设的,如:麻绳铺、马掌铺、代客寄养牲畜的客栈等。另外,这一带由于商业繁华,风景优美,很多民间艺人设摊表演,还开设了许多家酒楼茶馆,吸引了很多人前来游览、购物和娱乐。发展到明清以后随着运河码头的南迁,北京的商业中心也向前门一带转移,北城的商业方日渐萧条。

明清以来，北京内城街道格局没有多大变化。清雍正、乾隆以后，皇帝常年住在北京西郊的圆明园。王公贵族为平日上朝方便，多在东、西两城建宅，所以，北京的王府主要集中在东城和西城。世言京城"东富西贵"，指的就是北京内城东部大宅多，西部府第多。北京城这些

旧京哈德门城楼前的繁华忙碌

建制宏大、精美考究的王府和王府花园充实了北京内城的实体内容，增加了北京城堂皇富丽的色彩，在历史发展中也极大地影响了北京的商业文化发展。

受东、西城格局的影响，这两部分城区的商业布局主要分为：第一，政府行为。如按照"前朝后市"的规格建立的鼓楼、东西四大街等，是城市规划、城市生活的组织与管理使然。鼓楼和东四一带，自元朝以来一直是由政府规划建设的商业贸易区，这两个地区都地处内城，又紧邻繁华的交通要道，人口众多，因此集中建有百货、粮油、布匹等交易集市。到明永乐年间政府出资在这两个地区建了许多商铺出租给商贩经营，更使这两个地区成为北京的商货汇聚之地。第二，民间行为，即市场自然生成，如崇文门旧称哈德门内地区商业的形成与发展。崇文门位于东城南部，这里是北京最大的税关，而且东城距离通惠河较近，交通方便，同时许多大型的货物仓库设在东城，因此崇文门内一带成为富商大户云集的地区，进京做生意的商人多在这一带落脚，有些人还在这一带买房安家，带动这里的商业也随之发展起来。第三，官民互动。如隆福寺属朝廷香火院，其庙市的兴旺导致商业街的形成；清乾隆以后，西郊园林大规模兴建，皇帝经常到西郊休憩游玩，很多朝廷大臣为此在西城兴建府第，普通百姓也受此影响常到西郊游览，推动了西城经济和商业经营的发展。

南城主要是旧京的平民居住区，商业发展以手工业小作坊居多，大多分布在宣武门、崇文门、前门以及天桥一带，其商品的生产多为普通的生活必需品，交易

的对象主要是城市平民。宣武门作为老北京市场集中的地区之一,有菜市,米市,还有骡马市、牛街等。崇文门外一带各类市场繁多,这里是明朝后期才建立和发展起来的,有晓市、磁器口、花市、揽杆市、蒜市口等。前门一带集中性的市场很多,有煤市、珠宝市、钱市、粮市、铺陈市、肉市、果子市、布市、鱼市等。前门外的天桥不仅是民间艺人的杂耍场,也是嘈杂的市场,集中设有木器市、估衣市等,是北京贫苦百姓集中活动的地区。

二、各城关厢的商业功能

所谓关厢,是指城门外附近的区域。城门是进出城市的通道,久之便在城门外附近及道路两侧形成民居,并沿着道路延伸,如同走廊。如果把城市比作正房的话,靠近城外的居民区就是厢房,城门是进出城的必经之处,门即为关,是入境要道的意思,关外厢房就是关厢。北京正式将其城外附郭称为关厢是从明朝开始的,洪武十四年(1381),诏令天下黄册时规定:"在城曰坊,近城曰厢,乡都曰里。"作为历史古都,北京的各城门外都有规模大小不等、繁华程度有别的关厢,其中,朝阳门、东直门、安定门、德胜门、西直门、阜成门、广安门、永定门等门外的关厢规模较大、街容繁华。北京关厢的特点是:第一,与北京城紧密相毗连,只有护城河之隔,实为北京城的外延、附属部分;第二,房舍建筑没有城中的高档华丽,街区布局也没有城中的规整有序,一条主街道贯穿其中,就是原有的城门外大道,其走向和宽窄取决于原城门外大道;第三,居民多为下层人,如:小商人、店主、手工业者、兵丁、差役、脚夫、菜农、粪婪、妓女、游民等;第四,经济以工商业、服务业、种植业为主。

由于关厢所处的位置和本身的特点,使其在与北京城的发展关系上,发挥着特殊的功能。第一,对于北京的城市经济生活起到部分供应、补充和辅助的作用。第二,它是疏散北京城市人口的首选之地。第三,关厢为进出北京城的人们提供多种服务。总之,无论从空间地域上看,还是就交通道路来说,也无论从聚落形成考察,还是就自身功能而言,关厢都与北京城有着极其密切的关系,它是连接北京城乡的纽带。

北京关厢商业发展的原因主要有:第一,交通运输的发展促进了关厢商业的发展。旧时北京最重要的交通命脉是南北大运河,运河码头、官道的发展改善了交通运输条件,也使大量商人、官员等频繁进出京城,由此促进了沿线关厢地区商业、店铺的发展。此后,由于北京修通了铁路,通了火车,火车站附近又成了相邻关厢地区商业发展的诱因。第二,香火旺盛的庙会是关厢商业发

清末城根下的集市

展的条件。旧时百姓迷信神佛,常到寺庙烧香拜佛,或在寺庙举办香会、庙会时前去娱乐,旧京的寺庙多位于城外,关厢成了往来的必经之地,这就促成了关厢地区经济的发展。第三,由于北京各城门有严格的功能划分,所以各关厢与之相关的经济产业就得以发展。

北京的关厢按地理方位可划分为东、西、南、北四个方向:

北京东郊的关厢以朝阳门关厢为首,此外,还有东直门和东便门关厢。

朝阳门在元代及明初时称为齐化门,到明正统元年(1436)更名为朝阳门。朝阳门关厢在清代发展极为繁盛,雍正、乾隆年间,这里街道繁华、店铺林立、车马不断。据《德宗御制朝阳门至通州石道碑文》记载,"潞河为万国朝宗之地,四海九州岁致百货,千樯万艘,辐辏云集",这些各国朝贡的货物都要装在大车上,由通州经朝阳门关厢运到城内,所以这里"商贾行旅,梯山航海而至者,车以织路,相望于道"。为保障朝阳门关厢道路畅通,政府特意"建修石路,计长五千五百八十八丈有奇,宽二丈,两旁土道各宽一丈五尺,长亦如之"[1]。朝阳门关厢经济的发展主要是受益于交通运输业的发展。明清时期,朝阳门关厢一直是主要的运粮干道。在古代,北起北京南至杭州的大运河一直是我国南北交通的命脉。元朝建立后,虽然开通了海运,但通过大运河向北京运送粮食和物资仍然是主要的运输方式。当时运河的终点在通州,粮食上岸后要改装马车,通过朝阳门关厢运进北京城。元世祖至元三十年(1294)修成通惠河,粮船可以直抵北京城内的

---

① 《德宗御制朝阳门至通州石道碑文》,见光绪《钦定大清会典事例·工部桥道》。

积水潭码头卸粮,但由于通惠河河道较窄,为缓解河道压力,粮运一直是水陆并进的。明代,又将积水潭的运河码头改设在朝阳门外大通桥。另外,运进城的粮食都要存放在官仓中,北京城的大多数官仓都开设在朝阳门一带,朝阳门关厢更成为运粮的必经之地。这样来自南方各地、通州和大通桥的运粮人和过往的客商经常聚集在朝阳门一带,促成了这里经济的发展。

同时,大运河也是连接南北客运交通的主要干道,北京的官员、商人或百姓要到南方必须经朝阳门关厢至通州登船,南方到北京的官员、客商在通州下船后也必须由朝阳门关厢进城。民国四年(1915),朝阳门火车站的建成对朝阳门关厢的经济发展起到了很大的推动作用。朝日坛和东岳庙也对朝阳门关厢的商业发展起了很大的作用。朝日坛于嘉靖九年(1530)建成,位于朝阳门外,自明清起,"凡甲、丙、戊、庚、壬年"皇帝都要亲自到朝日坛祭祀大明神,虽然普通百姓不能观看皇帝的祭日盛典,但典礼结束皇帝回宫后,很多百姓都会来看看皇帝走过的御道,顺便游玩购物。朝阳门外的东岳庙始建于元代,是著名的道教寺庙。由于元代推崇道教,所以东岳庙一直香火旺盛,远近闻名,吸引了四方香客。到明朝

朝阳门是"粮门"
江南稻米漕运来京在此入城,成为京城最大的粮食集散地

旧京的朝阳门关厢商铺林立

时,东岳庙开始举办庙会,除宗教祭祀外,各种商业贸易也十分兴盛。据《帝京景物略》记载:"三月二十八日是帝诞日,都人陈鼓乐旌旗、楼阁、亭彩、导仁圣帝游。帝之游所经,妇女满楼,士商满坊肆,行者满路,骈观之。"到清朝时,东岳庙得到了政府的资助,庙会形成了鼎盛之势,游人云集,商贩熙熙攘攘,成为朝阳门关厢的一大景观。

东直门在元朝时称为崇仁门,明洪武年间改为东直门。明、清时期东直门关厢的商业曾有过一段时间的繁荣,主要原因是:第一,明清时期,建筑用的木材在江南采伐后都是通过大运河、通惠河、坝河北运,然后换马车通过东直门运进北京城。明清时期宫廷建筑工程多,木材源源不断运进京城,押运木材的士兵和脚夫常在东直门关厢吃饭和住宿。第二,东直门关厢是通往顺义、怀柔、古北口和承德的交通要道。第三,东直门外的铁塔寺、东顶、华光寺、灵惠寺曾一度香火鼎盛、庙会云集,各种小商贩都乘机摆摊做生意,除销售各种供佛香火外,还销售各种日用杂品、农具、儿童玩具等,另外还有些摆摊卖艺的武术杂技艺人。但是,随着各项建筑工程的结束,清末时漕运木材停止;灵惠寺和华光寺在清代被毁,其他寺庙香火日益断绝,东直门关厢的商业也随之日益萧条。

东便门建于明嘉靖四十一年(1562),位于北京外城的东边,由于不算正式的城门,所以称为"东便门"。东便门关厢是北京各关厢中商业最萧条的。东便门外只有蟠桃宫庙会在每年三月初一至初五举办,除这几天外,平时街上人马稀少。明代将运河码头设在朝阳门外大通桥,运粮的船工和扛粮的搬运工都喜欢聚集在东便门外的茶馆和小饭铺。同时东便门外还建有两座存粮的官仓,所以一度粮车往来频繁,商业有所发展。但自清光绪二十六年(1900)后,漕运停止,东便门关厢从此生意萧条。

位于西郊的关厢主要有广安门关厢、西便门关厢、阜成门关厢和西直门关厢。

广安门一带发展历史悠久,早在西周时,广安门地区就是燕国蓟城的所在地,从海陵王建中都城起,广安门地区就是金中都的宫城城址,但广安门的正式建成是在明嘉靖年间,始称广宁门,到清道光年间改称广安门。由于历史悠久,广安门关厢的商业繁荣,在北京的各关厢中仅次于朝阳门关厢。

广安门关厢商业发展的优势在于:广安门是南方各省进出北京的陆路交通要道,其重要性相当于朝阳门,区别仅在于走水路进京的客人进朝阳门到北京城,走陆路进京的客人进广安门到北京城。清乾隆《皇上御制重修广宁门石道碑文》记载:"广宁门在京城西南隅,为外郭七门之一。然天下十八省所隶以朝觐、谒选、计偕、工贾来者,莫不遵路于兹。又当国家戎索益恢,悉荒徼别部数万里辐辏内属,其北路则径达安定、德胜诸门,而迤西接轵联镳,率由缘边腹地会涿郡渡卢沟而来,则是门为中外孔道,尤不与他等。"[①]清末,北京修建铁路时在广安门建了火车站,使广安门关厢的交通一直较为发达,商旅众多,促成了这一带商业的繁荣。其次,广安门外的莲花池在明清时期一直是著名的游览胜地,每年的春、夏、秋三季,北京的达官显贵和平民百姓都喜欢到这里游览。另外,广安门外的五显财神庙每年举办两次庙会,也吸引了众多香客和百姓,并由此促进了广安门关厢商业的繁荣和发展。

西便门的地理位置是与东便门相互对称的,其建筑年代、规模都与东便门类似,其商业发展的特点是规模不大,以饭铺、酒铺、杂货铺、大车铺居多。西便门关厢商业发展最主要的原因是白云观庙会的影响。白云观位于西便门以西二里,历史悠久,前身是唐代的天长观,奉祀老子。白云观是极具盛名的道教庙宇,为道教全真派北方之首。每年白云观庙会开庙时,北京城的男女老幼都要去白云观烧香拜佛、摸石佛、打金钱眼,期望增福增寿,可以说白云观庙会是北京最热闹的庙会之一,据清康熙袁启旭的《燕九竹枝词序》记载:"车骑如云,游人纷沓,上自王公贵戚,下至舆隶贩夫,无不毕集,庶几一遇仙真焉。"到白云观参加庙会的北京人除家住北城的外都要走西便门,所以白云观庙会是促成西便门关厢商业发展的最重要的原因。另外,西便门以西八里是清朝年间北京有名的大羊市。张家口一带的客商都赶着羊群到这里来贩卖,由于羊肉交易的特点,一群羊不可能同时卖出,所以西便门外关厢建有许多店房,专门供贩羊的客商休息、吃饭、住宿,还代为喂养羊只。此外,这一带还建有许多屠宰羊只和制作加工羊肉的作坊,北京城内的羊肉铺、羊肉馆和街头小贩都到这里进货,因此,羊市的发展也是西便门关厢商业发展的重要条件。

阜成门在元朝时称为平则门,至明正统四年(1439)改称为阜成门,是北京

---

①《皇上御制重修广宁门石道碑文》,见〔清〕英廉等奉敕编《钦定日下旧闻考》,清乾隆五十三年(1788)武英殿刻本。

的进煤之门。北京西山门头沟一带的煤矿出产的煤都用骆驼运进城，所以阜成门关厢来来往往的运煤驼队络绎不绝。这一带建有许多为驼队休息、吃饭服务的店铺，使商业的发展较为繁荣。此外，阜成门外建有夕月坛，与朝阳门外的朝日坛东西相

途经关厢的驼队

对。据《春明梦余录》记载："夕月坛在阜城门外，缭以垣墙，嘉靖九年建，东向，为制一成。"①明清以来，每年的秋分要祭月，遇丑、辰、未、戌年皇帝要亲自前往，其他年份由大臣代祭。祭月典礼虽然不许普通百姓观看，但在每年秋分前后，仍会吸引很多人到这一带游玩，也给这一带的商家店铺带来很多生意。在交通方面，由于阜成门关厢连通内城，所以部分从西南来京的商人、旅客如果要到北京内城，都从阜成门进出，商旅的频繁出入也促进了阜成门关厢商业的发展。

西直门与东直门相互对称，清朝时皇宫用水都取自京西玉泉山，然后经西直门运进京城，所以西直门也被民间称为"水门"。宣统元年（1909）在西直门建成火车站，方便了西北的客商来京进行贸易，也促进了西直门关厢地区商业的发展。明万历五年（1577），慈圣宣文皇后命人在西直门外修建了万寿寺，至清代时经过多次修缮，发展成规模宏大的寺庙。每年四月初一至十五万寿寺举办庙会，香客游人云集，买卖兴盛，热闹非凡，加上清末慈禧每次到颐和园都会乘船途经西直门北的高梁桥，往返时都会在万寿寺上香拜佛，更使万寿寺身价倍增，吸引了众多游人。此外，京西妙峰山的庙会自清代至民国都香火极盛，也是促进西直门商业发展的一个因素。妙峰山庙会每年四月初一至十五举办，北京的各界人

①〔清〕孙承泽编《春明梦余录》。

士,上至王公贵族,下至平民百姓都会到妙峰山进香。从北京城前往妙峰山,西直门是必经之地,所以每逢妙峰山庙会期间,西直门关厢必然人马熙熙攘攘,店铺生意兴隆。西直门外的高梁桥和万牲园都是京城的游览胜地,清末时慈禧也经常到这两处景观踏青赏景,京城百姓也纷纷慕名前来,这样一来,自然促进了西直门关厢商业的发展。

位于南郊的关厢主要有左安门关厢、永定门关厢、右安门关厢。

左安门因位于永定门左边而得名,左安门关厢的商业发展在清光绪年间以前曾繁荣一时,但其后便日渐衰落,一蹶不振。其主要原因是:第一,寺庙和庙会的衰败。左安门一带原本寺庙多,庙会多。著名的寺庙有宏善寺、十里河关帝庙、隆禧寺,三处都开办庙会,而且都盛极一时,对左安门关厢商业的发展起了很大作用,但清末后,三处寺庙相继衰败,渐至香火断绝,人烟罕至。第二,交通方式的改变。左安门关厢曾是北京通往天津、山东、河北东南一带的陆路交通要道,而且比乘船走水路省时省力,因此,途经的客商给左安门关厢带来了商业的繁荣,但是随着铁路的开通,人们可以乘坐火车前往上述地区,也就自然放弃了陆路远行的方式。左安门关厢失去了这两个有利的条件,商业逐渐萧条下来。

旧京永定门箭楼外的小市场

永定门位于北京中轴线的南端,地理位置重要。永定门关厢的商业比较发达,主要原因有:第一,永定门外寺庙和庙会的影响。永定门外的寺庙有南顶、海慧寺、安乐禅寺、小七圣庙等,这些寺庙开办的庙会都吸引了大量的游人。尤其是南顶庙会规模盛大,在北京声名远扬。南顶一带在清乾隆年间用疏浚凉水河的淤泥筑成土丘,称为九龙山,山上和河岸两侧种满桃树、柳树,风景宜人,游人常在这里设宴饮酒,所以即便庙会结束后,这里还是游人不绝。据《道咸以来朝野杂记》记载:"车水马龙,自天桥以南直达大沙子口茶棚林立。至赛马之场,设于永定门窎桥以南,长里许,车马竞赛,以此期为最长,直至初秋始罢。"①第二,永定门关厢是北京通往河北北部、中部的交通要道,往来于这些地区的人们都要途经永定门关厢,也促成了这里商业的发展。第三,清光绪二十一年(1895),清政府修建天津至卢沟桥的铁路,次年通车,光绪二十三年(1897)将铁路由卢沟桥延长至丰台、马家堡、永定门,永定门火车站是北京较早的火车站之一,对永定门关厢的商业发展有极大的促进作用。

旧京永定门外的小吃摊

右安门因位于永定门右侧而得名,与左安门相互对称。右安门外的中顶碧霞元君娘娘庙是闻名京城的道教庙宇,每年的庙会不仅摊贩众多,还有几十档各种花会进京进香走会,热闹的场面吸引了很多游人。右安门外的草桥自元代起就以风景优美著称,自元代以来,这里一直是京城人们游览观光的首选之地,游人络绎不绝,永定门关厢一带的茶馆、酒馆、饭馆等商业经营也随之发展起来。

位于北郊的关厢主要有德胜门关厢和安定门关厢。

德胜门在元代建成时称为健德门,元至正二十七年(1367)改称为德胜门。明正统年间经过大规模的重修,自此定为出兵打仗出城之门,取德(得)胜之意。

德胜门关厢是北京关厢中商业较发达的一个,主要原因有:第一,德胜门关厢是北京通往长城以外漠北地区的交通要道。北京北面的燕山有条北起八达岭南到南口的山道,长约四十华里,古称"关沟",是北京通往塞北的必经之地。德胜门自元代起就修有直通关沟的大道,所以,德胜门关厢就成为塞北官员、商人等进出京城的必经之路,这一带的商业也得到了发展。到民国四年(1915),德胜门设立了火车站,进一步连通了北京至张家口、包头等地的客货运输,也使德胜门关厢的商业进一步发展起来。第二,明十三陵的修建也是德胜门关厢商业发

---

①〔清〕崇彝《道咸以来朝野杂记》,北京古籍出版社,1982年版。

展的重要原因。明十三陵位于德胜门外约百里的昌平，修建皇陵时要从各地征调大批工匠进京，这些人一般都临时住在德胜门一带，需要就近购买日常用品、衣物鞋帽等，所以德胜门关厢一带开设了很多店铺，生意红火。同时，明永乐以后，历代皇帝每年都亲自前往十三陵祭祖，皇帝到十三陵要经过德胜门，吸引了很多百姓去看热闹，也给这一带的店铺带来了很多的客源。第三，大钟寺庙会的影响。大钟寺位于德胜门外西北约七里，本名觉生寺，因寺内钟楼有一口特大号的铜钟，所以人们就称其为大钟寺。大钟寺每年正月初一到正月初十举办庙会，其规模仅次于白云观庙会，据《燕京岁时记》记载：大钟寺庙会时"游人坌集，士女如云。长安少年多驰骤车马以为乐"。家住城里的百姓，尤其是住在东半城的要到大钟寺必须经过德胜门关厢。由于旧时北京交通不便，人们到这里时往往是人困马乏，一般都要吃饭、喝茶、休息一番，有些人还要顺便买些日常用品，这样一来，德胜门关厢的商业也随之发展繁荣起来。

安定门在元朝时称为安贞门，明正统年间与德胜门同时进行了大规模重修，定为出兵打仗班师回京之门。安定门外的方泽坛建于明嘉靖九年（1530），嘉靖十三年（1534）改称地坛，明清两代的皇帝每逢夏至日都要到地坛举行祭地大典，尤其清代皇帝对祭地非常重视，据《日下旧闻考》记载："每岁恭遇北郊大典，皇上必躬亲成礼，为伊古所未有。"①所以皇帝每年到地坛祭地促成了安定门关厢商业的发展。安定门外的黄寺曾经香火极盛，香客不断，每逢黄寺举办庙会和"打鬼"佛事活动时，前来拜佛的香客和观看"打鬼"活动的游人更是人山人海，故而庙会的兴盛也是安定门关厢商业发展的主要原因之一。

另外，安定门外外馆地区的发展也进一步促成了安定门关厢商业的发展。外馆一带在清代时建有外蒙古宾馆，是外蒙古官员来京觐见皇帝和外蒙古商人来京贸易时的居所。这一带在清代时繁盛一时，店铺林立，专营杂货和外蒙古商人贩运到京城的各类物资，如地毯、皮货、眼镜、毡帽等。外馆地区的发展很大程度上带动了安定门关厢商业的发展。

---

① 〔清〕于敏中等编纂《日下旧闻考》（三），北京古籍出版社，1983年版，第1782页。

第二节　北京主要的商业街区

一、热热闹闹的前门大栅栏

元大都建立后，大栅栏是丽正门和顺承门的关厢，每逢春秋佳节，官员、诗人和京城百姓们出城到法源寺、天宁寺、白云观一带游玩，这就造就了前门外的繁荣。明初改建北京城，建设了正阳门等九个城门，前门大街就逐渐成为热闹的街道。明朝中叶，由于商业的发达，前门大街两侧出现了鲜鱼口、猪（珠）市口、煤市口、粮食店等集市和街道，使这里形成了一条繁华的商业街。嘉靖三十二年（1553）北京修建了外城，使大栅栏一带从城外变成了城内，成了京城名副其实的商业中心。同时，各省在京做官的人为了解决进京应试举子的住宿问题，在前门大街两厢建立了各地会馆。举人们常到前门大街来购买生活用品或饮酒作乐，这样也促使前门大街成为一条繁华的商业街道。

《南巡图》（局部）
从画面上可以看到正阳门外店铺林立，买卖红火

大栅栏商业街，初建于顺治年间。1644 年清兵入关后，清朝统治者为了巩固封建秩序，以汉民和旗人显贵在一起居住经常发生事端为由，下令把汉民及商

民迁到南城居住。到了乾隆二十一年（1756），为了维护皇权的尊严，又以城内开设娱乐场所易于藏匿匪徒为名，发出禁令：内城逼近宫阙，禁止喧哗，不准开戏院、妓院。因此，除了经营商业的店铺以外，戏院等楼堂馆所，也都迁移到前门外一带。那时内城的人要看戏，都得绕过皇城出前门洞到大栅栏。因此，大栅栏整日熙熙攘攘，人流不断，形成了商业繁荣、弦歌不绝的热闹场所，有中城珠玉锦绣之称。人们以"京师之精华尽在于此，热闹繁华，亦莫过于此"、"繁华市井何处有，大栅栏内去转游"的美誉，来称赞大栅栏。

大栅栏一带著名的商家很多。吃喝方面有长盛魁干果店、张一元文记茶庄、厚德福饭庄、聚庆斋饽饽铺等，还有全聚德、都一处、砂锅居。穿戴方面有八大祥：瑞蚨祥、瑞林祥、瑞生祥、瑞成祥、谦祥益、益和祥、东升祥、丽丰祥，这八大祥全是由山东章丘人开的。八大祥中以"瑞蚨祥"和"谦祥益"最有名，

前门大街的旧日繁华

这两家是由章丘孟姓同族人创办的，他们先是在家乡摆小摊经营，钱多了就发展到京城里来了。古代管"钱"叫"青蚨"，"瑞蚨"的含义，即祥瑞又聚钱。瑞蚨祥的老板是从山东的"万蚨祥"来的，清光绪十九年（1893）瑞蚨祥在大栅栏开业，一开业就以廉价销售自产产品的方式，抢占市场，用"让尺"的办法打败了竞争对手，即顾客凡买十尺布就能得到免费加一尺的布，从此一跃而居"八大祥"之首。大栅栏著名的鞋店有内联陞、一品斋鞋店、步瀛斋鞋店等，还有于嘉庆十六年（1811）开业的马聚源帽店。此外还有于康熙八年（1669）开业的著名国药店"同仁堂"。娱乐方面有庆乐园、三庆园、广德楼、广和园、同乐园等，管弦齐奏、歌舞不绝，王孙公子、达官显贵、富商大贾常到这里看戏。这里还有民国初年开业的北京第一家电影院——大观楼电影院，这家电影院见证了中国电影的发

展史。这些老字号商家，以质量优、品种全、服务好等经营特色驰名京城，家喻户晓。

二、雅士云集的琉璃厂和宣南书市

辽、金时代，琉璃厂叫"海王村"，属于辽南京城的东郊，当时这里寺庙云集，交通便利，很多寺院自己印刷发行佛经，使琉璃厂一带的文化活动十分繁荣。元代时，琉璃厂仍位于元大都的近郊，官府在这里建立了专门烧制琉璃瓦的官窑。到明代，这里的窑厂发展为工部五大窑厂之一，并因此得名琉璃厂。明嘉靖年间北京修建外城，琉璃厂从城郊变成了城里，形成了街道，逐渐繁华起来，一些官宦退仕后携带大量书籍和古玩到这一带定居。进京赶考的举子大都被安排在琉璃厂一带住宿，他们慕名来这里搜寻古书、鉴赏古董，逐步形成了琉璃厂一带的文化氛围。清朝建立后，统治者下令将北京城的汉族居民迁到外城的南城居住，内城只允许满族居民及八旗官员居住。随着汉族居民的迁居，很多著名学者聚居到琉璃厂一带，促成了这一带书市和古玩市场的发展。到清顺治、康熙年间，琉璃厂已发展成为北京的文化中心，至清乾隆年间发展到鼎盛时期。乾隆年间，琉璃厂正式建立了接待进京会试举子的会馆，文人云集吸引了很多书商在此经营古迹、书画、文物。乾隆三十八年(1773)起，乾隆帝组织全国著名学者编纂《四库全书》。参加编纂的官员和各地文人学者聚集琉璃厂，他们在琉璃厂广搜天下藏本，促成了琉璃厂书市的空前繁荣。同时，学者们为明是非，或考尊彝，或访碑帖，渐及古砖，他们在调查考证中涉及实物，又促成了琉璃厂一带古玩业的发展。据清代著名藏书家李文藻的《琉璃厂书肆记》记载："桥居厂中间，北与窑相对。桥以东，街狭，多参以卖眼镜、烟筒、日用杂品者。桥以西，街阔，书肆外，惟古董店及卖法帖、裱

旧京琉璃厂街景

字画、雕印章、包写书禀、刻板镌碑耳。近桥左右，则补牙、补唇、补眼及售房中之药者。遇廷试，进场之具，如试笔、卷纸、墨壶、镇纸、弓绷、叠褥备列焉。"①由此可见，琉璃厂经营的主要是古书、古董和文房四宝。

琉璃厂的古书业十分有名，其中开设在清光绪年间的老二酉堂和开设在道光年间的宝文堂是北京城里最老的书局。清朝徐珂所写的《清稗类钞》十七卷中，有《京师书肆》，其中提到了老二酉堂，"二酉堂者，明代即有之，谓之老二酉"，说明老二酉堂历史久远。琉璃厂的书肆不仅历史悠久，而且具有很大的规模，可谓书肆荟萃之所。今天的琉璃厂十字路口南侧当时称沙土园北口，其路西有文粹堂，卖旧书较有名，老板姓谢，苏州人，对目录之学十分精通。据记载当时京城文人学士在文粹堂购买了很多古抄本书和古刻本书。文粹堂的书多是由苏州购买，船载而来。琉璃厂东西正街的西街路北的五柳居也很出名，其旧书多来源于汉川吴氏的藏书。从文粹堂往西也在路北有家延庆堂，其书肆老板人称韦叟，湖州人。他在琉璃厂开有两家铺面，其中一家与老二酉堂在同一条街上，叫鉴古堂。"查编修莹，李检讨铎，日游其中"。韦叟七十余岁，面瘦如柴，每日奔走于朝绅之门，因此他非常了解朝绅中喜欢书的人，而且谁喜欢哪类书，或经济、或词章、或掌故，他都能投其所好，说得头头是道。由于韦叟懂得多，又会推销，所以他卖的书开价很高，而且"少减辄不售"。尽管他的书价格高，仍有不少饱学之士每每以重金购书。据说乾隆朝大学士纪晓岚"买其书，日费数十金"。正阳门东打磨厂亦有书肆数家，老板都是江西人，主要出售新书。自咸丰庚申以后，累遭兵焚，旧书散亡，而且价格至廉，据说宋椠本所在皆是。到清同治以后，旧书价格逐渐高昂起来，延伸到光绪初年，因多年太平，不少富贵之家，开始附庸风雅，纷纷蓄书，所谓筑室藏书。这些人认为藏书既可以美其名，还可以像田宅一样传贻子孙，于是相习成风，书价乃大贵。据说光绪年间宋椠本按页计值，每页五钱。殿板及孙钱黄顾所刊，均以册计，每册需银一二两。康乾旧版，也以册计，每册五六钱。甲午至戊戌期间新学大兴，书坊间渐多译本。光绪辛丑年间，孝钦后慈禧率光绪自西安回銮，京师中街市萧条，惟琉璃厂出卖旧书的书摊甚多，价格极廉，曾经有六十文钱购得永乐大典两本者，概由联军劫掠后售之于书市。

---

① 〔清〕李文藻《琉璃厂书肆记》。

三、灯火阑珊的东安市场

东安市场本来是清朝末年荒废了的练兵场,随着清廷"新政"的推行,兴办实业风潮的兴起,1903 年 3 月这座邻近东安门的市场诞生了。市场中的商户分为商摊和商铺两类。东安市场里最早的商摊,多是由东安门外大街迁来的,还有一部分商摊是从前门外大栅栏迁来的。至于市场中的商铺,其发展过程几乎与王府井大街差不多,是由北向南进行的。民国初年时,只有北半部分店铺较多,而南面则多是摊棚和空场。就东安市场的格局来说,市场设有四个门,即北门、西门、中门和南门。自北而南的正街是其干线,和干线垂直,自北向南有头道街、二道街、三道街三条街。自头道街起,在正街的东西两侧还有两条与之平行的东街和西街。最初,市场的地面是土的,只有建成的店铺内才墁有条砖地。至 1920 年,市场第二次大火以后,全场的甬道才铺了黄色的耐火砖,并在市场上面搭了铅板棚。这样一来,即使外面下雨,场内也可照常营业。早在辛亥革命以前,东安市场较之北京其他市场就十分繁荣了,如宣统元年(1909)出版的《京华百二竹枝词》中写道:"新开各处市场宽,买物随心不费难。若论繁华首一指,请君城内赴东安。"无论是前清、北洋、国民党还是敌伪时期,东安市场都得以保存,而且在各个时期得到了不同程度的发展。到 1933 年,市场内已有近千家的店铺和商摊了。

东安市场之所以能较长时间地保持繁荣,其原因较多,但是主要的原因有两个:一是市场的地理位置优越。早在清朝末年,东安门外大街就有不少店铺和商摊,这一带不仅地近宫闱,而且贵戚权臣的府宅甚多,如金鱼胡同那家(那桐)、锡拉胡同王家(王文敏)、袁家(袁世凯),奶子府刘家(刘燮之),东厂胡同荣家(荣禄)、黎家(黎元洪),都是清末民初赫赫有名的人物。同时,1906 年在"新政"的高潮中,大公主府总管刘燮之又冲破清代严禁内城开设戏园之令,在市场北门处修了个吉祥茶园。这样一来住在皇城以东以北的达官显贵要看戏就不必非到前门外不可了。早年金鱼胡同那家,经常有名伶来唱堂会,这位经营吉祥茶园的刘总管又与那府的王总管是至交,因此吉祥也常能约到名角,如谭鑫培、杨小楼、金少山、谭富英、梅兰芳、马连良、姜妙香等人都来此登台献艺。因此,东安市场应这种客观环境的需要发展起来,建成了一条南北走向的正街,这条正街便是市场的主干线。为了使看戏的观众能够在晚场戏散以后吃得上饭,买得到东西,因此市场店铺和商摊,直到解放一直坚持营业到深夜。当然营业到深夜还有其他原因,比如不少官宦绅商都有吸食鸦片和聚众打牌的陋习,他们晚睡晚起,昼夜颠倒,所以过去东安市场上午的顾客要少于下午和夜晚,老北京都说东安市场是"夜来欢"。这种全天乃至夜里都营业的市场较之一般集市、庙会来是更具有吸引力的。

东安市场保持繁荣的另一主要原因是,场内无论商铺还是商摊都各有一套经营之道。

在市场的北门里,有一家闻名遐尔的清真馆东来顺。这家餐馆是东安市场饮食业中由商摊发展成店铺的一个典型。早在东安市场初开之时,有个家住东直门的回民青年丁德山就在这里设摊了,经过二十多年的经营,到1930年时,从规模上看,它已从一个小小的粥摊扩展到具有三层楼的饭庄;从经营品种上看,它已从仅卖小米粥、贴饼子之类的低档食品,发展到能承包酒宴,摆大席面,做山珍海味的高档菜肴了。东来顺之所以能获得如此成功,首先是它能进行巧妙的宣传。东来顺从创业到发家,它从没有将普通百姓喜欢的低档大众食品如小米粥、贴饼子、杂面汤、饺子、馅饼之类取消。这些经济实惠的食品不仅吸引了普通百姓和小生意人,还吸引了不少穷苦的学生。这些常来东来顺的主顾一传十,十传百,这样东来顺的名声自然而然地就提高了。按丁德山的说法是穷人身上赔点本,阔人身上往回找,让他们背着活广告,内外四城到处跑。其次,东来顺建立起了自己的养羊场、油盐店等一整套自产自销系统。这样一来,避免外界货源的变化影响它的经营,保证了货源的充足供应,而且能保持独特的风味,因此京城内外慕名而来者,大有其人。

东安市场中,最殷实的行业要算是特种工艺了。而在这一行业中论其开设最早、规模最大的要算是"志成楼"了。这家商号是一家制做金银首饰、穿制珠翠饰物的首饰楼,开设于1908年至1909年间。志成楼的东家王爽峰是个摆手饰摊出身的人,自己能"穿珠花",起先为大内(宫廷)干活,后在东安市场里租下了一间小门脸,还继续跑大内,并增加了跑宅门。民国二年(1913)他又联合另外两位股东入股,使志成楼成了一家合股买卖,门面也由一间扩至三间,进而扩至五间,并且盖起了楼。志成楼自开设以后发展顺利,20世纪20

年代它更名为志成金店,店内设有金银、首饰、镶嵌几个部分,店员多时达到四五十人,不仅是东安市场里的大买卖,就是在全城也颇为有名。它之所以能有如此发展,不能不说它是有其自身一套经营手法。这手法归纳起来便是:严格筛选从业人员,柜上柜下生意一起做和对顾客讲信用,因此赢得了顾客的信任。

书肆也是市场中的一大行业。这些经营图书的店铺多集中于市场西面的畅观楼、丹桂商场、桂名商场等地。它们是 20 年代后期兴起的,最早开设的有瑞文斋、多文斋、佩文斋、新智书局等,发展最多时达六十多家。至于书摊则多集中于南花园和西夹道处。市场内的书肆以外文和古旧图书为主,所有书店和书摊都是开架售卖。它们售书的方式不单单是等着顾主上门选购,还采取亲自送书上门和邮寄的办法。此外,书肆的从业人员一般在图书知识方面都具有较高水平。出售外文图书的人,一般能讲外语;售卖线装古书的人,对于目录学和版本学知识都相当丰富。除以上所谈的几个行业和店铺外,市场还有百货、服装、鞋帽、文具纸张、医药、照相器材、古玩玉器、干鲜果铺以及茶馆、球房等多种行业。早年在其东部还有杂技场。总之,东安市场是北京一个有着较长历史,经历了不同历史时期,基本上保持着繁荣的大型综合商场,它在国内外都享有一定的声誉。

四、羊角市上矗立的西四牌楼

西四牌楼是西四的全称,牌楼又名牌坊,多建于陵墓、庙宇、祠堂、路口和园林中,是城市的装饰物。据史书记载,明永乐年间建设北京城时,就在东四、西四、东单、西单、东西长安街等处建有牌楼。西四牌楼是个东、西、南、北相通的十字路,每个路口各建一座四柱三楼式描金、油漆彩画、木结构的牌楼,檐下有如意斗拱,据《京师坊巷志稿》记载,南、北路口的牌楼上都书"大市街",东路口牌楼上书"行仁",西路口牌楼上书"履义"①。

西大市街明代简称为"西市"。西市是明朝时的杀人刑场,因为我国古代封建王朝处决犯人都在繁华的闹市,以达到杀一儆百的目的,所以有"刑囚于市"和

---

①〔清〕朱一新《京师坊巷志稿》,北京古籍出版社,1982 年版,第 139 页。

"弃市"之说。由此,说明西四牌楼在明代是个相当繁华、店铺众多、车马行人如梭之处。

西四牌楼东面的这条街很短,往东约三百多米就是皇城根。这条短街在明末清初,马贩子从长城的北口和西口赶来的马匹在这条街上贩卖,而形成马市。因为东四牌楼也有马市,故人称这里为西马市大街。到了清道光年间,在这条西马市大街的街南街北,一些山东籍商人开办了约有二十几家猪肉铺。这些猪肉铺都以整片生猪销售。与他们交易的主要对象是各小猪肉杠和举办婚丧嫁娶、宴请客人造厨办酒席及饭庄饭馆等户。北京在清末民初时,有两个生意兴隆的猪市,一个是东四牌楼猪市,另一个就是西四牌楼猪市。

民国初年,西安市场也曾名噪一时。这个西安市场就在西马市大街北侧,距离西安门很近。市场里有卖扒糕、豆汁、凉粉、灌肠、老豆腐、炸丸子、豆面糕、清油大饼、糖耳朵、油饼、卤丸子、豌豆黄等风味小吃摊。有说相声、唱大鼓、变戏法、摔跤、打把式、拉洋片等游艺场地。当年有名的架冬瓜、老倭瓜、焦德海和刘德智等艺人都曾在这里卖过艺。相声大师侯宝林也曾在西安市场说过相声。1937年,卢沟桥事变后,北平沦陷,西安市场停办。

西四牌楼西大街,一直往西就是阜成门,所以从明代至清乾隆年间,始终称阜成门大街。约在乾隆年后,从沟沿往东,直至西四牌楼称"羊市大街",沟沿以西,还称"阜成门大街",也就是将原来的阜成门大街分为两段,有两个街名。其原因是,每天上午,羊贩子赶着羊群在西四牌楼西这条街上卖羊,全市需要羊的买卖店铺都到这个羊市购羊,所以人们就将这段大街叫羊市大街。到了1965年,由于羊市早在民国年间已不存在,故将羊市大街和阜成门大街合并,统称阜成门内大街。

西四牌楼一带的街道早在元代时已形成,元代时西四牌楼就是繁华的商业街,西四牌楼这个地方成为一个买卖云集的商业街并开始繁荣起来,应从明代开始。到了清乾隆、嘉庆年间,北京的商业经济发展已呈兴隆之势。据《定例汇编》记载:乾隆三十年(1765),"京城为辇毂重地,商贾云集"[1]。西四牌楼在这个时期,马市、羊市、缸瓦市、猪市等都已出现、形成。因为当时的主要交通工具是驴

---

[1]〔清〕梁愻荣《定例汇编》,锦堂藏〔1745〕版清乾隆十年。

和马,而猪、羊是城市老百姓生活必需品,所以交易昌盛。这也是西四牌楼一带成为繁华商业街的第一个条件。西四牌楼南通西单牌楼、宣武门,北可达新街口,西至阜成门,交通方便,车马行人众多,促进了西四牌楼一带商业的兴旺,这是西四牌楼一带买卖兴隆的第二个条件。北京官民烧煤是由京西门头沟一带煤矿供应,明清时期的阜成门大街到西四牌楼是运煤骆驼必经之路。因此,西四牌楼一带的商业繁荣与运煤骆驼队有关系,他们在西四牌楼一带打尖(休息喝水吃饭),购买物品。这是西四牌楼一带繁荣起来的第三个条件。西四牌楼商业的繁荣景象由店铺数量的众多可以反映出来,据不完全统计,清末民初时,主要店铺有:恒聚、永聚、永德聚、广聚和等炉房(熔炼金银的作坊),丰源长、源兴成、仁永顺、永源等米面铺,西广丰油坊,万魁干果海味店,兴隆馆、新顺号、天德馆、万隆号、泰源楼、东顺局、广来号、东永利、马陈号、新泰号、东和泰、南永泰、四泰号、西兴隆、聚兴号等猪肉铺,同和居饭馆、砂锅白肉馆等饭馆,阜升斋、普安斋等靴鞋铺,义和、天吉等首饰楼,佩德永、德源斋、永记、永明斋等钟表店,韫古斋古玩铺,开泰号、隆泰号、广大欣、泰昌号等茶叶铺,祥聚泰烟铺,天一堂、老玉和堂、仁和堂、怀德堂等药铺,宝兴香厂、东隆和、义成号等颜料铺,长顺染坊,丽丰祥、裕昌厚等绸缎庄,隆盛昌南货庄,东升和鲜果局等知名度较高的店铺。

五、历史悠久的什刹海荷花市场

什刹海位于北京市区的西北部,是人工引玉泉山水汇注而成的,四周原有十座佛寺,所以得名什刹海。什刹海中间原来筑有一道长堤,长堤两侧种有很多柳树,每逢夏季,荷花盛开,柳丝垂岸,是人们赏景游玩、消暑纳凉的好地方,所以这一带很早就形成了商贩云集的荷花市场。清朝末年是荷花市场发展的鼎盛时期,夏季的荷花市场每天从下午三四点钟直到晚上游人都熙熙攘攘,摊贩的叫卖声和游艺场所的丝竹管弦声不绝于耳。荷花市场中最多的就是用芦席搭建而成的茶棚,由北往南搭在沿堤东岸的水中,规模大小不一,最多时达到二十多座。茶棚以杉槁作为支架立在近岸的泥水中,上面铺上木板,架设木台阶,棚内桌椅整齐,备有各种茶叶供客人挑选,价格不等,此外还备有香烟、瓜子等。伙计服务十分殷勤,不但随时为客人的茶壶添满开水,还会送上擦脸毛巾并随时询问客人是否需要吃点什么，只要客人提出要求，伙计就会到市场上代为购买。荷花市场经营的小吃品种多样，像莲子粥、凉粉、豆腐脑、苏造肉、煮花生、焖蚕豆等应有尽有。另外，茶棚还允许各种小商贩进来兜揽生意，还有卖唱的艺人也可以进来为客人表演。客人在茶棚中迎风观景，香茶在手，舒适惬意。这样一来，只要客人满意，茶棚不但能赚到茶钱，还能得到客人赏给的小费，同时还可以从卖东西的商贩那里得到回扣。每到夏季，就是荷花市场中茶棚生意最好的季节。

在沿堤开设的茶棚北端有一座常年上演各种曲艺节目的戏棚，演出的剧种有单弦、莲花落、什不闲等在民间广受欢迎的曲艺形式；河沿的东南边还建有一座杂技场，表演耍狗熊、猴拉车、单人车技、踩软梯等杂技节目；此外市场上还有各种拉场卖艺的地摊，像说评书的、拉洋片的、耍坛子的、练武的等，这些曲艺杂耍等游乐项目吸引了很多游人争相观看。

荷花市场有很多摆摊做生意的小贩，有就地取材卖河鲜的，出售鲜藕、菱角、鸡头米等；有卖鲜花的，出售晚香玉、荷花、茉莉花等鲜花；有卖昆虫的，出售蝈蝈儿、蟋蟀等；有卖玩意儿的，出售用草或高粱秆编制的小动物或楼阁房屋的小模型；有卖扇面的，出售各种图案、质地的折扇、扇面；还有在每年七月十五"鬼节"前后，出售各种造型的河灯。人们买河灯、放河灯是为超度亡故的亲人，由于荷花市场出售的河灯造型逼真，品种多样，形成了这里的一大经营特色。

荷花市场出售的小吃也颇具特色，不但品种丰富，风味独特，价格也很便宜。这里出售的奶酪、豆汁、凉糕、粽子、切糕、凉粉、扒糕、饸饹、莲子粥、苏造肉等都十分有名，在荷花市场的西侧河岸上，各种出售风味小吃的摊位沿河排开，香味诱人。

荷花市场特色鲜明，人们在这里可以游玩，可以娱乐，可以品尝美食河鲜，可以购物，所以形成了老北京的特色市场。

六、特色鲜明的灯市口、花市、菜市口、蒜市口

北京作为五朝古都，自古以来便是贸易发达、市场云集的大都市。历史上，来自全国各地的物资到达北京城后，种类相同的货物往往汇聚在一起出

售，这样就逐渐形成了一些专门的市场，久而久之，人们便以市场经营的货物种类为街巷胡同命名，北京有很多以"市"命名的地名，如灯市口、缸瓦市、米市大街、珠市口等。这些地名都是当时商业经营的真实写照，见证了老北京商业的繁荣。

明朝年间，在北京内城东部以东四为中心，以东四牌楼为基点，朝西叫作猪市大街，简称猪市，因为这里曾经是北京著名的生猪交易集散地。这条街上，曾经分散着数十家猪店和猪肉铺，它们每天连夜将当天收购来的生猪宰杀，以便第二天摆上案台供大家购买。所以直到今天很多老北京仍然用过去的名字称呼这条街——猪市大街。猪市的兴盛带动了东四地区的商业繁荣，当年在东四周边方圆几里地之内，还出现了一些动物集市，如大鹁鸽市、小鹁鸽市等。东四牌楼西北有马市大街，即今天的美术馆东街。从今天的东四十字路口往南不远，有一条礼士胡同，在清末年间出版的帝京舆图上，它的名字是驴市胡同。从驴市胡同再往南，就到了灯市口和米市大街，这是沿用至今的两个地名。在这些昔日的市场中，灯市的繁华最盛，名声也最响。据史料记载，灯市生意兴隆时长约一公里多，每到夜晚，街的两边灯似繁星花似海，车如流水马如龙，其热闹景象，已非一般笔墨可以形容。按照东西对称的原则，西四十字路口以东过去称作西马市大街，这里过去不仅是马匹交易市场，明代还曾经是古刑场。十字路口的西边为羊市大街，往南有缸瓦市，附近还有大酱坊、羊肉胡同等与市场有关的街巷。

除了北城以东四、西四为中心形成了大量的商市以外，南城也存在着各种各样的集市。

北京南城的市场，历史上大多分布在宣武门、崇文门、前门以及天桥一带。因此，今天这些地方遗留下了大量以市场命名的街巷名称。宣武门作为老北京市场

旧京前门打磨厂街

集中的地区之一,不仅有菜市、米市(米市胡同),还有骡马市、牛街等。崇文门一带更是各类市场繁多,这里是明朝后期才建立起来的。崇文门外有晓市、瓷器口、花市、榄杆市、蒜市口等,这些繁华的市场都已经变成街巷名称并且沿用至今。前门一带以市场命名的街巷很多,有煤市、珠宝市、钱市、粮市、铺陈市、肉市、果子市、布市、鱼市等。前门外的珠市口,历史上这里曾经汇集了众多富商巨贾,一度成为京城最为繁盛的地方,因此得名珠市口。过了前门就到了天桥,这里不仅是江湖艺人自由驰骋的杂耍场,也是嘈杂的市场。因此,这里以市场命名的地方不少,如天桥大街东侧的东市场一巷、二巷,历史上分别叫做木器市、估衣市;西侧有西市场、公平市场等名称。

北京过去有"一步三市"的说法,这些保留在北京街巷地名当中的市场名称,真实地反映了老北京商业的繁荣与兴盛。

第三节　北京商业布局的影响因素

一、政治因素对北京商业布局发展的影响

北京城的初始建设是在元朝,分为外城、皇城、宫城。外城门外设瓮城,城四角有巨大的角楼,城外有护城河。皇城中部为中海、南海与北海,东部为宫城,西部为隆福寺、兴圣寺。宫城在皇城东部,太庙也建在城东,社稷坛建在城西,主要的市场设在城西北部积水潭,此外还有东市、西市。城中纵横街道所分隔成的方格地块,即为"坊",坊内是居住区或衙署区。明代对北京城进行了一些改建,主要是将北京城整体向南迁移 2.5 公里左右,但仍保持元代格局不变。

清军占领北京后基本上继承了明朝都城的格局,但对一些地区作了改造更动。一方面充实、调整、改造旧城。旧城改造的重要方面是撤消明代皇城。将皇城北部的明代内府二十四衙门裁撤改为胡同民居;原皇城东南部的明代"南内"即内官署衙也撤消了,在其东南角建立满族所信奉的萨满教尊神的庙宇;皇城西部西什库一带用地改为民居,从而使皇城布局有了重大的变化。另一方面,对内城的许多明代的衙署、府第、仓场作了调整与改建。如天安门前西侧的明代五军

都督府改为民居;在通州、张家湾建了部分粮仓,原东城明代粮仓撤消一部分,改建为民居;王府井一带有名的明代十王府改为贤良寺;台基厂改为裕王府;西城太平仓改为庄王府;西城草厂改为果王府、慎郡王府等;另外还占用了一部分民居建造了雍亲王府、简亲王府、和亲王府、康亲王府等,至乾隆年间北京城内王府达四十余处。另一方面开发郊区。由于内城改为满城,屯驻八旗卫戍官兵及家眷,汉、回市民悉数迁居外城,故迅速促进了外城的发展,形成内城东单、西四、鼓楼前大街一带,及外城前门、菜市口、花市等处新的商业街道布局。此外,在城区内还新建了一部分寺庙,改造了天坛的规制,增建了不少戏楼、茶楼、店铺、会馆、书院等公共建筑。清代对都城北京规划的重要发展,是突破明代城墙的规约,积极开拓城郊用地。除了内外城的关厢发展起来外,着重扩展西郊、南郊的城市用地。在南郊兴建南苑及团河行宫,作为习武、狩猎、阅兵的离宫。康熙时开始经营西郊的园林,始建畅春园,至乾隆时又建造清漪、静明、静宜诸园,以及圆明园。每年帝王园居时间甚长,朝官随班,警卫环布,成为都门之外的另一个政治中心和商业中心。

作为历朝都城的北京,在商业布局的形成中必然受到政治因素的影响。清政府定都北京后,实行"旗民分城居住"的制度,从而在北京出现了皇家贵族文化和仕人、平民文化的两大阵营。因此,北京的商业文化可以按阶层分为宫廷文化、士大夫文化、市民文化三个层次,体现了较强的多元性,也是北京商业独具的特色。作为都城,北京的商业发展中宫廷文化特色鲜明,有许多直接或间接服务于宫廷的商业企业,也有政府直接开办的官商;士大夫阶层作为统治阶级的附庸,服务于士大夫阶层的商业企业不仅受宫廷文化影响极深,而且在地理分布上紧紧围绕在皇城、府衙周围;北京的市民以居于天子脚下为荣,即使是为普通大众服务的商业企业也深受宫廷文化、士大夫文化的影响,形成了北京商业的经营特色。随着历代统治者的不断变更,北京的商业布局也在不断变化,但总体特征是以宫廷文化为中心,士大夫文化为主导,市民文化为主流,呈现出多元性的特征。

二、经济和民俗因素对北京商业布局发展的影响

北京的建设格局是按照《周礼》的"匠人营国,方九里,旁三门,国中九经九

纬,经涂九轨。左祖右社,前朝后市"的规制。这直接影响到了北京商业布局的形成,使北京的商业布局呈现出较强的区域性特征。北京的商业发展或是沿中轴线而生,如天桥市场、鼓楼地区都位于南北中轴线上;或与中轴线对称形成,如王府井和西单、东四和西四分别位于中轴线的东西两侧,这可以说是最早的北京城市规划对商业发展变化的一个内在的规定性。

北京商业布局对应了区域群体消费要求。如东安市场是一个服务于中上阶层的综合性商业中心。由于东安市场位于东城,距皇城较近,所以经常有政府官员出没于此,是内城中较为集中的消遣娱乐场所。同时,东安市场距东交民巷较近,这一带自清末以来被划为各国的使馆区,建有各国公使馆、银行、医院等,驻京的外国人经常到这里购物娱乐,受其影响,东安市场形成了具有一定洋务色彩的综合性商业中心。琉璃厂是针对官员、学者的特殊需求而发展起来的一条专业性图书文化街。琉璃厂位于宣南,这一带会馆集中,是文人学士聚居活动的场所,因此琉璃厂云集着众多的古书店、字画店、文房四宝店、古玩店,还有与之相关的字画修裱、古书修补、刻字印制等行业,成为北京的文化商业中心。南北小市则是对应着下层百姓的消费需求开设的,南北小市分别位于南城和北城,这里是贫民聚居区,居民消费水平低,小市都是小商贩摆摊经营,出售低价收购来的旧衣服、旧家具等,销售对象都是贫苦百姓,官宦富商对这里是不屑一顾的。

北京历史上的商业中心区域按形成时间依次更替。老北京著名的商业中心先后有:鼓楼大街、前门大栅栏、琉璃厂、花市、王府井等。它们都与历史上京城商业的发展有着一定的内在联系。随着各朝代对北京的规划建设,北京的商业中心区在建设的过程中呈现由北向南转移的趋势;城市交通的发展变化,直接带来北京商业布局的变迁,如运河码头的设置使商业中心区域一度集中在积水潭一带,但随着码头迁至大通桥,商业中心区也随之东迁,到了北京开通铁路以后,前门地区建起了火车站,成了最为繁华的商业区域。此外,大型核心市场或商场的出现,也为新的商业街区的发展提供了商业凝聚力和推动力,如东安市场拉动了王府井商业街的崛起。

北京的商业布局受民俗因素的影响具有混合性。自元代以来,北京逐步成为多民族的聚居地。清朝以来,满族主要居住在内城,蒙、汉、回等民族聚居在外城,各民族的特点、宗教信仰、生活习惯等都不可避免地反映到商业经营中,在商业布局中也有所体现,如:各民族的集中居住区依民族信仰建有宗教寺庙,在宗教节日或开展祭祀活动的时候开有庙市,形成相关地区商业发展的特色;在民族聚居区经营特色鲜明的民族产品,形成特色商业,像安定门一带的外馆地区是蒙古族居民和客商的聚居地,也是北京有名的毛皮、毛毡交易市场。同时,各民族的民俗特点相互融合渗透,使北京的商业经营同时具备多种特色。

第七章　北京的集市与庙会文化

昔日的北京自然没有今天这样密集的商业网点,除了少数的商业街以外,寻常百姓的日常所需,主要依靠遍布四九城的集市和庙会。每逢集市或庙会开市之日,摊棚林立,百货云集,人声鼎沸,热闹非凡。赶集和逛庙会成为老北京人不可或缺的生活和娱乐方式,也构成旧北京商业文化的重要组成部分。

第一节　北京的集市文化

一、老北京的集市贸易

老北京商业的经营方式除了坐商(铺户)、行商及商贩外,还有一种是我国古老而普遍的商品交换形式——集市贸易。老年间的北京城里,人们的生产、生活,全有赖于集贸市场,所以由集市、庙会构成的集市贸易与北京的各商业街市,一同构造出京城这个消费型城市的商业网络。

集市,是一个空间概念,指人们贸易活动和商贾聚集的场所,南方称为墟、场,北方称为集市。它是沟通城乡之间经济往来和商人买卖商品的基地,也是民间互通有无的场所。集市贸易是一种最为古老的交易方式,周朝时就有关于集市的记载。而在市场经济比较发达的今天,集市贸易在我国大多数地区,仍是不可或缺的交易方式,大多数农民仍然是通过集市售卖自己生产的农副产品,同时买回必需的生产、生活资料。

京城历史上,早在战国时期的蓟城就出现了固定的集市贸易。及至元代,随着京城商业中心地位的确定,各种商业集市逐渐出现并集中于大都城内达三十多处。这些集市主要分布在大都城的两个最繁华的商业区内,一是城市中心的钟、鼓楼及积水潭北岸的斜街一带,一是羊角市即今西四一带。据意大利人马可·波罗在其游记中记载:当时与大都有商业往来的"约有城市二百","外国之巨价异物及百物之输入此城者,世界诸城无能与比",从而慨叹:"盖此城为商品繁盛之城也。"①

明代北京人口增长很快,嘉靖、万历年间已接近百万,众多的人口与经济的发展带来北京商业的繁荣。在北京的各类市场上不仅云集着来自全国各地的客商,而且交易的商品品种亦十分丰富,"四方之货,不产于燕而毕聚于燕"②,北京商业的发展也由此达到了一个新的阶段。与元代以集市贸易为主要交易方式不同,明朝在集市贸易充分发展的同时,在城区的几个主要街区出现了较大规模的固定市场,同时,在朝阳、安定、德胜、阜成诸门外关厢,也出现了不少店铺。这样,京城商业交易不再主要依靠集市进行,而形成了以棋盘街——前门"朝前市"为中心,东有灯市,西有西市(西四),加上上述市场和以城隍庙会为代表的庙市及其他集市,共同组成的京城商业基本格局。虽然已有固定市场的出现,但集市贸易在商品交易中仍起着重要作用。明时的集市贸易根据开设地点和服务对象不同,而有内外之别。内市是指皇城里定期开设的集市,初始在玄武门外,每月逢四开市,听商贸易。内市所售之物皆属高档名品,专供达官显贵们选购,后该市移至东华门外灯市,仍称内市。而外市则"系士大夫庶民之所用"③,也就是平民百姓的消费之所,用今天的话来讲属低端市场。它主要包括:东安门外灯市市场、西四一带的马市、羊市、果子市等;地安门外至鼓楼大街一带的米市、烟草市。每月初一、十五、二十五定期举行的"城隍庙市"是明代北京城最大的庙会市场。此外,外城宣武门外西斜街的土地庙,每月逢三开市,主要贩卖日常生活用品,还有全城最大的花市及每月初一、十五开庙的位于天坛东北的药王庙、朝阳门外东岳庙等。

及至清代,清兵入关后,八旗军民入驻北京城后不久,清政府把汉族官吏、百

---

①〔意〕马可·波罗《马可·波罗行记》第二卷,东方出版社,2007 年版,第 259 页。
②〔明〕张瀚《松窗梦语》,上海古籍出版社,1986 年版,第 68 页。
③〔清〕孙承泽《天府广记》卷五,北京古籍出版社,1984 年版,第 56 页。

姓等都迁往南城,内城不准开设店铺,商业贸易主要依靠庙会、集市以及摊商、小贩进行。而以正阳门外为代表的外城商业区日渐发达,店铺林立,商品齐全,从日用百货到珠宝首饰,从普通食品到风味特产,从刀剪器皿到家具陈设,无所不有,酒楼茶肆、旅店货栈也纷纷涌现,在实际上充当着整个京城商业中心的角色。关于京城正阳门商业街市的繁华,余蛟在《梦广杂著》中说:正阳门外"左右计二、三里,皆殷商巨贾,列肆开廛。凡金绮珠玉以及食货,如山积。酒榭歌楼,欢呼酣饮,恒日暮不休,京师之最繁华处也"①。在道光、咸丰以后,满汉分居制逐渐松弛,伴随内城店铺日益增加,固定商业网逐渐增加,终于形成正阳门街、地安门街、东西安门外、东西四牌楼、东西单牌楼以及外城的菜市口、花市的市场布局,加上庙市与专业集市共同构成北京城的商业网络。

下面将老北京集市贸易分为专业市场(常年市场)、旧货市场(小市)、庙市(庙会)三类分别介绍。

二、老北京的各类专业市场

北京的各类专业市场也称常年市场,是北京商业发展的重要标志。这种常年市场几乎每天都有交易,随着岁月的推移逐渐成为北京城市中主要的商品交易市场。常年市场多以批售某种主要商品为市名,而市的影响不断扩大,又以市名为街名。如米市(大街)、羊市(大街)、猪市(大街)、以及肉市、果子店、粮食店、煤市街、布巷子、花市、油市(临襄馆)等等。批发商每天早晨就在这里陈列货样或商品,议价或通过"牙纪"进行交易,一般临近中午时结束。零售商也在早晨了解行情,趸进货物,做门市买卖的准备。官衙为了便利买卖双方和加强管理,也要由地方官吏出来划分地段,分行列市(肆)。下面介绍几种典型的专业市场:

花市。够京味的叫法是"花儿市"。老北京有名的花市有两个,都在城南,一个在菜市口西的下斜街,一个就是崇文门外的花儿市。

说到北京花市的历史,大概可以追溯到元代。在明人所著的《京师坊巷志稿》中曾引元张宪《玉笥集》诗"小海春如昼,斜街晓卖花",说"知花市自元时已然

---

①李嘉瑞《北平风物类征》,商务印书馆,1937 年影印本,第 417 页。

矣"①。

清代初期的花市设在广安门内慈仁寺，每逢集日，商贩云集，设摊售卖书画、碑帖、珍玩，喧阗成市，而花市集里绚丽的花卉则成为吸引赶集人的主角。康熙十八年，慈仁寺因地震被毁，花市转至下斜街、土地庙一带。下斜街的花市逢三，即每月初三、十三、二十三卖花者云集，这里的鲜花之所以盛名，一个重要的原因是因其毗邻京郊著名的花乡——丰台十八村。据《帝京景物略》中记载：丰台草桥一带"土以泉，故宜花，居人遂以花为业"②。直到清中期，下斜街仍繁华鼎盛。后随着崇文门花市的名声越来越大，下斜街花市渐显衰势。

相对于下斜街花市绚烂多姿的鲜花，崇文门外花市是以工艺花的精美绝伦闻名的。花市虽也有少量的鲜花交易，但以生产、交易人工花卉为主。《燕京岁时记》云："花市者，乃妇女插戴之纸花，非时花也。"③北京的人造花行业兴盛于明末清初，一方面是由于皇城中皇宫、王府、仕宦对于高档奢侈品的消费需求一直较大，另一方面则缘于当时京城妇女的装扮时尚还有各种红白喜事、节日庆典都离不开花饰。因此，精巧绝伦的人造花便应运而生，并有很好的销路。据《旧都文物略》云："造花之原料大别为二：曰绢类，曰纸类。绢类中有绫、绢、缎、绸、绒之分。纸类中有洋毛、太粉、连通草及隔背之分。其造法有用模者，有用杵者，有用麻绳者。分功作业，有做叶子与做花头之分。又有做花与攒花之别，做花者指做叶与做花头而言，攒花者指各铺零星买来花叶花头，攒合成品而言。又分粗、细二派。做细花者，意匠经营。"④花市汇集了各地的能工巧匠，制作水平可谓巧夺天工。假花不仅远销苏杭，而且争艳于巴拿马，连外国朋友也盛赞"京花"，争作帽饰。当时，东花市一带，以灶君庙为中心，仅这半条街就设有接待花行客商的旅店十几家，每家都标明专业，如泰和花店、德兴花店等，招徕四方，安寓客商。

因为花市的"花儿"生意极佳，所以，"崇文门外花市一带，自东便门内起，住

---

①北京市东城区园林局汇编《北京庙会史料通考》，燕山出版社，2002年版，第108页。
②〔明〕刘侗、于奕正《帝京景物略》卷三《草桥》，上海古籍出版社，2001年版，第175页。
③北京市东城区园林局汇编《北京庙会史料通考》，燕山出版社，2002年版，第272页。
④原北平市政府秘书处编《旧都文物略·技艺略》，中国建筑工业出版社，2005年版，第249页。

户多以造花为业"①。凡经营此业的店铺,都前设门市售卖,后设作坊制造。据统计,"各街市花庄及住家营花业者,约在一千家以上"②。

花市属于定期集市,自每年正月起,初四、十四、二十四日有市,所以,老北京人常说"逢三土地庙,逢四花市集"。花市为午前市,每逢集日,街上熙熙攘攘,人声鼎沸,十分热闹,各个行业杂列其间。卖糖、卖药、卖胡盐的,甚至是医、卜、星相各有摊位;笸箩、簸箕、笤帚、锅、碗、瓢、盆、镟、凿、斧、锯等炊事用具、瓦木工具等也一应俱全;当然,集市上最多的还是小吃饭食,更有一个书茶馆,据说当年著名评书演员王杰魁曾在此说《三侠五义》,陈士和说《聊斋》。由于当时京师养鸽子的人多,所以花市集的鸽子市应运而生。此外,还有卖各种鸟、金鱼的,秋来之时,市上又会多了蛐蛐、蝈蝈、油葫芦以及蛐蛐罐等玩物,形成了城市墟集所特有的风貌。

菜市。作为一个消费型的城市,特别是大量的城市人口,使得蔬菜的交易在老北京的各种交易中成为一个必不可少的内容。所以,老北京的菜市自然也不能少,其中比较具规模的菜市主要有四个:天桥、菜市口、德胜门及阜成门外的月坛菜市。

老北京的菜市通常都是掌握在菜行手中,所谓菜行就是菜经纪。每个菜市里面都有一些菜行在经营,他们找一块放菜的空地,建一座办公用的房子,备几杆称菜的大秤,就可以开始经营了。所以,菜行虽然不用投入太大的本钱,但是却控制着菜市的交易。来自京郊或河北等地的菜农,用粗笨的骡马车将各种青菜运到北京的各大菜市,他们和小贩一般不直接交易,而是把菜存放在一个菜行的货场上,前来菜市趸菜的菜贩们也会找菜行的人,协调价钱,之后过秤。所以,菜贩一般不与菜农直接接触,在菜市里的交易是通过菜行来完成的。

昔日的北京,见不到专门经营青菜的店铺,北京人吃菜都是在早上从挑着扁担沿街叫卖的小贩那里买菜。菜贩们每天凌晨即来到菜市趸足一天要卖的新鲜蔬菜,然后装在担儿上、车上,天放亮时,他们已经出现在北京城的大小街巷上沿街叫卖了。当然,偶尔也有乡下的菜农推着独轮车进城,在北京走街串巷吆喝卖菜。

---

①②参原北平市政府秘书处编《旧都文物略·技艺略》,中国建筑工业出版社,2005 年版,第 249 页。

珠宝玉器市。玉器是华贵和炫耀的象征,皇宫内院,王府豪第,富贾人家,均以用玉器作饰物和摆设为荣。所以,全国各地的能工巧匠,云集而来,玉器作坊遍布京城。位于老北京前门外的廊坊二条和珠宝市就以经营各种玉器、珠宝而闻名。这些街市的店铺以零售为主,吸引了大批国内的达官贵人、富商大贾和外国商人。

以摆摊销售,供业内人士买卖为主的珠宝集市主要有两个:一个是琉璃厂火神庙里的瑞宝玉器市,一个是崇文门外北羊市口的青山居珠宝玉器市。火神庙珠宝玉器市虽然历史久,但货摊少,而且每年只在农历正月开市半个月,影响较小。青山居珠宝玉器市的前身是花市附近的一家茶馆,因花市一带林立着众多的玉器作坊,众多玉器珠宝手工艺人常常聚集在茶馆摆出产品或各种下脚料,一边饮茶闲聊,一边等待买主交易。渐渐地,青山居成为手工艺人和商家洽谈生意的地方,这时青山居茶馆便被称为"青山居玉市"。民国以后,外地和国外商人做珠宝钻翠生意的越来越多,青山居茶馆内,整日顾客盈门,地方已显拥挤,有些人就在茶馆外摆起摊来,越摆摊越多,玉器市也越来越大。1935 年,有人把北羊市口上四条的一家织布厂买下来,盖起了大罩棚,把青山居茶馆外的摊贩请进棚内设摊售货,市场规模更大。此后,青山居渐渐发展成为京城最大的玉器珠宝交易市场,每天上午都开市。民国年间,青山居珠宝玉器市曾盛极一时,大罩棚里有摊位约二百个。1937 年,北平沦陷后,青山居珠宝玉器市逐渐衰落,约在 20 世纪 40 年代消失。

果子市。旧北京城内的果子市有"两大一小"之说。"两大"是指被称为"南市"的前门外果子市及被称为"北市"的德胜门内果子市,"一小"是指东直门外十字坡果子市。十字坡果子市专卖北山糙货,带住乡挑小果贩,这是其他果市所不具有的。另外还有位于安定门外二道桥北和东直门外吊桥的枣市、东直门外吊桥的甜瓜市、阜成门外月坛的西瓜市等。

南北两大果子市中,北市在先,明朝就有了,南市在后,其发展在清朝初年。但就其规模和经营范围来看,南市大于北市。南市有果行约六十余家,北市仅有十三家。因为北京是五方杂居的聚处,所以,南鲜北果,种类繁多。南市经营以南鲜细果为主,北市经营以北方时果和干果为主。此外,果市上还可见到如藕、荸荠、莲蓬、菱角、芡实(鸡头米)等水鲜。

南北两个果子市都是批发市场。当时果子生意十分兴隆,每天天一亮,果子市店铺就开始营业,10点钟达到高潮。北平全市,城外关厢,所有鲜果局、果摊、街头叫卖的小贩都分别汇集在南、北两市,每个果店门前都用头号长筐箩,分装各种果品,五光十色,陈列在街市两侧。果市基本不零售,批购果子起码要五斤以上,柿子起码要百斤。为了便于控制和管理,清政府曾发放"伢帖"(也称官帖,两张毛道纸,一正一副,盖有官印,用墨笔书有经营品种)。在南北两市,比较老的字号,都拥有这种伢帖。对某种竞争激烈的商品,政府还发有独帖。南市里的红果店(也称贾家店、字号永盛),从清朝初年一直到北京解放,始终垄断红果经营权。另外,枣邓家,瓜子崔家,也是世代专门经营。果行经营主要是收取"佣金",果行一般向"客商"(贩运果子的商人)收2%到5%的佣钱(介绍费),再向销售果子的店铺(旧称果局子)和小贩收5%到10%的利钱,合在一起,就是果行所得的佣金。

来果子市买果子的还有一种"端浅子"的人。"浅子"是一种用荆条或竹劈儿编的盘式小浅筐。端浅子的全是到果子市用低价买烂果子再卖给穷人吃,来维持生计的贫苦人,又被称作"吃果子市的"。他们把买到的烂果子盛进浅子里,端到前门大街、鲜鱼口、大栅栏等热闹场所摆摊叫卖。

果子市经营有淡季和旺季,每年阴历十月到来年五月是淡季,以经营干果为主,也经营外地来的鲜果。阴历五月到十月是旺季,以杏、李子、樱桃、沙果、桃开始,各种果子就不断上市。尤其到西瓜季,送瓜的大车能排几里地,整个果子市,每天瓜山人海,各店到深夜都灯火通明。而最热闹是要数中秋了,此时节正值各种秋果上市,《春明采风志》里记:"中秋临节,街市遍设果摊,雅尔梨(鸭梨)、沙果梨、白梨、水梨、苹果、林檎、沙果、槟子、秋果、海棠、欧李、青柿、鲜枣、葡萄、晚桃,又有带枝毛豆、果藕、红黄鸡冠花、西瓜。"①这时的果子市通衢搭设席棚,棚下摆果案,陈列果品,晚间灯光一照,红绿相间,香气袭人。果子市的高潮是中秋节前几日的夜市,热闹非凡,通宵达旦。果摊上一般用藏蓝布覆盖果案,将码放在上面的果品映衬得格外鲜亮。卖果者高声吆喝,"快买团圆果子来——过节!"买果者摩肩接踵,家家都要备上各样水果以供祭月、送礼和赏月时食用。

---

①恫叟等编《春明采风志·中秋》,北京出版社,1960年版。

前门果子市于 1952 年迁到了永定门外沙子口,此地便留下了果子胡同这一地名,德胜门果子市则只留下一个公共汽车站名。

猪市。老北京人的日常饮食中猪肉是必不可少的,所以,经营猪肉的店铺也曾遍布京城,这些大大小小的猪肉铺统一到猪市进货。

明代时,北京的猪市位于前门外,东起广渠门内大街,西至珠市口西大街。明末该市闭市。与此同时,位于西四牌楼的猪市一度成为老北京生猪交易的主要场所,但随后形成的东四牌楼猪市却很快在规模上超过了前者,成为北京最大的生猪交易集散地。此后,东四牌楼以西的路段也被称作猪市大街。明清年间,整个猪市大街分散着数十家猪店和猪肉铺,店铺中高挂红红白白的猪肉,猪老板们每天连夜将当天收购来的生猪宰杀,清早摆上案台供大家购买。这种程序年复一年,直到 20 世纪 50 年代,这种景象才从人们的视线中消失。

猪市的兴盛带动了东四地区的商业繁荣,当年在东四周边方圆几里地之内,还出现了一些动物集市,如大鹁鸽市、小鹁鸽市等。牌楼西北有马市大街,即今天的美术馆东街。从今天的东四十字路口往南不远,有一条礼士胡同。而在清末年间出版的《帝京舆图》上,它的名字则是驴市胡同。

除前面提到的几个专业市场外,老北京的专业市场还有很多,涵盖了百姓生活的方方面面。

自唐以后,不断有信奉伊斯兰教的人从西域到北京来,羊肉逐渐成了北京人的嗜好。明、清两代,北京羊业曾是一大行业。据清代乾隆京师商号记载,仅前门外珠市口市场就有一日销"千猪万羊"之说。为了保证新鲜羊肉的供应,老北京还有三大活羊交易场所——即东便门羊店、德胜门外马甸儿羊店、西便门羊店,此外,东华门还有皇家羊店。羊店内存放许多活羊以备交易,并有伙计定时外出放牧,昔日的羊店周围都是水草丰盛之地。西便门羊店也是如此,每当夕阳西下之时,人们经常看到归圈的羊群,于是,又有了燕京十景之一的"西便群羊"之说。

因旧京的主要交通工具是骡车,所以在城门外关厢等地,如德胜门外冰窖口,广安门外都有自发形成的牲口交易市场。上面提到的美术馆东街、西四大街当年都有马市,阜成门外有驴市,今宣武门骡马市大街也因此而得名。养牲口离不开草料,所以京城又有两个草市:一个在天坛北,称西草市,另一处是宣武门外的西草厂街。

此外,位于西直门外、彰仪门(即广安门)内教子胡同北口外、西珠市口和齐化门(即朝阳门)下关有四大粮食市;位于菜市口东的米市胡同、东单北的米市大街、西四大街十字口曾是米商聚集地;位于朝阳门外(原鸡市口胡同)及西安门大街偏西端路北有鸡鸭市;位于前门外珠市口及西四大街有羊市;顺承门(宣武门)内大街有牛市;前门大街有鲜鱼市;再有,在前门外珠市口西大街东端南侧,有专门收售旧破布片的铺陈市;在东西四牌楼、药王庙西的东小市及天桥市场一带,有专门售卖旧衣裤的估衣市;而珠市口至打磨厂一带(东大市)以皮货估衣而闻名;西单北有缸瓦市;崇文门外有磁器市;磁器市东有蒜市和榄杆市;前门大街有钱市、煤市;珠市口有刷子市、布市、瓜子市;甚至还有人市,北京的人市有两种,一种是出卖劳动力的市场,像天桥"人市",凡是卖力气的人都集中在这里,拿着铁锹、扁担"等活儿"(等待雇工),德胜门外著名的市场除了鬼市外,也有一与之呼应的人市;还有一种人市就是贩卖人口的市场,位于羊角市(今西安门一带),另外,广渠门外和东便门也出现过此类人市。

作为五朝古都的北京,真可谓五行八作,商贾云集,而各类市场也是星罗棋布、遍布京城。

三、老北京的小市(晓市或鬼市)

北京的旧货市场被称之为小市,自发形成于清代中晚期,也称"晓市"或"鬼市"。市之曰"小",是强调交易物品之细碎;市又曰"晓",是指交易乃拂晓时分进行,日出散市;而市还曰"鬼",则道出了这一交易非同一般的几分诡秘。《旧都文物略》曾这样述说,清代北京的小市:"每值鸡鸣,买卖者率集合于斯,以交易焉。售品半为骨董,半系旧货,新者绝不加入,以其交易皆集于清晨,因名晓市,或谓鬼市,喻其作夜交易耳。"[①]

清代北京较大的旧货集市有三处:最大的一处为崇文门外的东晓市,据传明朝时北京崇文区东小市一带曾经是一片水域,因长满了苜蓿草而被叫做苜蓿园。到了清代,三里河干涸,这里成了陆地,人们在这里摆摊设市,以卖旧货为主,人

---

①原北平市政府秘书处编《旧都文物略·技艺略》,中国建筑工业出版社,2005年版,第271页。

称小市。清代时,据《宸垣识略》记载"东小市在半壁街南"①,民国以后逐渐东移。至北京解放前,东晓市已经移到西临红桥,北至沙土山,南至法华寺,东四块玉街一带,占地四五条街。而且,它还与附近的街巷形成多种行业的聚集地,如半壁街一带为硬木家具巷子,龙须沟一带是铁器巷子等。这些按片划分出的"专业胡同",还做加工、修理等,形成城市废旧物资的收购、整修、销售"一条龙"。东小市上"隙地十余亩,每日寅卯二时,货旧物者交易于此"②,所谓"寅卯二时"也就是凌晨三点到七点之间,因此,民国二十二年(1933)编制的《北平地名典》中,将"东小市"命名为"东晓市"。东小市交易的商品以皮服、桌椅和玩器等为主,尤以旧衣服为多,康熙时柴桑《燕京杂记》中记道:东小市"皮服尤多。平壤数十亩,一望如白兽交卧"③。另一处小市是宣武门外西小市,这里出售的旧货大至木器家具,小到书报笔砚应有尽有,同时古董生意也成为交易的主要商品。西小市的秩序较东小市要差一些。第三处小市是位于德胜门外桥东北河沿上的小市,相对于地处南城的东、西小市,它被称之为北小市,民国二十一年(1932)改在什刹海的西北角,醇王府西墙外"段家胡同"附近。

上世纪40年代的老北京估衣摊

对于京城小市,清末《京华百二竹枝词》注云:"摆摊售卖故物,色色俱备,真赝杂陈。"④不难看出,作为旧货市场的小市却是不枉虚名,各种旧物,穿、用、赏、玩可谓应有尽有,又因其来源广阔,货品的档次也差异极大。普通百姓可以在这里以极低的价格买到日常生活所需的各种物品,行家亦能在这里淘换到贵重甚至是价值

①〔清〕吴长元辑《宸垣识略》卷九,北京古籍出版社,1983年版,第176页。
②〔清〕吴长元辑《宸垣识略》卷九,北京古籍出版社,1983年版,第176页。
③〔清〕阙名《旧京遗事·旧京琐记·燕京杂记》,北京古籍出版社,1986年版,第120页。
④杨米人等《清代北京竹枝词十三种·京华百二竹枝词》,北京出版社,1962年版,第124页。

连城的真东西,因此,引得小市上游市者甚多,这也就造就了清朝末年北京城小市的繁盛。从歙人洪璟笔下"夜市三条人似蚁"①的诗句,即可窥见一斑。

在小市熙熙攘攘的人群之中,各色各路的卖主大至可以分为这样几类:

第一类是打小鼓收旧货的,也是最多的。头天串街走巷收购来的旧货,第二天一早来到这里出卖,卖到一定时间,便收市,再去各处收买。北京收旧货的人手中都拿着个只有啤酒瓶底大小的小鼓,用左手拇指与食指将那小鼓掐牢,右手持一大头细竹篾片,与鼓相击,篾片弹性很好,敲击起来声音很响,穿街走巷,他们或肩担竹笼,或手执包袱,"梆梆梆梆"地收买旧货。旧时北京把这些人都通称为"打鼓的"。打鼓的分"打硬鼓"、"打软鼓"两种,实则所打的鼓相同,"硬""软"系以营业高下来分。打"硬鼓"的夹布包走街串巷专门收购金银首饰、细软皮货、硬木家具、古玩玉器、书画法帖等贵重物品。他们每每下街,除打鼓以外,口中还吆喝着:"潮银子哎,首饰来买哎,玉石宝石来买!"北京官僚家庭多,封建贵族家庭多,有的是官场变迁,今日在京,明日离京,便要出卖一批旧货;有的是官僚死亡,家道衰落,变卖遗物抵债;有的是子弟盗卖家中的物品;有的是后代不事劳动,靠卖祖宗的遗物混日子。清末蔡绳格所写《一岁货声》中"打鼓挑儿"被称为"买死人,卖死人"。正因此,《旧都文物略》述:"旧传此项市场非官设,缘有世家中落,思以动产易米柴之资,复耻为人见,因于凌晨,提携旧什物,至僻处兜售,遂相沿成市。"②这也指出了小市产生的原因。打硬鼓的日间所收买来的物

清代登门入户收古玩的商贩

件,珍贵一点的,有本行中人(如红货行、古玩行、木器行等)来收买,谓之"过行"。

---

①许殿起辑、雷梦水编《北京风俗杂咏·燕京杂感》;北京古籍出版社,1982年版,第29页。

②原北平市政府秘书处编《旧都文物略·技艺略》,中国建筑工业出版社,2005年版,第271页。

有的半途中被用主或本行中买去,谓之"截货",即免挑至家中明晨再挑至市上之劳,又可以免压本钱之费(打鼓的本钱有限,临时遇需要价钱多的物件,要去借那以日计利的债,谓之"蹦蹦利"。所以打鼓的最怕压本钱)。更多的则是第二天拂晓拿到小市上,成为旧货市场的货源之一。所以,识货的人,在小市上还是能从打鼓的手中买到便宜货的。打"软鼓"的多挑大筐串北京内外城的贫民区,主要收购估衣旧鞋、棉絮铺陈、碎铜烂铁等,通常是收满两大筐货也卖不了几个钱,吃了上顿没下顿。所以打软鼓儿的在民国初期都在大筐里装上几包火柴,用以易物,故打软鼓儿的又称"换取灯儿的"。

第二类人是小市上卖假货的。这也使得小市上的物品可谓真者少,赝者多;优者少,劣者多。小市也有"并黏子"、"吃格念"的,以一人帮腔,一人充作买主,专蒙逛小市的客人。抓货的是不上这当的,蒙外行是一蒙一准。卖假货的利用人们贪便宜的心理,去各投所好,尤其是欺骗外乡人。什么纸糊的皮袄,胶泥底子的朝靴,兔子皮冒充白狐皮,剪绒染色羊皮冒充水獭等等,千奇百怪的假货,各色都有。至于卖假字画,卖假赵子玉蛐蛐罐的,更是数不胜数。《都门竹枝词》道:"换底朝靴破帽胎,纸粘皮袄旧绸裁。归来嬉笑夸同辈,小市便宜买得来。"[①]这就是描绘贪便宜的外行,买了假货后,上当受骗却还很得意的情况。

第三类人是一些鸡鸣狗盗甚至打家劫舍之徒,他们将各种偷盗、劫掠来的赃物拿到小市上来出脱。《都门吟咏·市廛》中写道:"夜方五鼓未啼鸦,晓市人多乱如麻。贱价休贪防盗物,牵连难免到官衙。"[②]说的就是这种情况。有些小偷在夜间溜门盗窃后,把大件或携带不便的东西及时脱手,随身只携带一些现金和贵重物品,这样一来古玩行家也可因此经常拣些漏。

第四类人是拾破烂清垃圾的。他们将淘换来的、外带顺手牵羊摸捡来可以卖钱的东西拿到小市上,如旧书、旧信、旧画片、旧药方、旧荷包、旧铜钱,甚至破绣片、破瓷片、破铜锡器等等,摆在地摊上卖钱。这些人多不以此为职,自也不求多挣,卖个三儿瓜两儿枣,只求糊口。

还有一些皇室贵族的纨绔子弟,将家藏古玩珍宝偷出换钱,亦有一些破落的

---

①杨米人等《清代北京竹枝词十三种·京华百二竹枝词》,北京出版社,1962 年版,第 41 页。
②〔清〕李虹若《朝市丛载》卷七,北京古籍出版社,1995 年版,第 143 页。

贵族子弟，趁着夜色，变卖祖宗留下的遗物，换点充门面混日子的钱。此外，小市上也有不少并非经商的市民，或因急于用钱，遂将家中有限的值钱之物拿到小市上来变卖，或因家中旧物无用而不愿存储，也拿到鬼市上待价而沽。

街头旧鞋摊竟有雅号"低头斋"

小市上的各路货色自然吸引了各类买主。有做古董生意的，有贪便宜捡漏的，当然，也有的人是纯粹出于"赏奇和思古之幽情"而"总是喜欢到鬼市逛逛"，"不仅能体验一下鬼趣"，还偶"会有虽不名贵而颇有意思的获得"①。《天咫偶闻》载："有人游西单牌楼小市，于乱书堆中得《大学》章句一本，买以当十钱数百文。为书贾所见，以十二千买之，装潢成册，竟售五十金，盖宋版也。大抵京师百物阗咽，世家大族，数世之藏，其子孙不能辨，一旦拉杂售出，至于此等处，直土苴视之。苟遇识者，遂作披沙之金矣。"②"由访古汲碎的书生看来最重要，是常常会遇到年代久远、希奇古怪、很难由商店买得的东西。这方面的例证不少，有文献可征的如《红楼梦》后四十回的残稿，《浮生六记》作者沈复的画，都是由这条路来的。"③"京僚喜购便宜者，每入市游，间有以贱值得贵品者。"④这当属文人淘金的，所以逛小市的人中也不乏一些出于不同目的的文人学者。据邓云乡在《鲁迅与北京风土》一书中记载：丙辰(1916)正月，鲁迅先生就逛小市十四次，先生每去必买回他所喜欢的古书或旧物。

由于小市货品及其买主、卖主的复杂，使得小市上经常爆出各种奇闻。《芝音阁杂记》曾记纪晓岚的那杆能装三四两烟的大烟袋锅子丢失了，吩咐手下不要急虑，到"东小市"上就能找到。果然，第二天佣人便从东晓市重新以非常便宜的

---

①张中行《张中行讲北京·鬼市》，北京出版社，2005 年版，第 91—92 页。
②〔清〕震钧《天咫偶闻》第二卷《南城》，北京古籍出版社，1982 年版，第 44 页。
③张中行《张中行讲北京·鬼市》，北京出版社，2005 年版，第 90 页。
④何德刚《话梦集·春明梦录·京华琐录》，北京古籍出版社，1995 年版，第 8 页。

价格买回了他那杆著名的大烟袋锅子①。

小市的交易也是极具特点的:

其一,由于小市"寅卯二时"的开市时间,使得市场的交易必须靠灯笼照亮进行,有只兴照物,不兴照人,遇到熟人也不兴打招呼的默契,远远望去,忽忽悠悠的灯笼如"鬼火"一般。

其二,议价的方式很特别,带着几分神秘。通常议价是要使用"行话"的,即暗中拉手、递手要价还价,唯恐被同行知道价码,把买卖给"搅黄"了。拉手、递手时为避免被同行看见,一般在袖筒里进行,夏天炎热就在手上搭块布遮挡。

其三,货未必真而价必不实,卖主开价时往往有"谎",值一说十,漫天要价,然后就地还钱。有诗曰:"四更席地遍街西,贿鼎求售索价低。今日铜腥工使鬼,五都市外孰燃犀。"②

旧京街头卖零绸子的

小市除经营旧货外,也有一些附属营业,主要是些吃食与茶馆,服务于小市上的卖主与买主和那些逛市的人们,而有些茶馆在散市后成为打鼓的攒儿。

北京的旧货市场除小市外还应包括穷汉市。据《燕京杂记》载:"东小市之西又有穷汉市,破衣烂帽至寒士所不堪者亦重堆叠砌,其最便宜者割方靴为鞋,价仅三十余钱,官则不屑,商则不宜,隶则不敢,惟上不官下不隶而久留京邸者则甘之矣。西小市之西又有穷汉市,穷困小民日在道上所拾烂布溷纸,于五更垂尽时往此鬻之,天乍曙即散去矣。"③可见,这类穷汉市所售货品更为低档或破旧,销售的对象当是生活在社会最底层的人们。

①许蓉生、林成西编译《白话清朝野史大观》中卷,四川人民出版社,1998 年版,第 303 页。
②何德刚《话梦集·春明梦录·京华琐录》,北京古籍出版社,1995 年版,第 8 页。
③〔清〕阙名《旧京遗事·旧京琐记·燕京杂记》,北京古籍出版社,1986 年版,第 120 页。

四、北京的集市文化

遍布旧时京城的各类集市,孕育出极具特色、绵延至今的老北京商贾文化。

翻开北京地图,留心一下北京的街巷地名,不难看到市井文化的丰富印记。有人说地名是文化的镜象,是人类创造自己文明的历史过程中留下的一个个足印,一定的地名和一定的思想观念、思维方式乃至生活习惯、生活愿望、审美意趣是联系在一起的。显然,北京的通衢大道、城门命名是一定要经官方和文人之手的,但是一个小胡同、一条窄巷子,居住的都是些普通百姓,于是,街巷的命名自然就成为百姓自己的事情。百姓的生活是简单的,过日子就离不开柴米油盐,所以给街巷取名也就变得异常容易,是什么就叫什么,信手拈来,少了些文雅,少了些含蓄,却也为北京的商业文化增添了另一种意趣,例如:晓市大街,晓市大院,小市胡同,小市横头条、二条,小市南头条至四条,小市头条至五条,花市上、中、下、下下头条至三条,灯市东、西口,南市街,牛街,猪市大街,羊市大街,羊皮市街,米市大街,缸瓦市大街,珠宝市,天桥市场,东、西珠市口,蒜市口,果子市,骡马市大街,磁器口,煤市街,钱市胡同,铺陈市,榄杆市,鸡鸭市,鹁鸽市,驴市胡同,南、北闹市口等等。不用说,一听就明白,这些胡同都是以市场命名的,是市场所在地。这些街巷的名字看似直白,却也颇值得玩味,它们是数百年里沉积下来的零碎却又完整的信息,如活化石一般,真实地记录着老北京的商业区分布。它们使昔日京城百姓市井生活的生动图景一一呈现,并成为我们研究北京商业文化的重要依据。

清代的北京商业繁荣,使得众多文人也介入到商业生活中来,闲暇时分,他们把贴近生活的商品和市场用竹枝词的形式表现出来,生动而形象。竹枝词是古代的一种民歌形式,类似于今日的打油诗和"顺口溜",原是每首为七言形式,据说在唐代已盛行。后来又有文人对竹枝词加以发展,虽还是七言形式,但已不是四句了。在竹枝词中描写北京商市的内容十分丰富,在《燕台百号一百首》中描写了北京小市:"乍听鸡鸣小市齐,暗中交易眼昏迷。插标人去贪廉钱,一笑归看假货低。"[①]将旧京小市的内幕揭露得淋漓尽致。还有最早出现在庙会或沿街

---

①李志强《中国北方俚曲俗情》,天津人民出版社,1992 年版,第 153 页。

集市上叫卖的北京著名小吃豆汁儿，也被《燕都小食品杂咏》中的竹枝词所吟咏："糟粕居然可作粥，老浆风味论稀稠。无分男女齐来坐，适口酸咸各一瓯。"[①]北京的风味小吃历史悠久、品种繁多、用料讲究、制作精细，堪称有口皆碑。清乾隆年间，诗人杨米人所著《都门竹枝词》云："三大钱儿卖好花，切糕鬼腿闹喳喳，清晨一碗甜浆粥，才吃茶汤又面茶。凉果炸糕甜耳朵，吊炉烧饼艾窝窝。叉子火烧刚卖得，又听硬面叫饽饽。稍（烧）麦馄饨列满盘，新添挂粉好汤圆。……"[②]在《都门竹枝词》中，杨米人等写了二十余首有关商业、饮食的竹枝词。

在众多传统的广告形式中，叫卖或称吆喝应该是产生时间最早，历史最久的，而京师的叫卖广告最具代表。著名作家张恨水曾在《市声拾趣》中谈过："我也走过不少的南北码头，所听到的小贩吆喝声，没有任何一地能赛过北平的。北平小贩的吆喝声，复杂而谐和，无论其是昼是夜，是寒是暑，都能给予听者一种深刻的印象。"[③]《旧都文物略》中也讲到："北平有数百年建都关系，人民极富美术性。于沿街货郎，可以表现其叫卖之腔，有板有眼，有快有慢，宛转悠扬，悦耳动听，……句句有韵，与词曲无异。行者过之，有绕梁遏云之趣。"[④]当然，有门有脸、有规模上档次的店铺里的生意是不需要叫卖的，只有那些做小买卖的小商小贩才会扯嗓子吆喝着找生意。因此，老北京吆喝声最响的地方是各种集市、庙会及街头。可见，叫卖作为由京城底层百姓生活的土壤和环境孕育出的、老北京商业文化的一种特色形式，曾经是旧社会穷苦人谋生的手段，是一种下九流的文化。宋元时期，叫卖声就已经成为艺术，记录在元杂剧中。如今，它被列入北京市的非物质文化遗产。叫卖展现给世人的是承载着京城商业、文化、历史、民俗等一幅幅有声有色的生动画卷。

老北京的集市多，因而也集中了各行、各类、各地的各具特点的经营者。这些经营者中为数相当多的是来自京郊及外地的农民，他们携着自家自产的各种农副产品，如：日用器皿、锅碗瓢盆、中小农具、种籽秧苗、鲜花果蔬、家畜杂粮等，

---

①中国人民政治协商会议北京市西城区委员会文史资料委员会编《京城旧事·京味浓郁的豆汁儿》，北京文史出版社，2005 年版，第 207 页。
②杨米人等《清代北京竹枝词十三种·京华百二竹枝词》，北京出版社，1962 年版，第 22 页。
③张恨水《张恨水说北京·说市声·市声拾趣》，四川文艺出版社，2007 年版，第 61 页。
④原北平市政府秘书处编《旧都文物略·技艺略》，中国建筑工业出版社，2005 年版，第 272 页。

定期定时出现在京城大小集市上。农民经商自有农民的特点：勤劳、善良、宽厚、本分等许多质朴的美德在他们身上体现出来。例如，昔日花农多来自丰台，花市集时，天不亮花把式们就肩担车载地把花运来了，《帝京景物略》道："都人卖花担，每辰千百，散入都门。"①寥寥数笔，勾画出京郊花农担着鲜花进城的都门盛景，反映了乡间城里的相互交融，也记录着花农们为造就都城的繁盛而付出的辛苦。此外，经营果子行的大多是吃苦耐劳的山东农民，他们讲究信义，买卖公平，对各类果子的识别能力非常强。在果子面前一站，看一看、摸一摸，就能知道生熟程度，质量高低，公平作价，绝不让卖家或买家吃亏，很有权威性。当然，长期以来在农本观念的影响下，农民的商业贸易活动基本上停留在调剂余缺的层面上，绝少以利润为契机，这也就使得集市贸易中少了几分欺诈，多了几分诚信；少了几分精明，多了几分仁厚；当然也少了几分远虑，多了几分务实。不求多挣，但求不赔，成为农民经商的一个重要原则。

不可否认，在北京的集市文化中也有相当一部分被沾染上流氓意识，从而显示出集市文化的低层次性。如前所述，小市中假货甚多，《旧都文物略》中记："木器集地东大市，率为旧式檀梨硬木，往往为旧家所售出者，在东、西四牌楼者，曰嫁装铺，并箱橱臬具亦备，多为染色杂品。"②再比如，往酒中掺水，在鸡肚中塞沙、在猪肉及鱼肉中注水，特别是小市上伪造古董、字画，漫天要价乃至坑蒙拐骗等等，商人的唯利是图在这里得到了绝好的印证。

第二节　北京的庙会文化

北京的庙会文化，因庙会的繁华昌盛而异彩纷呈，与幽幽古都交相辉映，成为展现北京人经济生活、精神生活和文化生活的一幅生动、绚丽的历史画卷。

一、北京庙会的起源与发展

关于庙会，上海辞书出版社 1980 年版《辞海》这样解释："庙会亦称'庙市'，

---

① 〔明〕刘侗、于奕正《帝京景物略》卷三《草桥》，上海古籍出版社，2001 年版，第 175 页。
② 原北平市政府秘书处编《旧都文物略·技艺略》，中国建筑工业出版社，2005 年版，第 271 页。

中国的市集形式之一,唐代已经存在。在寺庙节日或规定日期举行。一般设在寺庙内或其附近,故称'庙会'。"可见,庙会的形成是与宗教祭祀联系在一起的。在宗教节日里,善男信女集中于寺观烧香敬神,于是有人在寺观中设摊,来满足人们对香烛供品的需要。时间一长,摊上所出售的货品不再单纯,商业内容甚至娱乐内容明显增多,久而久之,逐渐占据了主要地位。

"庙会"这个词汇,始见于清代笔记《妙香室丛话》,书中说:"京师隆福寺,每月九日,百货云集,谓之庙会。"①书中记事截至咸丰四年(1854),也就是说"庙会"这个词汇出现至少已有一百五十多年的历史。此后这个词汇被广泛应用,成为最通行的称谓。在老百姓的口语中,庙会还可以进一步简称为"庙"和"会"两个单字,比如说:逛庙、赶庙、到庙里买东西、赶会等等。而在一些著述中除了庙会这一词汇以外,仍然保留着明代庙市这个古称。

关于北京庙会的历史,比较一致的看法是出现于辽代。据《辽史·禅俗志》载:"三月三日为上巳,国俗刻木为兔,分朋走马射之,先中者胜,负朋下马,列跪进酒,胜朋马上饮之。"②这里有关"上巳"春游的记载与清代蟠桃宫春场情形相似。

而有准确记载的北京最早的庙会是元代开庙的白云观。金元之交,道教全真派首领丘处机受到成吉思汗赏识,被称为神仙,赐居于太极宫,并受命掌管天下道教,道教也从此在大都兴起。太极宫始建于唐代,因为丘处机道号叫做长春真人,遂改称长春宫。丘处机死后葬于长春宫东侧的下院,这座下院后来被称为白云观。丘处机的诞辰是正月十九日,故白云观于每年的正月十九日开庙,游人们烧香、宴玩,被称做燕九节。

元朝后期,道教另一个宗派正一派在大都城朝阳门外建造了供奉东岳大帝的东岳庙,每年三月二十八日,也就是传说中的东岳大帝诞辰日开庙。开庙日"倾城趋齐化门,鼓乐旗幢为祝,观者夹路"③。可见游人之众,香火之盛。

元代第三个开庙的是平则门(今阜成门)外的西镇国寺,每年二月初八日开

---

①北京市东城区园林局汇编《北京庙会史料通考》,燕山出版社,2002年版,第108页。

②王彬、崔国政辑《燕京风土录·北平庙会调查·庙会的历史》,光明日报出版社,2000年版,第217页。

③〔明〕刘侗、于奕正《帝京景物略》卷二《春场》,上海古籍出版社,2001年版,第102页。

庙,无论是南北之货,还是精粗之货,都汇集于此,庙市可谓繁盛之极。

　　明代定都北京,随着内城的正阳门关帝庙、都城隍庙,外城的南药王庙、都土地庙,郊外的马驹桥碧霞元君祠、中顶、西顶等庙宇的建成和陆续开庙,明代庙会普遍兴起,不仅有每年开放一次的节日庙会,还有每月开放数次的定期庙会。位于内城的都城隍庙庙市和灯市最为繁盛,并称为庙灯二市。

　　都城隍庙位于西单西边成方街。城隍是城池守护神,全国大大小小的城池都有城隍,多以有功于国家或有德于民众的当地英雄充任。传说,北京城隍先是文天祥,后是明朝嘉靖年间弹劾严嵩的大臣杨继盛,二人被当作天地正气的化身。北京城内一共有四座城隍庙:都城隍庙、江南城隍庙、大兴县城隍庙和宛平县城隍庙。城隍庙庙市是第一个每月开放的定期庙会。明人孙国敉著的《燕都游览志》云:"庙市者,以市于城西之都城隍庙而名也,西至庙,东至刑部街,亘三里许。其市肆大略与灯市同,每月以初一、十五、二十五开市,较多灯市一日耳。"①明代小说《二刻拍案惊奇》中也讲到:城隍庙开庙之时"百般货物俱赶在城隍庙前,直摆到刑部街上来卖。挨挤不开,人山人海的做生意"②。可见庙市这个称谓就是起始于都城隍庙,而且明时城隍庙庙会的规模已经很可观了。

　　灯市原设在五凤楼前,后迁至东华门外,全长二里,原为元宵观灯而设。据《京都风俗志》载:这里的花灯"变幻百出,穷极精巧,不可名状"③。每年正月初八至十八,城内权贵携重资来此买灯。《宛署杂记·元宵游灯市》中记:"四方商贾辐辏,技艺毕陈,珠石奇巧,罗绮毕具,一切夷夏古今异物毕至。观者冠盖相属,男女交错。"④而"近市楼屋赁价一时腾踊,非有力者率不可得"⑤。可见,在明代一年一度的灯市,真可谓轰动九城。而都城隍庙的庙会"大略与灯市同",两庙盛况可想而知了。

　　另外,位于宣武门外下斜街的土地庙庙市也与内城的城隍庙庙市齐名。明末,又有高粱桥、马驹桥、中顶、西顶等四座元君庙开庙,传说中能为众生造福的

　　①北京市东城区园林局汇编《北京庙会史料通考》,燕山出版社,2002年版,第71页。
　　②北京市东城区园林局汇编《北京庙会史料通考》,燕山出版社,2002年版,第71页。
　　③北京市东城区园林局汇编《北京庙会史料通考》,燕山出版社,2002年版,第93—94页。
　　④北京市东城区园林局汇编《北京庙会史料通考》,燕山出版社,2002年版,第85页。
　　⑤北京市东城区园林局汇编《北京庙会史料通考》,燕山出版社,2002年版,第85页。

碧霞元君(娘娘)又引得"倾城妇女往乞灵祐"。

进入清代,统治者将汉官、商人和平民由内城迁到外城居住,一度造成内城人口锐减,庙会也变得萧条起来。当然,这在另一方面也促成了外城庙市——位于广安门内大街路北的报国寺庙市的繁荣,这应当是清初京城最大的庙市。康熙末年随着隆福寺和护国寺两座大庙相继开庙设市,标志着内城商业开始恢复。潘荣陛在《帝京岁时纪胜》中对当时的庙会作了较详细的叙述:"至于都门庙市,朔望则东岳庙、北药王庙,逢三则宣武门外之都土地庙,逢四则崇文门外之花市,七、八则西城之大隆善护国寺,九、十则东城之大隆福寺。俱陈设甚夥。人生日用所需,以及金珠宝石、布匹绸缎、皮张冠带、估衣骨董,精粗毕备。"①这四个庙会的布局很合理,内城、外城东西各一个。书中没有提到清代五大庙会之一的白塔寺,说明白塔寺庙会形成比较晚一点。

清代庙会中,最具规模的要数东西两庙。《京都竹枝词》中云:"东西两庙货真全,一日能消百万钱。多少贵人间至此,衣香犹带御炉烟。"②"东西两庙"之西庙即护国寺,位于北京西城西四牌楼之北,护国寺街西口内路北。庙会定在农历每月七、八两日。护国寺庙会上货摊多,货物齐,在这里不仅买货,还可以听听相声,看看杂耍,吃、穿、用、玩应有尽有。清代护国寺庙会相当兴盛,据说是因为北京清代居民结构向有"西贵"之说,也就是多数旗人宅门在西城。所以他们的日用所需多来自庙会。待清末民初以来,随着旗人的破落,护国寺庙会也日趋衰落。

"东西两庙"之东庙即隆福寺,位于北京东城东四牌楼之西,建于明朝景泰年间,前后五殿,供奉三世佛、三大士。这里的香火向来很旺,清代时,隆福寺的庙会逐渐演变成了商业性的集会。因隆福寺地处繁华,游人众多,加之地近租界,同时因民国官吏多居东城,且随护国寺庙会的渐衰,这里便更加兴盛了。有的摊贩为多赚钱,九、十两天之后不走,继续营业一两天,这样隆福寺的庙会就由每旬两天变为逢九、十、一、二这四天了。这样旧时北京一年三百六十天,天天都有庙会了。隆福寺庙会的规模居京城庙会之首位。《北京市志稿·喇嘛教二》中说:

---

① 《帝京岁时纪胜·燕京岁时记》,北京古籍出版社,1981年版,第22页。
② 杨米人等著《清代北京竹枝词十三种·草珠一串·得硕亭》,北京出版社,1962年版,第47页。

"……每月逢九、逢十例有庙市，百货骈阗，游人如鲫。"①《燕京岁时记》云："九、十日开东庙，开庙之日，百货云集，凡珠玉、绫罗、衣服、饮食、古玩、字画、花鸟、虫鱼以及寻常日用之物，星卜、杂技之流，无所不有。乃都城内之一大市会也。"②

光绪二十七年（1901）隆福寺大火，庙内头层大殿被焚，从此庙内香火断绝，隆福寺便成了"百货具备，游人甚多，绝不礼佛"之所了。

旧京隆福寺山门前的摊商

辛亥革命以后，北京陆续修建开设了一些新式商场，如东城的东安市场，西城的西单商场，前门外西河沿的劝业场，天桥附近的城南游艺园。这些商场依然是各行各业、一家一户的独立经营，和现在的大商场比起来还十分简陋，但不论大小都有一间店堂，较之在庙会上摆摊就正规得多了。人们在铺子里买东西总觉得比在小摊上买东西要放心些。过去在

旧京东岳庙木牌楼前的摊商

庙会上摆摊的商贩，有的就在商场里租间店堂，坐堂营业了。商场里不但货物较庙会上更齐全，还有曲艺厅、咖啡馆、中西餐馆、台球房等设施，人们觉得去商场

---

①北京市东城区园林局汇编《北京庙会史料通考》，燕山出版社，2002年版，第255页。
②《帝京岁时纪胜·燕京岁时记》，北京古籍出版社，1981年版，第53页。

比逛庙会更方便。另外由于内忧外患，连年战争导致百业萧条，民不聊生，庙会虽然一直按期举行，逛庙购物的人却大大减少，庙会逐渐走向衰落。

二、北京庙会的分布与分类

北京的寺庙很多，据说城内外共有八百四十余座，然而并非所有寺庙都有庙会。纵观北京庙会，犹如天女散花，在城区里星罗棋布撒满诸多的"点"。

据《燕京风土录·北平庙会调查·庙会的分布》载：北平之庙会，截至民国十九年，各庙会之城区分布为：内二区有吕祖阁、都城隍庙二庙；内三区有隆福寺、东药王庙、雍和宫；内四区有白塔寺、护国寺、吕祖观；内五区有北药王庙；外二区有吕祖祠、海王村公园；外三区有花市火神庙、太阳宫、蟠桃宫、卧佛寺、灶君庙；外四区有土地庙、善果寺；外五区有南药王庙、江南城隍庙；东郊有东岳庙、九天宫、十八狱、铁塔寺、东顶；西郊有财神庙、白云观、大钟寺、妙峰山、西顶；南郊有关帝庙、南顶、中顶；北郊有黄寺、黑寺、北顶。可见北平各区的庙会，在内城的共计 9 处，在外城的共计 11 处，二者合计 20 处，加上郊外的尚有 16 处，总共有 36 处[①]。而在李鸿斌著《庙会》中又从元代至中华民国期间百余种史籍报刊中辑录出上述调查未记录的庙会尚有 24 处，这样北京地区曾有的庙会至少有 60 处[②]。

虽说京城庙会都是集祭神、商贸、娱乐、休闲于一体的群众性集会，但由于众多的庙会产生、存在的时间、地点不同，因而其形式和种类也有不同。我们这里对庙会的分类主要从开市的时间上来考察，将其分为定期庙会、年节庙会这样两种基本类型。

定期庙会。定期庙会每旬开放，月月如此，除大雨等恶劣天气外，都会准时开市。交易在寺里的殿堂或寺院空地设摊进行，人多时还会延伸到寺庙外。这些庙会所在的寺观多数规模比较大，位置比较适中，且地处繁华闹市或交通要衢。比如隆福寺位于朝阳门内大街、崇文门内大街、东大市街（今东四北大街）和安定门内大街、王府大街五条大街的交汇点，护国寺位于德胜门内大街和西大市街（今西四北大街）两条大街的交汇点。

---

① 王彬、崔国政辑《燕京风土录·北平庙会调查·庙会的分布》，光明日报出版社，2000 年版，第233—237 页。

② 李鸿斌《庙会》，北京出版社，2005 年版，第 3 页。

定期庙会大体可分为两类：

其一，以商贸娱乐为主的庙市。最早是明代的都城隍庙庙市。自清康熙年间起隆福寺、护国寺、白塔寺、火神庙、土地庙这五大庙市鼎盛京华，其声势一直延续到民国时期。民国时期整个京城的庙会趋向衰落，但隆福寺等庙会的商贸集市功能却日益增强。显然这些寺庙存在的经济依托发生了重大变化，原寺庙以香客祀神的捐资为主，现转为以收取商摊交纳的地租为主。寺庙主持僧侣为增加收入，不断向当局申请增加开放日期。火神庙花市、隆福寺庙会改用公历。这表明，五大庙会自20世纪30年代起，主观上已将商贸娱乐功能提升为其存在的主要价值。

其二，以宗教祭祀为主的庙会。以民众日常宗教祭祀为主的庙会有东岳庙、吕祖祠、药王庙、财神庙、报国寺、大觉寺等，大约有百分之七十左右为道教系统。这表明虽然道教自清中叶起，在社会上层的地位日趋跌落，但在广大市民的宗教生活中仍占有相当的地位。之所以如此，是因为底层百姓的宗教信仰具有较强的功利倾向，即向神灵索取护佑，而道教系统供奉庞杂浩大的神鬼谱系，世间千般事，皆有神照应，发财、求嗣、祈雨、消灾、去病等等一切世俗需求，都有神灵专司其职。因此，世俗气息浓厚的道教适应了普通民众的心理需求：人们无需钻研精深玄妙的宗教哲理，只是在有需求的时候，进香拜佛，与鬼神仙怪沟通。

年节庙会。京城每逢年节定期开办的庙会约有四五十座，它们或为宗教地位显赫的古刹名寺，或为风景优美的游览胜地。

年节庙会大致可分为三类：节日庙会、春节庙会及行业祭祀祖师的香会。

最早的庙会都是在宗教节日开庙的节日庙会。节日庙会多是每年开放一次，比如二月开放的太阳宫，三月开放的蟠桃宫、东岳庙，四月开放的妙峰山、西顶、东顶、北顶、铁塔寺，五月开放的南顶、卧佛寺、都城隍庙，六月开放的中顶、善果寺，七月开放的江南城隍庙，八月开放的都灶君庙。按月份顺序，二月的太阳宫庙会是春节过后第一个庙会，十月的江南城隍庙庙会是一年当中最晚的一个庙会，三月至六月所开庙会较多。庙会开放天数也不一，短的仅一天，长的有二十天左右。京城最为著名的节日庙会当属三月开放的蟠桃宫、东岳庙庙会。节日庙会以烧香拜佛敬神为主，兼有商贩设摊售货，民间花会也来进香表演。《旧都文物略》中说："年开一市者，多有香会。如秧歌少林、五虎开路、太狮少狮、高跷杠子、小车中幡等是。"①因此,节日庙会上烧香敬神的香客和借佛游春的人络绎不绝。

　　春节庙会,顾名思义就是春节期间的庙会。春节是夏历正月初一,是传统的新年。过去全年只有春节、端午、中秋、冬至四个节日,春节被称之为"岁之始、时之始、日之始、月之始",位列四节之首。春节也是全年最长的假期,老北京人过春节是从腊月初八开始,一直到正月末。当时娱乐场所很少,春节期间又封箱不

白云观庙会

唱戏,店铺一律上板关门。另外老北京的习俗春节期间不许动刀、动剪、动针线,因为刀剪属于凶器,春节期间动了不吉利。还有不许扫地,否则会把家财扫走。于是,逛庙会就成了不办公的官吏、不上学的学生,尤其是学徒和终年劳作的妇女们的主要休闲方式。当时,春节期间有三多:一是兴高采烈的学徒多,二是上着板的商店多,三是敬神烧香的善男信女多,这就凑成了春节期间庙会的盛况。从清末到抗日战争之前,春节期间的庙会是从初一清晨到正阳门关帝庙求灵签开始,然后是东岳庙祈福、大钟寺打金钱眼、财神庙借元宝、逛厂甸,到白云观顺星和会神仙,最后是到雍和宫等藏传佛教寺院打鬼。各具特色的活动接连不断,形成系列,直到正月底才结束。其中逛厂甸、逛灯、到白云观会神仙是正月里京城百姓的三件盛事。所以,北京的春节庙会中以厂甸庙会和白云观庙会最负盛名。

　　行业祭祀祖师诞辰的庙会源于我国民众尊祖敬宗、崇德报功的多神崇拜。在我国,行业神灵的偶像体系庞杂,各行业因地域差异所祭祀的祖师神灵千姿百态,北京的行业祖神崇拜既有一业多神,也有一神多业。关公就是描金业、银钱

---

①原北平市政府秘书处编《旧都文物略·杂事略·庙市》,中国建筑工业出版社,2005年版,第271页。

业、典当业、皮革业、绸缎业、烟草业、制衣业、厨师业、理发业等二十余个行业的祖师神和保护神。北京银号会馆在章程中明确规定：从业者对祖师祭祀的义务："每岁大小祀神共十八次","大祭之日，全体执事，齐集拈香。"①丰台的花神庙、门头沟的窑神庙等都是具有地方特色的行业神庙。北京的梨园会馆在精忠庙内兴建了一座天喜宫，供奉唐明皇为戏行祖师。每年三月十八日唐明皇诞辰之日，各戏班名角荟萃，举办募捐义演。每年一次的行业庙会使从业民众找到精神寄托。

三、北京庙会的功能

北京的庙会得以流传，从根本上讲还是因为它的存在适应了社会经济、政治、文化等方面发展的需求，同时在宗教、商贸、娱乐等方面起着无可替代的作用。

首先，庙会的宗教祭祀功能。寺庙是宗教活动的场所，所以，宗教祭祀既是庙会形成的原因，也是庙会最主要和最基本的功能。我国历史上虽然没有国教，但是佛教和道教都曾经受到统治者的尊崇，并给予特殊地位。北京庙会所在的寺观就是分别属于佛教和道教。

清末民初，随着社会急剧动荡，传统宗教没落的趋势加速，庙会的宗教祭祀功能逐渐衰弱。在社会结构的转型中，随着现代都市经济文化的发展，庙会文化中原属于依附地位的商贸、娱乐、休闲功能日益增强，而宗教祭祀的魅力日趋减弱，失去昔日神采。

在北京众多的庙会中也有一些始终是以进香敬神为主的庙会，虽然也有娱乐与做买卖的商业活动，但只是附属的。这些寺庙多是在阴历每月初一、十五开庙，如吕祖阁的庙会就是属于这种形式。直至民国初年这里的香火仍很旺盛，进香者中有男亦有女，他们来这里进香多是为求签或求药的。此外，还有药王庙，京城药王庙出名的有四座，即南北药王庙和东西药王庙。在四座药王庙中，以崇文门外东晓市大街路北的南药王庙为最大，香火也最盛。每月初一和十五开庙两次，此外农历四月二十八为药王生日，不仅要开庙，而且还在庙中的戏台上演

---

① 李乔《中国行业神崇拜》，中国华侨出版公司，1990 年版，第 56 页。

戏。

其次，庙会的商业贸易功能。15世纪初叶，明成祖迁都北京后，京城商业日趋繁华。依托于庙会的商业集市逐渐发展形成定期的集市，庙会集市成为城市商业市场的组成部分。自18世纪初叶起，北京庙会集市的商业贸易功能日益增强。清朝康熙、乾隆年间，隆福寺、护国寺、白塔寺、土地庙、火神庙等五大庙会集市鼎盛京华，形成以商贸娱乐为主要功能的模式。特别是到20世纪二三十年代，这五大庙会的宗教祭祀活动衰败，或只留遗迹或荡然无存，如白塔寺有喇嘛为施主设场诵经，但这种宗教仪式已与庙会无关；土地庙仍有少量香客，多为老年妇女。传统意义上以宗教祭祀为主的庙会逐渐演变为纯粹的商业贸易集市，庙会也因此成为城市商业网络中的重要环节。

寺庙本是神圣的地方，庙会却使之世俗化了。有庙会的日子里寺庙充满了市井的气息，人们跨进山门，不再是为了烧香许愿、求神拜佛，纯粹是挑货购物，甚至是看热闹，就跟逛商场，逛公园似的。就连僧人和道士也不视庙会只为宗教活动，摊商在庙会上摆摊，由寺庙按摊收租，或是按摊收香钱，借名敬神实为己用。此外，庙会上打金钱眼、借元宝、顺星、会神仙之类的活动，也无非是多吸引一些香客，多赚一些钱。

在庙会上摆摊的商贩，其摆摊的位置，占地大小，基本上是固定的，不随意变动，以便招徕老主顾。庙会的营业时间还有些古时"日中为市"的遗风，每日上午九、十点钟开市，下午四、五点钟收市，不做夜市生意。

民国年间，北京的大街上已经是大商场和百货公司林立了，其中的购物环境与庙会上的地摊相比自是天壤之别，柜台上的商品更是琳琅满目，而且统一明签标价。但是这里的顾客主要还是来自中上层社会的家庭，老北京"过日子"的家庭主妇们是不愿光顾的。这里的原因除了与收入和消费习惯有关外，恐怕还是庙会的购物方式更适合下层百姓。首先庙会上货物种类齐全，锅盆碗箸、日用百货、衣帽鞋袜等应有尽有；其次货品质量虽不多么精致，但却结实、便宜；再就是顾客可任意挑选并与商贩漫天侃价，这种"讨价还价"的销售方式更适应下层社会市民的消费心理。可谓是在随意的地方、用随意的方式、去买回如意的商品，生活在下层的百姓们何乐而不为呢！

近代京城具有商贸功能的庙会大体可分为四类。其一，地处城市要道的隆福寺、护国寺和白塔寺,其商摊以销售日用百货为主;其二,地处城乡结合部的土地庙、花市火神庙,其商摊以销售农副产品为特色;其三,厂甸年节文化庙会,其商摊以经营古玩书画为特色;其四,东岳庙等日常香火庙会,以宗教祈祷为主,附设少量饮食、杂货商摊。

最后,庙会的娱乐休闲功能。明末刘侗、于奕正的《帝京景物略》一书有这样的记载:"城隍庙市,月朔望,念五日,东弼教坊,西逮庙墀庑,列肆三里。……市之日族族,行而观者六,贸迁者三,谒乎庙者一。"①这是说,到庙会上看热闹、游玩观光的人占 60%,买卖东西的人占 30%,而真正谒庙烧香磕头的人只占10%。不难看出,此时的庙会实乃集宗教、商贸、游艺于一体的民间聚会。这就告诉我们,庙会上的主体,不是烧香敬神的香客,也不是聚集设市的商贩,而是那些借佛游春的人们。

旧时京城娱乐场所有限,除了皇家园林和王公贵族的私人园林,没有公园供人们休闲娱乐、浏览观光。那些平民百姓特别是老人、妇女基本上是没有娱乐的时间或空间,于是,寺庙就充当了公园的部分功能,赶庙会几乎成为他们惟一的娱乐方式。老北京人有"逛"庙会一说,每及逛庙,去的时候是空手,回来也很少不是空手的。逛庙是极纯粹地"逛",看看摊头堆着的货物,听听杂耍场内的平民音乐,不须花费一文钱,却能有滋有味、有玩有乐地消磨上几个小时。可见,这一"逛",逛出的是几分惬意,几分闲适。

四、北京庙会的特点

庙会虽然是老北京民间社会生活的一项重要内容,但也不可避免地打上京城烙印,带有皇城特色。表现在:

第一,庙会多且商品全。北京佛道教寺院宫观多,庙会自然也多。如前所述,北京的庙会在整体上连成群体,而且一年三百六十五天,天天有庙会。加之商品丰富多样,气氛热闹非凡,久之,庙会成为北京人生活中不可缺少的一部分。

早年间庙会上的商品可以说是吃、穿、用、玩无所不有,即使是在北京先后建起一些大的百货商场后,庙会仍是普通百姓的主要购货场所。据《北平风俗类

①〔明〕刘侗、于奕正《帝京景物略》卷四《城隍庙市》,上海古籍出版社,2001 年版,第 238—242 页。

征·明之庙市灯市·谈往》记:游人入市"新到之物必买,适用之物必买,奇异之物必买,布帛之物必买,可以奉上之物必买,可贻后人为镇必买,妾媵燕婉之好必买,仙佛供奉之物必买,儿女婚嫁之备必买,公姑寿诞之需必买,冬夏着身之要必买,南北异宜之具必买,职官之所宜有必买,衙门之所宜备必买"[1]。所以说"庙市乃为天下人备器用、御繁华而设也"[2]。

第二,庙会上的奢侈品居多。由于王公贵族、富商豪门聚集于北京,形成一个庞大的消费集团,所以北京庙会的奢侈品比其他城市繁盛。明代的都城隍庙庙市,近代的隆福寺、护国寺,以及厂甸、火神庙都是以奢侈品著称。

城隍庙庙市上,"图籍之曰古今,彝鼎之曰商周,匜镜之曰秦汉,书画之曰唐宋,珠宝、象、玉、珍错、绫锦之曰滇、粤、闽、楚、吴、越者集"[3]。此外,宣德炉、瓷器、雕漆、纸墨之类的内府秘藏,各省出产的珠宝、象玉、绫锦等世不常有、目不易见的货物应接不暇。这些奢侈品来自全国乃至世界各地,待朝觐之年,各省方物更是充斥庙市。本地商品则主要以宣德炉和雕漆著称。

同样,东西两庙尤其是隆福寺,也是"珠玉云屯,锦绣山积,华衣丽服,修短随人合度;珍奇玩器,至有人所未睹者"[4]。东交民巷划为使馆界以后,外国人也来隆福寺庙会搜罗古玩书画,赏玩花鸟虫鱼鹰犬。琉璃厂的火神庙为古玩荟萃之处,珠光宝气,号称文化商场。护国寺庙会则以玉器为胜。

第三,服务于皇亲国戚。作为"天子脚下"的京城庙会,更多的是下层百姓的娱乐、购物、祭祀的场所,但也有几处庙会是专门服务于皇亲国戚的,例如:颐和园苏州街原来叫做"买卖街",最早建于清朝乾隆年间,清代时苏州街庙会的"宫市",是清朝的皇室庙会;揽涛楼上的京剧、嘉荫轩内的古筝、琵琶表演以及中心岛上的杂技、宫廷舞、宫廷戏法等这些节目无一不是专为宫廷设计的。和民间的庙会相比,这里的庙会当属于精品,"京味、清味、南味"是其特色。

而被视作皇室家庙的丫髻山庙,气势恢弘,香火旺盛,经历代翻修扩建,已形成了自山脚至山顶一个完整的古代建筑群。自康熙帝始成为皇家大型宗教活动

---

[1]北京市东城区园林局汇编《北京庙会史料通考》,燕山出版社,2002年版,第77—78页。
[2]北京市东城区园林局汇编《北京庙会史料通考》,燕山出版社,2002年版,第77页。
[3]〔明〕刘侗、于奕正《帝京景物略》卷四《城隍庙市》,上海古籍出版社,2001年版,第238页。
[4]〔清〕阙名《燕京杂记》,北京古籍出版社,1986年版,第120页。

场所,康熙六十大寿在此做万寿道场,乾隆帝曾两游丫髻山,并御制丫髻山诗碑。山上山下曾专门建有两座皇帝行宫,除皇帝及皇室成员不定期来此朝山进香外,清廷内务府每年皆须按例到丫髻山进香,从而促使丫髻山走向鼎盛与辉煌。而丫髻山庙会也成为华北四大庙会之一,每至农历四月,京、津、鲁、晋、豫等地善男信女纷纷来此朝山进香,每天多达数万人。只是到了清朝后期,以慈禧太后为代表的朝廷对其重视程度减弱,加之国力衰退,才使得丫髻山逐渐走向衰势。

五、北京庙会的文化特色

庙会在经历了由产生、发展到相沿成习的曲折过程中,渐次形成了各具地方特色的庙会文化。北京的庙会文化同样是以寺庙为依托,以宗教活动为动因,以商贸活动为表现形式,随庙会的发展而延续、传承,从而构成了集宗教文化、民俗文化、商业文化等一系列文化形态于一身的独具特色的"文化元",积累和沉淀着浓浓的京韵文化。

首先,北京庙会中体现的宗教文化。庙会既从寺庙中产生,寺庙自然成为庙会的载体,而寺庙本身就可谓文化的积聚点:金碧辉煌的寺院建筑、异彩纷呈的造像雕塑、琳琅满目的碑刻、壁画、法器、经书,甚而包括教义、传说……不同的寺庙,蕴藏着不同的文化内涵。

北京历史最久的寺庙是始建于西晋(264-316)的嘉福寺(潭柘寺)。寺前塔院内有各式灵塔七十多座,建筑年代跨越辽、金、元、明、清,为研究佛教建筑艺术提供了实物资料。雍和宫,是北京著名的喇嘛教寺院,有藏传佛教博物馆之称。牛街礼拜寺是我国著名的伊斯兰教清真古寺,它融合了中国民族建筑的特点和伊斯兰教建筑的风格。位于宣武区教子胡同南端的法源寺是一座北京城内历史最悠久的寺院,至今已经一千三百多年。房山石经山云居寺的刻经石板现在保存完好的共有一万四千多块,是世界上最早、最全、保存最好的石刻大藏经。位于石景山区模式口东北的翠微山麓的法海寺,以其精美的明代壁画名传遐迩。此外,坐落在今北三环路北的大钟寺中的永乐大钟;坐落在东城胡同中的智化寺中的万佛阁与智化寺大殿顶部的藻井;西山卧佛寺内最引人注目的卧佛;位于朝阳门外大街的东岳庙中的七十六司神像及碑刻,无一不记录着老北京宗教文化发展的轨迹,反映出不同社会发展阶段与宗教相联系的文化艺术的极高水平。

除了寺庙本身,北京还有几处庙会的宗教活动极富特色。如喇嘛打鬼,这是喇嘛庙举行的宗教仪式,由喇嘛们扮演鬼怪;长教喇嘛手执法器,游转之后,将"鬼"除之。打鬼的庙宇有:正月初八的弘仁寺、十五的黄寺、二十三的黑寺、三十的雍和宫等。再如城隍庙的"城隍出巡"也是单纯的宗教活动,每年五月初一,东城的大兴县城隍庙和四月二十二西城的宛平县城隍庙都有"城隍出巡"活动。届时,将庙内城隍的塑像抬出,不但有前呼后拥的仪仗执事,还有若干"马童"和装扮成各式模样的善男信女们,一直走到都城隍庙。出巡之时,大街上观看者如潮似海。

此外,还有每年十月廿五的白塔燃灯,七月十五中元日的烧法船,正月初八的星灯等,宗教气氛极为浓烈,但有些活动只属宗教范畴,都没有庙市伴随。

所以我们看到庙会中,宗教祭祀的各种仪式、宗教教谕的各种宣传形式及与之相伴而生的歌谣、故事、戏曲、传说甚至禁忌等,都在不同程度上影响着芸芸众生。对百姓来说庙会成为他们走近宗教文化的最好形式,同时,人们的到来也表达了他们对美好的生活愿望、理想亦或是一种神圣的感情。庙会也因此成为宗教、艺术、道德的载体,当然它始终被赋予着浓厚的神秘色彩。

其次,北京庙会中体现的民俗文化。老北京庙会中各种借以娱神、媚神、酬神,从而娱人、聚人的民间艺术更是传统民俗文化的充分体现。庙会中最常见的这种民俗文化主要有各种民间表演艺术、民间工艺、特色小吃等,庙会堪称名符其实的京味民俗艺术的"群艺馆"。

民间演艺。庙会期间最为吸引人的是各种表演,庙会的娱乐性即体现在通过娱神达到娱人的这些表演上。每到庙会之际,百戏杂陈,社火、花会表演、民间戏曲、曲艺与杂耍,让整个庙会热闹非凡。

社火起源于古代社会的社祭。"社",是社神、稷神祭祀场所的合称。社在古代人眼中,是土地、疆域的象征,是安全的象征、生命的象征,许多重大活动都祭社。社火是综合了戏曲、歌舞、杂技等民间艺术的一种浏览性民间娱乐活动。今北京密云县古北口,每年农历的四月十八娘娘庙会上,社火依然旺盛,传说得乾隆和慈禧的好评,被民间又称为"皇会"。在北京地区由于其特殊的社会政治背景,"皇会"的规模异常宏大,突出表现在"皇"权特色上。

庙会期间最具特色的表演当属花会表演。表演中有以精湛的武术为特长的如少林、五虎、开路等；有以技巧高超取胜的如高跷、中幡、太狮、少狮、杠子等；有以舞蹈俏丽而引人入胜的如小车、旱船、秧歌、花钹、跨鼓等。这些花会多为民间自娱组织，城市和乡村中都有，而且极具地方色彩，往往方圆数十里同类花会只有一家，很有权威性。一般说来，农村的花会活动时间都在冬季，而城内花会平时均可有活动。北京最大的进香花会莫过于妙峰山庙会，届时天津、河北等周边地区的花会必来朝山，同类花会争相献技，各有绝招，令人咋舌。据说朝山花会路过颐和园北墙外，园内慈禧听见锣鼓声极想看会，但不能随意出园，于是在园内临墙建眺远斋，居高临下隔墙而望。园外的花会知太后在看表演，便在广场上特意演出，久之形成惯例，花会过此，必在场上献出绝技。

除了花会表演，庙会也吸引了众多戏曲、曲艺和杂耍艺人设场表演。土地庙、白塔寺、护国寺、隆福寺四处庙会期间，均有单弦、北京琴书、京韵大鼓、相声、快板书、魔术、杂技等丰富多彩的文艺演出。很多名演员也经常在庙会上献艺，为庙会增色添彩。

京城庙会汇集的百戏名曲、民间花会、杂技绝活等不仅承载着传统的历史文化，也以其争奇斗艳、形式多样的形式，为百姓生活和节日增添了无穷乐趣。

民间工艺。庙会上随处可见的各种民间工艺品，包括各种传统的玩具、服饰、装饰品、食品、吉祥物等。这里既有"拿五百钱出去……，管拉一车来"[1]的粗制品，也有那"朴而不俗、直而不拙"[2]、有着丰富的文化价值的艺术品。各种工艺品集中出现，无形之中使庙会成为民间艺术的博览会。它们不仅仅是一种简单的物具，更是寓意丰富的民间文化信仰符号。同时庙会上也造就了很多成就卓著的民间艺人，很多有才华的民间艺人在庙会上以手艺谋生。

提起面塑，今天的北京人也不会陌生。面塑过去被称为捏江米人，是以江米面为原料，蒸熟揉成面团，加上颜料，捏成小巧的动物以及传说或者戏曲里的人物，大的不过二寸，配以玻璃小匣，小的可以放进核桃皮里。据说面塑艺人"面人汤"汤子博和"面人郎"郎绍安，二人都曾在庙会上摆过摊。

风筝雅称叫做纸鸢。风筝的形式可以分为上有头下有尾、蹭如椭圆形的沙

---

①曹雪芹、高鄂《红楼梦》第二十七回，人民文学出版社，1982年版，第381页。
②曹雪芹、高鄂《红楼梦》第二十七回，人民文学出版社，1982年版，第381页。

雁;无头无尾的拍子,许多个小节连成玻璃体的蜈蚣;还有以鹰为大宗的异形风筝。好的风筝讲究扎制精细、糊制牢固、色彩鲜亮明快,又要有飞到高处的远效果。清人潘荣陛在《帝京岁时纪胜》中说:"京制纸鸢极尽工巧,有价值数金者。"①大的风筝有丈二、丈四的沙雁和一百二十节的蜈蚣,最普通的有黑锅底,全都是黑色花纹,画得比较粗糙。

鬃人儿,是用胶泥做人头,纸浆做身子,彩纸或者彩绢做戏装,戏装以下粘一圈猪鬃。两三个一组放到铜茶盘上,以木棍敲击茶盘,随着"咚咚"声响,鬃人就靠鬃毛的弹性转动起来,仿佛是在戏台上演大戏,被称之为"铜茶盘子小戏出"。

此外,《红楼梦》中探春所说的"柳枝儿编的小篮子,整竹子根儿抠的香盒儿,胶泥垛的风炉儿"②之类的耍货也像风筝、面塑和鬃人一样当属于造型艺术。

特色小吃。旧时的北京小吃都在庙会或沿街集市上叫卖,人们无意中就会碰到,老北京形象地称之为"碰头食"。那时的小吃,无所谓名流显贵,无所谓挑夫走卒,来者是客,童叟无欺。一碗热气腾腾的羊杂碎,既是达官贵人的开胃小菜,也是一个黄包车夫冰天雪地里最温暖的寄托。所以,五方杂处的庙会上是不能没有小吃的,不仅有,而且是应有尽有,像质地鲜嫩、口味香脆的爆肚,酱红油亮、肝香肠肥的炒肝,细腻凉甜、入口即化的豌豆黄,质地酥脆、香甜可口的馓子麻花,外皮焦酥、内质软糯的炸年糕坨,蒜香浓郁的灌肠,凝霜冻玉般的奶酪,清香绵软的绿豆糕,松软有弹性的墩饽饽,味道清爽的芥茉墩儿,酸凉沁人心肺的酸枣汤,外酥咸香的炸饹馇盒儿,还有据说是源于民间却成为宫廷御膳、独为老北京人所钟爱的浓醇的豆汁。此外,还有茶汤、馄饨、面茶、艾窝窝、年糕、卤煮小肠、火烧、白水羊头肉、螺蛳转、豌豆粥、炸豆腐、萨其玛、棉花糖、小窝头、芸豆卷……真是不胜枚举。

据《大清一统志》载:昔日里隆福寺的风味小吃,"为诸市之冠"③。当时,各种小吃遍布庙会各个角落。但多数小吃摊商,还是集中在庙会西侧,这里有残存西配殿,一些卖茶汤、油炒面、豆汁、杏仁茶等流食的小座商在此还设有座位,桌上铺有洁白桌布,门脸上悬挂白布帘,这在当时的庙会上,卫生条件算是一流的

---

①《帝京岁时纪胜·燕京岁时记》,北京出版社,1981年版,第16页。
②曹雪芹、高鹗《红楼梦》第二十七回,人民文学出版社,1982年版,第381页。
③北京市东城区园林局汇编《北京庙会史料通考》,燕山出版社,2002年版,第253页。

了。可别小看这些小座商、摊商、推车和担担者，其中不乏精工细致，饶有风味品种。不少老北京市民特意到庙会吃上一盘豌豆黄、灌肠，以饱口福。

第三，北京庙会中体现的商业文化。庙会的经济贸易功能决定了庙会文化在商业上的体现，而老北京庙会在历经了近千年的发展之后，各个时期沉淀下来的丰富的商业文化内涵，其精髓往往物化在商品中。所以，在北京庙会所体现出的商业文化中最基本、最普遍的形式就是商品文化。庙会上各式各样、或精或粗、高档低档、吃穿赏玩的各类商品无一不负载着商品生产者、经营者、消费者的思想、文化观念，并使之与时代的审美情趣、价值观念、宗教精神、科学技艺、思维方式等紧密相联，因而直至今天我们仍能从它们的身上看到丰富的文化内涵、生动的艺术造型、独特的京韵风情、旺盛的生命力以及由此产生的强烈的、持久的吸引力。

冰糖葫芦是北京的传统名吃。早年间，京城的老百姓最认的是东安市场和琉璃厂信远斋做的冰糖葫芦。一到农历十月，这两家的冰糖葫芦就开始上市了。逛了东安市场的人如果没吃那里的冰糖葫芦，不免有些遗憾。信远斋的冰糖葫芦当时可称糖葫芦中的精品。梁实秋先生在《雅舍谈吃》一文中记述道：冰糖葫芦"以信远斋所制为最精，不用竹签，每一颗山里红或海棠均单个独立，所用之果皆硕大无疵，而且干净，放在垫了油纸的纸盒中由客携去"①。春节更是冰糖葫芦大卖的时候。从正月初一到十五，在北京和平门外琉璃厂厂甸庙会上人山人海，人潮间四处穿梭着冰糖葫芦的身影。厂甸庙会上的糖葫芦个头特别大，它是用长长的荆条做芯，在山里红外刷上以甜水做成的饴糖，通体呈白色，小的三尺一条，大的五六尺，顶上还插有用红纸、绿纸做成的小三角旗。糖葫芦成为北京入岁时逛厂甸的标志，也成为北京人过春节的象征。

厂甸的风车都出自北京近郊农民之手，是地道的传统手工艺品，在别的地方很难看到。农民们在冬季农闲时，用细篾儿和彩纸条儿糊成风轮，安装在秫秸架子上，每个风轮带有白线拴好的一对小鼓腿儿，敲打着一个泥塑蒙纸面的小鼓，微风一起，风轮转动，小棍便击鼓作声。大一点的如"田"字或"品"字形的风车架上，一般可装二三十个风轮，便有二三十面小鼓，风车转动时，鼓声便响成一片了。昔日人们逛厂甸时，一走近海王村前门，眼前便是红红绿绿的各式大小风

---

①梁实秋《雅舍谈吃》，天津教育出版社，2006年版，第18页。

车，伴着哗啦啦一片鼓声，煞是招人。曼殊震钧《天咫偶闻》记厂甸云："晚归，必于车畔插相生纸花蝶以及串鼓，或连至二三十枚；或以山楂穿为糖葫芦，亦数十，以为游帜。明日往，又如之。"①所谓"串鼓"，说的就是大风车。

厂甸庙会上的风车

除了糖葫芦、大风车，庙会上的各种商品真是多得数不胜数，扇子、对子、窗花、福字、风筝、空竹、兔儿爷、泥人、糖人、头饰、鞭炮、花脸、陀螺、木制刀枪、锡制的小戏曲人物、泥鸟兽、麻杆鸟、绒鸟、摇头像、鬃人、不倒翁、面人、毛猴、面具等不胜枚举，也引得形形色色逛庙会的人，摩肩接踵，因各得其乐，各有所获，个个透着喜气洋洋。

此外，京城庙会上还有更透着文化的商品。隆福寺所在的隆福寺街，是北京有名的文化街，据《道咸以来朝野杂记》记载，隆福

北京秋冬季节街头卖糖葫芦的

寺街当年只有书肆三处：同立堂、天绘阁、宝书堂。后来，同立堂和天绘阁由于经营不善而换了主人，改名为三槐堂和聚珍堂。到清末民初时，因它西邻位于沙滩的北京大学，东皇城根的中法大学和东邻海运仓的朝阳学院这一独特的地理位置，使这条街的书铺大量增加，有三槐堂、聚珍堂、修梗堂、修文堂、宝文书局、文

---

①北京市东城区园林局汇编《北京庙会史料通考》，燕山出版社，2002年版，第123页。

殿阁、三友堂、带经堂、宝会斋等二十多家。这些书铺除收买销售经、史、子、集等类书,珍本、善本、孤本等古旧图书外,三槐堂、聚珍堂等有条件的书铺还设有印刷作坊,刻版印制《书经》、《万历武功录》等大量古书。

再有,厂甸庙会向以书籍古玩、字画文具独秀于林。

当然,庙会这一古老的集市贸易中所体现的北京商业文化,如果从营销手段、经营环境、管理方式等方面来考察,则显出其原生态。售卖广告来自摊主京韵十足的吆喝;坐地经营的方式更实现了人与自然的交融;庙会的分布与老北京的城市布局和谐呼应。总之,在古老严肃的宗庙祭祀和民间信仰中孕育而生的庙会,随着其商贸功能日渐突出,成为展现北京商业文化的重要场所。

第八章　北京的商业会馆与商帮

　　集中在北京南城的商业会馆,不仅对北京商业的发展和商帮的形成起过重要作用,也丰富了北京商业文化的内容,成为古都风貌的重要组成部分。而以商业会馆为纽带集中于京城的各地商帮,在经营过程中融各地优秀的传统商业文化于一体,打造出独具特色的京商文化。

第一节　北京商业会馆的文化特色

一、北京商业会馆的兴衰

　　提起会馆,老北京人都不陌生。它们零星地分布在南城大街和胡同里,很多已是破旧不堪、毫无生气,脱落的墙皮、斑驳的门漆更记录了它的沧桑。虽然它已不再吸引年轻人的目光,但是它却承载了京城几百年的政治、经济、文化的历史,也记录了太多的悲欢离合,从而成为旧时京城一道特有的人文景观。

　　关于会馆,根据《辞海》的解释:是指"同籍或同行业的人在京城及各大城市所设立的机构,建有馆所,供同乡同行聚会、寄寓之用"。这里"寄寓"、"聚会"表明了会馆的主要功能。北京作为全国的政治、经济、文化中心,自然要吸引大批地方的中小官吏及其家属、在京谋生的商人,还有大批前来求学的学生,因此,各类人员到京城后首先遇到的就是"寄寓"问题,而会馆的设立无疑使这一问题迎刃而解。再说到会馆的"聚会"功能,当是各类会馆各类功能中最为突出的了。

所有远离故土,客居京城的人们都渴望有一个"敦亲睦之谊,叙桑梓之乐"①之所,而会馆的出现则成就了他们的这一愿望。

北京的会馆按照其性质和作用,大致可以分为两大类:文人试馆和商业会馆。文人试馆的产生应该是在明永乐十三年(1415),是科举制度确立和会试地点北迁的结果。因科举考试每三年一次,各省赴京参加会试的举子总数多达五六千人,虽然政府对来京的举子提供了一定的车马费,但是食宿仍然是一个难题,尤其对于那些家境贫寒租不起房舍的人来说,更是难上加难。他们迫切希望在京都能够有一个同乡之间凭借乡谊互相照顾的落脚之地,于是在同乡人的群策群力之下,主要为赴京的同乡举子提供食宿之便的会馆便应运而生了。这类会馆通常被称为"试馆"或"文人试馆",例如,花市上头条的遵化试馆,花市上二条的蓟州试馆等。这类试馆在北京所有会馆中数量最多,约占80%以上。清朝末期,科举制度废除,这类会馆的功能丧失。

商业会馆也称商人会馆,是由各地在京的商人设立并专门服务于商业贸易活动的会馆。按照今人的理解,商业会馆就是同乡商人的招待所和食宿地,是为了满足同籍商人在异地储存货物、寄居藏身的需要而设立的,如北京山西颜料会馆的设立是因为"诸货之有行也,所以为收发客装"②。显然,商业会馆的产生是商品经济发展繁盛的结果,其活动必然与市场息息相通。商业会馆产生之后,又成为会聚公议之地,北京的临襄会馆碑记称:"燕都自古即为天下重镇,迄元明清三代继续为京师,四方人士皆归焉。而各省经商者亦皆荟萃于此,历年既久,遂各筹同乡会聚公议之地。"③由此,商业会馆的功能开始延伸。

商业会馆一般都是按不同行业,分别设立,所以也叫"行馆"。这类会馆也可以根据"同籍"和"同行"分为两类。"同籍"是指根据地缘来划分,即冠以地名,但实际却是行馆。因为旧时北京有不少行业的商人和从业人员往往是某一地区的人互相援引而来的,形成行业的地区垄断,因而这些行业的会馆就以这些人的家

---

① 李华编录《明清以来北京工商会馆碑刻选编·浮山会馆金妆神像碑记》,文物出版社,1980年版,第100页。

② 李华编录《明清以来北京工商会馆碑刻选编·颜料行会馆碑记》,文物出版社,1980年版,第7页。

③ 李华编录《明清以来北京工商会馆碑刻选编·临襄馆山右馆财神庵三公地重修建筑落成记》,文物出版社,1980年版,第27页。

乡为馆名,例如郭家井的宁波药材商人建立的四明会馆、小蒋家胡同的山西布行商等。"同行"是指根据业缘来划分,即完全是同行业组成的,如南新华街的玉行长春会馆、北芦草园的颜料会馆、前门外西河沿的银号行正乙祠等。在北京四百多所会馆中,大约有六十多所这样的商业会馆。

关于京城商业会馆出现的时间,参阅一下目前相关的研究,多认为也在明永乐年间,这种看法怕是一种误解,因为谈论会馆的产生不可一概而论。作为首善之区的北京,因科举的举行,文人试馆占据了主体,商业会馆占的份额较少,故在会馆研究中,也多以文人试馆的产生谈论会馆之源。在这个问题上,如参考胡春焕、白鹤群著《北京的会馆》[1],可以将北京商业会馆产生的时间提前到宋朝中叶,虽然这时北京的会馆为数极少,但它是商品经济的产物。自明清以来,北京不仅是全国的政治、文化中心,经济中心的地位也更加突出,随着城市经济的繁荣和发展,商品流通的扩大,工商业更加繁盛,再加上明初政府又在正阳门外建房招商,使这里成为北京最大的商贸集散市场,于是商业会馆得到了进一步的发展。这类会馆在京城存留的时间也较文人试馆长,大多保留到新中国成立以后。

北京的会馆主要位于南城,也就是现在的宣武区和崇文区一带,而商业会馆多集中在崇文区(宣武区以文人试馆居多)。据统计,崇文区境内历史上有会馆一百五十余处,其中相当一部分是商业会馆,形成这种分布的原因应该有三个方面:

其一,特殊的地理位置是崇文商业会馆集中的天然条件。北京城西部是太行山脉,东北是燕山山脉,仅南面是平原,所以这里虽然是城郊,但其敞开的环境,便利的交通,使其成为商贸发展和商人聚居的最佳之地。另外,明清时期的进京路线有水路和旱路两条,旱路经卢沟桥从外城的西门广安门进城;水路均经运河于通州上岸,大部分南北货物在崇文门外集散,所以,这里成为北京最大的商贸集散市场。频繁出入崇文门的外省行帮也纷纷在这里聚居并开拓商市,进行商业竞争,于是各地商人及他们建起的商业会馆成为北京南城最早的居民及建筑。

其二,明都北移和崇文税关的设立是崇文商业会馆集中的政策原因。明永

---

[1] 胡春焕、白鹤群《北京的会馆》,中国经济出版社,1994 年版,第 2 页。

乐年间迁都北平,此后南商纷至沓来。明成化二十一年(1485),在今崇文门外开始设立税关。弘治六年(1493),又把京师九门的课税"统一于崇文一司"。从此,崇文税关便成了京城九门的总税务关。嘉靖二十三年(1553),明外城建成,南墙由元时的长安街一线,拓至今前三门(崇文门、正阳门、宣武门)一线,崇文税关便成了京城十三门的总税关,及至清朝相延未变,终于民国十九年(1930)。在这长达四百五十年的

旧京崇文门

时间里,外地漕运来的货物必须经崇文门税关收税后,方可分送城内各处销售。于是各地商人为求就近候货完税,纷纷滞留于附近的崇文门外大街两侧及周围地区,致使这一地区会馆客栈、商号百货云集,崇文门外大街也因此成为京城商业中心之一。

其三,清政府的"满汉分治"也是崇文商业会馆集中的一个重要原因。明朝时京城内外都有商业会馆的存在。但是清兵入关,定鼎京师五年(1649)后,开始实行"满、汉分城居住"的政策,内城中只允许旗人居住,并禁止在内城开设戏院、茶馆和旅舍等城市服务设施。因此,住在内城的汉人被明令迁往外城,明代在城内所建的会馆亦被责令迁出。而中央六部设在正阳门内,所以,汉族官员多在正阳门外拓地建房,这是清朝官员的上下朝多进出正阳门的缘故。也正因为如此,正阳门外大街一带商众云集,六必居、同仁堂、都一处、合香楼等著名店铺林立,牌匾相望,珠宝店、绸布店、粮食店、杂货店林林总总,盛极一时。小商小贩们喧嚣交易,摩肩接踵,从而促成了由正阳门向崇文门东南部商业市场及商业会馆的形成,也使这一地区成为清代北京最繁华的闹市区。

清光绪三十一年(1905),随着科举制度的被废除,作为京城会馆的主体,文人试馆从此走向沉寂。那些应运而生,借机而盛的京城商业会馆在清乾隆年间

获得鼎盛发展之后,也没有摆脱凭势而衰、因时而亡的命运。探求一下导致京城商业会馆走向衰落的原因,大致可以包括这样几个方面:

第一,外在原因。首先,鸦片战争之后,清政府在外国炮舰下屈服,开关、赔款,国力衰竭。而随着中国港口、商埠、市场对外开放,洋货肆溢横流,与民族资产阶级发生了激烈的市场争夺。处于褴褛之中的民族资产阶级无力与强大的洋商抗衡,商界势衰,商人纷纷返乡,会馆失去经济支柱,有的被转租,有的逐渐荒芜甚至倒塌。1900 年八国联军入侵北京,一些会馆被联军占领,其余会馆因商旅逃尽,空无留客,财物遭到空前浩劫,一些不法之徒乘机侵夺会馆据为己有,使会馆一度变成民宅。其次,1927 年 4 月 18 日,代表资产阶级利益的国民党在南京建都,京师被改为北平特别市,降低了商业中心的领导地位,商贾、官僚纷纷南迁,会馆再度衰败。为了维持会馆残存的局面,一些会馆将临街房转租给商人开店铺,亦有一些会馆将外乡人请进来居住,收取低廉的房租。还有社会上专门以倒卖房产为生的房虫子乘机倒卖、倒租会馆空房,从中牟取暴利。最后,1937 年 7 月 7 日,卢沟桥事变,日寇侵占北平。许多民族资本家誓死不当亡国奴,纷纷弃家朝西南四川迁移。西南陪都得这批爱国民族资本家的艰苦创业,兴建了一批民族工业,保证了八年抗战的军需、民用供应。北平商人亦随迁后方,北平会馆再度失去经济支柱。

第二,内在原因。京城商业会馆的发展历经了几百年的时间,积淀了丰厚的传统文化,然而作为与封建社会自然经济相伴生的商业会馆,其与生俱来的地缘性及由此产生的落后性是不言而喻的。商业会馆的地缘性决定了它浓郁的乡土情结和保守的经营理念:商业会馆的建立是以宗族为中心的,会馆的活动内容往往也是围绕防止竞争、保护本乡族利益来进行,甚至在宗族内部,一些精巧技术也要按照严格的血缘纽带下传。而这一切必然使得其在经营上墨守成规,拒绝近代经营运作模式,最终导致商业会馆丧失发展机遇,加速其走向衰落。

第三,根本原因。京城商业会馆最终走向衰落的原因除了前面分析的有外在和内在原因之外,恐怕还有更深层次的因素,也就是由于时代的发展使原有的会馆组织日益丧失了其存在的经济社会基础。1912 年中华民国的成立,标志着中国早期现代化的开始,虽然辛亥革命并未真正实现其建立资产阶级共和国的目标,但资本主义工商业呈现出空前的发展高潮。在这样的时代背景下,京城的商业会馆无法应对已经变化了的社会格局和开放社会工商业的迅猛发展,使它日益丧失了存在的经济基础,同时商业会馆在一定范围对社会的整合功能也随着社会的巨大变革丧失殆尽。无疑这一切使得京城商业会馆走向尽头。

进入民国,随着社会经济、政治、文化等各个方面的变化,商业会馆也随之经历了一些形式上的变化。其一,向同乡会的转化。民国初年至抗战以前的二十余年间,是同乡会组织在全国各地蓬勃兴起的时期。同乡会的产生,也就部分地代替了商业会馆的社会功能。其二,向同业公会和商会的转化。由于旧有的商业会馆越来越不能适应新的形势,于是一种对行业和商业起指导、监督和内部协调作用的同业公会和商会产生。1904年清政府颁布了《商会简明章程》26条,明令各省城市旧有商业行会、公所或会馆等名目组织,一律改为商会。于是各种不同的商业组织逐步统一于具有资本主义性质的商会。其三,保持了原有的名称。商业会馆在向新的组织转化的同时,仍旧有一部分会馆以原有的名称留存下来,如北京的梨园会馆、金箔会馆、药行会馆、玉行长青会馆、文昌会馆、当业会馆等等。此后,随着民族资本主义经济的发展与行业变迁的加速,同时民族资产阶级为挽救民族危亡、为了自救,实行工商联合,外争国威,内争民权。工商联合会的崛起,冲击了同乡会、宗亲会、行帮所宣扬的宗法制度、乡土主义,使商业会馆地方保护主义的藩篱被拆除。同时也使工商各业公所、会馆名存实亡,呈现出解体的种种迹象。

1949年2月北京和平解放,北京市人民政府将会馆空房分给了无房居住的流民,会馆居民逐渐复杂。为了做好会馆移交前的过渡准备,1950年北京市政府颁发了《北京市各省市会馆管理暂行办法》,废除了旧有的会馆管理制度,成立了由各阶层人士及会馆居民参加的"会馆财产管理委员会",该管委会代行原会馆馆长职权,调定了会馆房租,以其所有统筹统支对会馆房屋全部进行了必要的修缮及养护,并对会馆财产进行了检查和重新登记。自1951年起,在京的各省会馆房产开始逐步移交北京市人民政府各局管理,至1956年初移交完毕。至此,北京的商业会馆退出历史舞台。

二、北京商业会馆的功能及市场化因素

明末清初,北京的工商业呈现出繁荣局面,这也吸引了四方商贾聚集京城。于是专门服务于这些异地商人的京城商业会馆壮大起来,同时又促进了京城商

业的发展。当然,京城商业会馆的作用还不仅仅体现在经济上,其强大的社会整合功能尤其不能忽视。所谓整合,就是把一些零散的东西通过某种方式将其组合在一起,最终形成有价值、有效率的统一整体。商业会馆作为异地商人在京城的一种社团组织,虽然其建立不属于政府行为,但是它在整个社会生活中起着一种特殊的整合作用。这一整合体现在三个方面:

第一,自我整合。这是指在商业会馆内部进行的一种整合。商业会馆的这一功能主要是借会馆这种地缘或业缘组织形式,以乡情和宗教为纽带,通过建立商业会馆内部良好的商业秩序和维护同乡同业利益来实现的。

流寓京城的客籍商人面对瞬息万变的市场,既充满希望也心有不安,毕竟生意场上祸福难料,于是这些在京谋生的商人在同乡的旗帜下聚集到一起,他们在商业会馆中祈求神灵,企盼神灵保佑自己在京城的商贸活动能够逢凶化吉,经营和顺。同时,他们叙乡情、联乡谊,在生活上彼此互助,特别是共同的宗教信仰和相同的生活习俗,使远离家乡的人们有了精神寄托和心灵归宿。诚然,联谊祀神并非商人客居他乡的最终目的,商业会馆也绝非仅仅是乡谊纽带,各籍商人千里跋涉云集到经济贸易发达的京城,只能是一个目的:牟利致富。因此京城的商业会馆在联谊祀神之后,更多的是组织会馆内部商人商议经营之事,切磋经营之道,排解经营纠纷,拓展商贸业务,同时协调内部关系,团结群体力量,共同对付各种苛索骚扰势力,增强他们自我保护、自谋发展的实力。

事实上我们看到,京城的商业会馆为建立其内部良好的商业秩序做出了相当的努力。他们把谋求彼此的共同发展作为自己的目标,因此,在很多商业会馆内订有详备的规约,其中对会员的权利与义务都作了规定,这样就使得同乡同业商人整合在一个相对稳定的团体中,在一致的商业约定中依据共同的规范从事经营,保证了良好商业秩序的建立。同时为促进同乡同业之间的联系和保护同乡同业的利益,京城商业会馆也做出了贡献,如山西商人在北京建的河东烟行会馆,乾隆时由于"易州烟庄牙侩为奸,行中不通交易者几乎经年"[1],后来依靠会馆力量与牙行交涉"卒获胜利"。另外,山西在北京营销桐油的商人,则通过会馆

---

① 李华编录《明清以来北京工商会馆碑刻选编·河东会馆碑记》,文物出版社,1980年版,第60—61页。

借官府之力限制了牙行的勒索,于是在山西颜料会馆立碑为记。

除此以外,商业会馆还通过儒家伦理精神和道德规范来约束乡人行为,提倡和谐与秩序,团结新老同乡,敬老爱幼尊贤,照顾老弱贫病,且借助会馆的娱乐表演,在传统戏曲故事说唱间,潜移默化地传承传统忠义伦理思想,负起人文教化的社会功能,为维持社群的宗法秩序和凝聚力起了很大作用。因此,京城商业会馆成为各地商人在京城进行内部整合的基地。

第二,市场整合。这是指会馆与会馆之间的整合。京城商业会馆的这一功能主要是通过制定各种规章法则,规范商业秩序,防止无序竞争来实现的。

在我国封建社会,政府虽然长期以来在宏观上实行“重农抑商”政策,将商品经济限制在自然经济所能容忍的范围之内,但对市场的具体运作,官府则采取了不过多干涉的自由放任态度。而在官府自由放任的政策之下,京城各地的商帮团体必然处于比较松散的状态,各商帮之间不正当的竞争也会渗入其中,从而扰乱正常的商业秩序,以至引起同行矛盾。再加上牙行经济把持垄断,巧取豪夺,使商品经济更加难以得到顺畅发展。这一切都决定了京城各商业会馆不得不自我约束,同时依靠自身的力量,通过制定行规业律加强商业自律,仲裁商务纠纷,营造诚信的商业氛围,以规范商人的市场行为,维护市场的正常秩序,取得“敬业乐群”的经营效果。道光年间,北京市场上砝码不准,平遥颜料会馆公立标准行秤四杆,新量银码四块,每块重五十两分,作为标准分到四城公用,依靠行业会馆的力量规范了整个京城的颜料市场。

此外,还有值得一提的现象,即商业会馆除了通过制定行规业律来整合市场之外,他们还依靠神灵的威慑力量来抑制市场竞争中存在着的不正当行为,以“人神共愤”来规范市场竞争的正常秩序,这恐怕也是商业会馆实行神灵崇拜的一个原因。对此,北京正乙祠《重修正乙祠整饬义园记》指出“贾人所以答神庥,……以谓人无论智愚,未有对明神而敢肆厥志者”[1]。不难看出,“敬神庥”确成为京城商业会馆整合市场秩序的一个必要手段。

可见,商业会馆所制定的行规业律包括“敬神庥”活动,虽有封建性的一面,

---

[1]李华编录《明清以来北京工商会馆碑刻选编·重修正乙祠整饬义园记》,文物出版社,1980年版,第14页。

但却充分体现了中国传统商人要求市场自律和严格按照市场规律经营的敬业精神。同时在官府自由放任的政策下,作为行帮办事机构和商人自治团体的商业会馆,便不得不承担起整合市场秩序的任务,成为代替官府行使"工商管理权"的准官方社会组织。由此,商业会馆的市场整合功能可见一斑。

第三,社会整合。这是指商业会馆和社会之间的整合。商业会馆本是各地商人建立的自治、自助和自律的民间机构,它设立的目的是壮大自己和谋求更大利益。为此商业会馆加强内部管理,规范竞争秩序,竭力

老北京校场口头条的云南会馆

为自己的商业活动创造良好的经济政治环境,从一定意义上说商人的这一努力与政府追求社会稳定与和谐的愿望达成了一致。所以应该说,商业会馆的建立是内驱与外在动力共同作用的结果。

明清之际,随商品经济的发展,大量商人为利益所驱使,走出家乡,来到京城,从而形成较大规模的商人流动。这种流动使商人们脱离了原来主要以血缘和地缘交织而成的熟悉的社会治理网络,从而也构成京城社会的种种隐患。在这一新的市场形势下,如何加强对市场上流动商人的管理,同时使客居京城的商人从心理和行为上融入北京市民社会的文化氛围,成为传统社会面临的新问题。而此时商业会馆应运而生,作为官府与商人之间的中介组织登上了历史舞台,作为官府特许的准官方组织,它以乡土地缘关系为纽带,起到了代替官府加强对本帮商人市场行为的约束和管理的作用,从而成为流动商人管理的重要力量,也填补了社会管理的空白。

此外,京城的商业会馆通过严格的法规章程与儒家道德规范来约束乡人行为,在确保会馆内部运作管理协调有序同时,对于预防犯罪、维护北京社会治安

上及其他社会事务的管理方面也起到很大作用。明人刘侗、于奕正曾考究会馆来历，认为："尝考会馆之设于都中，古未有也，始嘉、隆间。盖都中流寓十(倍)土著，游闲厮士绅，爰隶城坊而五之，台五差，卫五缉，兵马五司，所听治详焉。惟是四方日至，不可以户编而数凡之也。用建会馆，士绅是主，凡入出都门者，籍有稽，游有业，困有归也，不至作奸，作奸未形，责让先及，不至抵罪，抵于罪则藉得之耳，无迟于捕。"①这里，刘侗等讲明了会馆起于社会管理，旨在让士绅以会馆招谕流移，使其有所把握，不至沦为封建统治之外。

总之，商业会馆在追求有序的社会状态，为自己的经济政治活动创造良好环境的同时，把造福桑梓扩大到服务整个社会，开拓与外界共融、互补、互惠、交流的道路，从而使自己渐渐土著化而成为社会的主流，获得政府及市民社会的认同。

京城的商业会馆作为商品经济和传统市场发展的产物，与文人试馆及其他性质的会馆相比较，其主要特点是带有更多的市场化因素，这些市场化因素主要表现在：

第一，京城商业会馆是各地商人交流市场信息，评议市场价格，指挥市场运营的重要场所。地缘商帮在北京的业务开展起来以后，必然会与京城及各地商帮和牙行之间发生利益冲突和业务矛盾。同时，利益刺激下本帮商人内部不规范的市场行为也会不断增加，而官府历来对市场运作采取自由放任的政策。这便迫使商人为了维护本帮商人的利益，维持市场运作的正常秩序而自发组织起来，以商业会馆作为根据地，凡同帮商人都在此集会，以沟通商情，评议价格，计有无，权损益，制定行规业律，制裁不正当竞争行为，指导市场的正常运作，保证本帮商人业务在京城的正常发展。这也是京城商业会馆作为商帮常设机构获得巩固和发展的主要原因，充分表现了商业会馆在整顿市场秩序、维护正当竞争方面所发挥的积极作用，从而使商业会馆成为市场运营不可或缺的场所。《颜料行会馆碑记》中指出，"诸行之有会馆也，所以为论评市价"②。这些充分说明，京城商业会馆成为市场营运的重要组成部分，其市场化倾向已十分明显。

第二，馆市合一现象的出现，使京城商业会馆本身成为商贸活动的重要场所。

---

① 〔明〕刘侗、于奕正《帝京景物略》卷四《嵇山会馆建唐大士像》，上海古籍出版社，2001 年版，第 267 页。

② 李华编录《明清以来北京工商会馆碑刻选编·颜料行会馆碑记》，文物出版社，1980 年版，第 7 页。

作为商货停积之所的商业会馆,本身就具备了发展成为交易之所的便利,所以当条件成熟时,有部分会馆就会发展成为市场。著名的例证为寄居北京的山西商人所创立的临襄会馆。该会馆《油市成立始末缘由专事记载碑记》载:"油市之设,创自前明,后于清康熙年间,移至临襄会馆,迄今已数百年。该馆极宏敞,可容数百人,最宜建为商市。然实因管理得人,苦心筹划,力为布置,用多数之金钱,成宽阔之地基,使同行无不称便,实为吾油市之幸。油市成立,距今数百余年,履蹈信义,弊端毫无,足征当初定法良善。"①直到民国该会馆仍是北京著名的食油市场。

第三,商业会馆的资金运作使会馆直接进入市场营运。商业会馆的资金分为常年经费和临时经费两种。常年经费来自本籍商人、学徒所缴纳的会员费及房屋租金;临时经费来自各商号的捐纳银两或对过往货物所抽取的厘分。现位于崇文区东兴隆街路北的药行会馆内存有《重建药行公馆碑记》,碑中详述:"一议:各铺家按生意每月八毫捐钱,每逢初二,著看馆人取作公费。费用之外,余钱存公。一议:各行每节按行用捐银五厘存公。一议:各客每年按生意,捐银五十两,于八月二十六日交入公帐,另行出息。一议:众首事按月输值,每逢初一日,上下首事,齐到会馆交代银钱,勿得迟延。如午刻不到,罚银二两。……"②这些集腋成裘的资金,数量很可观,常常在维持会馆日常开销后,有大量结余。这些会底银两常常被会馆经营者运作起来,投资生利,其方式大致有三:一是投资本帮商号,分取利润;二是存号取息;三是购置街房,出赁收租。凡此均说明,商业会馆本身已作为市场主体,进入市场营运,使会馆与市场直接联系。

第四,京城商业会馆使同乡联谊活动更多地带有商业运作的色彩和服务于商务活动的需要。作为商人的同乡组织,京城的商业会馆与文人试馆及其他性质的会馆一样具有"敦乡情,联桑梓"的基本功能,然而商业会馆却把这一功能与开发同乡人际资源、经商谋利联系起来,为京城的商业会馆注入了类似今天"商人俱乐部"一般的市场化因素。我们可以从清代北京山西商人兴办的仙城会馆"碑记"中看到商人对同乡联谊活动的经济思考:"厥馆所由,李子曰:由利。乡人

①李华编录《明清以来北京工商会馆碑刻选编·山右临襄会馆为油市成立始末缘由专事记载碑记》,文物出版社,1980年版,第26—27页。
②李华编录《明清以来北京工商会馆碑刻选编·重建药行公馆碑记》,文物出版社,1980年版,第93页。

同为利,而利不相闻,利不相谋,利不相一,则何利?故会之。会之,则一其利,以谋利也。"①这里已经十分清晰地道出了同乡联谊活动与开发同乡人际资源及商人对设立会馆的目的所赋予的市场化功利色彩。"人情即商情,商情即人情",这一观念的变化为同乡联谊活动深深打上了商业运作的烙印,同时也适应了商品经济发展的需要。

第五,京城商业会馆在发展中逐步形成行业自治机制和我国最早的一批系统商法。按传统学术观点,晚清商事立法之前中国没有商法。但是,随着商业会馆为协调同行间的利害关系、与官府进行交涉、排斥外行匠人及商人间竞争功能的拓展和加强,其自治机制趋于健全。他们通过行业自治建立商人社会内部的交易秩序以促进交易的效益,通过联合御外和充分利用政府的力量以营造外部社会的经营环境。而在这一过程中,也逐渐产生了用于维护商业秩序的章程、规则等,且得到上下一致的认同。这些章程与规则表现出中国商人正在学会自我约束与管理,并逐渐走向成熟并形成独立阶级的趋势。而解决商业纠纷,主要是通过商人组织如商业会馆而不是靠政府解决,是政府对市场干预的相对淡化,它是明清时期商品经济发展的重要成果,同时更具有了法律意义。根据清代工商业碑刻资料的记载,清代商业社会各行各业都制定有一些规则和制度,与欧洲中世纪商人习惯法的内容非常相似。这些规则与制度中有关商事方面的规范共同构成了中国传统商事法的体系。

凡此种种,京城商业会馆的市场化因素清晰可鉴。

三、北京商业会馆的文化特色

北京的商业会馆是特定历史发展阶段的产物,它是一种历史现象,也是一种社会、经济与文化现象。那些成长和立足于京城的商业会馆与北京的政治、经济、文化相融合,带有明显的地方文化特色,成为北京商业文化的重要体现。

第一,京城商业会馆中的乡土特色。京城商业会馆既是客籍商人首先出于"敦亲睦之谊,叙桑梓之乐"的目的而在京城建立的同乡组织,因此,桑梓情怀无

①李华编录《明清以来北京工商会馆碑刻选编·创建黄皮胡同仙城会馆记》,文物出版社,1980年版,第16页。

疑成为联结同乡商人的最重要纽带。商人们为谋求生计离家远游，留下的是数不尽的离愁别恨，断肠天涯。身处他乡、别居异地的游子们感受到的除了孤独还是孤独，除了寂寞仍是寂寞。那种独在异乡为异客的飘零，唤起的只能是他们对亲人、对故里、对家乡山山水水的浓浓思念和遥遥期盼，这份思念和期盼成为他们心中最永久最深刻的痛。而商业会馆的建立，使同为乡里的商人们聚在了一起，他们真正体会了"老乡见老乡，两眼泪汪汪"。在这里他们听到的是熟悉的乡音，品到的是地道的乡味，他们不再茕茕孑立、形影相吊，不再孤苦伶仃、举目无亲，商业会馆带给异地商人首先是心灵的归宿和精神的慰藉。

在中国商人根深蒂固、铭心刻骨的乡土观念支配下，商业会馆的乡土特色表现得尤为突出：各地商人不远千里运来建筑材料，延请乡里的匠人，按原籍的风格，在北京再造了一个个如同乡井一般的环境——商业会馆，在这里有他们共同崇祀的桑梓大神。当然各地会馆供奉的神灵多不仅带有地域色彩，也带有明显的行业色彩，如山西会馆祭祀关圣帝君、福建会馆祭祀天后、药行会馆祭祀神农、成衣会馆祭祀三皇、正乙祠正殿供奉财神赵公明、玉行会馆供奉丘处机、文昌会馆供奉文昌帝君。位于北京宣武区鹞儿胡同的山西浮山会馆，有碑云："我浮山会馆，建自雍正七年。其馆北位五圣像，神德灵应，佑我商人；南建演乐厅，依永和声，仰答神庥。我乡贸易诸公，每遇朔望，咸集于此，敬修祀神。虽异地宛若同乡，皆得以敦亲睦之谊，叙桑梓之乐焉。"[1]

每至佳节或朔望之日，旅京同乡不分贵贱，齐集馆内祭祖敬贤、开展各种民间文化活动，并邀请家乡戏班来京在会馆戏楼内演出，伴着舞台上的乡音绕梁，再和上一曲家乡小调，更有儿时的嬉戏浮现眼前。这一切无不引起客籍商人泪湿衣衫，涌起万般思乡之情，同时也使远离他乡的游子在心灵上得到一丝安慰。

如果我们再考察一下京城商业会馆的碑刻，也不难发现，几乎所有的碑记都是由同乡籍的官僚或者文人执笔的。如广州仙城会馆，是由经营纱苎、绢毂、锦绮以及珠贝、翡翠、珊瑚等行业的商人"相率以义借凑"[2]、以二千金购建而成，

---

①李华编录《明清以来北京工商会馆碑刻选编·浮山会馆金妆神像碑记》，文物出版社，1980 年版，第100 页。

②李华编录《明清以来北京工商会馆碑刻选编·创建黄皮胡同仙城会馆记》，文物出版社，1980 年版，第 15 页。

"为里人贸迁有事，祸祀燕集之所也"①。现可以见到的康熙五十四年(1715)的《创建仙城会馆记》，以及同治元年(1862)的《重修仙城会馆碑记》都分别由其本乡官僚都察院左金都御史张德桂和翰林院编修广州顺德李文田撰写。以文人司文章之事似乎并不奇怪，值得提出的是，在一些工商会馆的碑刻中还可以见到在出资捐修的人员名单中也有官僚士大夫。如建于清康熙五十七年(1718)的山西临襄会馆，在其"重修临襄会馆碑"上，撰文者为翰林院编修陈履亨，书丹者为临汾县庠生赵云卿，捐修者出银最多并列于前位者，依次为翰林院陈积德堂，施银二十两；户部主政曹，施银二十两。其余则为诸商家，共有五十余家，分别施银八两、七两、六两不等。可见，在工商会馆内，同乡、同族、同宗的宗族观念与乡土意识十分明显。

第二，京城商业会馆的文化交融与渗透。作为皇城的北京，其文化内涵不仅仅有以紫禁城为代表的皇权文化，还应该包括反映草根生活的市井文化，而在这一文化的形成中，商业会馆像一个窗口，注入和输出着外来文化与京城文化，同时它又似一个大熔炉，使各种异域文化在此渗透和交融，而之后呈现给世人的是京城文化一道新的风景线。

提到京城文化不能不提到素有"国粹"盛名的京剧，提到京剧不能不提到会馆，北京的会馆中共有 17 所建有戏楼，其中以安徽会馆、湖广会馆、正乙祠、阳平会馆的戏楼最为有名。这些戏楼的出现为各种地方戏曲在北京演出提供了条件，最终促成了乾隆末年的"四大徽班"进京，形成融合徽调、汉调、秦腔、昆曲等多个剧种为一体的京剧。而这四大戏楼中的正乙祠戏楼，就是浙江商人建于康熙六年(1667)距今已

正乙祠戏楼

①李华编录《明清以来北京工商会馆碑刻选编·创建黄皮胡同仙城会馆记》，文物出版社，1980 年版，第 15 页。

三百多年历史的正乙祠银号会馆,它也是浙江在京城的一个最具规模的商业会馆。京剧创始人程长庚、谭鑫培、卢胜奎及梅兰芳、余叔岩等大师,都在这里演出过。

此外,京城商业会馆对京城百姓的信仰习俗所产生的影响也是颇深的。这些位于京城的商业会馆不仅仅是客籍商人开会议事的场所,更是工商业者共同祭神的地方。玉行商人在《规约》中说:"长春会馆,为玉器行酬神议事之所。"①故每至朔望之期,会馆内均要组织大规模的祭祀活动,后愈演愈烈,从"敬贤"演变为"敬神"运动,各省均将乡神请入会馆内供乡民祭拜,使各路神明荟萃于京师,"八仙过海、各显神通"。会馆敬神活动逐渐被北京地方民俗所接受并吸收,各种庙宇由会馆扩展到民间,成为北京地区的一大人文景观。最受北京人欢迎的是"关公神",有资料显示,北京城内所建的关帝庙宇多达116座,可谓京师庙宇之冠。祭祀关公最终发展成融诗书、古建、宗教、戏剧、雕塑于一炉的"关公文化",为北京文化宝库又添一彩。

当然,京城商业会馆在促进北京文化发展和地域文化交融方面所起的作用还不仅仅局限于此,它对北京的城市建设、古建园林、民族融合、普及教育、碑刻书法乃至民俗风情、饮食文化、语言进化等等方面,都为我们留下丰富的遗产。

第三,京城会馆是商人进步意识的启蒙地。作为客籍商帮在京城的商业社团组织,商业会馆在自身的演进、发展以及与其他商业会馆的融合中不仅展现了中国传统的商业文化,亦成为商人进步意识的启蒙地。

在北京众多的商业会馆中都敬奉关羽,关羽的形象亦成为"忠义"、"诚信"的化身。商人对关公诚信精神的崇拜,不是强行规定的,而是见贤思齐式的,它已转化为商人内心自觉的道德追求和商业活动中自觉的道德实践。这种道德教化虽然带有浓厚的迷信色彩,但在当时所处的封建时代,对于倡导"诚信为本"的传统商业道德及商人的自律都起到了非常重要的作用。

此外,京城的商业会馆在积极致力于自我完善的同时,也树立了中国近代商人"义利兼顾"的良好道德形象。如仙城会馆强调义利辩证统一关系,提出以义为利、以义制利、以义取利、义利相济相通、二者兼得思想:"会之,则一其利,以谋利也。……能一其利以同利,是善笃义也。……然而利与义尝相反,而义与利尝

①李华编录《明清以来北京工商会馆碑刻选编·玉行规约》,文物出版社,1980年版,第115页。

相倚者也。人知利之为利，而不知义之为利；人知利其利，而不知利自有义，而义未尝不利。非斯馆也，为利者方人自争先后，物自征贵贱，而彼幸以为赢，此无所救其绌，而市人因得以行其高下刁难之巧，而牙侩因得以肆其侵凌吞蚀之私。则人人之所谓利，……非即人人之不利也耶？……惟有斯馆，则先一其利而利同，利同则义洽，义洽然后市人之抑塞吾利者去，牙侩之侵剥吾利者除，是以是为利而利得也，以是为义，而义得也。夫是之谓以义为利，而更无不利也。"①这里把正确处理义利关系作为经商致富的经验记载下来，树立了全新的义利观，同时也冲破了过去"君子罕言利"的传统保守观念，提出以利为义，以义为利，且二者兼得，使之商民两利的新思维。正是由于会馆积极致力于市场和自我形象的维护，才使明清市场经济在发展过程中，克服了许多不利和消极的因素。这对促进商品经济的正常发展、良好社会道德的培育与完善都不无裨益，是社会发展进步的标志之一。

现代商业经营，离不开完整的制度与规则的约束，京城的商业会馆无论是它的建设还是管理都渗透着先进的经营管理理念。存在于京城的众多商业会馆，在联络乡情、祀神宴集之外，最主要的还是作为商务活动场所来共同议定经商规则，如：统一度量衡，维护公平公正的行业秩序；反不正当竞争；监督官府，此外还制定了诸多发展商业手工业的具体条款，包括对同业招收学徒、新立牌号、外来开作投行、伙友工价、产品质量和价格要求等等。北京的会馆清末民初以前多实行馆长值年制，后随时代变迁相继采取了董事会、同乡会、理事会、管理委员会等制度。但商业会馆多有例外，如《越中先贤祠》实行评议会制，由在京同乡公推正、副董事、评议员、监察员各一人，互推正、副主席各一人进行管理，这是一种三权鼎立的管理制度。再看长春会馆的《玉行规约》："本会会员办理会务，须要勤恳耐劳，不避艰险，热心工作，克尽厥职为宗旨。"②"承办馆事，均须实心经理。如遇更换值年以及帮办，各善友切记，不可假手愚人，以昭妥慎。本行各值年会首，原以公正老成素望之人办理馆事，无论该会首等子孙如何贤能，不得接替承办馆事，切记切记。"③可见商业会馆作为商人的自律机构，是经营者自我协商、

①李华编录《明清以来北京工商会馆碑刻选编·创建黄皮胡同仙城会馆记》，文物出版社，1980年版，第16页。

②李华编录《明清以来北京工商会馆碑刻选编·玉行规约》，文物出版社，1980年版，第121页。

③李华编录《明清以来北京工商会馆碑刻选编·玉行规约》，文物出版社，1980年版，第116页。

自我制规、民主管理、自我发展的商业组织,在一定程度上适应了中国近代商品经济发展的要求。

京城商业会馆在自身的发展中,也表现出自强自立、团结进取的现代商业精神。在商业会馆建立初期,会馆曾与牙行之间展开激烈的斗争。牙行多是官办,即官牙,他们垄断物产,控制市场,使商人受尽勒索、敲诈之苦难,影响了商品的正常流通,会馆则在团结商人与牙人斗争中发挥了重要作用。《创建黄皮胡同仙城会馆记》中说:建会馆,便是为了摆脱"牙侩因得以肆其侵凌吞蚀之私"和商人自身"寄动息于牙行"的被动局面①。此后,京城商业会馆历经风雨,到清末民初,民族工商业又受到外国经济势力挑战和重压,"长春会馆,为玉器行酬神议事之所,建立有年……因庚子秋洋兵入城,竟为外国洋兵侵占,肆行拆毁,所有正殿龛像供器,以及两庑桌案陈设等项,全行毁失,西院住房拆去多间,不堪举目"②。面临被西方列强瓜分的危机,中国工商业者团结一致,应对局势激变下的新商战,体现了中国工商业者虽饱尝创业艰辛,却始终不乏团结进取的精神与传统。

京城商业会馆中定期举办的"敬神庥"、"报神恩"的宗教活动,最初的目的应该是单纯的,即商人为求得精神上的寄托与庇护并团结本地域商人。另外每逢祀神及节日之时,会馆内的家乡戏演出也是聊以慰藉商人绵缠乡愁的。然而这一切是在市场经济因素已经存在的条件下进行的,于是宗教活动也好,娱乐活动也罢,很快被商人与"谋商利"的市场需要结合在了一起,都被商人打上了"商"的烙印。例如,商业会馆在"敬神庥"的同时,出现了市场经营活动,谓之"馆市合一",在会馆戏楼里,与台上戏人相应,台下商人之间也唱起了生意经。可见,商业会馆的各种活动越来越朝着服从商务活动需要的方向发展,成为具有现代意义上的新的营销方式。更有趣的是,一些会馆中所贡奉的神祇也被商人专业化了,例如,山西人祭关公,但是当山西人的经营范围扩大后,他们通常还会结合自己经营的商品而在会馆中祭祀一些"专业神祇"。又如,临襄人在京多经营日用杂货,于是,位于崇文区晓市大街的临襄会馆在祭关公之外,还要祭祀马王、火帝、酱祖、醋姑、酒仙等"主管领导"。显然,商品经济条件下,一切都是服务于市

---

①李华编录《明清以来北京工商会馆碑刻选编·创建黄皮胡同仙城会馆记》,文物出版社,1980年版,第16—17页。

②李华编录《明清以来北京工商会馆碑刻选编·玉行规约》,文物出版社,1980年版,第115页。

场需要的。善于抓住商机,探索新的营销方式,也让人们看到中国商人在不断开拓中迈出的脚步。

第二节 北京商人的文化品位

一、全国各地商人共同打造的京商文化

京商是北京本土化的特殊商业群体。不同于其他商帮地缘依托结帮经商的特点,北京商人来自全国各地。在长期的经营和发展中不同地区的商人们把各地商帮的经营方式、经营传统和经营特色带到北京,并与北京商业文化相融合,在京城文化的浸染中,历练出集中华商帮文化之大成的京城商人之文化特色。

在明代以前,中国商人的经商活动,多是单个地、分散地进行的,尚没有形成一股势力,即有"商"无"帮"。自明代中期以后,由于商品流通范围的扩大,商品数量和品种的增多,商业中具有"龙头"作用的某些行业在一些地区兴起。加之传统"抑商"政策的削弱,商人地位的提高,人们从商观念的转变,商人队伍的扩大,商业竞争的激烈,在商业领域里出现了前所未有的繁荣局面。与此同时,全国各地相继崛起了不少商人群体——商帮。他们驰骋于商界,犹如一支支劲旅,操纵着某些地区和行业的商业贸易,其中比较著名的有:山西以晋中为中心的晋商,歙县、婺源等徽州六县的徽商,临清、济宁、聊城、烟台一带的鲁商,以宁波为中心的浙商,以龙游县为中心(包括常山、衢县和江山五县)的龙游商,苏州西南吴县境内太湖中东、西洞庭山(现在吴县的东山镇和西山镇)的洞庭商,江西由人口流动形成的江右商,以福建沿海为中心的闽商,以广州、佛山一带为中心的粤商,与晋商同时兴起、亦被称为晋商小兄弟的陕商等十大商帮。明清时期中国商人以商帮的形式出现于历史舞台,充分体现了其自身的地域或血缘纽带关系,这也是中国商业发展史上的一个重要特征。

北京作为中国的政治、文化中心,在长达近千年的时间里,其社会、经济、文化生活的内容无疑是丰富多样的。而商业本是城市生活的伴生物,特别是北京长期作为大国之都,历来人口众多,在18世纪以前,百万人口的大城市在世界上还不多见,北京就是其中之一,几百年来始终保持着近百万规模的城市人口。这

样庞大的而消费水平又相对较高的消费群体的存在,必然造就北京商业经济的繁荣与兴盛,而商业经济的繁盛必然伴之大批商人或商帮的产生。事实上巨大的市场使北京从来都不乏商业和商人,而在我国十大商帮之中,我们却没有见到京商。对于京商在这十大商帮中的缺位,究其原因恐怕有三:一是北京是皇城,是王公后裔、高官显贵的天下,在这里人们追逐的是仕途,加之受传统观念的影响,所以尽管偌大的京城中商业占有举足轻重的地位,但北京人在骨子里是轻商的;二是同样是由于北京人的轻商,在北京经商的商人中本土商人所占比重较少,众多的商人来自全国各地,而习惯上通常他们是以来源地称呼的,比如来自山西依旧被称为晋商,来自山东的依旧被称为鲁商,以致京商的称谓被忽略;三是北京商人经营的商业如果和其他十大商帮相比较,从规模上显然有着相当大的差距,有一些发展到今天仍具活力的老字号,其中相当一部分都是由外地商人在京创建的。所以,今天我们讲"京商"应该是一个大京商的概念,它不仅指最原始意义上土生土长的北京商人,更包括那些为北京商业创造了无限繁华与无数辉煌的各地商人。这些商人将全国各地的商帮文化与历史悠久、京韵浓郁的古都商业文化相融合,打造出独具特色的京商文化,成为中国传统都市型商业文化的代表。如同其他商帮一样,京商有自己独特的历史贡献和历史地位。

在今天北京的商界仍然活跃着众多的"老字号",这些独具色彩的"老字号"也因被反映在许多文学作品和影视作品当中而家喻户晓,成为"京城文化"的一脉,也成为北京特有的文化现象。然而这些"老字号"却鲜有"土生土长",它们绝大多数都是来自山南海北、由全国各地的商人在北京创建的,因而融汇了各地、各民族的特色,形成了一种"大商业"景观。形成这种"大商业"景观的原因,除去前面我们已经分析的几方面原因外,还有一个重要原因,即北京有大量来自全国各地的政府官员和文人学士,他们对家乡的土特产品自然有大量需求,而这些对于各地商人来说无疑是一种巨大的市场召唤。故此,北京以其海纳百川兼容并蓄的宽广胸怀,接纳包容了来自全国各地的商品与商人,而这些来自各地的商人也渐渐地融入到北京商人的行列中去,成了北京商人的一部分,换言之,北京的商业和北京商人乃是全国商业精华的荟萃。例如,北京的饭馆几乎没有纯粹北京馆,只砂锅居(和顺居)白肉馆和其他卖小烧煮的饭馆,以及清真饭庄(如元兴堂),勉强可说是北京馆以外,大部分以山东馆为北京馆。鲁商在北京开办了"七大居、八大楼"之类的饭庄和掌握了餐饮业的大部,以烧鸭子出名的全聚德和便宜坊,也是由山东人来经营的。在山东馆子以外,另有"济南馆",所做肴馔,介于南北之间,别有味道,尤善做大件菜,如燕菜、鱼翅、甜菜等珍细品,非普通馆子所能及,丰泽园、新丰楼便是济南馆。此外,北京的猪肉行是山东人专营的。还有北京最有名的绸布店瑞蚨祥、谦祥益、瑞林祥、益和祥等"八大祥"都是山东布商经营的。

除上述山东人对北京城的餐饮业、猪肉行、布业的垄断外,北京的干果子铺90%以上是山西人专营的;北京的颜料铺都是山西商人开办的;安徽商人在北京主要投资茶叶和纸、笔、墨等行业;浙江宁波人则掌握了北京著名的钱庄"四大恒"(恒兴、恒和、恒利、恒源);据说在琉璃厂的鼎盛时期,河北人占大多数,所以至今还有"河北人打造了琉璃厂"的说法;河北商人在北京经营的生意还有布铺、棉线庄、五金行等;北京的糕点行业分南北两案,南案是江南商人经营的,北案是北方商人开办的;专门制作南方糕点的佩兰斋、馨兰斋、金兰斋、稻香村、桂香村等都是江苏商人首办。

北京商人主要经营当铺、绸缎店、古玩铺、首饰楼、药铺等,多为小本生意,但与旗人贵胄打交道的痕迹较重。

由此看来,与其他商帮地缘依托结帮经营的特点相异,在北京经营的众多商人来自全国各地,而真正意义上的北京商人则微乎其微。也可以说,北京的商业是全国各地的商人打造的,北京的商人也集中了中华商人之精英。

二、北京商人的特点

常言道:一方水土养一方人。北京的历史、北京的文化、北京的皇城气息、北京的市井民情打造了北京的商业和北京的商人,同时也使北京的商业文化具有了鲜明的地域色彩,成就了北京商人独特的气质特征,这些特征可以归结为以下几个方面:

第一,文玩娱乐,品味独特。作为五朝古都、首善之区的北京,既是全国政治文化中心,自然集中了大批文武百官,文士学子,因此京城的商业特色如果从经营内容上看,除了服务于百姓日常生活起居的日杂百货业在京城占有重要地位以外,明显地带有服务于政治、文化和教育的重要特征。北京商人经营的书报业、珠宝业、文具业、影像业等可以说在全国也是独领风骚的。加之旗人贪图安逸、及时行乐的生活态度，更使北京成为一座典型的消费型城市，古玩业、服务业、娱乐业也尤其发达。

以书报业为例，老北京的书肆、书摊出奇地多。老人说，当时就连馒头铺也捎带卖唱本。昔日京城旧书肆最繁荣的地方是"东西两场，南北两街"，这"东西两场"是指东安市场、西单商场，"南北两街"即琉璃厂文化街、隆福寺街。这些地方书坊林立，有的以卖书为主，有的兼作雕版印行，如老二酉堂是由明至清历经数百年的老店，直隶官书局、京师同文馆附设的印刷局等都十分闻名。

说起古玩业，最著名的是以经营经史子集、文房四宝、碑帖字画和印玺古玩为特色的琉璃厂文化街。乾隆年间修《四库全书》时，总编纂纪晓岚（昀）等就以琉璃厂书肆为中心交换书籍，一时全国书商云集于此。当时来京的文人，都以到琉璃厂买书为乐事，这样的盛况持续到民国年间。荣宝斋的木版水印画、戴月轩的湖笔、胡开文的徽墨驰名四方。时人有诗描述："五色迷离眼欲盲，万方货物列纵横。举头天不分晴晦，路窄人皆接踵行。"[1]据统计1860年到北京解放前夕，琉璃厂曾先后开设122家书店及古玩铺[2]。

提到娱乐业，北京地区除皇家戏楼、会馆戏楼以外，还有不少历史久远的商业性戏楼，对北京戏剧事业的发展起到了至关重要的作用。最初的戏曲演出场所并没有特设的舞台，只是席前做场，后来较大的茶园开始特设舞台供演出之用，到清代最为盛行，称之为"茶园"或"茶楼"。这与北京人爱喝茶的习惯有关，一边品茗，一边听戏。清中叶以后北京的茶园已颇具规模，随着四大徽班进京和京戏的形成与发展，人们不以品茗为主，而是以听戏为主了，茶园也随之改称戏园、戏馆子。清同治、光绪年间随着京剧的兴盛，北京戏园数量也在大大增加，约有四十座。据《藤阴杂记》记载："京师戏馆惟太平园、四宜园最久，其次则查家楼、月明楼。"[3]查家楼即今广和剧场前身；月明楼位于永光寺西街，现在已经无存，太平园、四宜园的地点如今已不可考。老北京的戏园子原来只演日场，午后开演一场演三四小时，先演冒戏，演员非名角，迨至压轴、大轴戏名伶才粉墨登

---

①〔清〕杨米人等《清代北京竹枝词十三种·都门杂咏》，北京出版社，1962年版，第77页。
②黄华昌主编《书友驿站品书香：书友热线》，中国民主法制出版社，1999年版，第76页。
③〔清〕戴璐《藤阴杂记》，上海古籍出版社，1985年版，第64页。

场。民国时期许多戏园子舞台加了大幕,并加了灯光,而有了电灯的戏园子才真正是灯火通明,锣鼓喧天。上世纪 20 年代后,戏园名称大都改为戏院或剧场了。

再看北京的珠宝业,前门外廊房头条、二条、珠宝市,都是北京有名的金银珠宝一条街。廊房头条以金店为主,比较有名的有天宝金店、物华金店、三阳金店等几十家,从这些商店的名称,就表示了这里物华天宝,是贵重物品荟萃的地方。在廊房二条及珠宝市街,则集中了荣兴斋、三盛兴、恒盛兴、复盛斋等较为有名的珠宝店,这里虽不像廊房头条那么金碧辉煌,却也是珠光宝气。

还有服务业,老北京服务业的特点是一全、二杂、三服务范围广。就民国三十年(1941)齐如山著《北京三百六十行》对旧京行业的不完全统计,商业方面,包括服务性行业为 265 行,服务行业有旅馆、栈房 17 行,修理旧货业 33 行,出赁物品 21 行①。

此外,因老北京居住着大量上层人士,不乏那类有钱、有闲同时又具有相当品位的消费者,受这种独特的人口结构和满清旗人闲散安逸生活习惯的影响,北京市场上有许多独特的、颇具艺术性兼玩赏功能的、也唯有北京人才能创造出来的奢侈品,像鸽铃、风筝、鼻烟儿壶、蟋蟀罐子、鸟笼等。这些产品其实际使用功能已经退居其次,它的观赏功能与独特意蕴成为这类消费者所追求的,所以其独到的工艺、极优的品质、精湛的做工吸引了老北京中的高消费群体,甚至在今天也为众多中外人士所推崇。

第二,讲求礼节,富人情味。儒学提倡"礼",孔子说:"不学礼,无以立。"②在儒家思想的传承之中,中华民族成为礼仪之邦,作为皇城的北京当之无愧地成为礼仪之都。而北京人的繁缛礼节更被那些在富裕闲雅中将草原骁勇的野性与血性磨掉后的满洲人发展到极致。这些礼节自然反映到京城商业中并被京城的商人们所发扬,使北京商人以热情周到、有礼有节而著称。

以北京众多知名的老字号商家为例,他们都有自己的一套礼节规矩和待客之道,有的够一个学徒学上几年的。比如:大多数店铺逐渐形成了较为严格的一注意、三不准、五必须等商业规范。一注意,就是要求伙计、学徒注意仪表。三不

---

①齐如山《北京三百六十行》,宝文堂书店,1989 年版。
②杨伯峻《论语译注》,中华书局,1980 年版,第 178 页。

准,就是不准同顾客顶嘴;不准冷淡看了半天的货,最后不买的顾客;不准以衣帽取人,穿戴好坏一样热情接待。五必须,就是必须给顾客开店门;顾客进店后,伙计必须笑脸相迎,主动打招呼;必须让学徒给顾客端茶,会吸烟的请顾客吸烟;学徒给顾客递送东西必须轻拿轻放;必须送顾客,买没买东西都要送至店门。有的经营者还为了方便外地顾客的购买携带商品,会无偿提供各种美观实用的包装用具。在客人选购商品时,店员们都会态度友好、实事求是地向顾客介绍适合他们的商品,让人充分体会到经营者重义不重利的经营态度。

北京商人在经营中所表现出来的这种独特的商业文化魅力,在很多京味文学作品中得到了充分的展现,老舍先生在他的《四世同堂》中写"一家三间门面的布铺掌柜"祁天佑,有一张典型的商人的面孔:"作惯了生意,他的脸上永远是一团和气,鼻子上几乎老拧起一旋笑纹。"①《菜市口》的作者许钦文写道:"菜市口的店铺,只要你走进去,无论是只买一两个铜子的茶叶,总也好好地招待,临走时还说声'回见'。敦厚亲善的形象,实在让人难以忘怀。"②看着文人笔下北京商人的礼节之周到,让人不禁慨叹:北京商人哪里是在经营一桩生意,分明是在经营一份礼仪。

老北京的商店销售起点极低,几分钱的买卖也肯做。顾客买半斤白面,五分钱香油,一两白酒,两支香烟,三头大蒜,几缕棉线……商店的老板和伙计绝不嫌少,照样是乐呵呵地伺候着,照样把你看成财神爷。

老北京的商店皆能赊账,一时揭不开锅的顾客,可赊馒头,可赊窝头,可赊大饼,可赊烧酒,可赊熟肉,可赊香烟,甚至还可以到饭店赊几盘炒菜。至于还钱的期限,历来以端午节、中秋节、旧历年为限。

不难看出,存在于老北京的这种交易,依赖的是传统社会的人情关系而非现代社会中的商业契约关系和赤裸裸的利益原则。因而凭借的完全是"外场工夫",这种以非商业手段达到商业目的,也该是现代经营手段之一吧。

第三,平和稳重,安于现状。众所周知,以融通人际交往、安定社会秩序、和谐社会关系为目的而建立起来的"和"文化,是中国传统文化一个重要特征。所

①《老舍小说全集》卷六《惶惑》,长江文艺出版社,2004年版,第8页。
②张建明、齐大之《话说京商》,中华工商联合出版社,2006年版,第32页。

以国人历来倡导"礼之用,和为贵"、"和而不同"、"家和万事兴"。而皇城根下北京人的生活中似乎更多一些宽和礼让、平静安详、恬淡闲散、诙谐幽默。他们在茶馆里听戏,在园子里会鸟,在皇城根儿溜弯,在大槐树下纳凉,全都有一种不紧不慢的节奏。

在这一文化特征的影响下,"和"的内涵、"和"的理念也为北京商人所崇尚,"和气生财"的经营思想在北京商业文化中得以延伸。我们看到,北京许多老字号都带有"和"字,同和居是著名的饭庄,过去北京人结婚最讲究到同和居办喜事,取同庆同喜、百年好合之意。京西海淀镇有个仁和酒家,铺面虽不太大,但远近闻名,兄弟结拜、朋友到访、故人解怨,都愿到此相会,共饮"莲花白"酒,"莲"音同"连",引申为"连连而和","和"就是仁义、和好。其他带"和"字的老字号还有万庆和、恒庆和、广和居、永和号、泰和号、义和号、天和号、祥和饭庄、聚和楼、怡和茶楼、协和医院、广和剧场等五十多家。

黄宗江笔下描述的北京商人平和、稳重、知礼,"你若想和卖馄饨的攀谈,他必有几车子学问,你若不想和他说话,他也绝不打扰你"[1]。老舍先生笔下《老字号》中的生意人更是意态安闲:"多少年了,三合祥是永远那么官样大气:金匾黑字,绿装修,黑柜蓝布围子,大杌凳包着蓝尼子套,茶几上永放着鲜花。多少年了,三合祥除了在灯节上才挂上四只宫灯,垂着大红穗子;此外,没有任何不合规矩的胡闹八光。多少年了,三合祥没有打过价钱,抹过零儿,或是贴张广告,或者减价半月;三合祥卖的是字号。多少年了,柜上没有吸烟卷的,没有大声说话的;有点响声只是老掌柜的咕噜水烟与咳嗽。"[2]北京商人在经商中所表现出来的平和和稳重,恬淡和安闲,很难让人把他们和生意人相联系起来。

北京商人的"平和稳重",还常常体现在商家之间的竞争中。北京商人中少有刀光剑影、你死我活的血腥竞争,他们更推崇的是和平共处、和衷共济。同处王府井大街的同陞和与盛锡福,毗邻而居,经营内容相仿,却多年来相安无事,对"和为贵"一词做出了现实的诠释,被传为商界佳话。但也因为北京商人过度甚至有些夸张地追求"礼"与"和",其结果使得许多北京商人对于新观念失去了敏

---

①黄宗江《戏痴说戏·散乐篇·广和楼》,北京图书馆出版社,1999年版,第214页。
②《老舍小说经典》第四卷《老字号》,九洲图书出版社,1995年版,第362页。

感。他们安于现状,相信小富即安,追求内敛的、含蓄的、稳定的、安逸的生活模式,结果带来的是商业意识淡薄及其对市场反应的迟缓。

第四,注重脸面,讲求门面。说到好面子,也可以说是国粹了。这要追溯到以儒家文化为核心的中国传统文化。儒家主张个人和其他任何人交往时,都应当从"亲疏"和"尊卑"两个社会认知向度来衡量彼此之间的角色关系:前者是指彼此关系的亲疏远近,后者是指双方地位的尊卑上下。某人在考虑要不要给别人面子的时候,其实主要就是在考虑彼此之间的"关系"。在二千多年封建社会的发展中,好面子内化在中国人的行为习惯中,具备着强大的影响力。鲁迅说,面子"是中国人的精神纲领,只要抓住这个,就像二十四年前的拔住了辫子一样,全身都跟着走动了"①。

从社会心理学的角度来看,所谓"面子"是指个人在社会上有所成就而获得的社会地位或声望。因此,在中国社会关系网络中,由于面子不仅牵涉到个人在其关系网中的地位高低,而且涉及他被别人接受的可能性,以及他可能享受到的特殊权力。因此,在中国社会中,"顾面子"便成为一件和个人自尊,甚至是个人利益密切关联的重要事情。所以中国人"好面子",无论阶层高低,无论贫富贵贱都不妨碍"有面子",因为这意味着他得到了周围人们的尊重与认同,体现了独特的价值与地位。

这就不难解释为什么在北京人好面子前要加一个"更"字。

北京城里有多少王公贵族,又有多少达官显贵,哪一个不是尊贵无比,风光无限。他们的面子不是谁给的,是老天赐的,娘胎带的,所以北京人是天生的有面儿。而好礼节的北京人将面子看得太重了,自己有别人也得有。于是要求自己做事要对得住自己的身份——有面儿,同时也不能忘记别人同样也是有身份的人——要留面。这也恰恰合了为官之道,"官场"上,最基本的原则就是要八面玲珑、左右逢源、模棱两可、似是而非,就是要"顾全大局"——一句话,于人于己要"给足了面子",最好是谁也不得罪,然后皆大欢喜。

为官如此,生活在天子脚下、皇城根儿中的百姓们自然也是有面子的。所以北京人要里(礼)要面,凡事爱讲老礼儿,用死要面子活受罪形容北京人一点也不

---

①鲁迅《且介亭杂文·说"面子"》,人民文学出版社,2006年版,第128页。

为过。用北京人话讲,不管怎么着,大面儿上得过得去。其实凡事替别人考虑,多一些体谅,说话留有余地,凡事谦让三分,得饶人处且饶人,也不失为一种美德,甚至可以说,这是身处首善之区的人们的一种修养,不是学出来的,也绝不是装出来的。

至于生活在有着浓重的文化氛围的五朝国都的京城商人们,这里的道德教化使他们自然而然地养成了好面子的习惯。

老北京人谓坐商房舍的前门为"门脸儿",也叫"铺面"。商人一向以为门脸儿、铺面好比人的脸面,不但要整修装饰得体,与所经营的品种、项目相称,还要有个富有含义而又响亮的字号,否则就等于有脸无眉。而字号必求名士命名,匾额必求名书法家书写。然后,为之精雕细刻,重漆贴金,制成金字招牌,在门面上起到画龙点睛的作用。同时,再挂上行业传下来的、为群众所公认的招幌。这样,金匾字号、冲天招牌和行业招幌,自然成为"三位一体",缺一不可了。《燕京杂记》中描述过北京的这种商业景象:"京师市店,素讲局面,雕红刻翠,锦窗绣户,招牌至有高三丈者。夜则燃灯数十,沙笼角灯,照耀如同白昼。其在东、西四牌楼及正阳门大栅栏者尤为卓越。"[1]而大栅栏里尤为卓越的要数瑞蚨祥绸布店,它采用雕梁画栋、金璧辉煌的传统式房屋,商店前面是花饰铁栅栏门,院内有罩棚方便停车,店内还设有头柜、二柜、绸楼、信楼和货房。据说民国年间,其业务达到颠峰,繁华的大栅栏街几乎被瑞蚨祥绸布店占据半条街。

旧京大栅栏人头攒动

---

[1]〔清〕阙名《燕京杂记》,北京古籍出版社,1986年版,第121页。

第五，封闭保守，不重宣传。生活在京城的百姓们是见过世面的，他们见惯了官场上尔虞我诈的政治游戏、皇室中朝代更迭的权力变迁，也见多了有钱人挥金如土的纸醉金迷、贫困者食不果腹的贫困潦倒。这一切造就了京城人处变不惊的生活态度，而这种生活态度在商人身上反映出来，就成了一种力求稳妥、少冒风险的保守经营策略。

北京商人的封闭保守、墨守陈规首先表现在接受新生事物及现代经营管理方式上，京商远不如南方一些口岸城市的商人们来得更快。20 世纪初，东南沿海的一些大中城市，商业发展的进程相当快，商品结构迅速更新，现代化大商场相继设立，人们消费观念的嬗变，显示出一种全新的商业面貌。其时的北京，无论从城市经济规模、人口规模与结构及商业文化的层次来说，即使不能开风气之先，走在时代的前列，至少也有能力、有条件与沿海城市的商业同步发展。然而北京的商人们面对这场商业变革，却表现出他们特有的从容与沉着。在经营方式上虽有一些的改变，但商业活动基本上还是依照常规在传统的中小店铺、市场、庙会、集市中经营，以致于在很长的时间里北京没有出现一家现代化的大型商场。对此张中行感言："任你有跳舞场，它仍保持茶馆；任你有球场，它仍保持鸟市；任你有百货公司，它仍保持庙会。"①应该说，北京商人在 19 世纪末至 20 世纪初期的表现是相对落伍的。

北京商人的保守还表现在追求时尚及变化方面远不及上海、广州等地商人来得机敏。正如梁实秋先生所言："北平，不比十里洋场，人民的心理比较保守，沾染的洋习较少较慢。"②无疑，北京人的生活习俗和保守民风制约了北京商业现代化的脚步。

此外，同样由于京商的保守，致使他们的传统商业观念根深蒂固，营销手段也相对陈旧。老北京传统的旧式商店，大多规模有限，而且一般的顾客大都是当地居民，比较了解商店和店主的情况。因此店铺除了在门前立招牌、挂幌子之外，不再进行其他形式的促销活动。同时，北京商人虽然也曾推出许多质地精良的商品，但他们自以为能恪守商业道德，所经营的商品又货真价实，故不喜欢张

---

①北京市东城区园林局汇编《北京庙会史料通考》，燕山出版社，2002 年版，第 20 页。
②程学兰主编《中外文学名作导读》，华南理工大学出版社，2000 年版，第 234 页。

扬。例如,京城名菜馆"谭家菜"本系官府菜,当年也没有正式挂匾营业,只是在自家的厅堂里摆上一桌来招待客人,由于是谭家姨太太主厨,菜肴制作的厨艺"秘而不宣",但色香味俱佳,在京城里享有盛名,虽在斜街曲巷中,但名声极大,也真应了"酒香不怕巷子深"之说。所以北京商人在经商活动中往往缺乏一种主动出击的进取精神,不重宣传,至于在营销中广泛运用广告手段,则更是远远晚于上海等城市。

第六,官商儒商,为数众多。北京作为中国的政治文化中心,浓厚的政治氛围使北京人乃至北京商人对政治情有独钟。从历史上看北京的商业首先是一种权利商业。在过去,从皇室到小吏,他们都在利用手中的权力抓钱,京都生意场都是官商的气派。

在北京商人阶层中,有不少人的身份是亦官亦商,官商结合的。晚清时,一些重要的经济部门,被官商把持或垄断。1853年,清政府为了镇压太平天国农民革命急需筹措军费,在京师招商设立四座官银钱号,继而又由户部拨款设立宇升、宇恒、宇谦、宇泰、宇丰五座官银号,发行钱票。"五宇"由户部郎中熙麟主管,是为典型的官商。另外,还有清末长芦盐运使、直隶按察使、北洋工艺局总办周学熙曾在金融、工矿、公用事业方面有多项投资,他于光绪三十四年(1908)主持官督商办的京师自来水公司事宜。该公司拟招华商股银三十万两,在股本未齐之前,由周学熙在天津所设的银行先行垫款,以资开办。周在清末实业界颇有名气,时有"南张(謇)北周"之称。此外,光绪三十年(1904)在京师创办华商电灯公司,首创者有城南御史蒋式瑆、御史史履晋和候补同知冯恕等人,均为在京官员。

晚清亦有不少具有相当经济实力的商人出资捐官,跻身于宦途。官与商结合为一的现象在我国是屡见不鲜的,但以晚清时期的北京最盛。

除了官商,儒商也是北京商人阶层中一个重要的组成部分。其人数并不很多,但是相当活跃,儒与商相结合是文化古都商业的又一大特色。

在京城,儒商结合是指一些学者、艺术家、文化界名人投资或直接经营商业;另一些商人则具有较高的学识水平。儒商经营的主要是文化商品,如古玩业、图书业等。民国时期,名画家金拱北是博韫斋的股东,京剧艺术家梅兰芳曾在鉴古斋有投资,这两座店铺均以经营古瓷、字画为主。在古玩业中还有一种专卖古玩旧货珍品的挂货铺,有的学者专营此业,例如,费兴仁毕业于美国耶鲁大学,回国后在清华大学执教。1919 年,费氏联络"清华同学会"会友周贻春、王庞惠、王景春及费氏叔父、财政商业学校校长费起鹤等人,于灯市口开设仁文挂货铺,经销北京特种工艺品、古玩玉器、地毯等,主要供出口外销。另一经营挂货业的李汝宽,日后成为美国加州大学中文教授。尊古斋店主黄百川专营金石铜器和古印、旧玉,鉴定技术精湛,他先后著有《尊古斋古印集林》、《衡斋金石识小录》、《衡斋藏印》、《古玉图录》、《邺中片羽》等书。

北京出现文化界人士经商的现象是不足为奇的。由于北京是座文化名城,经营的文化商品内容是相当丰富的,包括有大量的珍版图书、稀世古玩、名人字画、文房四宝,这些是文化界人士最为喜爱、最愿珍藏的,像京剧表演艺术家梅兰芳本人书画艺术造诣就很深。文人下"海"不单为了经商营利,更重要的是对传统文化的追求,对文物的钟爱。

三、京商与其他商帮的共性

我国商业文化的一个重要特点就是注入了中国传统文化的诸多因子,特别是以崇尚"仁、德、礼、义"为核心的儒家思想。在我国封建社会的意识形态领域,儒家思想长期占据着主导的统治地位,而封建商业作为这一社会经济形态中异军突起的新兴的非主流经济成分,在其成长过程中,必然通过迎合主流思想文化的需要以求缓减来自社会与经济层面的排挤压力,确保商业经济在传统封建体制下得以生存和发展。在这种特殊的社会经济背景下,封建商业通过长期对主流儒家思想的借鉴和融合的实践,形成了具有中国特色的封建商帮文化和早期商业文明,并使之在时代的变迁中得以传承衔接。在这一历史进程中,北京商人与其他各地商帮形成的共同特征概括如下:

第一,诚信为本,货真价实。诚、信是儒家提倡的重要伦理原则。"诚"作为道德范畴,是为诚实,诚实是人性向善的基本素质。"信"是内诚的外化,体现社会化的道德践行,亦即取信于人作为处理人与人关系的工具,故儒家常以"诚信"并称。中国商人受其濡染,并将它移植到经济领域,规范社会的经济行为。诚信原则所体现的伦理精神和商业文化内涵就是货真价实、公平交易、童叟无欺。

如同北京人之间的彼此坦诚相待,商人之间、商人主顾之间也不存尔虞我诈、相互提防之心。开设于老北京的商店,大至名声显赫的瑞蚨祥绸缎庄,小至名不见经传的杂货铺，都讲究诚信为本。正是把诚信看成生命，所以北京商人，无论其出售何种货物，都在"地道"二字上下功夫——小站米就是来自天津小站，龙井茶就是来自杭州龙井，关东烟就是来自山海关以东，好口蘑就是来自张家口，川黄连就是来自四川，藏红花就是来自西藏，一点儿都不含糊，绝无挂羊头卖狗肉一说。不少商人在经商过程中，不仅注意数量和质量，而且价格公道。《醒世恒言》中记载，有刘奇、刘方二兄弟，"少年志诚，物价公平，慕名来买者挨挤不开"①。而北京商人做生意也一如北京人的大气和豪爽。旧时京城的绸布店在售货时，总要多量出几寸，俗谓之"让"，以防缩水后不够尺寸；一切论斤出售的货物，一概都是"抬头秤"，俗称之"高高儿的"；出售油、酒等液体物品，以竹制长把儿的"提"计量斤两，打酒时速度须快，打油时速度须慢，惟如此才能确保份量足够，故有"紧打酒慢打油"之说；卖杂粮的绝不搀沙子，卖白酒的绝不兑凉水，卖青菜的绝不着泥。买卖人对老者和小孩，无不格外关照：其一份量足，其二质量高，其三包装牢，其四唱账清，甚至提醒老者"出门慢走"，提醒小孩"直接回家"。

第二，重利尚义，追求功德。义，是中国传统文化中的一种道德规范，儒家的价值核心是重义轻利。南宋著名思想家、永康学派创始人陈亮提出的"义利并举"思想，突破儒家"重农抑商"思想的桎梏，将经商以逐利为先的本质与儒学理念结合起来，形成了"经商济世"的商道思想。而追求"立德、立功"也成为许多高境界商人的处世哲理，当他们发迹后，将部分资金用于社会公益事业上：兴建学校、捐资修路架桥、赈济灾民。如浙江商人卓禺"为善里中，尝斥千金修桥梁之圮坏者，岁饥出囷粟，所全活以百数"②。还有捐资兴办育婴堂等等。在"睦族、兴族"观念下，许多商人经商致富后，"家得业，不独一家得食"，往往资助亲族，"其大者能活千家百家，下亦至数十家数家"③。在儒家文化精神熏陶和影响下形成和发展的中国商人在经商过程中，注意恪守商业道德，不以利害义，但又不拘泥于儒家的道德教条，认为追求商业利益不是什么可耻的事情，而是正当的。因此，他们建立会馆公所，维护和保障自己的商业利益，并在商业实践中摸索、总结出一套商业经营管理的方法，以期实现商业利润的最大化。总之，他们冲破了儒

---

① 〔明〕冯梦龙《醒世恒言》卷十，华夏出版社，2008 年版，第 149 页。
② 〔清〕吴伟业《吴梅村全集》卷五十，上海古籍出版社，1990 年版，第 1027 页。
③ 故宫博物院编《金太史集》卷四《曹勋大诗草》，海南出版社，2000 年版，第 82 页。

家言义不言利的道德樊篱,尚义又重利,建立起了重利尚义的价值观,就这一点说,它又是对儒家文化的补充。

第三,攀缘政治,迷恋权力。在我国商业文化的演绎过程中,以攀缘政治为特色的官商文化情结,也是我国封建商业经济所特有的文化现象。我国两千年封建社会从根本上讲是一个"官本位"的社会。历代的封建统治机构是建立在农业社会基础上的,统治者们从整体上采取的是一条重农抑商的政策,他们处处为商人阶层的发展设置障碍,商历来被排在"士农工商"四者的最后。此外,中国长期的封建社会总体上是封闭大于开放,商人对外交流有限,商人本身的眼界受到局限。所以我国的商人阶层始终只能是一个从属性的阶层,而不能成为一个拥有自己政治实权的独立的阶层。

从另外一个角度看,商人历来是以金钱为本位。中国商人与外国商人一样,他们的生活目的和职业目的就是追求财富,追求金钱。而中国又是个传统的官本位社会,也就是说一个人其社会地位的高低,是以官职的大小来衡量的,因此,光有财富和金钱还不行,他们还需要有势,势就是权力和地位,当了官就有了一切。正所谓"三年清知府,十万雪花银"。

可见,正是低下的社会地位和官本位的社会现实使中国商人在文化观念上表现出迷恋权力的趋向。他们经商致富后,为商并不是他们的第一选择,入仕为官才是他们潜藏心底的最高理想。于是有的商而仕,通过科举考试实现宿愿,进入仕途;有的干脆以钱换权,捐资为官,把金钱转化为权力;或买通官员,用权势来保护自己。这样,就造成了商人通过攀缘封建政治势力以获取垄断利益,而政治势力凭借权力参与商业以分羹,从而合法实现商业资本与政治权力的融合。这就不难理解袁方在《皇权下的商贾》一文中指出的:"我国向来的社会一条真正的致富之路——由贵而富;不是由富而贵。"[1]长期以来,中国的官商文化情结普遍存在于商业领域,这也是导致封建社会政治腐败与黑暗的一大根源。

第四,崇尚文化,底蕴浓厚。明清时期随着商品生产的发展,人们对财富追求的欲望增强,大量官僚、士大夫从事商业,从而使得为数众多的有着深厚

①吴晗、费孝通等《皇权与绅权》,上海观察社,1948年版,第88页。

文化修养的知识分子加入到商人的队伍中来。这些商人在从事商业活动的同时，十分注意提高个人素养，不忘读经治史，其中不少商人成为名噪一时的儒商。此外，商人们还充当文化使者，传播文化。他们出资刊刻文化书籍，为文化的繁荣做出了贡献。马曰琯"广刻书籍"，计有《说文》《广韵》《玉篇》《字鉴》等，其所刻版本，人称"马板"。许多商人还收藏图书，如程晋芳购藏书达五六万册。

中国商人整体文化素质较高，还因为对入行的从商人员要有一定要求。旧时在北京从事商业的人，无论是出钱财办店铺的东家、领东的掌柜（经理），还是雇来的伙计、学徒，都得是进过私塾给孔圣人磕过头，读过几年的四书五经，学过加、减、乘、除的珠算，懂得待人接物的一般礼貌的。而小坊主和伙计、学徒则不同，他们个别人可能识几个字，但大多数没有读过书，所以他们经营不了商业，只能到小作坊去学手艺。随着大量的洋货进入北京，也有大量的洋人随之而来，因此北京也出现了不少为洋人服务的行业店家，这些商家的经营者为了搞好服务，所招的员工必须会讲英语，即使不会英语者，进店后也必须学会。

最具特点的要算古玩商，他们既是商人，也是文化学者，而且都有很深的学问，即便是没有学问的人在古玩铺待久了也会养得很有学问了。那时的学徒们白天站柜台经营，晚上关门以后除了看书就是写字。大学士们和古玩铺掌柜彼此可以拱手称年兄，这是规矩。

另外还可以从店铺字号牌匾的讲究，看出中国商人文化底蕴的深厚。当年，做买卖的人对于自己店铺起的字号极为重视，每个字都要认真琢磨，力图选个使人容易记住又吉利的名字。如昔日北京著名的"八大祥"之一的瑞蚨祥绸布店山东总店，起字号时就大费了脑筋。瑞蚨祥绸布店是山东孟家开的，清同治九年（1870），他们在山东济南城里开设瑞蚨号布

老北京瑞蚨祥

店。为了给自己的店铺取个既文雅又吉祥的字号，孟家特意邀请几位精通文墨的朋友来家做客，几经推敲，大家都认为"瑞蚨"两个字较好，可作店铺的字号。蚨是指青蚨，即传说中的一种虫子，稍比蝉大，能使铜钱来聚，后来，人们就将青蚨代称铜钱。"瑞蚨"的意思是既给人以祥瑞，又会多聚钱财，买卖兴隆。顾客也"瑞蚨"吉利，很多人愿意到瑞蚨号买东西。后来，"瑞蚨号"之"号"字又改为"祥"字。"瑞蚨祥"的意思更加吉祥，叫起来也更响亮。

第九章　北京商业的经营文化

京城里有达官显贵和文人墨客，也有平头百姓，各类需求，应有尽有，这自然在北京城营造了许多商机。在利益的驱动下，全国各地的商人纷沓而至。在风云变幻的商海竞争中，京商们待客有方、经营有术，缔造出颇具特色的广告文化、店堂装饰文化、经营技巧文化和商业伦理道德。

第一节　北京商业的广告文化

中国最早的广告形式，在春秋战国时已出现。"悬壶济世"一词就与广告有关，是指当时的药铺把葫芦悬挂于门外作为标记招徕顾客。老北京的广告，除众所周知的吆喝叫卖、幌子招牌外，还有许多有趣的广告形式使人留恋、耐人寻味，成为中国商业文化重要的表现形式。

一、北京商业招幌中的文化

招幌是"招牌"与"幌子"的复合式通称，是旧时工商业者在自家的店铺外打出的宣传经营内容、特点、档次等信息的视觉招徕标志。在传统商业中，招幌兼有行业标志和信誉标志的特点，是民间市井商业美术的重要组成部分，是中国传统商业文化的物质遗存。

旧京的商人来自全国四面八方，使用的招幌形态各异，主要有文字幌、形象幌和实物幌。

旧京的文字幌有两种，一种是将店铺名称印绣在布上的大布幌，另一种是将文字刻写在木板上的木牌幌。

大布幌一般没有过多装饰，主要以醒目的大字示人。为了引人注目，不少幌子都做成彩色的。在老北京的前门、鼓楼等闹市，店铺开门前的第一件事就是将大布幌"挑"起来，几乎与升旗仪式无异。

清代"六必居记"布牌匾

木牌幌通常以文字或繁或简地标明店铺的营业内容或商品来源，例如茶叶店外的屋檐下挂有下系红绸条的菱形木招牌，上面直书茶名"雨前"、"毛尖"、"大方"等，使顾客一眼便知这家茶叶店的经营品种。在老北京的店铺中，以米粮店和中药铺的招牌最为醒目，因为这两种行业的招牌多用冲天招牌，而且招牌

店铺开张志喜的特殊招牌

上的文字也颇为讲究。米粮店的招牌常写："本号自云南省大米行销环球面粉自磨粗细杂粮照行发兑一应俱全"。中药铺的招牌常写："本堂遵古法炮制丸散膏丹汤剂饮片自采云贵生熟地道药材"，另在店门两侧分别悬挂"调元气"、"养太和"的横幅。《水曹清暇录》中记载："京中招牌，有人戏集成联者，满录数则于此：'甘露斋祖传狗皮膏，香雪堂神效乌须药'。'冬季讽经，秋爽来学'。'立道堂诚意高香，修德居细心坚烛'。'四世马公道膏药，三代王麻子金针'。'学经蒙任附，店槽道俱全'。'通天蜡烛，道地药材'。'裱褙顶楠，兑换银钱'。'细皮薄脆，多肉馄饨'。"这些文字是对店铺经营产品或特点最凝练的总结，体现出北京传统商业深厚的文化底蕴。

考虑到旧京百姓多有目不识丁者，商家还绞尽脑汁，创造出了许多直观鲜明而又生动的形象幌。

老北京药铺门口挂着的一串"大膏药"连成的木幌就是一种形象幌。人们一看那黑白相间的"大膏药",就知道是卖"丸散膏丹"的中药铺。木幌最下面若还有一个倒立小孩的图案,则表示店内有坐堂大夫行医。

老北京酒店门前悬挂的各种盛酒容器也是形象幌。一般有"系一黄铜所制之壶,圆形略似火锅,下结幌绸并缀铜'古老钱'一枚;另外尚有一种售酒之幌子,系木制朱漆之葫芦,乃酒缸酒馆所悬"[1]。此外,在老北京还有一种奇特的酒幌子——猪尿脬。用这种幌子的不是酒馆,而是做批发的酒铺。过去禁私酒,有人用猪尿脬装酒偷运进城卖,

香蜡铺幌子

清代香蜡铺的幌子

躲避给户部上税。时间长了,猪尿脬就成了批发酒的招幌。

还有的店铺门口直接摆挂自家经营的有代表性的样品、成品、半成品,此类称为实物幌。旧京店铺的实物幌一般较实物更大,以求醒目,例如夏仁虎《旧京琐记》中记载:"雷万春之鹿角胶,门上挂大鹿角。某扇铺之檐际悬一大扇。"类似的还有:鞍具铺挂一个系有彩色飘带的大套包;笔墨庄以一二尺高的木质大笔头陈于店外;钟表铺以木板制成六棱形,上书罗马字的旧式大钟,下缀幌绸,挑挂于门外;香蜡铺以一根一丈高、二尺粗的木质红漆龙抱柱形式的大蜡,立于店外。还有的店铺以实物为元素,制作出一些造型别致的实物幌。例如鼓楼大街的德泰魁绒线店,经营布料、绒线,其标志是用红绿各式绒线和布条组成灯笼形状,十分别致。

大多数的招幌会直接或间接地与商家的经营内容相关,但也有看似毫不相关、别出心裁的设计。提起"大烟袋锅",老北京人几乎没有不知道的。其实,这

---

①《三六九画报》,1942 年,北平。

是天合成绒线铺独树一帜的招幌,正是这个特色
鲜明的招幌吸引了众多的顾客上门。西花市大
街的天合成绒线铺,是一家经营针头线脑、皂碱
梳子等女性生活用品的小店铺,1877年由河北人
刘福成创办。当时花市一带商店林立,有不少卖
同类商品的店铺,而天合成店铺门面小,顾客不
易找到,如果不是熟客十分容易走错门。刘福成
苦苦琢磨,终于想出了办法。他一反行业旧俗,
请人专门用木头制作了一个长约一米、粗细如茶
碗口的大烟袋,涂上乌黑的漆,下端还垂挂着一
条十分鲜艳的大红色布穗。这个"大烟袋锅"幌
子实在是怪异奇特,挂出以后不但方便了那些不
识字的顾客,而且还吸引了不少好奇的人上门。
天合成绒线铺的生意自此越来越好,"大烟袋锅"
的名声也越传越广,以至于最后北京人几乎没有

绒线铺的招幌
绒线铺以不同颜色的绒线圈交错组成
的灯笼状标记作为幌子,是具有浓厚
装饰意味的实物幌

不知道花市有家"大烟袋锅"绒线铺的,而天合成的本名却鲜为人知了。

各具形态的招幌不仅显示了商家的聪明智慧,也是一个趋向于成熟的商业
社会必备的标志,因此,招幌的数量和种类在一定程度上反映出市井行业分工的
发展。老北京三百六十行,各行各业都有招幌。在以描述清末店铺为主的《老北
京店铺的招幌》一书中就收集了二百多家店铺招幌的彩绘,堪称旧京商业的靓丽
风景,也是老北京商业文化的重要体现。旧京招幌不但种类多、数量大,而且各
行各业非常规范。各家店铺不约而同地遵照历史上既已形成,且为人们所公认
的招幌而用,不肯轻易破例。即便对于不识字的人,也是一看便知,如饭馆的幌
子是一个罗圈,下面挂着象征面条的穗形物,有红、蓝之分,挂红色的是汉民,蓝
色的是回民。幌子的数量多少代表着饭馆的等级档次,挂一个幌子的表示只卖
一些小吃,挂两个幌子的就是二荤铺,卖一些鱼、肉类菜,挂四个幌子的就代表可
以承办酒席,都是约定俗成的规矩。

不仅市井商业如此,连皇上对招幌的规范也很重视。雍正、乾隆时期,圆明
园后面,万寿山后山沿河及南墙外长河畔上修建了"买卖街",香蜡铺、槟榔铺、粮

食铺、颜料铺、剃头铺、南酒铺、烟铺、干果铺等等，一应俱全。当时，"朝廷特降圣旨：'将各铺面拍子牌楼，按座逐细查对，分别等次，拟定雕工则例。'《圆明园拟定铺面房装修拍子以及招牌幌子则例》，就是遵照皇帝旨意制定的。像纸马铺的门神幌子，油盐铺的酱醋牌，柜上摆设的招财童子、狮子麒麟、和合二圣等各样物件招幌，长宽高，尺寸分，都一一算清，具体而又细致"①。

　　招幌作为彰显招徕信息的视觉标志，除了行业规范，还很注重迎合消费者对一些传统习俗的心理需求。趋吉祈福是中华民族几千年积淀下来的传统习俗，所以招幌在设计制作上融入了大量带有吉祥、福运色彩的元素，如云纹、钱纹、如意纹、覆莲纹、卍字纹、蝙蝠纹、暗福字、聚宝盆，有的还配以和合二仙、刘海、招财童子等民间俗知的财神形象，其传播的美好愿望对店铺的生意大有裨益。同时，商家将招幌视为"招财进宝"的一种象征，在使用上颇为敬畏。例如，旧时北京每天开市必须说"请幌子"，忌讳说"挂"，忌讳挂不牢而坠地，倘有店员不慎将店幌失落于地，便视为得罪了财神，立即解雇。在《吴友如画宝》第十一集《风俗志图说下》的《拾洋笑柄》一画中便描绘了杂货铺的伙计收摊取下招幌时小心翼翼的样子。此外，大多数店铺的幌子是朝挂暮摘，但也有特殊的，而且特殊之处必有深刻的寓意。颜料铺的幌子就不用每天摘挂，而是常年悬挂，据说其中有"永锁君主"的含义。

旧京前门外西河沿东口的店铺和招幌

　　体会旧京招幌的文化含义不仅仅着眼于招幌本身，还需将其放入鲜活的老街市中考察。明清时期的街市沿袭了宋代格局，在繁华的街市中招幌变得日益醒目。旧京店铺的招幌，不但易于辨认，而且设计得很艺术，挂起来使街

---

①伊永文《到中国古代去旅行·古代中国风情图记》，中华书局，2005年版，第86页。

市构成绚丽多彩的画面,让人目不暇接。正如《竹枝词》所云:"幌子高低店铺排,蒲包三两做招牌。……"以老北京繁荣兴盛时的大栅栏街为例,站在街口往里眺望,各式招幌铺天盖地,写有同仁堂、瑞蚨祥、张一元等大字的布幌,悬于半空之中,远望如同一个五彩斑斓的"招幌世界"。特别是随着政府取消对"开市"时间的限制后,"夜市"的招幌与照明技术联系起来,获得了更新的形式。招幌以其独特的魅力,超越了它初衷的商业价值,在客观上装点了"太平盛世"的繁华景象。

二、北京商业字号中的文化

中国人讲究"名不正则言不顺",老北京的商人更是认为店铺如果没有个"正名",就好比一个人有脸无眉。因此,在给店铺起名时,创始人都煞费苦心。

在各类字号中,求吉避忌、迎合大众心理的字号当数最多。数千年中国文化的积淀,造成了中国大众的接受心理中最普遍的一种就是求吉避忌。作为商人更是期望生意兴隆、财源茂盛,许多店铺的字号就是按照这种原则,以吉祥吉利之字命名的,例如:"张一元"茶庄取意"一元复始、万象更新"之意;"正阳楼"饭庄既是借正阳门之名,也是取买卖兴旺,像正午太阳一样,长盛不衰之意;丰泽园取"丰泽"二字,象征菜肴丰饶、味道润泽之意,同时丰泽园的"泽"与大股东姚泽圣的"泽"相同,也含有姚泽圣为主要股东之意,又兆发财;"月盛斋"取意"月月兴盛";"步瀛斋"表现出"生意兴隆通四海"的气魄和浓厚的书香气息;"同升和"喻意为"同心协心,和气生财";"亨得利"取"生意亨通、利市百倍"之意。类似的字号不胜枚举。近人朱小汀(彭寿)在其《安乐康平室随笔》卷六中写道:"市肆字号,除意主典雅或别有取意者不计外,若普通命名,则无论通都僻壤,彼此无不相同。余尝戏为一律以括之云:'顺裕兴隆瑞永昌,元亨万利复丰祥;泰和茂盛同乾德,谦吉公仁协鼎光。聚益中通全信义,久恒大美庆安康;新春正合生成广,润发洪源厚福长。'诗固漫无意义,而言利字面,大抵尽此五十六字中,舍此而别立佳名,亦寥寥无几字矣。"这首五十六字"吉利字号诗",对于牌匾用字,确实囊括几尽了。然而,不同字数的交叉组合,可以组合出成千上万个不同字号。这些字号虽崇尚吉利,但也不失雅意。

在北京这样的文化古都,没有文化的"买卖"是做不大的。因此,有的店铺的字号直接引经据典,彰显其店主的文化素养和文化品位。坐落在宣武门外菜市口的"鹤年堂"国药店,据说始于明代嘉靖末年,距今已有四百年的历史,其字号取《淮南子·说林训》中"鹤寿千岁,以极其游"之意。坐落在地安门外大街的"为宝书局"取《大学》中"惟善以为宝"之意。大栅栏的"瑞蚨祥"中的蚨字出自《淮南子·万毕术》中"青蚨还钱"的典故。成立于1916年,主营南味食品的"稻香春",取自唐朝诗人许浑的诗句"村径绕山松叶暗,野门临水稻花香"和其掌柜张隆森的别号"春山",充满了江南水乡诗情画意的情趣,让人联想起宋代大词人辛弃疾的名句:"稻花香里说丰年,听取蛙声一片。"

引经据典的字号透着文雅古朴,附丽神话的字号则显得神秘幽远。商家利用已有的神话传说,甚至创作与本店有关的神话传说来形成字号,在假借神仙鬼怪传播真善美或讽喻世事的同时也提高了店铺的知名度,例如北京的"会仙居"炒肝。据说创建该店的店主还是穷人的时候为了谋生糊口,在北京鲜鱼口一带设小摊卖猪肠猪肝做成的杂烩。他为人诚恳善良,虽赚钱不多,却常常周济有困难的顾客。一天,来了位白胡子老人,要了两碗杂烩就吃起来。吃完第一碗再端起第二碗时,老人发现没带钱。摊主知道后,就说权当孝敬他老人家两碗杂烩罢了。老人听到此话,放下第二碗而去。摊主不经意地将老人未吃过的第二碗倒回锅里,便忙着应酬其他客人去了。不一会儿,锅里热气直冒,而且香味扑鼻。许多人闻香而至,纷纷要吃杂烩。客人增至平时的几倍,可锅中的杂烩盛了又盛总也盛不完。这以后小店的生意一天好似一天。店主知是仙人相助,于是租了一间门面,取名"会仙居",特设炒肝这道菜,开起饭店来①。

中国人讲究含蓄,大多数字号的名称是不直白地表露其经营内容的,但可以将其行业特点和经营性质融入字号名称中,给人以暗示。例如清咸丰三年(1853)开张的"内联陞","内"指"大内"、"朝廷","联陞"的谐音就是连连高升的意思,也就是穿上这里的鞋靴可以步步高升。这不但牵引出了店铺经营的内容,还迎合了官员们希望吉利和升迁的心理。再比如药店的字号"鹤年堂"、"长春堂"、"千芝堂"等,均取长寿之意,愿病人吃了他家的药很快痊愈,延年益寿。眼镜店的字号"大明"、"精明"、"明明"等,表示戴他店的眼镜看东西清楚明亮。顾客看到这样的字号名称,很容易就能联想到这家店是卖什么的,广告宣传的效应自然也就有了。

---

①傅立民、贺名仑《中国商业文化大词典》下卷,中国发展出版社,1994年版。

儒家文化在中国源远流长，家喻户晓，所以，将自己的字号定位于儒家所倡导的"仁、义、礼、智、信"的也不胜枚举。如同仁堂创业者乐显扬以"仁"为药店命名，把孔子说的"仁者，爱人也"定为药店的行

清代全聚德烤鸭店的匾

为准则。《同仁堂虔修诸门应症丸散膏丹总目》序言中记载："'同仁'二字，可以命堂名，吾喜其公而雅，需志之。"仁者爱人，还有恭谨、宽厚、信实、勤敏、慈惠之意，亦泛指同仁堂人坚持真理、正义的品行和"仁者先难而后获"①、对社会多做贡献的理想追求。历代继业者，始终以"养生济世"为己任，对求医购药的八方来客，无论是达官贵人，还是平民百姓，一律以诚相待，对症用药，一视同仁。"同仁"二字将一个企业的经营理念表达得淋漓尽致。再比如"全聚德"，这个字号源于"德聚全"。后来，德聚全店易主，由烤鸭店老板杨全仁接手。杨老板见此牌号中的"全"字与自己的名字暗合，而且寓意颇好，于是就把原来牌号的三个字调换了一下次序，把全字放在第一，聚拢德性，以"全而无缺、聚而不散、仁德至上"作为其经营理念。

这些内涵丰富、寓意深远的字号浓缩了蔚蔚大观的文化内容，体现出老北京商业深厚的文化底蕴。并且随着北京商业的发展，各行各业店铺的字号逐渐形成了一些约定俗成的行业规律。如文房四宝、书画裱褙店的字号，大多充满了书卷气："荣宝斋"、"清秘阁"、"墨雅轩"、"翠古斋"等。布匹绸缎庄多用"祥"字为号："瑞蚨祥"、"瑞林祥"、"瑞庆祥"、"谦祥益"等。糕点食品行业多用"斋"字为号："芙蓉斋"、"九龙斋"、"瑞芳斋"、"正明斋"、"聚庆斋"、"月盛斋"、"信远斋"等。钱庄多用"恒"字为号："恒和号"、"恒兴号"、"恒利号"、"恒源号"是当年京城有名的"四大恒"。中药铺多用"堂"字为号："同仁堂"、"长春堂"、"鹤年堂"、"宏仁

①杨伯峻《论语译注》，中华书局，1980年版，第61页。

旧京宝成当铺的砖雕字号

堂"、"继仁堂"等。在 1919 年的《饭庄行商会》名录中 151 家中药铺，90% 都用"堂"字为号。餐饮业也基本趋同于几个文雅、古朴、吉祥的字眼。回民的清真饭庄多用"顺"字为号："东来顺"、"南来顺"、"老西来顺"、"又一顺"等。汉民的饭庄以"八大楼"、"八大居"、"长安十二春"形成了系列字号："八大楼"，即东兴楼、正阳楼、泰丰楼、新华楼、万德楼、悦宾楼、庆云楼、会元楼；"八大居"，即砂锅居（正名和顺居）、天兴居、鼎和居、广和居、义盛居、同和居、天然居、会仙居；后来在西长安街上开设的十二家风味餐馆的店名更是富有诗意和文采：庆林春、方壶春、东亚春、大陆春、新陆春、鹿鸣春、四如春、宜南春、万家春、玉壶春、淮扬春和同春园，被称为"长安十二春"，虽然风味各异，有淮扬、川、闽菜之别，但都在字号中用了"春"字，使得这些原本名不见经传的饭馆有了文化的内容。当然北京的饭庄也有用"轩"、"馆"、"坊"等字眼命名的，但只是少数。在1919 年的《饭庄行商会》名录中，当时叫"轩"的有两家，叫"馆"的有八家，最多的则是"楼"和"居"。当铺业更是整齐划一，1919 年京城大小七十二家当铺，每家都冠以"当"字，如"宝成当"。

北京还有一类行业的字号非常具有北京地方文化的特质，那就是京城卖小吃者大多将自己卖的小吃与自己的姓氏相连，不仅上口、好记，还有很强的广告宣传效应。前门大栅栏当中有一条南北向的胡同，曾有不少这样的小吃摊店，如年糕王、馅饼陆、爆肚满、爆肚冯、奶酪魏、包子杨、豌豆黄宛、油酥火烧刘、豆腐脑白等等。这种所售商品名称加经营者姓氏的字号，成为独具风格的自家广告。这些叫法最初并不是经营者自己叫出来的，而是顾客根据多年的观察给予商家良好声誉的评价。当然其他地方也有类似的字号，比如陈麻婆豆腐、赖汤圆、东坡肉，但都是把商品名搁在姓氏的后面，而按照北京的规矩是商品名称在前，姓氏在后,如果将"豆汁何"改成"何豆汁"就没有京味儿了。

三、北京商业货声中的文化

行商小贩的叫卖声和响器声合称为"货声",也称为"市声"。五行八作的小贩们穿行于北京城里的大小胡同,穿越高墙大院的吆喝声、响器声经过多年的发展和沉淀,逐渐形成各具特色的曲调、音色,成为老北京胡同文化的韵味象征。

来源于老北京胡同里的叫卖,俗称"吆喝"。这些吆喝声,句子简短、重点突出、抑扬顿挫、京腔京味、诙谐形象,具有独特的文学价值、艺术价值和商业价值,堪称北京口头商俗文化中的"一绝"。

叫卖根植于老北京尤其是南城胡同的百姓生活。一年到头,由春至冬,三节一年,时间不分晨夜,天气无论晴雨,货声不绝于耳。四季食物,应时用品,应有尽有,居民足不履闹市,均可从容置办。因此,老北京叫卖的内容与京城百姓的日常生活息息相关,具有外昭商品、内蕴风土、暗含节令的特点。

外昭商品:老北京叫卖最直接的目的就是要卖货,所以叫卖内容一定要将自己的商品信息准确地传递给顾客,例如卖粽子的吆喝"江米的,小枣儿的,凉凉的——大粽子嘞哎!"简短的语言把粽子的用料、口味、个头儿都说了出来;还有"冰激儿的凌,雪花儿的酪,盛得多来尝口道! 桂花糖,搁得多,又甜又凉又解渴……"不用吃,只凭这叫卖声,就能让人从心底沁出甜津津的凉意,自然知道是卖的是什么了。

内蕴风土:老北京"贩夫走卒"、"五行八作"的叫卖,因"市之变端亦随俗为迁徙耶"[①]。每年正月初一、初二,北京人要祭财神,祭品是活鲤鱼和鲜羊肉。此外,用鲤鱼做的菜也是春节家宴上必不可少的,取"连年有余"的意思,图个吉利。所以,正月初一、初二两天就有小贩挑着木盆走街串巷叫卖活鲤鱼,清凉悦耳地吆喝着:"活鲤鱼哎!"使节日的喜庆气氛更加浓郁了。二月初一家家祭祀太阳神,供太阳糕,糕上捏一个小红公鸡,象征"日中有金鸡",所以当日拂晓必有小贩吆唤:"太阳糕来,小鸡的太阳糕啊。"更有特色的是小贩走街串巷叫卖"蛤蟆骨朵儿哎",这是因为京城儿童有活吞蛤蟆骨朵儿的习俗,据说能去心火。

---

① 〔明〕史玄《旧京遗事》,北京古籍出版社,1986年版,第23页。

暗含节令:清人蔡省吾编辑的《金台杂俎》一书中,有"一岁贺生"一卷,收集了当时北京街市上小贩的种种吆喝。正月里的"嗳! 活鲤鱼呀,活鲤鱼"、"桂花哟,元宵"的叫卖声充满了浓浓的年味儿;"花椒勒,嫩了芽的香椿哟"说明仲春的到来;暮春时节的清晨时分,"花儿来,玫瑰花,抓玫瑰瓣!""赛牡丹来:杨妃来,芍药花⋯⋯"的吆喝声伴着芬芳四溢的花香传遍大街小巷;当听到"管打破,打破的西瓜来",那就是炎夏了;秋风飒飒之时,"高桩的柿子来哎,六个大钱一堆来"、"南瓜大的柿子来,涩了还管换来";初冬"栗子味的白薯"不免给人"已凉天气未寒时"的感觉;直到出现了"卖画儿来卖画儿⋯⋯"、"供花捡样儿挑"、"松柏枝来,芝麻秸儿呕咧"的叫卖声,人们方意识到"一元复始"在即,该送旧迎新了。老北京的深巷货声就这样给人以时令感、岁月感。

　　老北京的叫卖不仅内容丰富,其说唱的形式还给人以艺术享受。老北京小贩的吆喝颇具特色,不像一般城市的货声,只是千篇一律地单调叫喊,赤裸裸的"买"与"卖",容易令人生厌。北京小贩的吆喝虽然也是"广告",却有着几分艺术味儿。

　　从遣词造句上来讲,老北京的叫卖用词讲究,形容词、动词、感叹词用得精到,合辙押韵吸引人,而且唱词的编写通俗顺畅、夸张幽默,又极富想象力。例如卖糖杂面(一种用麦芽糖和黄豆面做成的小食品)的小贩,将糖杂面捏成各种小动物的形状,插在二寸长的秫秸棍上卖给儿童当玩艺儿。小贩的吆喝是:"姑娘吃了我的糖杂面,又会扎花儿,又会纺线儿;小秃儿吃了我的糖杂面,明儿长头发,后儿梳小辫⋯⋯"如此有趣的吆喝,买与不买,听一段都是一种乐趣。

　　从语言学角度上说,北京方言的特点造就了老北京的吆喝。京味儿叫卖讲究的是口齿伶俐、咬字清楚,时常还多会加上"哈儿"、"哏儿"和"穗儿"等象声词。比如拿卖豌豆黄的吆喝来说,"哎⋯⋯我切的块大呀,你的小手绢它兜不上来,哎⋯⋯"起叫时的"哎"是"哈儿",引人注意;中间的"你的小手绢它兜不上来"则是"哏儿",和相声中的"哏"有异曲同工之意;结尾再次的"哎"就是"穗儿"了,不仅为了更好听,还起到了前后呼应的作用。此外,北京语言特点中的儿化音在叫卖中也大量运用,并且连音连字一气呵成,吆喝出来曲调优美,字、词、语句间透露出的鲜活、幽默和诙谐,广受市民欢迎。光绪年间的闲园鞠农收集了老北京的叫卖声,编成一部《燕市货声》,说卖小盆小罐者把自己所卖的小盆小罐编成歌谣似的吆喝:"卖小盆儿咧,卖小罐儿咧,喂猫的浅儿咧,舀水的罐儿咧,澄浆的盆儿咧。"还有小贩腊月里卖年画、对联的吆喝:"街门对儿,屋门对儿,买横批,饶福字儿!"原本枯燥无味的吆喝,变得活灵活现、俏皮生动。

从音调上来讲,老北京的商贩语调强弱、语句快慢都拿捏得恰到好处,声音婉转而有穿透力,转折拐弯圆滑,但该干脆的地方决不拖泥带水。唱的时候综合运用花腔、滑腔、甩腔,有韵有辙,悠扬悦耳,好懂耐听。清代蒋士铨在《忠雅堂诗集》卷八中,有"京师乐府词十六首",其中对估衣者的说唱叫卖有描述:"数人高立声虚呵,唱衣价值如唱歌。"佚名氏的《燕市百怪歌·卖估衣者》亦描述说:"远闻叫声声,婉转颇可听。衣服两大堆,件件来回经。"这种叫卖的娴熟俗曲绝不亚于曲艺表演,晚清兰陵忧患生所撰的《京华百二竹枝词》中感叹"可谓奇绝,可谓特别",并以"叫卖出奇声彻霄"给以赞誉。

从种类形式上来讲,叫卖作为最久远、最经济的广告,各行各档形成了五花八门,异彩纷呈的叫卖声来引起顾客的注意,或清脆洪亮,或凄凉惨淡,或抑扬婉转,或如诉如泣,人们听唱一声就能分辨出是何物品。明人史玄在其《旧京遗事》中记载:"京城五月,辐凑佳蔬名果,随声唱卖,听唱一声而辩其何物品者,何人担市也。"

老北京的商贩们以朴素的艺术手段,组成有旋律、有节奏的生活音韵,长腔短调、抑扬顿挫、优美可亲,给人以特殊的感受,已成为老北京民间文化的一种特色形式。

老北京作为皇朝古都,历来讲究颇多,即使是这街头巷尾小贩的叫卖也有诸多规矩。而这些讲究、规矩从其根本上来讲是服务于商品销售的,它们折射出当时商贩们质朴、原生态的营销文化。

用词上的讲究:中国人的传统习俗中,对各种神像都非常敬畏和崇拜,所以小贩卖神像不可高声叫卖,有恐不敬,只能静等顾客上门,而且不能说卖。由此小贩们变换花样,让小孩子挨门挨户去送,并美其名曰"送财神的来嘞"。当然买者也不说"买",而要说"请"。这一送一请淡化了生意的色彩,在浓浓的人情味儿中做成了买卖。

动作上的讲究:走街串巷吆喝的商贩在吆喝之前都有一个习惯动作,用手捂住耳朵,是为了拢音,也是告诉别人要吆喝了,别吓着孩子。简单的一个动作却体现出小贩们的细心和体贴。

场合上的讲究：叫卖的地界
儿不同，声音的大小、高低、长短
均有区别，例如在大宅门前吆喝
与闹市上的吆喝就不一样；在大
宅门前吆喝，要拖长声，既要让三
四层院子里的太太小姐听见，又
要透出优雅，不能让人听着野腔
野调的；在闹市上吆喝，讲究音
短、甜脆、响亮，让人听起来干净、
利落，一听就想买。所以北京东

旧京街头的箍桶匠

南城的吆喝干、倔；西北城大宅院子多，小贩的吆喝优雅、深沉；在王府井附近吆
喝的，多是小伙子，甜、脆、响亮。此外，丧家门前禁忌叫卖。小小的叫卖反映了
老北京居民的生活氛围。

装扮上的讲究：卖不同的货品有不同的装扮特点。卖小食品的装扮是白布
对襟小褂，毡帽头，胳膊上挎一个小篮，让人看上去就干净。卖瓜的是和尚领背
心，手里拿一把芭蕉扇，透着个"热"。进人家院子的小商贩，要穿长褂，裤褪口要
扎得结结实实，透出对人家的礼貌。

应答上的讲究：老北京叫卖的应答讲究察言观色，随机应变，投其所好。
例如，卖水果的商贩向买者推荐藕，买者问他有什么好处，他就以诗句歌唱：
"白花藕，圆又长。能通气，有清香。粉嫩真可口，是节节有商量。"这引来了买
者的夸奖；卖水果的商贩还向买者推荐莲蓬，如果买者认为莲蓬不好吃，卖水
果商贩又说道："莲蓬两头尖，又不涩又不酸。剥了皮儿吃艮（更）好，好歹别整
咽。况医家说得好，莲蓬藕一块儿吃，叫做蓬莲和合丸。"这真是左右逢源，说
得买者不由得不信，不由得不买。这是商贩研究买者心理，深谙推销货物艺术
的结果。

时令上的讲究：老北京讲究"什么节令吃什么"，叫卖者必须随机应变。正月
十五前后卖元宵；二月卖活虾；三月卖茵陈（即蒿子，用来泡酒喝可以去火气），俗
话说："三月茵陈四月蒿，五月六月砍柴烧"；四月卖杏、黄花鱼；五月端午节卖棕

子、桑葚、樱桃；六月卖西瓜、蜜桃；七月卖葡萄、梨；伏天卖酸梅汤、雪花酪；八月卖豆芽菜、酱菜（因为八月最缺鲜菜）；九月卖柿子、大白菜；十月卖木炭；十一月卖心里美萝卜、炸丸子；十二月卖年画、黄历、春联。不但一年当中各季各月有讲究，就连一天当中不同的时间段卖什么也是有规律的，好像生活把他们有意安排到某一时刻，让他们成为这一时刻的敲钟人。清早儿起来吆喝的是烧饼、麻花、包子、煮白薯；晚一茬儿的鲜鱼、水菜、瓜果梨桃；掌灯时分卖的是半空儿花生、硬面饽饽、羊头肉、心里美萝卜。卖东西不但要应时还得应景。闲园鞠农在《燕市货声》里面记着除夕时的一条："荸荠果来呀，好吃来又好剥哇！"闲园鞠农注解说，从前的除夕夜一定会有荸荠卖，不过只先卖那么几天，正式上市则要等到夏天。老北京为什么非要尝这个鲜呢？无非是取荸荠谐音"必齐"的意思罢了。这些都充分体现出商贩对民俗、节令、买者需求等销售要素进行了潜心研究、细致的捉摸。

毕竟叫卖的实质是招引顾客的一种行商手段，所以为有效地推销商品，有一些叫卖会做适当的夸张、比喻和形容，也反映出其商业本质的功利性。比如买萝卜的喜欢用"萝卜赛梨"，卖西瓜的吆喝"赛过冰糖"，卖烤白薯的喜欢说自己的白薯"栗子味儿"，卖柿子的吆喝"大柿子嘞，喝了蜜"。尤以卖布的吆喝夸张，卖布头的形容自己的布白，用了"赛过头场雪，不让二场霜"，夸耀自己的布黑，则用"东山卖过炭，西山挖过煤、还当过两天煤铺二掌柜的"，吹嘘自己的布结实，"经洗又经晒，经铺又经盖，经蹬又经踹，经拉又经拽……"，听起来倒是有趣。

有的叫卖为迎合买主的心理，避重就轻，甚至根本是欺骗。例如卖生豆汁儿的强调豆汁儿的甜酸味道，就吆喝："甜酸嘞，豆汁儿哦！"而豆汁明明酸是主味，小贩们却把甜字放在首位。再比如俞文提到的"荸荠果来呀，好吃来又好剥哇！"其实荸荠是很难剥的，小贩如此叫卖足见其用心之良苦。

还有一些叫卖更离奇了，比如旧时小孩最喜欢用清水杏（小青杏）蘸麦芽糖糖稀尝鲜儿。小贩吆喝出来："清水嘞，杏儿嘞，不酸嘞，粘了蜜嘞！里头还有个小鸡儿嘞！"杏儿里怎会出了小鸡儿呢？这其实是在猎取小孩子好奇的心理，让人听了觉得新鲜，都出来看他的杏儿，买的人自然就多了。

这些或多或少有点善意的欺骗也是吆喝的技巧，人们喜欢、爱听，自然就没有人较真儿了。

在招揽市声中,除口头吆喝叫卖之外,响器传音也是商人们重要的广告行为。著名文史学家石继昌在其《京华遥忆吆喝声》一文中称响器为"无言的货声"。客观地说,响器的使用在汉族地区是相当普遍的,南北各地或多或少都有,然而北京城的种类之繁、器物之多、范围之广,远非他处可以相提并论。

老北京响器的种类居全国之最,源于北京城高墙大院、五方杂处的人文环境。自元世祖忽必烈"诏旧城居民之过京城者,以赀高(有钱人)及居职(在朝廷供职)者为先,乃定制以地八亩为一分",分给迁京之官贾营建住宅,四合院就逐渐成为北京的传统住宅。北京的四合院除大门与外界相通之外,一般都不对外开窗户。因此,只要关上大门,四合院内便形成一个封闭的小环境。院中人往往"大门不出,二门不迈"。如此一来,即使是胡同拐角的独门独院,小贩们吆喝起来也不轻松,更何况深宅大院或者处在里坊(四合院排排相连,组成里坊)中间的院落。而响器的声音或生亮,或悠远,或绵长,可直达院落深处。这也许是京城的响器使用范围较其他地方为多的根本原因。再者京师五方杂处,人员混杂,各地客商云集,讲着各种方言的小贩如操着乡音叫卖,难免使人不知所云,响器倒是一统天下,成了最早的"普通话"。只要听见响器声,用不着吆喝,就知道卖什么。

货郎鼓
年代:清代
尺寸:51×15厘米

清代的货郎鼓

老北京形式多样的响器,吹拉弹奏俱全,不但增强了商业货声本身的节奏感和乐感,也使京城街头增添了几分生气。在炎热的夏天里,卖冰镇酸梅汤的冷饮摊的摊主,手执两只铜碗,叫卖时两碗相叠,大指小指卡住下碗,二指三指挑动上碗,频频相敲,有断有续,发出"得儿铮一铮"的声音,名为"打冰盏儿"。既有节奏,又有音乐的美感,实在令人心旷神怡,在暑热中增加了些许凉意。正如清人杨静亭在《都门杂咏》中咏道:"新拚江米截如肪,制出凉糕适口凉。炎伏更无虞暑热，夜敲铜盏卖梅汤。"那"磕磕晶晶响盏并"①、"铜碗声声街里唤"②的优美意境体现出独有的京城民俗风味。20世纪20年代，一位居住北京的英国人写了一篇《北京的声与色》，更是把小贩们用以招徕顾客的种种响器形容成街头管弦乐："理发师手中的钳形铁铉会发出颤巍巍的金属声响，这是定音叉；磨剪子磨菜刀的吹的是长号，而收购废品者则使用小鼓。……"

响器的出现除了前述"代声"的原因之外，还和中国传统文化中尊重体恤他人的敬人之道有着内在的联系。

过去，受民俗习惯的制约，有些买卖是不便于开口吆喝的，怕坏了礼数，触了人家"霉头"。老北京商市有著名的"八不语"，即剃头、行医、铜碗、修脚、劁猪、绱鞋、粘扇子、卖掸子等行当就不便吆喝。卖掸子的要是吆喝"买掸(胆)子嘞，好大掸子"，听不准会把人吓出点儿毛病来。修脚的说

响器——冰盏儿

在京味吆喝的"工具"里，冰盏儿可以算是响器之王。它是一副两寸多高、直径约三寸的铜碗，分为上碗和下碗。由食指夹在两个冰盏儿的中间，用手连敲打带掂击，发出有节奏的、清脆悦耳的撞击声。叫卖的食品应时当令，春夏天的冷食冷饮(冰激凌、雪花酪、果子干儿、酸梅汤)，夏秋天的瓜果梨桃等果品，秋冬天的糖渍蜜饯、冰糖葫芦

"给您修修"，铜碗的说"给您锔锔"，似乎也不太礼貌。如果是行医卖药的直截了当地问："您有病要瞧吗？"人家会觉得晦气。如此一来，响器正是他们最好的代言，符合古人所说："不责人所不及，不强人所不能，不苦人所不好。"③"己所不欲，勿施于人。"④

追溯响器的渊源是如此，就某些响器设计的细微之处而言，还有更具体的表现。老北京有个"打鼓儿的"行当，民俗学家齐如山在《北京三百六十行》中将打

---

①〔清〕佚名《燕台口号一百首》。
②〔清〕郝懿行《都门竹枝词》。
③《文中子·魏相》。
④杨伯峻《论语译注》，中华书局，1980年版，第123页。

鼓的"分为两种：一为打硬鼓的，所打之鼓，径约不到一寸，声音虽小而尖锐……一为打软鼓的，所打之鼓，径一寸余，声音大而低"。打硬鼓的主顾都是些破落潦倒的官宦富绅子弟，一时急着用钱，又要顾全脸面。由于这些人大都住在深宅大院里，小贩就用硬鼓。硬鼓发出的声音"虽小而尖锐"，既不张扬，又能使深居内室的主顾听到。打软鼓的收购的是真正的废品，他们打的鼓鼓心略大一些，发出的声音"大而低"，他们的主顾大都住在小四合院里，一般都能听到，也不用顾忌什么。硬鼓和软鼓的精心设计体现出小贩们想顾客之所想、急顾客之所急的商业经营文化。

老北京响器的设计讲究，名称也颇具渊源。有的源于民俗、传说，有的和当时的历史背景相关。

源于传说的典型响器当属游方郎中使用的串铃，俗名"虎撑"，相传与药王孙思邈有关。据说有一天孙思邈上山采药，遇到一只被兽骨卡住了喉咙的虎，他就用一个铁环支撑虎嘴，取出了那块残骨，使其得救。那只虎感恩不尽，就为孙思邈守门，却吓得患者不敢前来就医。孙思邈只好让虎到后院去看守杏林，留下"虎守杏林"的佳话。后人将孙思邈作为"药王菩萨"供奉，那只救虎的铁环也被人镶上铜铃，呼为"虎撑子"，成为流动行医者的响器。串铃直径约为 14 厘米，上下都铸有八卦图饰，寓意为除凶辟邪，趋利向善。响铃的外侧留有半厘米的开口，中间有两枚铁弹丸，用时以食指、中指、无名指伸入铁铃的中间的大孔内，用大指轻轻一托，手臂弯到比肩稍高再摇动，使中间的弹丸在响铃中来回撞击，发出清脆震耳的响声，声音能传出很远。用这种响器一则让人知道看病的郎中来了；二则告知世人，自己得到"医龙救虎"的药王爷的真传，医道高明；三则表示对这行业祖师的崇敬；四则过去看某些病有些忌讳，以响器代

响器——"虎撑子"

卖药小贩或行医看病的先生使用的响器。是以带有圆孔的熟铁片翻卷打成的圆环，比镯子略小，环内装几位铁制小圆珠，外面留有一条缝。郎中以食指、中指、无名指伸入铁铃中间的大孔内，用大指轻轻一托，手臂弯到比肩稍高再摇动，小圆珠发出一连串的铃声，随走随摇

声,两相方便。

　　有的响器背后还有深刻的政治背景,例如剃头刮脸者拨的"滑铁艾",上宽下窄、类似大钢镊子,用一根铁棍在"镊子"中间一拨,便发出"噌—"的响声,名为"唤头"。有人解释意为宣唤人们理发,而这恐怕是"唤头"表面的意思,就其产生

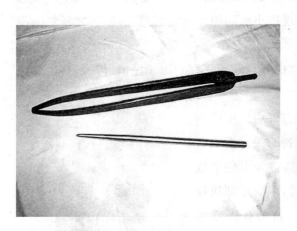

响器——剃头匠用的"唤头"
从前剃头匠在走街串巷时使用的一种响器。它是两根条铁,一头烧结成把儿,另一头微张,全长一尺二寸,左手拿着它,右手用一根五寸的大钉子,从两根条铁的缝隙中间向上挑,发出响亮的"嗡嗡"声,这就算是剃头的叫卖声。这种响器唯北京有

旧京街头的剃头摊

的渊源应该是和清政府当年的剃头蓄发有关。满人入关以后,希望汉人能遵行满俗,曾两次下令强迫人民一律剃光前额,梳上大辫,想从衣冠、发式上实现清政府的统治。但是大多数汉人坚决拒绝剃头蓄发,于是摄政王多尔衮下令包派"包衣三旗"的剃头匠,在地安门、东四、正阳门等主要路口,搭起席棚,对过往行人强行剃发,且每个剃头匠都领到一个挂有圣旨的"吊头旗杆",俗称"将军杆",通常是用来挂帽子的。顺治二年,律令愈酷:"今限旬日,尽使薙发。遵依者为我国国民,迟疑者同逆命之寇,必行重典。"一时间"派了不少剃头匠,挑了剃头担,逡巡于大街小巷,见没薙发的,拉来便剃,稍一反抗,就砍了头,挂在特设在剃头担的

竿子上"①。剃头匠的"唤头"似乎象征着断头的铡刀、吊头的旗杆,"噌—噌—"的响声震慑着人们。大江南北,演出了一场"留发不留头,留头不留发"的惨剧。当然这种关于"唤头"造型由来的猜测还没有确凿的史料来证明,但有一点是肯定的:剃头的行当由此出现,"唤头"这种响器亦始于清政府的"蓄发令"。小小的响器背后居然反映出了统治者的暴政。

有的响器源于避嫌,例如主要以闺阁妇女为顾客的磨镜子、磨剪子、磨刀的手艺人以及贩卖针线脂粉等妇幼用品的货郎,总不好吆喝"大姑娘小媳妇,快到我这里来……"所以就用可摇动或拍打作声的响具传唤。一来二去就有了"惊闺"这个名字,意思是响声惊动了闺房里的小姐,亦称"惊绣"。《清稗类钞·物品类》中

响器——"惊闺"
是由五块铁片穿成一串的响器。磨剪子磨刀的手艺人走街串巷时摇动起来"哗哗"作响,伴着"磨剪子,戗菜刀"的吆喝,一直穿到闺房处,引得人们纷纷来磨剪子和菜刀

记载:"惊闺,贩卖针线脂粉之人所执之器也。形如鼗而附以小钲,持柄摇之,则钲鼓齐鸣,以代唤卖。曰惊闺,欲其声之达于闺阁也。"

还有许多很形象生动的响器名称,如卖油者敲"油梆子"或小锣,名为"厨房晓";卖熟食、黄鱼者击小木梆子,名为"击馋";卖汤园、馄饨者敲空心长梆子,名为"唤饥";卖闺房什物、针头线脑者摇"拨浪鼓",名为"货郎鼓"、"唤娇娘";修脚者摇一有声响的折叠小凳儿,名为"请君坐";占星卜卦者击一小铜锣,名为"报君知";磨刀磨剪者击一"联铁板",名为"滑铁链";收买旧货者手击一羊皮小鼓,名为"雅士听";卖儿童玩具者手持一种靠转圈摆动发出"吱吱"声的响器,名为"引孩悦",等等。这些响器的名称言辞达意形象生动、耐人寻味,渗透着老北京浓浓的文化气息。

老北京的货声种类多、行业全,近人翁偶虹先生在《北京话旧》中收集到了368

①夏家骏《清朝史话》,中国国际广播出版社,2007年版,第42页。

种货声,而且风格独特,著名作家
张恨水曾在《市声拾趣》中谈过:
"我也走过不少的南北码头,所听
到的小贩吆唤声,没有任何一地
能赛过北平的。北平小贩的吆唤
声,复杂而谐和,无论其是昼是
夜,是寒是暑,都能给予听者一种
深刻的印象。"因此,当人们寻找
北京城历史的积淀、品味这个文
化古都的脉动、回想一些曾经与
这片土地上的人们的生活息息相
关的市井风情时,商业货声就像

响器——木梆子
用榆木、枣木做的响器。主要特点是结实,声音好听,当年北
京四九城卖豆腐、小磨香油、花生油、芝麻酱的都敲木梆子

一部有声有色的纪录片,把人们带回到当年的市井生活中去。语言学家利用它考
察北京方言,社会学家从中剖析社会心理与文化背景,文学家将其作为生动的素材
引入文艺创作,历史学家将它做为口碑材料,经济学家从中挖掘传统的商业文化,
民俗学家把它视为探索北京民间文化的宝贵资源。货声成为老北京宝贵的非物质
文化遗产。

第二节 北京商业的店堂装饰文化

老北京许多商家店堂装饰的风格往往与所定的文化内涵相吻合,注重人文
形象,讲究审美意趣。大多数"老商号"都悬挂金字牌匾,并配以对联,店堂装饰
高雅、古朴,给原本充盈着商业利益的环境中增加了墨香、儒风。

一、北京商业匾额中的文化

匾额是中国古典建筑与传统文化珠联璧合的范例之一,一般横者为匾,竖者
为额。而商业匾额还需突显其商业作用,为把"广而告之"的商业价值和书法艺
术的文化内涵在一块商业匾额上体现出来,经商者必要费尽心机。

就匾额的字体而言,本应真草隶篆,丰富多彩,但商匾上字号的字体多采用

端正饱满的楷书，一来容易辨认；二来饱满厚润象征物阜年丰，财源茂盛；同时也可表达店家经营管理上的严肃、庄重、一丝不苟，游龙走凤、干瘪枯瘦的字体很少用于商业匾额。

就匾额的出处而言，商家必求名人、名书法家书写，再专选江南贵重楠木（体轻、坚固、耐腐）精雕细刻，重漆贴金，制成金字招牌悬挂于门楣，追求"名人效应"。商业牌匾盛行于明以后。这一时期，帝王将相、地方官吏、知名学者和书法大家等有地位、有知识的人士，已逐步摆脱自命清高儒雅的传统思想，自觉不自觉地涉足牌匾广告领域。他们题写的牌匾，多具有浓郁的文化色彩和趣味性，显示出独特的民族风格。北京作为帝王将相、文人墨客荟萃云集的地方，地缘和人脉的优势使京城商铺得以"近水楼台"，为其他城市所望尘莫及。

借用名人效应来增加店铺的知名度、可信度，其广告效应显而易见。但这其中亦真亦假，有的有据可查，有的则属传说杜撰。尽管如此，那些子虚乌有的说法也能引发人们的联想、揣测，引起人们关注的目的达到了，广告宣传的效应就有了。

传说北京商界历史最久的匾额是明代杨椒山所书便宜坊烤鸭店的匾额。杨椒山是明代爱国志士，在明嘉靖年间因弹劾奸相严嵩"十大罪状"惨遭杀害。而便宜坊是一家经营焖炉烤鸭的老店，清乾隆年间开在宣武门外米市胡同。显然，便宜坊匾额上的字就真是杨椒山的字，也是从杨椒山的墨迹中选出来的，说他亲笔所题大概与事实是有出入的。

在老北京的商业匾额中传说最多的名人当属明朝奸相严嵩。六必居酱菜园传说在明朝嘉靖九年（1530）开业，匾上的三个字就出自当朝宰相严嵩之手。其实明嘉靖九年时严嵩在南京供职，而且当时的知名度并不高，位于京城的六必居怎么会想到他呢？若按照1965年史学家邓拓的考证，六必居的开业时间是在清朝康熙年间，那就更不可能找到死了百余年的奸臣来写匾了。还有宣武门外菜市口的鹤年堂药店的匾额传说也是严嵩写的，也有的说是严嵩的儿子严世蕃所书。试想鹤年堂药店开业于嘉靖末年，当时严嵩父子的罪行已公告天下，作为药店用如此奸人题匾，不可思议。可还有人接着续说，权倾一时的严嵩写了"鹤年堂"牌匾，字又不俗，一经挂出，众人皆言佳，却有一个老举子横看竖瞧，说道："字是好字，只是笔锋转折处，时不时透出一股奸气。"这故事越传越神，越传越广，但委实无从考证，似乎也不必去考证，总之，鹤年堂的名气是越来越大了。

还有来头更大的名人，前门大街烧麦馆"都一处"的匾传说是乾隆御题的。据说，这家烧麦馆声名远播，除了因为烧麦这个食品在京经营者不多外，还因为"都一处"烧麦馆有着神秘的传奇色彩。这家饭店是乾隆三年（1738）由山西浮山县一个王姓青年开办的，经营了十四五年没有什么发展。那年除夕之夜，乾隆皇帝微服私访至此，对这家饭店的酒饭和招待都很赞赏，并感叹："岁末之夜全城商店都关了门，京都里大概只有你们这一处还在营业，你们就起个店名叫'都一处'吧！"过了两三天，突然有几个皇宫的人威风凛凛来到这家小店，把一块题有"都一处"三个字的匾牌送给他们，落款为"乾隆御笔"。"天子"临驾

鹤年堂匾额
北京鹤年堂成立于明永乐三年（1405），是由元末明初著名回回诗人、医学养生大家丁鹤年创建的。相传"鹤年堂"的匾额是权倾明朝的首辅（宰相），后来成为奸臣的严嵩亲笔手书

闻名京城的都一处烧麦馆
开业于清乾隆三年（1738），相传其匾为乾隆御笔

又题了店匾，"都一处"的名声自然震动京城，生意也就特别红火了。故事是动人的，但试想乾隆皇帝怎么可能在大年三十之夜微服出宫，这显然不合清朝皇室的"祖制"。不过，人们倒是很愿意相信这样的传说，"天子"微服私访、贴近民生，毕竟是人民期待的好事。

有真凭实据也罢，传说杜撰也罢，品味着千说百解的匾额，无形之中成就了一种特殊的文化氛围。

北京名人牌匾最多、商肆书法艺术造诣最高的地方是琉璃厂。琉璃厂是经营古玩字画、文房四宝及玉器珍宝的文化街，字号牌匾更是店铺间文化底蕴的比拼。《琉璃厂小志》一书中列举了87家店铺匾额，均出自当时的名人名家之手：

茹古斋、尊汉阁、宝古斋、赏奇斋和秀文斋五块匾，均系清代同治、光绪二帝的老师、户部尚书翁同龢所书；"荣宝斋"画店的匾为清同治甲戌科状元、溥仪的汉文师傅陆润庠所书；"富文堂"藏书处为清代书法名家何绍基所书；"松竹斋"南纸店为乾隆朝大学士梁诗正所书；"德宝斋"古玩铺为民间称为王爷书法家的克勤郡王所书；"龙威阁"藏书处为曾国藩所书；"韵古斋"古玩铺为清末著名藏书家和金石收藏家潘祖荫所书；"藻玉堂"书店为梁启超所书，体近魏碑；"戴月轩"笔铺为徐世昌所书，标准的馆阁体；"长兴"书局为康有为所书。……《春明古迹小识》一书对琉璃厂商铺匾额描述为："旧都琉璃厂各商店之匾额，皆系名家所书，字体不一，极尽琳琅壮观之致。"琉璃厂外也有一些名人匾额，例如珠市口永安茶庄的匾额出自于民国元老、著名书法家于佑任之手。总之，北京街头店铺的牌匾，颜柳欧赵，苏黄米蔡，正草隶篆，包罗广泛，集中了中国书法艺术的精华，被人们誉为"街头书法艺术的瑰宝"。还有的匾额上既铭字，又雕图，其文化

内联陞木额
创业于清咸丰时期的内联陞鞋铺，木额上绘男靴、女鞋各一只，靴与鞋下为云朵图案，上端书店名"内联陞"

琉璃厂东街老字号店铺匾额

内涵益发丰富,如内联陞鞋铺就于木额上绘男靴、女鞋各一只,靴与鞋下为云朵图案,上端书"内联陞"三字。

老字号的商业匾额,既是装潢讲究、制作精良的书法艺术珍品,也是一种中华民族独特的传播商业信息的广告形式,还往往负载着厚重的民族商业情结。许多商家将金字牌匾视为传世的镇店之宝,作为其职业生命的象征。《清稗类钞》记载,清康、雍间,六必居酱园曾遭大火,店主出纹银五百两请人将匾抢救下来。后来为了防止再出意外,干脆仿制了一块匾挂上,把原物收藏起来,似乎整个店铺的兴衰成败都凝聚在那块匾上。

二、北京商业楹联中的文化

楹联起源于五代时期①,后因科考骈体"八股文"学风的影响而兴盛于明清,具有极高的审美价值。它将中国传统文化的内容和形式,从道德理想、审美情趣,到方块汉字、骈文偶句的书写效果、朗读效果等融为一体,字字珠玑。商业楹联作为我国独有的文学体裁与商业行为结合,是一种雅俗共赏的广告形式。

好的商业楹联不单单是两个工整的对偶语句,更重要的是其文字内容能艺术地表现出商家的兴店气概、行业特征、经营内容,更有处世宣言、服务宗旨等,例如从鹤年堂的楹联"欲求养性延年物,须向兼收并蓄家"向人们传递的是寓于中医养生生活方式中的养生理念。同仁堂药店也有一副楹联:"同舟共济,只求人少病;仁风相和,不虑药生尘",表达了店主极富亲和力的高尚经营理念,即不以药品是否卖出、赢利是多是少为目的,但以服务顾客、消除病痛为宗旨,寄寓着店主的经营理念和追求希望。再看吴裕泰的楹联:"饮酒当记刘伶醉,吃茶应念陆羽功",既古朴典雅,又给人以清新怡然的大气。戴月轩笔店的楹联:"摇曳生姿缘斗管,使转得情在颖毫",明确读出店铺所经营商品的特点,还能看到店家的追求和崇尚。来熏阁书店的门联:"蕴天地之精华,藏古今之学术",表现出一种博大精深的气魄和对学问孜孜以求的精神。老北京诸多的商业楹联体现出商业

---

①据《宋史·蜀世家》载,广政二十七年(964),五代后蜀主孟昶岁除之日在桃符板上题写了"新年纳余庆,嘉节号长春"的联语,迎春祈福。又见《文史知识》1994年第4期所载谭蝉雪《我国最早的楹联》一文,引敦煌遗书斯坦因0610卷为《启颜录》抄本,抄于唐开元十一年。其抄录年代无疑大大早于后蜀孟昶,证明最迟到唐代时已开始在桃板上书写春联了。

行为与文学创作的优美结合,雅俗共赏,构思奇巧,结构新颖,既有助于提高经商者的人文素质,又可以起到广为招徕的作用。

藏头诗这种文学形式广泛应用于北京的商业楹联中。利用"藏头诗"形式书写楹联,阐发字号的含义及企业宗旨、追求,在老北京十分普遍。前门八大祥之一的谦祥益,其楹联是"谦光和蔼,祥祉茵纭",两联的头一个字合起来就是其字号"谦祥"二字。"同升和"鞋店的楹联:"同心偕力功成和,升功冠戴财源多。"还有王致和酱园的对联(大学士孙家鼐所题):"致君美味传千里,和我天机养寸心;酱配龙蟠调芍药,园开鸡跖钟芙蓉。"将致和酱园四个字藏头于其中,让人品其意味,玩味再三,自然使其广告宣传的效应放大、深入。再有大栅栏街里的豫丰烟铺,虽说是一个卖俗物的烟铺,却写出一幅引人入胜的楹联:"豫见征祥烟景丽,丰收有象雨风调",不仅将字号嵌入联中,还写得颇有诗情画意,令人回味不已[1]。

商业楹联一般是用金黄色文字写于红纸条幅上面,一左一右张贴在店门两侧的门框、门柱之上或店堂内壁显眼之处,以做应时应景的广告宣传。讲究的商家还把一些精妙、贴切的商业楹联雕刻成吊匾,悬挂起来长久传递特定的商业文化信息,这就是所谓的"商联吊匾"。中国书法博大精深,韵味无穷,篆隶楷草行诸体,或以雄沉劲健、雍容端庄见长,或以俊秀潇洒、温婉流丽为胜,均给人以陶然兴会的雅逸美感。"商联吊匾"中的书法与商业行为的完美结合,成为中华民族绚烂多彩的艺术独创,书文双美、艺趣相生。古往今来,书家乐以此酬应赠答,北京因其得天独厚的城市地位,许多商家得此殊荣。翰墨之中品味美文的诗情哲理,词句之间观赏佳书的风神韵致,这人文艺术的完美体现给原本充盈着物欲和利益的商业市场增添了许多"文学"、"儒雅"之气。

楹联广告在京外的很多地区也有,但大多以现成的俗联作为统一、共用的楹联,比如"生意兴隆通四海,财源茂盛达三江",横批"万事亨通"或"开业大吉"。后来伴随着楹联在明清两代的兴盛,各行当也逐渐都有了约定俗成的楹联,如刻字店是"笔行神至龙收画,刀走力到金石开";刺绣店是"万里河山藏袖底,四时花

---

[1]袁家方《北京老字号楹联上的文章》,载自《茶余饭后话北京》,中国档案出版社,2007年版,第140页。

鸟出针头";百货店是"货无大小皆添备,物纵零星不厌烦"等等。

相比其他地区,北京店铺楹联的文化品位显然略高一筹,例如北京理发行业的"不教白发催人老,更喜春风满面生",较外地"进店黑脸宰相,出门白面书生"这样的俗联更显时尚;在北京的浴池看到的是"荡漾香汤和气脉洗心涤虑,淋漓津汗长精神振衣弹冠",而外地常见的是"金鸡未唱汤先热,红日高升客满堂";北京旅店有"红日坠西行客身倦堪止步,群鸦噪晚离人马疲可停骖",外地则比较常见"孟尝君子店,千里客来投"①。相比之下,京城的楹联行文更为自然、流畅,立意也更高,既有广告招揽效应,又典雅、深奥,显示出店家的文化品位和文化意趣。再以药店为例,北京同仁堂的楹联:"灵兰秘授,琼藻新栽"("灵兰"系古代藏书秘府,我国最早的医学论著《素问》中有《灵兰秘典论》;"琼藻"泛指珍贵草药)显然比"一药一性岂能指鹿为马,百病百方焉能以牛易羊"这样通用的俗联更能凸显同仁堂悠久、精深的医术修行,且所用药品之珍贵。

当然,最能显现楹联文韵的当属京城数百年的文化古街琉璃厂,其商铺的楹联都颇为考究。如一得阁墨汁店的楹联:"一艺足供天下用,得法多自古人书",将字号、经营的内容、店主的气魄均显其中。再例如荣宝斋的楹联,老楹联是清朝著名书画家高其佩所书"软红不到藤萝外,嫩绿新添几案前",看似在描写花草,实则极具画意的诗句,贴切地点出了老荣宝斋主营书画的特色。

京城商业楹联中典雅、深邃的佳作居多,但也不乏一些幽默诙谐、雅俗共赏的作品。例如,一家门面很普通的店铺贴着"虽非羁旅招商店,却是藏龙卧虎堂",乍一看不知道这是一家做什么营生的店,仔细琢摸才发现是一家寄居乞丐的鸡毛小店。乞丐何以成"龙"、成"虎"? 其实并不为过,明太祖朱元璋就是乞丐出身,在过去乞丐也是一个"行当",而丐帮还是一个很具规模和影响力的组织,其中不乏藏龙卧虎之辈②。

京城商业楹联或庄重文雅、风流倜傥,或幽默诙谐、妙趣横生,将一家家店铺妆点得文采飞扬、流光溢彩,表现出古城独有的性情和民风。

---

①张双林《老北京的商市》,燕山出版社,2007 年版,第 86—88 页。
②张双林《老北京的商市》,燕山出版社,2007 年版,第 87 页。

三、北京商铺建筑装饰中的文化

京城乃五方杂处之地，各色人士皆聚于此，喜好情趣皆有不同，所以北京的商铺在建筑装饰的风格上也各有独具匠心的特色。

华贵气派的皇家风范：老北京的大买卖深受京城皇家风范的影响，建筑装饰上一般都讲究华贵大气，以龙凤为主题，麒麟对坐、宫灯高悬、雕梁画栋、金碧辉煌。在《燕京杂记》中描述过前门大栅栏的这种商业景象："京师市店，素讲局面，雕红刻翠，锦窗绣户，招牌至有高三丈者。"《都门纪略》亦云："京师最尚繁华，市廛铺户，妆饰富甲天下，如大栅栏、珠宝市、西河沿、琉璃厂之银楼缎号，以及茶叶铺、靴铺，皆雕梁画栋、金碧辉煌，令人目迷五色。"名家店铺不但画楼林立，店内装饰也颇为讲究，例如饭庄通常饰以大型彩绘宫灯，配以明黄色的台布、餐巾、椅套，菜谱是木雕封皮，与店堂的木雕匾额遥相呼应，宫廷特色非常浓郁。位于前门外珠市口的丰泽园饭庄，就是个四进的大宅院。青堂瓦舍、门面精饰、环境高雅、风格别致、非常气派。餐厅座椅依时令更换，冬绒夏藤；台面设计新颖，四周镶嵌白银；餐具是清一色的银器，并有康熙、乾隆、光绪年间的彩花酒器，十分名贵。京城的达官显贵、社会贤达、知名人士均视其为人际交往、朋友聚会的好去处。再例如前门的四合茶院，一道老北京的大街门、两个镶着石狮的石鼓，门前悬挂着红灯笼。院内也布局精妙、陈设典雅，迎面的"正房"灰瓦檐高，台阶门前蹲着小石狮，里面的摆设是条案、太师椅、古董、花瓶……透着雍容大气。

回归自然的田园情致：为追求温馨、和谐与自然，京城不少饭庄办成了庭院式风格。"八大楼"之首的东兴楼便在庭院装饰上大下功夫。不仅园内遍植花卉，终年花香飘幽，还摆放了十几口大鱼缸，缸内蓄养供观赏的金鱼和各种供食用的鱼。顾客进店来，可在院中花园里徜徉，在鱼缸里挑选自己要吃的鱼，就餐时犹如"画中游"，以至后来将饭庄办成庭院式在京城渐成风气。不少店主不惜重金装修，并以蝈蝈唱出田园情趣，幽幽的古筝不绝于耳，诗意的环境让客人倍觉休闲自在，迎合老北京追求"天棚、鱼缸、石榴树"的自然和谐感受。

高洁清幽的宗教色彩：北京是有着悠久崇教历史的都城，早在《契丹国志》中就有记载，燕京"僧居佛寺，冠于北方"，大寺院"三十有六"。佛教的兴盛带动了素菜的发展，清代更出现了"寺院素食"、"宫廷素食"和"民间素食"三大流派。光绪年间北京有"紫真馆"、"香集园"、"道德林"、"功德林"、"菜根香"、"全素斋"等多家经营素食的饭庄和字号。这些饭庄和字号的建筑装饰均体现出浓郁的宗教色彩。例如功德林素菜饭庄的店堂设计,装饰典雅、端庄古朴,内设"观音厅"、"罗汉厅"共有佛像顶,并饰以佛教壁画,环境高洁、清幽,仿佛置身于佛门净地;菜肴品种讲究"以素托荤",力求"名同、料别、形似、味近",注重食鲜、器美,具有浓郁的宗教色彩,格调新颖、风格独具,是设宴聚餐、修身养性的理想场所。

古风古韵的书香气息:身处文化古都的老北京商铺,在厅堂装饰上还常常以张挂名人画像或书画附庸风雅,升华店铺的文化品位。《析津志》记载:元大都的"酒糟坊","勾栏瓦肆,雕梁画栋",不但装饰了颇为典雅的"黄公垆"外挂匾,还在门首画了战国"四公子"的画像。"四公子"即春申君、孟尝君、平原君和信陵君,均以好客养士著称,门下皆有食客数千。元代诗人方回有诗云:"原尝春陵四公子,珠履三千分鼎食。"酒坊以"四公子"暗示店家宾客满座、食客众多。而清末民初的致美斋是栋坐北朝南的红楼,大红的雕漆门里曲径通幽,一个个单间里全贴着名人字画,青砖铺地,红漆桌椅,碗、盘、碟等都印有万寿无疆的字样,象牙的筷子点缀其中,显示出其精美和高雅的品味。原址位于东琉璃厂的信远斋,室内也是悬挂名人字画,雅洁肃静,来一碗酸甜香浓、清凉爽口的酸梅汤,既消暑解热,又借机小憩,是许多文人墨客、社会名流在逛文化街之余休憩的理想场所。

老北京既有身处繁华闹市、高朋满座的大买卖,也有为满足京城平民生活而幽居胡同小巷的鸡毛小店。这些小店虽然难以体现前四种装饰文化的大气、典雅、精致,但也会从干净的台面、杯盏,书写工整的价签,规范整齐的商品分类码放等方面,表现出皇城脚下平民商人的规矩、淳朴、勤快等基本的商业文化素养。

京城商铺的建筑装饰除了考虑到迎合人们人文精神的追求,在满足不同行业需求方面也体现出周到的服务文化,例如"明茶暗布"。"明茶"是说茶庄的殿堂讲究高大豁亮,茶香散发得出来,大栅栏的"张一元"茶庄,夏天站在它门前两三米远,茶香从店里冲出来,让人暑气顿消。"暗布"是说绸布店的店堂,光线要尽可能地接近自然光,便于顾客挑选布料的颜色、质地。瑞蚨祥的店堂中间,有个天棚,就解决了店堂的采光。再例如同仁堂有个小天井,种着当时北京唯一的一棵枇杷树,树下还养着盆栽的草药,是为顾客配鲜药而专门种植的。应该说这不仅是一棵树,更是一个服务文化的符号。

第三节　北京商业的经营文化

陶朱公、白圭等先秦时代的大商人,顺应天时,取予有道,逐什一之利,薄利多销,他们的经商之道被历代商人奉为圭臬。北京成功的商人在经营中也无不"错用计然、白圭之计",并根据北京作为都城的消费特点,形成了具有京城特色的一些经营技巧,这些经营技巧蕴含着北京多元的皇城文化、市井文化和儒家文化的丰富内容。

一、精工细作,货精利厚

北京商人的营销目标主要聚焦在政府官员、文人学士和天潢贵胄身上。由于宫廷贵族和官府消费具有典型的高端性——对消费品务求尽善尽美,这就促使京商逐渐形成了精益求精的经营和技术特点。而达官贵人在消费时也喜欢"摆谱",以显示其身份、面子和荣耀。由此,高价高质、货真价实成为针对老北京高端消费阶层制定的经营策略。

东来顺创办者丁德山就在涮羊肉选用的原料上狠下功夫。涮肉所用的羊,首推内蒙集宁的绵羊,其中又以阉割过、重五六十斤的公羊为佳。这种羊肉雪白鲜嫩、肥而不膻、瘦而不柴。丁德山为保证原料,专门在北京东直门外买了几百亩地,羊成批买来后,就交给佃农饲养。而且为了保持鲜肉片嫩无渣,东来顺的羊肉片只选用羊的"上脑"、"三叉"、"黄瓜条"等部位,其质量之优为同行所不及,当然价格也就成倍地提高,1斤肉片的售价相当于 2.5~3 斤肉的价格。

公兴顺果局则本着"货好招远客"的经营理念,进货时好中选优,将目标顾客锁定在有钱人身上,以"最好的商品卖最高的价钱"。例如鸟儿胡同杨家,每年春节祭祖必买五盘怀来苹果总共二十五个,但尺寸是用固定的纸筒来套,稍大稍小都不行,而且每个苹果都必须半红半绿阴阳面分明。公兴顺很乐于"效劳",不惜打开十筐八筐逐个挑选,直到完全符合要求为止,而对方买二十五个苹果几乎得付出这些筐苹果的全部价钱。宅门摆了谱,店家得了利,两厢情愿,各有所得。

经营朝靴的内联陞更是瞄准了官员的用鞋市场。赵廷于清朝咸丰三年(1853)创办内联陞,前店后厂,自产自销。内联陞制作的朝靴鞋面用的是南京生产的昂贵的黑贡缎,厚黑亮泽,经久不起毛;靴底厚达32层,但厚而不重,穿着舒适、轻巧、走路无声,既稳重又气派。这样的朝靴自然价格昂贵,据说光绪年间,一双内联陞的朝靴卖价白银几十两,但订做、购买朝靴的人络绎不绝,生意兴隆火爆。

荣宝斋制作和销售的空白官折也同样是为官服务。官折是官员向朝廷上奏言事的奏折,朝中阅折大臣往往对上报的奏折,从内容到书写再到纸张及其装帧质量等多有挑剔,以显示其忠心。而荣宝斋对每一个空白奏折都必须经数十人仔细检验,不允许有任何污点,即使有微乎其微的小疵,也决不放过。这就使荣莹斋的空白奏折成了"放心折子",虽说价钱比别的铺子贵出半倍多,官员们也愿意花钱买个心安。

为大清宫廷供奉御药长达一百八十八年的同仁堂,从皇宫得到的收益更为丰厚。自雍正三年开始,根据雍正帝批奏,同仁堂药铺每年可预领官银四万两。当然同仁堂的药品质量精良,"配方独特、选料上乘、工艺精湛、疗效显著",在中药丸剂(蜜丸、小蜜丸、水蜜丸、水丸)、散剂、酒剂、膏剂等方面具有明显的技术优势。故宫博物院库藏中保存有同仁堂百年以前的御用药品紫金锭和藜峒丸,至今依然色泽如故,药香清晰可辨。

二、礼数周到,宾至如归

我国有悠久的灿烂文化,高尚的道德准则和完整的礼仪规范,被世人称为"文明古国,礼仪之邦"。中国古代的"礼"和"仪",实际是两个不同的概念。"礼"是制度、规则和一种社会意识观念;"仪"是"礼"的具体表现形式,它是依据"礼"的规定和内容,形成的一套系统而完整的程序。老北京商人们在待客的礼数和仪式上都显示出北京作为文化古都、首善之区的风范。

地处北京前门繁华商业区的三义客店就是清末北京旅店行业中以规范经营、礼貌周到而著称的企业。凭着自己的商业信誉,三义客店历经战乱动荡及同行的恶意竞争而不断发展,成为近代北京旅店业中知名的一家老店。三义客店真正兴旺的原因是他们坚持不懈地贯彻了"店家,店家,到店如到家"的服务目标。其员工始终以亲切热情的笑脸待客，服务热情到位，一切主随客便，目的就是要给出门在外感到生疏不便的旅客，营造一种宾至如归的感觉。早上旅客起床后值班人员要送上洗漱用水，旅客出门后服务人员就打扫卫生、清理炉火，晚间临睡前服务员会为旅客把洗脚水送进房间。在没有暖水瓶的年代，客店员工为旅客随时添水沏茶，但不准无故进客房与旅客攀谈。有客人来访住店旅客，服务员必须将访客送到住店旅客的房间。旅客的信件财物或者来访者的留言，客店都会一一对旅客交待清楚。旅客如要早起赶路，客店员工会按客人的交待按时叫醒，绝不会误事。

京城不但坐商非常讲究礼数，就连游走街巷的小商小贩也不例外，例如剃头师傅们无论天多热，都会穿得整整齐齐。因为他们要走街串巷，要登堂入室，穿戴整齐是他们自觉遵守的行规。即使在赤日炎炎的夏天，也绝对看不见一个一边打着唤头、一边赤胸露背的理发"膀儿爷"。

在各个行业中最能体现北京商人待客礼数周到的，当属饭馆，不但会伺候人，还会奉承人。顾客一进门就有人来迎接，"二爷来啦"！"三爷来啦"！如此称呼是迎合京城主顾们政治上的心态——"爷"字辈人物。如果来的食主是常客，跑堂儿的已经熟悉其口味，在鸣堂时还会现出多有关照的意思："拌凉皮一道七寸，拉薄剁窄双份芥菜，抻面一碗，多搭两扣走细条……"使顾客听着亲切舒服。跑堂儿还得能言善哄，不能让吃主空着肚子走。如果客人点的虾仁没货，他会说："三爷，别吃虾仁，虾仁不新鲜！鲫鱼是才打开包的，一斤多重。"或者顾客要的鸡无货，他则格外殷勤地小声说："您是老主顾，我不能蒙您，照直跟您说，鸡是有，可个儿太小，做香酥肉发柴不对您的口味，昨儿个刚进的塘沽海蟹真肥真叫鲜，您核计核计，不行就换一换。"顾客用什么样的酒，不需开口，跑堂也早知会平素有交往的酒店："某某胡同的某三爷在我们这里，送三斤酒来。"顾客被伺候得舒舒服服、熨熨贴贴，岂有不再回头之理。此外大饭庄，如东兴楼、同和居等，往往还给就餐客人上"敬菜"若干，即几碟小菜，有的还"敬高汤一碗"。当然，这些花费最终还得算到客人账上，但是，客人会因其毕恭毕敬而倍感亲切、受用。

《孟子·告子上》中有一段话说："一箪食，一豆羹，得之则生，弗得则死。呼尔而与之，行道之人弗受；蹴尔而与之，乞人不屑也。"人的各种活动从某种意义上说，都是一种文化活动，它往往超越简单的生理要求而带有精神满足的意味。

"呼"与"蹴",是一种粗野、非礼的举止,就连乞丐也不会认同和接受。而"礼"是人们交往、沟通的共同语言。受儒家思想影响的老北京商人们深知"礼"的重要,信奉"礼多人不怪"的规矩。如果在饭馆吃饭,上菜时间长而引起顾客不满,跑堂的则说:"火候不合适,不能给您端上来,宁可来晚点挨两句骂,不能端上来不好吃挨骂,您稍微等一等就来。"或是:"火候不够,不能给您呈上来,您是讲究的吃主,想必为了口儿正,能多担待点,我这就到后面给您再催催。"虽是驳了顾客,但能使顾客爱听,并且听了还感到愉快。若是菜仍是不来,顾客不耐烦拿起筷子敲盘叮当声,表示招待不周。在从前这是极严重的事,账房里管事先生一听敲盘声就要亲自出面道歉,随后有人打起门帘让顾客看看那位值班的跑堂扛着铺盖走出大门——被辞退了。事实上他是从大门出去又从后门回来了,只是给顾客一种心灵安慰、精神满足,这点是京外的馆子办不到也想不到的。

三、切近需求,抓住商机

京城商业围绕着北京城市生活展开,为不同区域、不同阶层的人提供着不同的服务,并且随着时代和人们生活方式的变迁不断调正自己的经营策略。

按照"商业地理学"的理论,需求是形成商机的必要条件,如元代丽正门(现正阳门)内的中书省前有省东市,处于统治机关集中之地,所以设有文籍市和纸札市。当某种需求有了群体效应之后,敏感的商家会马上捕捉到有利的商机。东来顺的创始人丁德山就是这样敏感的商人,其实丁德山早年是往城里送黄土的苦力。老东安市场的前身是武官上朝时存马的地方,后来逐渐形成了简易的交易市场,人来马往,热闹非凡。丁德山看准了这块风水宝地,把干苦力攒下的积蓄,全部投入到了东安市场北门,搭了一个棚子,挂上"东来顺粥摊"的牌子,摆起了一个专卖玉米面贴饼子、小米粥的小摊,专门招待以车夫、马夫为主的百姓,生意非常红火。

当客源丰富、需求旺盛时,还会因此形成有规模的市场。京城琉璃厂和隆福寺文化街的形成就源于对文化产品有需求的客源的聚集。清初"满汉分居"的政策将汉官定居外城,特别是文官,多住在宣武门外琉璃厂附近,全国各地的会馆也都建在周边,来自全国各地应试举子和文人寓居此地,使琉璃厂区域的文化氛围日益浓厚。《北京宣武区志》记载:"至清光绪三十年(1904)科举考试终止,先后在京举行科考二百零一科,全国各地进京应试的举子达一百二十多万人次。"由此一些书商纷纷来此设店营业。清王朝修编《四库全书》时,书贾们更是借机涌入京城,设店开肆,据乾隆朝大学士翁方纲在《复初斋文集》中记载:"乾隆癸巳,开四库馆……各以所校某书应考某典,详列书目,至琉璃厂书肆访之。"翰林院的四库编修们常到琉璃厂巡检书籍、字画、文物等,直接促成了琉璃厂文化街的形成和繁荣。

商业经营中,需求带来的商机是可以利用的,而预测行情、创造商机,更有利于先发制人,在竞争中取胜。白圭总结的经商四字经——智、仁、勇、强,实是商战中取胜的锐利武器。他说:"吾治生产,犹伊尹、吕尚之谋,孙、吴用兵,商鞅行法是也。是故,其智不足与权变,勇不足以决断,仁不能以取予,强不能有所守,虽欲学吾术,终不告之矣。"①即经商必须多谋善断,抓住时机,敢冒风险,才能在竞争中获胜。清末,山东人孟洛川进京开设了瑞蚨祥绸布店,正是他"趋时若猛兽挚鸟之发"②,才逐渐在京城立足,并发展成京城最大的绸布店。光绪初年,孟洛川的族侄孟觐侯带了一个伙计来北京,在前门外鲜鱼口内抄手胡同租房开设鸿记布店,批发寨子布(土布)。光绪十九年(1893),洋布大量涌入中国,土布业务日趋狭窄,利润日益下降。孟觐侯意识到洋布的诸多优势,立即向孟洛川提出建议,改批发为零售,转而经营洋布,抢占先机。于是孟洛川出资八万两白银,在位置极佳的大栅栏置地造房,创办起"瑞蚨祥绸布洋货店",数年获利颇巨。孟洛川还注重市场调查,密切注视市场行情的变化,经常派人到各店铺,以顾客的身份调查产品质量、行情,便于根据行情作出及时而准确的反应。凡一般商品,瑞蚨祥的标价都略低于市价。

无时不在的竞争迫使商家必须因地制宜、随机应变方能获利。老北京的俗语"腊月水贵三分"、"大雪纷飞下,油盐柴米都涨价"说的就是因势利导。民国初期烟袋斜街古玩市场的兴起就源于近代北京时局变化所带来的市场机会。旧时北京的古玩商人一般都习惯于在南城开店。但在民国初期城北的烟袋斜街却出现了好几家古玩铺和挂货铺,狭窄的小巷中人来人往,摩肩接踵,生意甚是兴隆。原来民国初期,政局动乱,政府对八旗子弟钱粮俸米的发放,因无人过问而废停。

---

①②《史记·货殖列传》,中华书局,1959年版,第3259页。

其中一些没有谋生技艺的人,生计日益窘迫,就只得变卖家中的古旧珍宝度日。而烟袋斜街一带,正是旗人贵族居住较为集中的地区,于是,精明的古玩商们就陆续把自己的商店开到了这里,方便就近收购交易。

时局的变化会带来一些新的商机,也会对一些商家造成破坏,这时同样需要顺时应变。创立于1880年的永星斋饽饽铺在庚子之乱之前专门针对宫中和官宦权贵婚丧喜寿所需的特制糕点做批量销售,营业收入与赏钱均十分可观。庚子之乱后,宫廷的需求锐减,永星斋随之改变销售模式,将经营范围推展到城里的大户人家,并采取"打印子"等预销方式,业务经营形式多样化。进入民国后,应社会变革,永星斋又一次转向,把经营重点完全转到门市销售上,从1927年至1930年,在繁华之地连开三家门市店。永星斋根据时势变化,从现实出发,审时度势,很好地调整销售策略,才得以在"城头变换大王旗"的局势下生存发展。

老北京的商家还很懂得利用民俗来逐利趋市,投其所好。节日期间,商家会提供时令商品以顺乎民情,如中秋节时,"纸肆市月光纸,缋满月像"①;当然人气旺了,需求多了,商家也会为了利益提高价格。如"风定晴酣午气煎,今朝真个踏灯天。平添什物三分价,撒尽官儿新俸钱"②。有些店铺还专门针对特殊的客户群潜心研究他们的需求,以便投其所好,例如公兴顺果局专门研究大宅门有钱人家的需求。该店不但熟知哪一家爱吃什么,甚至对其家庭主要成员的爱好以及喜庆寿诞日期都很清楚,能应时备货,及时送上门去。有时鲜货好货一到,便主动打电话或派人告诉各大宅门,以示殷勤和恭维。久而久之,许多富户豪门都成了公兴顺的长年顾客。公兴顺为了做好宅门生意,可说是煞费苦心,小心翼翼,比如,夏天给宅门里送西瓜,事先要根据生熟程度,在每个瓜皮上注明吃瓜的时间顺序。万一给人家挑走眼,还要负责上门更换。

老北京的商家为扩大自己在消费者中的影响进而达到销售的最终目的,还有一些很"现代"的手段。如瑞蚨祥的经营者孟洛川在京城首创了"礼券",类似现在的购物卡,送礼者只需送去礼券,受礼者就可自行挑选喜欢的商品,使得礼

---

① 〔明〕刘侗、于奕正《帝京景物略》卷二,上海古籍出版社,2001年版,第104页。
② 〔明〕刘侗、于奕正《帝京景物略》卷二,上海古籍出版社,2001年版,第92—93页。

券大受欢迎。孟洛川曾说："生财有大道，生之者众，食之者寡，为之者急，用之者舒，则财恒足矣。"内联陞靴鞋店不仅备有礼券，更具特色的是店中的《履中备载》，实际上是一份客户的详细档案。有了它，既可免去客户在此购买时往返之路，亲近了买卖双方的关系，又可为外任官入京晋谒上司时想以靴鞋做为礼品者提供便利。

民国初期，"内联陞"搬到前外"廊房头条"路北开店经营，这是当时为促销印制的"礼券"。

民国初年内联陞为促销而印制的礼券

京城的消费者层次复杂，上有皇亲国戚，下有贫民百姓。老北京的商家对不同的消费者态度上均会以礼相待，质量上童叟无欺，但毕竟不同类型的客户有不同的需求和消费特点，所以也会有针对性地提供不同形式的服务。清末明初位于西花市大街的协成生布店根据不同消费需求，分门别类设立了三个营业室。第一营业室设有拦柜，卖的东西不多，主要为那些性急、快买快走的客人服务。第二营业室设有桌椅，货架敞开，布样多，可选择性大，针对的是那些愿意多花时间买到如意商品的顾客。一般客商的批发业务在第三营业室成交。对进入二、三营业室的客人，店员会热情地将他们迎入、让座、倒茶、递烟，待若上宾，挑货时也不厌其烦，直到客人满意为止。不管买多买少，态度始终如一。对于老主顾，或买东西多的客人，协成生还会派学徒送货上门。

西恒肇当铺的经营也很灵活，对不同的顾客采取不同的计息方法。经常去当物品的人喜欢去自己比较熟悉的当铺，所以每个当铺都有熟悉的老主顾。这些人中不乏一些破落的官宦之家，拿来的都是档次较高、品质较好的东西。西恒肇对这些珍贵当物的来源渠道十分重视，采取了不同于普通顾客的优惠办法。经常来光顾的郑王府就是其中一例，他们来当的东西多是朝珠、海龙外褂、貂皮外褂等，每次的交易基本都在一千两白银以上。对这样的主顾，西恒肇总是会降低利息优待他们，因而获得了更多的生意机会和利润。清末民初是西恒肇当铺经营的黄金时期,当时平均每天的营业额能达到纹银五百两,获利极其可观。

鼓楼商业区和前门商业区在赊账的政策上也有所不同。对旗人敞开门来赊账曾是"鼓楼前"内城商业区京商的生财之道。鼓楼商业区主要的顾客是京旗各阶层,旗人作为政治人口钱来得稳当,来得容易,花钱也就不心疼,属于"敢造的主"。上层敢造,下层亦是"穷大方"。居住在内城的八旗人口,其下层兵丁平均月收三两三钱银子,生活属于温饱型,但京旗弟子有句名言:"不赊账,这辈子就白当旗人了。"敢赊账、能赊账是旗人"过日子"之道。旗人敢赊,"寅吃卯粮",商人也敢赊给。因为一是旗人按时领钱粮俸禄,有偿还能力;二是不怕旗人逃账,清廷定制,旗人只能居住在本旗辖区之内,由佐领管理,出城四十里要经特批,故无逃账可能;三是旗人最讲脸面,"大爷欠账大爷还","大不了把钱粮单子押出去",是欠账不赖账的主。故京商赊账不会"打水漂"。但外城商业区"前门"的商家赊账就会比较慎重,因为那里的顾客流动性很强。

四、唯才是举,御人有术

老北京的店铺大多处于商业、餐饮、服务等门槛较低的行业,要想在这些行业的激烈竞争中脱颖而出就必须拥有关键的配方、技术、工艺等,而掌握关键技艺的人才就成为各家店铺努力争取的对象。东来顺的经营者丁德山就曾想方设法从当时经营涮羊肉最有名的正阳楼饭庄挖来一位刀工精湛的切肉师傅。这位师傅切出的羊肉片薄如纸,匀若晶,齐如线,宛如花,铺在青花瓷盘中,透过肉片能隐隐看到盘上的花纹。看东来顺师傅切肉成了人们津津乐道的一景,东来顺的生意也日见兴盛起来。老字号全聚德的创办人杨全仁也曾从专为宫廷做御膳挂炉烤鸭的金华馆挖来一位烤鸭技术十分高超的孙老师傅。孙老师傅来到全聚德后,把原来的烤炉改为炉身高大、炉膛深广、一炉可烤十几只鸭的挂炉,还可以一面烤,一面往里面续鸭。经他烤出的鸭子外形美观,丰盈饱满,颜色鲜艳,色呈枣红,皮脆肉嫩,鲜美酥香,肥而不腻,瘦而不柴,为全聚德赢得了"京师美馔,莫妙于鸭"的美誉。

除了引进人才外,老北京的商铺还采用各种形式和手段加强对员工的激励。创建于明永乐年间的万全堂,一改熬年头论资排辈的传统做法,凭业绩拿薪酬,极大调动了员工的积极性,使万全堂实力倍增。一些考虑更长远的商铺在调动员工积极性的同时,还会注意稳定人才结构、保障持久经营。讲究用人之道的同仁堂在配料、炮制、制丸、管账等重要岗位,用的都是有一技之长的老药工、老伙计,并给他们十分丰厚的待遇。同仁堂从不轻易解雇员工,鼓励终身工作,员工表现出色可以从小卖药的、大卖药的,升至中查柜、大查柜,父亲谋下的职位儿子还可以继承。这样逐步形成了世代相传的周家账房、左家药房、邱家厨房及配料郭、查柜刘的结构。他们既有荣誉又有压力,即使为了后代也要兢兢业业地效力于同仁堂。

旧时的东兴楼

东兴楼创建于 1902 年。原址在东华门大街路北,是一座前出廊后出厦的大四合院。东兴楼以经营山东风味菜肴而著称,被同行誉为"八大"鲁菜饭庄之首

　　"八大楼"之首的东兴楼饭庄在御人方面也很有特色。一方面以感情留人。东兴楼的经营者安树塘每天清晨第一个来到店里,恭候师傅、伙计;晚上,一定要等大家完活儿,向各位一一拱手,道了辛苦,才肯离去。逢年过节,他不等别人来家问安,先要到各位师傅家去拜访。平时,他和店里的人吃一样的饭菜,从不特殊。他总管三个企业,但只拿东兴楼一份工钱。另一方面以待遇留人。按照东兴楼的晋升制度,成为骨干的店员可以得到"人力股"(俗称吃买卖的),即使是幼年学徒每月也能拿到七八元工钱,比一般饭馆的薪水要高得多。因此有句顺口

溜:"吃着东兴楼,娶个媳妇不发愁。"

在事业的传承问题上,北京的一些商铺还秉承范蠡提出的"择人而任时"①的原则,不唯亲只唯才。稻香春的创始人张森隆在看到本店的学徒徐晋卿的才华后,就将稻香春交给了徐晋卿,而没有传给自己的儿子,表现出他爱才、重才、启用能人的气魄,这在当时是难能可贵的。

五、让利平民,声名远扬

京城老字商号视顾客为衣食父母,决不"店大欺客",上至宫廷、王府、大宅门的大买卖,小至一般平民百姓的小买卖,均热情周到。买多买少,买与不买一律躬迎躬送,而且童叟无欺,力求价格合理,分量充足。他们认为大钱要赚,小钱也要赚,赚小钱图的是"红火",能赚小钱才能招来大钱,小钱是大钱的幌子,"门前一冷,大钱小钱都赚不来了"。这是京商的生意经,也使京商成为深具人文关怀的商业主体。

协成生布店就一直坚持低价、平价、让利于人。有时候,对一些出手快的"大路货",协成生甚至就按进价零售,一点不加利润。这种看似"赔本赚吆喝"的买卖,实际是一种巧妙的竞争手段。因为这些生意虽然不赚钱,但消费者带走的好名声却是一种更大的收益,在顾客中能够得到一传十、十传百的好口碑,是花钱专门去做商业广告都买不来的效应。上门客多了,赚钱的机会自然也就多了。

而东来顺在发达后也一直保持当年粥棚的传统,在楼下东厅设了可容百余人同时就餐的"大板凳"。那里的饺子、馅儿饼肉多油大;炒饼、炒面、玉米面贴饼子、杂面条和廉价炒菜分量足、质量好。这类食品的顾客中拉洋车的占很大比例,丁德山还经常给这些拉洋车的一些小恩小惠,这其实是他的生意经:"穷人身上赔点本,阔人身上往回找。让他们背着活广告,四城内外到处跑。"果然宣传作用不小,有的外地旅客下火车找饭馆,拉车的便主动把他拉到东来顺。最后,东来顺终于挤垮了"正阳楼"。

---

①《史记·货殖列传》,中华书局,1959年版,第3257页。

六、巧用广告,一举多得

北京的商铺为了宣传推销自己的商品,除了广泛使用前文所述的招幌、字号、货声广告之外,还有很多其他形式的广告,眩人耳目。

活广告:东来顺的丁德山保留粥棚,使常来的车夫、马夫、苦力成了他的活广告。同时东来顺饭庄的下脚料也有了去处,什么鸡、鸭架子、肉骨头、筋头巴脑,都能再卖一次钱,降低了成本。此外,丁德山保留粥棚更深远的意义是,以自己不忘发迹起点的行为,来激励后人别忘了创业的艰辛。

公益广告:京城商铺中公益广告做得最成功的当属同仁堂。早在二百多年前,同仁堂就印有《同仁堂药目》,将所制药品一一列出,注明每种中成药所含成分、适应症状、服用数量及禁忌,并标明价格。凡购药者都免费送一本,既与人方便,也为自己做了广告。同仁堂还利用每年朝廷举行会考,各地举子、名士聚集北京的时机,到各会馆免费赠送"平安药",同时也带去同仁堂的名贵药品,供他们选购。举子们回乡后,广泛宣传,使同仁堂名传四方,看病求药者倍增。此外,每年雨季京城都要在主干道挖沟清淤,这时,同仁堂就主动设立"沟灯",上书"同仁堂"三个大字,一个接一个地直挂到前门楼子。既大大方便了夜间行人,又使同仁堂的名字深深地刻在百姓心中。同仁堂还热心于办义学资助贫苦儿童;施义材帮助无丧葬能力的死者;冬办粥厂,夏施暑药;遇到流行瘟疫则广散避瘟药品……所有这些都使同仁堂深得民心,口碑甚佳。

连环画广告:宣统年间,京城已有数种小报出版。京城老字号果脯甜品店"聚顺和"为了宣传自家的果脯在1913年巴拿马博览会上获金奖,特意把制造过程组成八张一套的连环画广告,刊登在书报上。

打假广告:打假广告一般首先亮明自身的"货真价实",久有声誉。接着对假冒者深恶痛绝,申明自己的特征,以正视听。如"同记和合"绉纱铺的广告是:"窃以为,绉纱当如义理节操,不容有丝毫瑕疵,具有无可争议之美质。为求制作之尽善尽美,织机、用料、工匠,皆须精心选择。唯有此数项俱佳,方得驰誉各省,历久不衰。""本号产品……历经二十九载而保有可羡之品质。唯今为防他人冒充本号产品,特采用二字新名,见于所有包装,自此使用,不再更改。故若见有所售绉纱纹理疏松,表面粗糙不平者,即此已可断定其为冒牌之劣货,断非本号之织品。数载以来,有人于工艺未能得其要领,而觉模仿我印章为易,以此欺骗顾客。故此本号取名'同记',以彩色字体印于所有包装,并加'和合'二字。各位贵客,幸予垂顾,认准本号新名。本号买卖公平,绝无欺骗。同记和合(原继昌仁记)。"①

包装广告:在老北京最讲究包装的有两个行业:一是药铺,二是茶叶铺。因为忌讳,药铺不好大张旗鼓地做广告,但是又要宣传自己,怎么办?老北京中药铺抓药时,每味药的小包内都放有一张小纸片,上面印有草药名称、图形、药性等,人们通过这张小纸片就认识这味药了,而且不会吃错。大包装纸上则印有店铺的名称、地址等。老北京人生活简朴,这种包装纸一般不会扔掉,故而药铺的广告作用十分显著。每逢再次抓药时,只要看一看这种包装纸,就会找到原来药铺的"资料",既是包装又是广告。茶叶铺的包装广告不仅是在包装纸上做文章,而且突出在茶叶包上。茶叶铺包的包儿很特殊,像个小枕头。为了防止纸包的松散,在纸包的开口处要再叠一折,称为"双口"。包好的包儿四四方方,且紧称、丰满。它有一个别致的称谓:"一口印",不用绳儿捆,掉在地上也不会散。看到这种包不用打开就知道是茶叶。店名、地址都印在包装纸上,而且包好之后正面最显眼的地方露出来的正好就是店名,让人一目了然。

民国聚祥益礼品店的包装纸

民国时期同兴永商号月饼盒上的门票

---

① 伊永文《到中国古代去旅行·古代中国风情图记》,中华书局,2005 年版,第 95—96 页。

还有一种门票广告，也是老北京的特点。所谓门票者，并非电影院、剧场等的入场券，而是糕点铺和水果店常用的一种广告媒体。过去，这些店铺不讲究花里胡哨的包装，糕点铺的包装无非是油纸和纸匣两种，这种包装看起来十分简陋、粗糙，光秃秃的很不美观；水果店则是用小筐和蒲包儿，也是土里土气，不大雅观。而糕点和水果在当年多为馈赠亲友，有的还是节日、生日的贺礼，如此包装难以出手。于是，店铺就纷纷印了红红绿绿的门票，附在点心包、糕点匣和水果筐上，让人看着高高兴兴，喜气洋洋。这种门票广告除印有"百年老号"、"南北水果"、"满汉糕点"之类的广告词儿及店铺的"简史"外，还印有字号名称、地址、电话等，既好看又传名。

第四节　北京商业的伦理道德

中国传统文化的主流是儒家文化。在历史上，儒家思想对中华民族精神的形成产生了重要而深远的影响。中国古代商人大都与儒家思想有着千丝万缕的联系，京商亦不例外。不少京商本身就具有文化人的身份，王致和、一得阁的创始人都是会试落第的举人。京商在长期的经营中自觉将深厚的儒家文化底蕴与醇朴、厚重的老北京文化相交融，最终形成了"诚、信、仁、义、和、让、礼、智、勤、俭"的经商伦理、价值取向和经营管理哲学，倡导"以忠诚立质，长厚摄心，以礼接人，以义应事"的商业道德，表现出京商"在商不唯商，求利不唯利"的商业品格。

一、恪守信用，诚信为本

中国人相信"天道不欺"，儒家视"忠信"为待人处事的准则。孔子认为："人而无信，不知其可也。"①孟子将仁、义、忠、信视为人的四大美德，希望人们乐善不倦。宋代理学大师朱熹进一步发展了孔、孟的忠信观，指出："忠信者，真实而无虚伪也。"②传统商人将儒家的忠信观应用于商业，形成了"诚信无欺"的贸易原则。诚者，诚实，讲求货真价实，童叟无欺。信者，讲求遵规守约，以信立商。"诚招天下客，信揽四方财"。儒家文化中诚信作为一条重要的道德原则，既是商

---

①杨伯峻《论语译注》，中华书局，1980年版，第174页。
②〔宋〕黎清德编《朱子语类》卷六，中华书局，1986年版。

家立身处世、自我修养的基本原则,也是人们进行市场交易活动的基本原则。

诚信是京商经营文化的核心,能够在百家汇聚的京城脱颖而出并立足于世、长久经营的商号,一定是秉承了诚信的经商伦理。

例如通过宣传诚信理念而崭露头角的张顺兴刻刀。1880 年张正新正式启用了"张顺兴刻刀铺"的字号,并且在自家生产的刻刀上打上"不"字牌号,以示天下的人:张顺兴的产品不骗人、不欺人。有了这种正确的理念,张正新生产的刻刀、镊子等产品很快取得了各地用户的信任,销售量与日俱增,尤其是批量购货者迅速增加。很快,"不"字刻刀就传遍了东北、华东等地区。

再例如以信立世的鹤年堂药店。鹤年堂药店创建于明代嘉靖年间。其汤剂饮片的制作首先精选上品药材。金银花只采购河南省的,白芍只用杭白芍,川白芍、亳芍一律不采用;黄芪只用内蒙古和外蒙库伦所产的绵黄芪;郁金、清半夏、元胡、天麻等药材也都必选地道的一级精品,从来不会因为计较成本而用次级材料来替代。然后精心炮制。如制作法半夏需经过七道工序,前后要花费 49 天时间才能完成;大熟地、山茱萸、何首乌等,加入其他原料后要反复进行蒸制,直到符合鹤年堂的标准为止。疗效显著、真实可靠的药品使鹤年堂成为在消费者中享有卓著信誉的老药店。

诚信的京商不但讲求产品质量,还能做到明码标价、童叟无欺。清末民初,币值繁杂,兑换行情起伏不定、千变万化。协成生布店为了让来店消费的持不同货币的顾客放心购物,特在营业室内挂着一块行情牌,将银元、铜子、铜钱票之间的比值按钱市上的兑换率标明,真正做到明码标价,公平交易。凭着公平厚道的经营作风,协成生布店一年四季顾客盈门,生意非常兴隆。

当然,京商讲究诚信也有其比较特殊的原因。中国古代社会是一个以"人治"为特色的专制社会,国家法律的效力十分有限,尤其是有关商品经济的法律更是微乎其微。因而在商业社会内部,赖以维持其秩序的主要是道德上的信誉和利益纽带的牵制。尤其京商所处环境和服务对象的特殊性,使旨在京城立足的商家们对顾客不能欺、不敢欺、也不愿欺。

首先京商不能欺。北京作为全国最大的直接消费市场不同于中转市场,欺骗顾客,轻者自断财路,重者自行封门。北京的消费人口不但固定,且主体消费者是购买力很强的"政治人口"。这些人能承受高价,但高价要建立在货真的基础上。用老北京的话说："能挨坑，但不能受骗。""坑"是指高价，"骗"是指以次充好。况且皇亲国戚、达官贵人、文人墨客们，一般见多识广，文化程度都比较高，也不是轻易好骗的。

其次京商也不敢欺。不少京商的产品都成为皇宫的御用供品，可这金字御号是无上的荣耀，也是极大的压力。为皇宫内廷供品，必须慎终如始，来不得半点马虎，稍有不慎就有可能导致杀身之祸。皇家惹不起，即使是普通的官员也得罪不起。所以某种意义上说，京商的质量意识、诚信的经营理念是在以身家性命为担保、为官服务的特殊环境中形成的。在同仁堂乐氏祠堂第六代里就供着一个"无头布衣人"。相传，雍正年间，宫廷传出某亲王服汤剂身亡，御医鉴定认定是同仁堂的药剂，遂将乐氏铺东拘于刑部，枭首于菜市口。事实上，乐氏不过是宫廷斗争的替罪羊。乐氏世代铭记这一教训，在《同仁堂药目·叙》中有"汲汲济世竞竞小心，凡所用丸散无不依方炮制取效有年"的记载。

再有京商也不愿欺。北京城有着醇厚的城市文化。老北京人崇尚真诚的人际关系，待人坦诚不欺，鄙薄奸诈不实的作风，具有一种君子风度。即使有时会因为天子脚下的皇城人这种优越感而轻视外地人，但不会甚至是不屑于欺骗人。此外，京城商人的主体意识不断觉醒。明代王阳明重倡"四民"说，揭开了为工商正名的序幕。他在为弃儒经商的方麟所写的《节庵方公墓表》中说"四民异业而同道"，经商不仅可以"树基业于家"，甚至可以"创业垂统"，商贾因此形成了高度的敬业精神和自重的意识，对自己的"名"、"德"看得很重。同仁堂在《乐氏世代祖传丸散膏丹下料配方》的序言中明确规定："炮制虽繁必不敢省人工，品味虽贵必不敢减物力。"历代的同仁堂人都恪守诚实敬业的药德，提出"修合无人见，存心有天知"的信条，制药过程严格依照配方，选用地道药材，从不偷工减料、以次充好。生产出了众多疗效显著的中成药，赢得了国内外人士的广泛赞誉和青睐。其实，商品交换的实质是一种诚信经济，是一种契约经济，也是一种利益关系。能否做到"诚信无欺"，不仅关系到商人的道德评价，而且直接影响商人的长远利益。"信"作为人际交往法则，是五伦关系中最有价值的内容。商业活动中讲诚信，才能相互尊重；有诚信，则能"同气相求"①、众志成城，才能联结起社会交往

———————————

①《易经·乾卦》。

关系中稳固的伦理网络,最终实现持久稳健经营的目标。所以,一般北京商人视诚信为基本的商业行为规范,不会贪图眼前小利、欺瞒顾客,他们往往更重视长远利益。这也许就是人们所说的北京商人的大气。

但京商中也有个别"奸商",只不过大多是小打小闹、瑕不掩瑜。商业自古以来就是良莠不齐的行业,有夸大其辞、自吹自擂的;有信口开河、漫天要价的。一般大买卖和固定商铺的货还是真的,但街头地摊的流动商贩,是有可能造假的。京城小贩造假主要集中在三个行业:古玩、制药、估衣。

在旧京,任何古董文物都可造假,而且手段高明。仿制的古铜器能按年代远近制出绿锈,使人望之古色斑斓,造伪手段之高,能与珍品毫无二致。其他赝品也是如此,有时不仅外行看不出来,内行也会上当。在街头摆摊卖假古董者,被称为"老虎摊儿",意在"吃人"。正如《燕市积弊》所云:"所买无非是些个铜器、瓷器、木器、锡器并各种玻璃镜子,各称得起擦干掸净,整旧如新。"这些老虎摊儿,会将铜器用水银擦亮,或用滑石制作扳指,图章作成旧雨的。一些高明造假的还有"整旧如旧"的本领,仿造秦砖汉瓦、青铜玉器等。若买主发现上当,找其理论,只能大败而归。因为这些"老虎摊儿"的摊主大多是刁滑之民,能言善辩[①]。

药品行业的大药店不许卖假药,也不敢卖假药,而走街串巷或集市庙会上的假药也不足为奇。同仁堂在咸丰二年(1852)三月十一日和同治八年(1869)三月初三曾两次张贴告示打假。"有一些无耻之徒私自偷刻本堂门票,制作假药并到客店、会馆等处兜售,谎称这些药是从本堂偷盗出来的,药品以廉价出售骗人"。"请各店、会馆、商户宦官如买药必须亲自到正阳门外大栅栏同仁堂购买,这样才不至于贻误患者病情"[②]。京城卖假药的以天桥地带和庙会最为出名。他们"打一枪换一个地方",人们即使上当也找不到他们。贫民百姓有病乱投医,再加上缺少常识和贪图小便宜,使贩卖假药者不减。当然卖假药者手段也比较高明,不少人还确实略懂医术,有的还略通文墨,能言善辩。《燕市积弊》对那些卖假药者有所批评和揭露。"门户虽然不一,性质却是一样。有拿着串铃儿下街的,有扮

---

①张双林《老北京的商市》,燕山出版社,2007年版,第37页。
②《同仁堂药目》,1923年重刊光绪版。

成兵勇的样儿出卖的",还有满街撒传单、贴小广告的,并"有在各茅厕尿池贴报子的"。这些卖野药的往往技高一筹,打着行医的幌子,有时故作神秘,弄些"偏方"唬人[①]。

还有一个行业"诈伪百出",那就是估衣业。《旧京琐记》载:"皮货估衣集于前门东之珠市口以迄打磨厂,其曰东大市者为估衣陈列之地,晓集午散,诈伪百出。皮衣糟朽者以纸或布贴其革表而出之,曰'贴膏药'。"还有的在估衣摊上称是八成新,"摸一摸挺厚实,看看挺挺括,可拿回家一下水才知大上其当,原来是冷布上了色刷了浆糊"[②]。更有甚者,亦是《旧京琐记》中记载:"所谓黑市者,在骡马市一带,夜四鼓而集,向明而散,其中诈伪百出。纪晓岚笔记所云'高丽纸缀为裘'。"

民间流传着所谓"无奸不商"之语,多是源自不法奸商欺诈的故事。其实,坑蒙拐骗的事例与正常的规范交易相比,只是极个别的,但它对消费者造成的伤害却是长久的,难以弥补的。所以,绝大多数的京商都视诚信为"金"。

二、乐群贵和,推己及人

如果说"恪守信用、诚信为本"是京商经营文化的核心,那"乐群贵和,推己及人"当数京商的经营文化的特色。在范蠡的生意经"经商十八法"中,特别强调经商者接纳要谦和、切勿暴躁,暴躁则交易少;说话要规矩、切勿浮躁,浮躁则失事多。总而言之,可以用四个字"和气生财"来归纳。知书达礼的北京商人极其推崇这一信条,它既是京商的生意经,也是京城社会文明所具有的礼仪传统和深厚文化底蕴的反映。

北京人的人际关系是最有"人情味"的,世世代代都遵循着中国传统观念中"礼之用,和为贵"和"中庸之道"的准则,以保持人与人之间关系的和谐。老北京店铺里的伙计都要学唱"和气歌",是因为店主把"和气"列为做商人的第一要素。所以北京商人对于上门的客人都是一视同仁,不论你是否购买,那些客气的礼节是一点也不会少的。店伙计和颜悦色,奉承恐后,决没有怠慢客人的举动。《旧

---

①张双林《老北京的商市》,第35—37页。
②张双林《老北京的商市》,第106页。

京琐记》中对京城各大绸肆的待客之道是这样描写的:"其接待顾客至有礼衷,挑选翻搜,不厌不倦,烟茗供应,驱走极勤。有陪谈者,遇仕宦则言时政,遇妇女则炫新奇,可谓尽交易之能事。"即使是颇为人诟病的当铺行业,位于阜成门内锦什坊街的西恒肇也因其价钱公道、对收货人的态度较好,不像其他当铺那样盛气凌人,而获得了不错的口碑,名声在外。许多家住远处的当主,宁愿多走路,也要到西恒肇来当物。

老北京"和为贵"的商业文化还遍布在胡同小巷里的那些小杂货铺、小油盐店。这些小铺里有一种难以言表的亲切、温暖,极富有人情味。小铺子多系小本经营,规模不大。来此买东西的人多为周围的居民,主要是住在大杂院里的平民百姓,买点油盐酱醋、针头线脑。而越是这种小生意越是要靠和气生财,越要凭良心、讲商德。小铺子不用讲究大商号或大买卖鸣堂待客、烟茶伺候的规矩,也讲究不起,但掌柜的有事没事地向过往的街坊邻里打着招呼、聊着家常,嘘寒问暖,简简单单的买卖加进了些人情味儿,透着和谐、温馨,甚至亲情。另外,小铺子的商品自然比不上大商号的高档、精致,少不了有一些低档货,但不会卖假货,或是缺斤短两欺瞒顾客。小生意也得做得清清楚楚、明明白白。"天时、地利、人和"给了胡同小店一席生存之地。当然绝大多数的小铺也不会有什么大的发展和起色。在讲究"中庸之道"的年代,小铺子安分守己、和谐温馨的情调和韵味滋养着京味的商业文化①。

北京商人的谦让恭敬之德不仅限于顾客至上,礼貌待客,而且以和气、友善的态度处理一切与贸易有关的人际关系,包括顾客、贸易伙伴、竞争对手、政府官员,力求在自己的周围创造一种祥和的气氛。在京城扎堆作买卖,谦和能减少许多贸易阻力,如鹤年堂的秘制饮片,同仁堂的虎骨酒,永安堂的化痞膏,乾元堂的舒肝丸,四大药房各具特色,不扎堆,也不相互挤兑。就连剃头行业都有行规:剃头匠的响器"唤头"要做到过剃头棚不鸣,这是怕搅了同行生意,俗话说:"行对行不响唤头。"

北京"乐群贵和"的商业氛围有其深厚的文化渊源和辩证的哲学思想。孔子

---

①张双林《老北京的商市》,燕山出版社,2007 年版,第 181—184 页。

云:"己欲立而立人,己欲达而达人。"①这条积极的互利主义原则,充分肯定了追求个人正当利益的合理性,从而激励人们去大胆创造,使整个社会充满活力。"己所不欲,勿施于人"②又可以调节人我之间的利益分配,使之趋于合理和公平。中庸之道,"过犹不及"③的"双赢"、"多赢"哲学,能够照顾各方面的利益,得到更多的支持。"乐群贵和"、"推己及人",则要求一个人在实现私利时不损害公利,不损害他人利益,不搞掠夺式的经营,注重商业生态,强调合作与竞争、自强与自律的和谐统一。这种人我兼顾的商业伦理精神,具有独特的激励和调节功能,具有启发人们关心和看重他人正当利益的价值导向作用。

三、以仁释义,以义释利

中国传统的商业经营哲学是与义利关系密切相关的。义利之辩的文化渊源颇深。孔子说:"见利思义","义然后取。"④孟子主张:"终去仁义,怀利以相接,然而不亡者,未之有也。"⑤可见孔孟似乎更强调义利的对立和取舍。但在后来儒家思想的发展中有了变化,董仲舒认为:"利以养其体,义以养其心。心不得义不能乐,体不得利不能安。"⑥白居易也认为:"圣人非不好利也,利在于利万人,非不好富也,富在于富天下。"⑦北宋李觏直接指出将仁义和利欲截然对立起来的观点是错误的,要全面地、辩证地分析义与利的关系:人都有权追求利和欲,但所追求的利和欲要符合礼义的原则⑧。否定人的正常利欲要求,"贵义而贱利"、"非道德教化则不出诸口"的空洞说教是不足取的。程朱学派进一步对义与利关系从哲学角度加以说明。朱熹说君子不言利并不是不要利,而是从义出发而得到利,遵循义去做,"凡做事只循这道理做去,利自在其中矣"。《易经·乾卦》中也说:"义者,利之和也","利物足以和义"。前一句是说,义就是万物各得其分,

---

① 杨伯峻《论语译注》,中华书局,1980 年版,第 65 页。
② 杨伯峻《论语译注》,中华书局,1980 年版,第 123 页。
③ 杨伯峻《论语译注》,中华书局,1980 年版,第 114 页。
④ 杨伯峻《论语译注》,中华书局,1980 年版,第 149、150 页。
⑤ 杨伯峻《孟子译注》,中华书局,2005 年版,第 280 页。
⑥ 〔汉〕董仲舒《春秋繁露·身之养重于义》。
⑦ 〔唐〕白居易《白氏策林·不夺人利》卷二,全国图书馆文献微缩中心,1986 年。
⑧《李觏集·安民策第四》。

不相妨害，利益达到各方面的中和之美；后一句话是说，利就是各方利益得到充分照顾，也就是达到义的中和之美。可以说这是从哲学的高度比较正确地说明了义与利的关系。《礼记·中庸》中说："义者，宜也。"这是优化、协调各种利益关系的"度"。儒家伦理的核心是"仁"，即从人类之爱、人际关系中延伸出来的一种互相尊重、互相友爱的人文精神，是儒学以仁释义、以义释利、在利益观与道德观之间建立的平衡机制。

把握好"义"和"利"合理的度，是成功经营的关键。京商的经营行为体现着"财自道生，利缘义取"的经营价值理念。乐善好施、修祠堂、助饷助赈、兴水利筑道路、抚孤恤贫，此类义举是京商对儒者所标榜的"穷则独善其身，达者兼善天下"[1]人生哲学的最好实践。东来顺的丁德山在个人生活方面，十分俭朴，终年穿的是粗布衣袜，但他对伊斯兰教的公益事业非常热心。在北京和长春主持修建和赞助修建了四五处清真寺，在回民中赢得很高的声望。同仁堂的创业者尊崇"可以养生，可以济世者，惟医药为最"，把行医卖药作为一种济世养生、回报社会的高尚事业来做。在数百年的经营中，同仁堂奉行"济世养生同修仁德"的理念，在做生意的同时注意道德操守的完善，救死扶伤、怜贫恤苦，经常舍药济人，广施仁德，在京城老百姓心中创下了不倒的金字招牌。同仁堂曾在乾隆十八年（1753）、道光十四年（1834）和光绪二十六年（1900），历经三次失火，便意识到防火的重要性，购置了当时最为先进的德国水车，办起了"消防水会"，并穿着印有同仁堂字号的坎肩儿，举着"普济水会"会旗，遇有谁家遭火灾就出动救助，被四乡邻里广为称道。

在重农轻商的社会里，人们对商人有很深的成见，商人们改变不良形象的努力，不仅仅是为了发财，更是为了争取独立的人格，获取社会的认可。商人经商致富、造福一方，实现了自我的人生价值，客观上还促进了民间公益事业的发展，弥补了政府投资的不足，形成了商人襄助公益慈善文教事业的优良传统。

北京商人"恪守信用，诚信为本"、"乐群贵和，推己及人"、"以仁释义，以义释利"的经商伦理，在京城"四大恒"钱庄的经营理念中反映最为集中。"四大恒"（即恒和号、恒利号、恒源号、恒兴号）字号中的"和"、"利"、"源"、"兴"、"恒"五个

---

①杨伯峻《孟子译注》，中华书局，2005年版，第304页。

字中孕育着"和为贵、利为基、兴旺发达、源远流长、永恒于市"的深刻内涵。"四大恒"的经营目的就是要图利、谋利、取利以蓄实力,因此以利为基方能谋求兴旺发达,但必须以义取利,以信取利,以诚取利,以和取利,才可称是"生财有道"。由诚信积利,事业的规模才能扩大,事业的范围更加广阔,实力的积累又进一步增强了钱庄的信誉,钱庄才能兴旺发达。利源于和,和源于诚信,兴盛源于和与利,和不是一时之和,利不是一地之利,而是眼界宽阔放眼未来,使利源源而至,才能"永恒于市"。

第十章　北京的商俗文化

京城的"五行八作"、"三百六十行"在其长期的经营发展过程中，既保留了发源地原有的地方人文特色，又融汇了独具特色的北京地域风俗，逐渐形成了具有浓厚北京文化底蕴的商俗文化。

第一节　北京商业的经营礼俗

一、行业经营的礼俗

北京的商业、服务行业均有其独特、鲜明的经营礼俗。

饭庄、饭馆的待客礼俗。北京作为"帝都"，餐饮业十分发达，尤其是清中叶以后，饭庄、饭馆遍布街巷。但是，当时纯粹的北京馆很少，除了几家清真饭庄（元兴堂）、砂锅居（和顺居）白肉馆等勉强可说是北京馆以外，旧京饭庄、饭馆多为山东人经营。也有的饭庄、饭馆东家是旗人，经营者是山东人。所以说当时的"山东馆"即"北京馆"。这些饭庄、饭馆除了厨艺精湛，饭菜上乘，赢得了上至王公贵族、富商豪绅，下至平民百姓的青睐外，其服务水准也堪称一流，而且行业规矩、待客礼俗也比北京以外各地的饭馆完备得多。旧京餐饮业被称为"勤行"，从事此行的人，必须手脚勤快，吃苦耐劳。尤其是大饭庄跑堂的，必须头脑清楚，口齿伶俐，熟知顾客的脾气秉性，懂得宴席上的一整套繁琐的礼节。俗话说："饭庄分两半，跑堂与红案。"意思是说，一个好跑堂的可以顶饭馆的半个买卖。跑堂的也称作走堂、堂倌、堂口，在大堂一站，要有精气神，头脸收拾得干净利索，穿着过膝盖的蓝布大褂，袖口露出白边，扎着蓝布围裙，里边套着白小褂，青鞋白袜子。顾客一来，鸣堂叫菜，应酬周全。鸣堂有很多讲究和学问，按顺序可分为六种：

其一，引客鸣堂。跑堂的候着顾客上门，不管有多累，在大堂只能站着，不能坐着，那叫"站碎方砖，靠倒明柱"。顾客一登门，要满面春风地迎上去引客。旧京大饭庄的食客多为"回头客"，跑堂的就要根据对食客习惯的了解，介绍本店新鲜菜、特色菜，并把顾客引到适当的位置上就座。

其二，介绍鸣堂。客人入座，送上茶水、手巾把儿，一边侍候顾客点菜，一边在本来很干净的桌面上麻利地擦拭，接着把顾客所点的菜拖腔带调地鸣唱给后灶的红案厨师，声音清脆悠长，显得那么殷勤，周到，热情。这叫介绍鸣堂。

其三，应允鸣堂。后灶厨师接前堂鸣堂叫菜后，根据现有的材料，对顾客所需菜肴的有无，用行话回复告知前堂。如果有的菜肴材料用完了须换菜，后灶就用特有的声腔告知前堂，于是跑堂的随机应变，与顾客商量更换菜肴，最终既让顾客高高兴兴地换了菜，又掩饰了饭馆原料不足的尴尬。

其四，吆喝鸣堂。厨师将菜烧好，叫跑堂的前来端菜叫"吆喝鸣堂"，在吆喝中将菜的名称、上菜的顺序以及摆放的要求（如鱼头冲主客、鸡头不冲女宾等等）告诉跑堂的，并说明"单上"、"双上"、"分上"：如香酥鸡，将蘸料放在主菜旁为"单上"；如拔丝山药，同时上一碗涮筷清水为"分上"；如浇汁锅巴，将炸好的锅巴与浇汁分上到桌面再合为一起为"双上"。

其五，结算鸣堂。顾客用餐之后，当着顾客的面，不用算盘，不用笔，先菜名、尺寸（指菜碟的直径尺寸），后酒水、主食和汤，逐一高声唱出价钱和付钱总数，还要把顾客给的钱数和找回的钱数一并唱出，口齿利索，一清二楚。此为鸣堂最精彩处。这种结算方式可以让顾客、厨师、钱柜三者心明眼亮，彰显公正无私。清代《都门纪略》记载："走堂，市井茶馆酒肆，俗尚年轻，向客旁立，报菜名至数十种之多，字眼清楚，不乱话，不粘牙，堂内一喊，能令四座皆惊。"

其六，送客鸣堂。顾客付完钱起身要走，跑堂的不能马上收拾桌面，须及时送上牙签、漱口水、手巾把儿，同时唱出客套话，"几位爷您慢走"，"送某某爷，今个儿您在这儿赏光使小店蓬荜生辉，还望今后您多照应，祝您的宝号日进斗金"。有时低声唱的时候，如，"不知您老口轻，鱼偏重了，下次您来时一准让您满意"。顾客被照顾好了有时会给赏钱，跑堂的接过赏钱，也要高声唱出，"某某爷赏钱多少"，此时钱柜上也要附和鸣唱，"谢某某爷，走好您呐儿！"一路吆喝送客，像官府喝道一般。

堂倌鸣堂是一种行业礼节，也是一门学问。它体现了旧京餐饮业从招揽顾客到营销获利一条龙的服务模式。这一套待客仪式符合北方人豪放、热情的风格，不但衬出了生意的红火，有招徕顾客的作用，细微之处还体现出北方人大气敞亮、光明磊落的气度和做派。送客鸣堂报出小费的数目不光是为顾客听了脸上光彩，钱柜也同时鸣唱，以示小费虽不入账，但数目公开，预备聚在一起大家均分，防止私弊。表面上喧闹的仪式，蕴藏着商业经营内部控制的制度文化。鸣堂水平的高低，从某种程度上说，直接影响饭馆的经济效益，所以说一个合格的跑堂顶饭馆半个买卖不无道理。

解放以后，鸣堂叫菜的习俗逐渐被淡化了，尤其是"十年浩劫"中被当做"四旧"予以取缔。现如今，很多老北京风格的饭馆虽然又时兴起了鸣堂叫菜，服务生一身堂倌打扮，操着京腔京韵高声吆喝着，但其原有的功能与技巧已荡然无存，唯一的作用恐怕就是引导顾客抒发一下思古之幽情，找一找老北京京味儿的感受罢了。

旧京茶馆的待客礼俗。《京都竹枝词》："小帽长衫着体新，纷纷街巷步芬尘。闲来三五茶坊坐，半是曾登仕版人。"此诗展示了京城茶馆中的众生相，其中有卸差的官吏、闲散的旗人等，他们穿着便服，三五成群来茶馆饮茶闲谈，消磨时光。旧京茶馆行业非常发达，为了满足上至达官贵人，下至平头百姓的需要，茶馆遍布京城的大街小巷，有多种类型。其中有颇具气派的"大茶馆"，茶客多为处于京城民众上层的官吏及商贾，如"京城八大轩"（地安门的天汇轩，前门大街的天全轩、天仁轩、天启轩，北新桥的天寿轩以及阜成门内的天福轩、天德轩、天颐轩）；有只是喝茶的"清茶馆"，茶客多为京城的闲人散客，如提笼架鸟"遛早儿"的、游手好闲的浪荡子弟、做小买卖的生意人等等；有边喝茶边听书的"书茶馆"，这类茶馆营业时间多在下午和晚上，茶馆主人请说书艺人在茶馆里说书，茶客多为失意官僚、政客、职员及下层劳动人民，这类茶馆"开书不卖清茶"，客人要在茶资之外另付听书钱，茶馆与说书人按三七分成；有除喝茶之外还提供简单饭食的"茶饭馆"；此外还有供人边喝茶边下棋的"棋茶馆"和设在荒郊道旁，极为简陋的"野茶馆"等等。

茶馆一般在清晨五六点钟即挑火营业,伺候"遛早儿"的茶客,讲究的是"灯明火旺"。遵照行规,茶馆所用的伙计都是青一色的小伙子,不用女招待。因为若用女招待,遇上不规矩的客人,则主客都不愉快。茶馆伙计须干净利索,嘴勤腿勤,提水壶的手势也有讲究,要手心向上、大姆指向后。我们一般人提水壶时手心向下握住提梁,这个姿势在茶馆里被认为是提夜壶,对客人是极不礼貌的。客人落座之后,边寒暄边递上由特制大折扇做成的茶谱,请客人点茶,也有的客人自带茶叶,称为自带门包,茶馆为其泡茶只收水钱。茶客点完茶之后,伙计将捏在手中的白瓷盖碗摆到茶客面前,放上茶叶,然后提壶从一尺多高处往碗里冲茶,不偏不歪,不滴不溅,这功夫让人拍案叫绝。在大茶馆喝茶既价廉又方便,用盖碗喝茶,一包茶叶可分二次用,茶钱一天只付一次。有些遛早的客人喝到早饭之时需要回家吃饭,或临时有事外出,就将茶碗扣于桌上,吩咐茶馆伙计一声,回来还可继续品用。茶馆一般供奉茶仙陆羽、卢仝为祖师爷,也有的茶馆不供神像,在柜台前放一缸水,表示以水为利。

旧京鞋帽店、绸布店的待客礼俗。旧时北京流传着这么一句话,叫"头顶马聚源,脚踩内联陞,身穿瑞蚨祥",说的是京城达官贵人、纨绔子弟时髦、显赫的穿着:头上戴着马聚源帽店制作的帽子,脚下穿着内联陞靴鞋铺制作的鞋,身上穿着用瑞蚨祥绸布店料子做的衣服。

马聚源帽店创办于嘉庆十六年(1811),内联陞靴鞋铺开业于咸丰三年(1853),瑞蚨祥绸布店始建于光绪十九年(1893),这三家老字号都在前门大栅栏街上,都以历史悠久、产品工艺精湛、待客服务周到享誉京城。

在清朝及民国时期,马聚源帽店被誉为北京帽业之首,主要经营宫廷所需的缨帽和有钱人戴的高档帽子。其制作帽子用料讲究,货真价实,所用的材料多选自南京源兴缎庄出的高档元素缎,制作工艺精湛,服务周到细致,赢得了京城皇室及达官贵人的喜爱,当时有"官帽店"之戏称。

前已有述内联陞的经营之道,不仅在于店铺的字号好听,更主要的是所做的朝靴选料真实,工艺精湛,穿着舒适,受到京城达官贵人们的喜爱。除此之外,内联陞的店主在营销策略上也有其独到之处,当时内联陞的朝靴大都是订做的,王公贵族、朝廷大员自己不到店里来,而是叫内联陞的人到家量脚定尺寸,这样内联陞就对许多王公贵族、各等官员的个人情况了解得一清二楚,如姓名、地址、官阶、胖瘦、脚的尺码、穿鞋的习惯爱好等。他们将这些信息记录在案,久而久之积累了一本《履中备载》,记录了满朝文武官员靴子的尺码、样式和官员的穿鞋爱好。这样一来,无论是自做朝靴或送礼之用,他们不必亲临店坊,靴子的尺码也不会错,买卖双方都很方便。

来内联陞买鞋的常是乘轿而至的达官贵人

瑞蚨祥绸布店为旧京城"八大祥"之首,掌门人孟洛川在经营上奉行"至诚至上,货真价实,言不二价,童叟无欺"的"十六字方针"。瑞蚨祥为了能在商贾云集的前门大栅栏站稳脚根,在与同行的竞争中立于不败之地,首先,在门面装饰与店堂布置上就与众不同。在店门前圈出个小院,并装上个大铁门和可升可降的铁罩棚,显得非常有气派。货场分为前柜、二柜和楼上三大部分,前柜卖普通的青布、蓝布、白布;二柜卖中高档布匹;楼上卖丝绸、皮货

内联陞鞋铺的《履中备载》是其经营成功的秘笈

等高档商品。其次,在待客礼仪上有严格的规定。待客必须态度和蔼、服务周到,做到有问必答、百挑不厌、百问不烦;注重店容卫生和职业着装,讲究语言文明,为顾客创造一个舒适温馨的购物环境;顾客一进门就被伙计让到专为顾客设立的茶座上,顾客可以在这里一边休息、聊天,一边免费用茶水,对一些老主顾,掌柜的还要亲自上茶、敬烟,然后伙计根据顾客的需要,送上商品供顾客挑选,顾客选不中也没关系,伙计笑脸相迎,笑脸相送,始终如一。

瑞蚨祥在销售上也有独到之处,店里规定:顾客买布,十尺以内加放一尺,即买五尺布量六尺,买九尺布量十尺。表面上看是吃亏了,但实际上布匹一般都有长码,色布经过漂染也有涨出,因此并不算吃亏。这样一来,在消费者中树立了良好的信誉和口碑,顾客纷纷到瑞蚨祥买布,财源也就滚滚而来。同时,瑞蚨祥还讲求包装美观,所用的包装纸是上等的有光牛皮纸,印上瑞蚨祥的字号、店址电话和经营品种等。包包儿也有讲究,面料外边儿垫上衬纸,先用绒丝线捆上,再用包装纸包好,外边儿再系一道绳儿,利利索索,顾客拎着非常方便。

民国时期谦泰号绸缎商店包装纸
纸上印出倾斜的广告,包好绸缎料子后,广告画面正好方正,这要求店员有讲究的包装手法

旧京药铺的待客礼俗。旧京有许多家喻户晓老药铺,如同仁堂、鹤年堂、千芝堂、万全堂、德寿堂、永安堂等。这些老药铺所售药品以中草药为主,丸散膏丹,汤剂饮片,四时补药,一应俱全。虽然各店铺所售药品各有特色,但在诚信经营,礼貌待客上又有他们的共同之处。一是在药材采购上,讲究材料地道,货真价实;二是炮制认真,严格遵循古法;三是服务周到,待客热情。所售药品,配伍精当,疗效较高,深得顾主信赖,在京城有较高的信誉。在众多药铺中,又以同仁堂为代表。其著名的"炮制虽繁必不敢省人工,品味虽贵必不敢减物力"的制药行为准则,集中体现了我国传统的倡导诚信的商业道德观,也体现了医药这一特殊行业的职业道德观。同仁堂不仅注重产品质量,在经营上更讲究诚实守信、服务规范、礼貌待客。例如,同仁堂药品价格稳定,店内公开张贴药品行市单,顾客买药时,对价格一目了然。营销账目严谨清晰,账簿用小楷毛笔字记录账目,每一笔数字上都盖有印章,表明不可涂改。抓药也有讲究,伙计收了药方,先浏览一下,一般是俩伙计一块儿看。如果缺少哪味药,伙计会立即告知顾客,如无疑问就招呼顾客在柜台外椅子上等候。伙计将药方展平,并用镇尺压好,按药味的多少铺包药的纸,按药名、分量,拿小戥子

称，一个药方可能要抓三四服药，每一味药都要单独包成小包儿，一边称药，一边从盛药的小抽屉边上拿一张五公分见方，印有草药和简单说明的图片放入药包中，为的是让顾客在煎药时再复核一遍，以防出错。抓完药后，俩伙计一块儿按药方一一核对，无误后点头应允方可包上这带小图片的小药包儿，小药包儿包好后，再将小药包按剂量合成大包，大包的尺寸和形状一样，下大上小，见棱见角的四边锥体。老北京药铺的中草药都是这样包装，大药包的包装纸上印有店名、地址、经营内容等。每一个大包都要用麻绳儿捆牢，草药中如有需要先煎的，则应单独捆好，拴在大药包外，并向顾客交代清楚，捆好以后别上药笺子、药方，最后结账交钱。

同仁堂的营销策略和待客服务灵活多样。在清代，每逢科举考试，同仁堂都派人去各省会馆及应试人的住所，向在京赶考的举子赠送些治疗消化不良、伤风感冒、水土不服等病症的平安小药。举子考上了，很可能成为同仁堂的老客户、大客户；若没考上，也可通过应试之人，替同仁堂在全国各地做宣传。此外同仁堂还经常搞一些慈善救济活动，尤其在严冬和酷暑季节，同仁堂还向那些无家可归、无衣无食的乞丐施舍粥、棉衣；向一些有了病而无钱医治的穷人施舍药品，甚至向那些家里死了人而无钱买棺材的穷人家施舍棺材。同仁堂的这些善举赢得了京城百姓的赞扬。

旧京当铺的"待客"规矩。旧京的典当业是一种靠趁人之危、蒙骗欺诈、剥削穷人而发财致富的行业，当铺也称"典当"、"质库"、"质肆"等。旧京较大的当铺，都有地方官绅做"后台"，有些官绅甚至在当铺里入了股，他们相互勾结，压榨穷人，从中得利。京城大当铺门面坚固高大，门上钉着铁叶子，有的大门外还建有防贼、防抢劫的木栅栏。当铺大门外竖一根旗杆，用两块石头夹住，上铁箍

清代同义当铺的"当"字招牌

箍牢，旗杆中部，有一个斗形的方盘，上刻盘龙，称作"钱龙绕金柱"，这是当铺的特殊标志，寓"金龙聚财"之意。走进店堂，迎面是一人多高的通栏柜台，典当人站在下面看不见柜台里边。高踞在柜台里面的负责鉴定、估价的人叫"朝奉"，也称作"柜缺"，面无表情，态度生冷。典当人把要当的东西举到这个柜台上，朝奉居高临下，拖着长音冷冷地问一句："当多少？"你可以先开价，他根据所当物品的价值往下压价，要当的钱数他认为可以，便把东西收进去，开出当票，把当票和钱一同付给你，这笔买卖就算做成了。

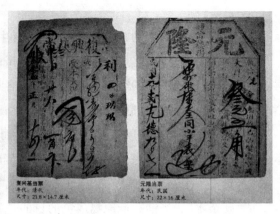

复兴基当票
年代：清代
尺寸：21.8×14.7厘米

元隆当票
年代：民国
尺寸：22×16厘米

清代和民国时期的当票

　　当铺的买卖以秋冬两季为最佳，其经营上有"春添本，秋回利"之说。股东一般都是春季入本，到了秋冬两季就能得利，这是因为春夏所当多为皮棉，当本就高，秋冬所当多为单夹，当本就少。当时旧京当铺有一条经营口诀："皮顶棉，倒找钱。棉顶

清代崇文门外巾帽巷某当铺的《当字谱》
《当字谱》是当铺的第一本秘籍，学徒只有学会了《当字谱》上的东西，才有资格上柜

夹，倒找嘎（嘎即小钱，口语叫'嘎'）。夹顶单，倒拐弯。单顶棉，须加钱。棉顶皮，干着急。"意思是：皮衣脱下来，当皮衣赎棉衣，由于皮棉差价较大，赎出棉衣还能得到一些钱；当棉衣赎夹衣，尽管棉夹差价不太大，但也能得几个小钱；当夹衣赎棉衣，就要添钱才能赎出；要是当棉衣赎皮袄，只有多加钱才能赎出，否则就赎不出来，只有干着急

了。

旧京去当铺典当的人也分三六九等,有生活窘迫,走投无路的穷苦人;有家境尚可,但急等着用钱,可手头一时又不宽裕的一般人家;也有富裕殷实的大户人家。当铺针对不同的客人采用不同的待客规矩,其剥削和坑害典当人手段花样繁多。第一,故意降低原物成色。典当业有句行话,叫作"当半价",无论新旧衣物,还是名贵的文物珍宝,只要一进当铺,身价跌落 60－70％,所当衣物,即使是新衣,也被写成"缺襟短袖"、"油旧破孔",皮货被写成"光板无毛"、"虫蛀鼠咬"。贵重手表被写成"铜马表",玉器被写成"化石"、"假石",甚至花梨紫檀都能写成"硬杂木"。当铺贬低原物成色的目的是为了压价,典当人由于急于用钱,只得按当铺所给的价当出。典当人若到期无力赎回,当铺即可高价卖出,从中获利。第二,当铺内部使用一种特殊的行业语言,类似"黑话",外人很难听懂,据说这类"黑话"源于徽话,如把数字一至十说成"摇、按、瘦、扫、尾、料、敲、奔、角、杓",老太太称"勒特特",东西称"端修",什么东西称"杨木端修"。当铺伙计当着顾客用这些"行话"捣鬼,顾客很难察觉。第三,是利用当票作手脚。当票是典当人赎当的依据,即有价证券凭证,用专用的皮纸制成,上面印着蓝色的模糊字迹。当铺填发当票所用的字体是一种专门的"当字体",一般外行人看不懂,是由草书、行书、偏旁、部首及符号等组成,据说是从唐代草书法帖《十七帖》上变化而来的,这是为防止冒赎和被人伪造所特设一种字体。如衫写为"彡",袄为"夭",棉为"帛",铜为"同"等,皮袍为"毛夭",短褂写作"矢卜",凡此种种,都是为了欺诈、蒙骗前来典当的顾客。

二、商品经营的习俗

春节、端午节和中秋节合称"三大节",是中华民族的传统节日,也是旧京商铺经营的"黄金"时段。

春节是一年中最重要的节日,从头年的腊月初八开始,京城就逐渐进入节日状态,北京民间曾流传一首民谣:"老太太您别烦,过了腊八就是年。腊八粥喝几天,哩哩啦啦二十三,送完灶王就到年。"《京都风俗志》记载:"市中卖年货者,棋布星罗。如案几笔墨,人丛作书,则卖春联者;五色新鲜,千张炫目,则卖画幅者。以及芦棚鳞次,摊架相依,则佛花供品,杯盆杵臼。凡祭神日用之物,堆积满道,各处皆然。"此时街市店铺的商品琳琅满目,丰富多彩,有卖年画的、卖对联的、卖供花的、卖绒花的、卖芝麻秸的、卖灯笼的、卖关东糖的、卖炮仗的等等,处处洋溢着节日的气氛。

旧京的商铺大多初一至初五歇业,在门窗护板上挂起绘有《水泊梁山》《陈州放粮》《桃园三结义》《三请诸葛》《精忠报国》《济公传》等连环画的窗帘,表示过年休息;只有油盐店、粮店在门板上开个小洞,对外营业。正月初五也叫"破五",俗传这一天是财神的生日,商铺这一天要举行祭祀财神的仪式,初六正式开市营业。

春节期间京城最热闹的购物娱乐场所是"庙会"。庙会也称庙市,早期庙会仅是一种隆重的祭祀活动,随着经济的发展和人们交流的需要,庙会就在保持祭祀活动的同时,逐渐融入集市交易活动,成为市集的一种重要形式。它的集市交易活动场所仍然设在寺庙内或其寺庙附近。北京著名的庙会有白塔寺、护国寺、东岳庙、蟠桃宫、隆福寺、白云观、厂甸等等,其中厂甸最为著名。厂甸位于北京和平门外琉璃厂一带,是从正月初一开始至正月十五为止的商贸集市。《东华琐录》记载:"琉璃厂厂甸,每岁正月自元旦至元宵,例有会市,一岁之中仅此数日,故游人之繁,远胜各处庙会。"厂甸是老北京春节期间游人最多、最热闹的地方,此时大小商贩齐集于此,货摊搭起的席棚鳞次栉比,各色货物五花八门,无所不有。除了琉璃厂原有的书画、字帖、金石玉器、雕漆珐琅、陶瓷料器、纸墨笔砚外,还有各类年货、儿童玩物、北京小吃、摆件等等。此外,旧京正月开庙市的还有东岳庙(初一至十五)、大钟寺(初一至十五)、白云观(初一至十九)、五显财神庙(初二至十六)等。春节期间几乎天天有庙会,有时一天还不只一处。庙会上大小商贩云集,所卖商品有香、烛等祭祀品,也有窗花、春联等年货,更常见的是一些民间工艺品,如泥人、风车、空竹等。还有各种风味小吃及日常生活用品。庙会上的商品大多经济实惠、便宜,深受百姓喜欢。

夏历五月初五是端午节,俗称"五月节",是我国重要的传统节日,人们要在这一天举行各种庆祝活动,例如吃粽子、佩香囊、悬艾叶菖蒲等。

端午节是旧京商贩一个很好的商机,百本张岔曲《端阳节》中,对老北京过端午节的习俗,有段很生动的描述:"五月端午街前卖神符,女儿节令把雄黄酒沽;樱桃、桑椹、粽子、五毒;一朵朵似火榴花开瑞树,一枝枝艾叶、菖蒲悬门户;孩子们头上写了个王老虎,姑娘们鬓边斜簪五色绫蝠。"此时,北京的饽饽铺包江米小枣儿粽子卖给老百姓,走街串巷的小商贩的吆喝声此起彼伏,有卖绣有蛇、蝎、壁虎、蜈蚣、蟾蜍五种动物以避邪驱灾的"五毒兜肚"的,有卖驱邪镇宅神符的,有卖菖蒲艾叶的,有卖桑椹、樱桃的。清代满族人盛行戴头花,崇文门外的花市整条街都是卖绢花、绒花、纸花、通草花等人造花的。另外,端午节这一天,各个店铺还要摆酒席,给伙计吃"犒劳",以示奖励。

夏历八月十五日是中秋节,俗称"八月节"。旧京民间习俗此日要祭月、拜月。

据《帝京景物略》记载:"八月十五日祭月,其祭果饼必圆;分瓜必牙错,瓣刻之,如莲华。纸肆市月光纸,缋满月像,跌坐莲华者,月光遍照菩萨也。华下月轮挂殿,有兔持杵而人立,捣药臼中。约小者三寸,大者丈,致工者金碧缤粉。"[1]此时京城商贩经营的习俗商品多围

连年有余(鱼)
笔者收藏的旧京点心铺做点心的模具

绕中秋节祭月用的供品,如正明斋、聚庆斋、瑞芳斋、全兴斋等饽饽铺生产自来红、自来白等各式月饼,供人们祭月和送礼用。大小纸店出售上供用的"月光纸",也叫"月光马儿"。这种纸的上部画有月光菩萨像,下部绘玉兔捣药及月宫图案。再有就是卖兔儿爷的,《燕京岁时记》记载:"每届中秋,市人之巧者,用黄土抟成蟾兔之像以出售,谓之兔儿爷。"此时北京街巷常有卖中秋祭月用的兔儿爷的,尤其东四牌楼一带,兔儿爷摊子最盛。此外,许多商铺还卖月饼、鲜果等供品。据《春明采风志》记载:"中秋临节,街市遍设果摊,雅尔梨、沙果、白梨、水梨、苹果、海棠、欧李、鲜枣、葡萄、晚桃,又有带枝毛豆、果藕、西瓜。"

---

①〔明〕刘侗、于奕正《帝京景物略》,上海古籍出版社,2001年版,第104页。

第二节　北京商业的祭祀与禁忌

一、旧京商铺的祭祀

旧京商铺首先祭祀的是财神，大小商铺按照习俗正月初一歇业，到了正月初五这天，大小商铺要举行祭财神的仪式，这天的子时一到，掌柜的就带领所有伙计们祭祀文财神比干、范蠡，武财神赵公明、关公。祭拜后将神马、纸钱请到门口，放在芝麻秸、松木枝架上焚烧，称为送神。伙计们还要敲锣打鼓，放鞭炮。管账先生双手执算盘朝店门上下摇动，以此祛邪气、保平安，并祝新的一年买卖兴隆。

北京五方杂处，全国各地的商人把各自本乡本土的财神爷请进了北京。但无论是哪方神灵，均有其共同之处，那就是琢磨那些文武财神的履历背景，会发现封建迷信色彩在这里淡化，多的却是些"生财之道"。比干据传说是自己摘心而成"神"的，因没有了心，办事就无偏无向，公道合理。赵公明又称赵公元帅，是道教神明，在《封神演义》中被姜子牙封为"财神"，在《搜神大全》中说他"买卖求财，公能使之义利和合，但有公平之事，可以对神祷，无不如意"。关羽作为财神是明朝之后的事了，在清朝达到巅峰。据考，乾隆年间北京市区内各类关帝庙就有 116 座之多，而且各大商号都把关羽像请进店堂，关羽不仅是财神，更是商人的保护神。关羽怎样保佑商人发财似乎无从考证，但是关羽的"义气千秋"和忠勇无畏，对规范商家的行为和规范道德水准是有一定意义的。似乎在告诫商人们老老实实做买卖，不坑人，不蒙人。北京近代的商人还很注重"五显财神"。清代《天咫偶闻》对五显财神的记载："广宁（安）门外财神庙极赛最盛，正月二日、九月十七日，倾城往祀。商贾及

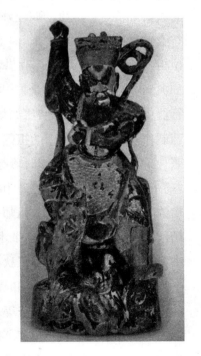

清代的武财神像

勾阑尤夥。庙貌巍焕,甲于京师。"五显财神
的神像是五个普通人,"皆短衣威猛,非峨冠
博带之像。相传康熙年间有五氏三兄弟,皆
绿林之豪,劫富济贫,又有同志二人,殁后乡
人为之立祠。事见稗官小说。相传祷之可
发财,故相沿至今"。另有《竹枝词》云:"灵
应财神五兄弟,绿林豪杰旧传名。焚香都是
财迷客,到此何人不心诚。"

清代关公神像

旧京商铺除了供奉文武财神外,各行业
还要祭祀自己的行业神——祖师爷,当时有
"三百六十行,无祖不立"之说。这些祖师爷
都是些著名的人物,有的是行业的开创者,
有的是对行业产生过重要影响的人,他们给
后人留下了可以从事的职业,同时也是这个
行业的保护神。一般说来,一个行业供奉一
位祖师爷,但也有几个行业供奉一位的,例
如典当业、算命业、香烛业、蚕业、丝织业、糕点业就尊关公为祖师爷。也有一个
行业供好几位祖师爷的,比如盐业就尊管仲、蚩尤、张飞、炎帝等为祖师爷。中草
药制作及民间药铺尊奉的祖师爷很多,像战国时医学家扁鹊,汉代医学家华佗、
张仲景,明代医药学家李时珍等。清代民间药铺多尊著有《千金方》、被后世誉为
"药王"的唐代医学家孙思邈为祖师爷。此外,琉璃厂经营文房四宝、古玩字画的
商铺尊道教大神文昌君为祖师爷;制笔业尊改良过毛笔的秦朝蒙恬为祖师爷;纸
槽作坊、纸业店铺尊发明造纸术的东汉"龙亭侯"蔡伦为祖师爷;染坊店尊东晋葛
洪为祖师爷;酒坊、酒馆尊仪狄和杜康为祖师爷;卖茶叶和开茶馆尊茶神陆羽、卢
仝为祖师爷;屠宰业尊张飞和樊哙为祖师爷;厨业尊詹王、易牙和灶君为祖师爷;
酸梅汤业尊朱元璋为祖师爷等等。由于我国地域辽阔,各地区风俗习惯不同,加
之人们所从事的行业五花八门,何止三百六十行? 所以行业祖师爷的认定,各
地方并不统一,有些人确实是本行业中的重要人物,可有些人就纯属生拉硬
拽了。

二、商业禁忌

商业的主要目的是盈利,经商的人都渴望自己的买卖兴旺发达,财源滚滚。许多商人在积累财富的过程中,历尽了艰辛和坎坷,面对这份来之不易的产业,他们在克勤克俭、兢兢业业工作的同时,还要供奉神灵以求庇护。为了趋吉辟邪,在语言或行为上就有许多忌讳,生怕因一时的疏忽,导致厄运的产生而殃及自己的财富,于是在日常的经营中就形成一些禁忌习俗。

语言禁忌。旧京商人敬奉财神和行业祖师爷,不得直呼他们的名讳,如关羽得称"利市财神",比干得称"增福财神"。对本行业的祖师爷也不能直呼其名,否则均为犯忌。店铺在一些重要节日,如春节、祖师圣诞、祭财神之日,忌说"死"、"破"、"赔"、"灭"、"没"、"无"等不吉利的字眼。到香蜡铺购买神像时忌讳说"买",必须说"请";香蜡铺卖神像时忌讳说"卖",必须说"送",否则便视为对神不敬,买卖必遭厄运。

店铺每天挂幌子,必须说"请幌子",忌讳说"挂幌子",说"挂"字即为大不敬,就得罪了财神,不吉利。晚上关门,忌讳说"关门",要说"请门"或"上门板",如说"关门"就会影响店铺的生意。遇顾客购买结婚用品时,失手敲碎东西,忌说"碎"字,而须说"先开花,后结籽"。卖猪头要说卖"利市"。药铺卖药给顾客时须说"送补药"。药店、棺材店的经营者送客时忌讳说"再来坐"、"欢迎再来"之类的客套话。否则,顾客以为是在诅咒家人"再得病"、"再死人",这样既得罪了主顾,又给商家带来许多不必要的麻烦。

行为禁忌。旧京商铺除了在言谈话语中有诸多禁忌外,在行为举止上也有许多规矩,最讲究的就是"和气生财"。学徒的一进店门,要先学《买卖歌》:"买卖能忍和气生财,不论穷富一个样儿看待。买卖都是熟主道,上柜台笑颜开,休要发困你莫发呆,像这个样的买卖怎么能够不发财?"

店员在店堂得有精气神,须"快在柜前,忙在柜台",人要有站相,货要有摆样。在柜台,忌讳手托腮、伸懒腰、打哈欠;忌讳店员坐、趴或躺卧于帐桌、货柜、钱柜上,说是会压了柜上的财,那就赚不到钱了;忌讳伙计睡在待客的条凳上,说这会压了顾客——财神爷,第二天顾客就会减少;忌讳蹬坐门槛;忌讳手托门枋,背脊朝外,说是挡住了财神的路;正月初一到"破五"(正月初五)忌讳打碎盆、碗等家具,这是破产的预兆,如果有打碎现象,得赶快说"岁(碎)岁平安",及时进行破解;平时扫店堂要往里扫,忌讳往外扫,尤其是春节,不准扫地,不准往外倒脏水、垃圾,说是这等于"倒财";忌讳冲着店门方向和当日财神方位小便;数钱币要往里数,忌讳往外数,谓之"招财进宝";忌讳把玩店铺中的度、量、衡用具,如升、斗、大秤戥子;忌讳随意玩弄帐桌上的算盘,尤忌反放算盘,意思指经商只能往里算计,不能往外算计;忌讳伙计在白天练习打算盘,认为白天打就是打空算盘,不吉利。所以,学徒练习打算盘一定要在晚上关门后。

旧京店铺开张第一天或正月初六开市,甚至每天早上开门,忌讳第一个顾客不成交而去,认为这会带来一天的背运。如果第一位顾客是妇女,尤其是孕妇或小女孩儿,那就更忌讳了,说女人会冲了财运,以此预示一天生意都不会好。

旧京店铺中禁忌最多是药铺,除了要遵守买卖家一般的禁忌外,还要严格地遵守本行业的特殊禁忌。学徒进店后,既要干扫地、生火炉子、沏茶倒水、把门接客和伺候掌柜的、先生起居等日常一应杂活儿,还要念《药性赋》、《四百味》等药书,还要背抓药目录,跟着先生学抓药。首先,在药名上就要避君讳。例如有一味药叫"玄参",其入药始见于《神农本草经》。玄者,黑也,故有"黑玄参"之名。到了清代,为避讳康熙皇帝之名玄烨中的"玄"字,故改称为"元参"。还有一味药叫"玄明粉",也因此改"玄"为"元",称之"元明粉"。其次,以药名讨彩头。称"连翘"为"彩合";称"贝母"为"元宝贝";称"橘络"为"福禄";称"陈皮"为"头红";称"橘红"为"大红袍";称药凳为"青龙";切药称"老虎尾巴"等。此外,忌讳伙计用鼻子闻药;送药忌讳转手;过年时医生忌讳出诊,怕"触霉头",除非给双份诊金破灾才行。平时出诊,忌讳敲患者的门,俗有"医不扣门,有请才行"说法。扣门等于找上门看病,对病家和医家都不好。

另外,外出经商的人,忌讳在每月的"月忌日"出行,不吉利。出门后忌讳遇见的第一只动物是乌鸦,更忌讳遇见尼姑和和尚,此均为不祥之兆,应立即返回,另择吉日出行。还有挑担的扁担不让别人横跨,走路时不能踩别人的脚后跟等等忌讳。

禁忌是一种极其复杂的民间社会文化现象,大多数商业禁忌纯属子虚乌有,没有任何科学依据,只会给人们带来不必要的精神负担。随着时代的发展,科学技术的进步和人们思想认识水平的提高,旧的商业禁忌如今已淡出了人们的视野,逐渐退出了历史舞台。

第三节　北京商业的店员培养

一、东家录用学徒的礼俗

旧京商铺在招收、培养店员上有自己的一套考查习俗,招收对象一般是十五六岁的男性青年,必须身体健康、忠厚老实,还得有"眼力见儿"和"机灵劲儿"。谁家的孩子要想到店铺学徒,先得请一位有名望、有信誉且双方都知根知底的人做保举人,即"铺保"。双方谈妥之后,保举人要立下保证书,其内容一般为:保举某某人在某某商号学徒,被保举人如有营私舞弊,偷盗钱财不守店规及死亡逃走,保举人负完全责任。店铺东家考查合格后,双方选个日子,摆桌酒席,磕头拜师之后,学徒就算开始了。老北京学徒讲究"三年零一节",所谓"零一节"是指三年学徒期满后,再加一个下次过节(春节、端午节、中秋节)的时间,就算出师学成了。

旧京做生意的有许多是山西人,尤其是典当行,清代以后主要是山西人经营。他们在录用、培养学徒上更为严格,保持着晋商"学徒制"的传统和习俗。首先,只录用山西人,这种籍贯限制是为了便于掌握学徒家庭情况,有利于对学徒日后的管理。第二,考查学徒的家庭背景,要求学徒须家世清白,父母须忠厚老实。第三,考查学徒的自身条件,如年龄、身高、面相、智力、文化(识字、写字、打算盘)等,这些都得到了东家的认可,学徒才能进店拜师傅,学本事。

学徒入店后要遵守各项礼仪规范,第一年是学不到什么手艺的,只能干一些打杂、跑腿、伺候人的事。每天早晨要起在别人前头,晚上要睡在别人后头。店铺内的一应琐事都由学徒的来做,如生火、打水、烧水、沏茶、擦桌子、扫地、铺床叠被、提夜壶、侍候掌柜、管账先生以及迎送顾客、跑腿儿买东西等。有的学徒还要伺候掌柜的内人,外加看孩子、做饭等,每天工作时间都在十五个小时以上。学徒在工作中还要严格遵守店铺的礼仪规范,如扫地时要一帚压一帚,不可扬灰尘;东西用完了要放回原处,不可随意乱放;给客人上茶要用双手,然后退两步,再转身离开;别人说话不可搭茬插嘴;回答师傅问话要清楚响亮,不可吞吞吐吐;

不可嘻嘻哈哈,高声诳语。总之,店铺要求学徒要站有站相,坐有坐相,行有行相,吃有吃相,睡有睡相。这些礼仪规范涉及到日常生活的方方面面,例如在旧京晋商中,就流传一套学徒的工作规矩:"黎明即起,侍奉掌柜;五壶四把(茶壶、酒壶、水烟壶、喷壶、夜壶和条帚、掸子、毛巾、抹布),终日伴随;一丝不苟,谨小慎微;顾客上门,礼貌相待;不分童叟,不看衣服;察言观色,唯恐得罪;精于业务,体会精髓;算盘口诀,必须熟练;有客实践,无客默诵;学以致用,口无怨言;每岁终了,经得考验;最所担心,铺盖之卷;一旦学成,身股入柜;已有奔头,双亲得慰。"此外,在"三年零一节"期间,店铺管学徒的吃和住,还给一点零花钱。学徒在学徒期间不许私自出远门,更不许回家探亲。

学徒满三年零一节后出班,学徒生涯即告结束,可以独立胜任本行业中具体工作了。有的行业,如药铺,学徒一般还要"谢师"一年,继续帮师傅处理药务,工资由师傅定。一年之后,学徒出师。此时,学徒要送给师傅一坛酒、十斤肉为答谢礼。师傅送给徒弟一套工具,并交待本行业的注意事项,学徒就算正式出班,可以自行开业了。俗话说:"一日为师,终身为父。"徒弟单独立业后,逢年过节要给师傅送礼并拜望师傅。

以旧京晋商所开的当铺为例,学徒出班后,一般留在本号做伙计,开始操持有关店铺事务,虽然已有工资,但仍要继续向师傅学习有关的经营知识与技能。经过若干年的经营实践,再经过当铺掌柜的多方考查,有些人即可获得升迁,最终成为店铺的骨干。旧京晋商录用学徒的习俗在京城商业圈中产生了较大的影响,成为商家培养人才的一种有效模式。

旧京的"老字号"商铺多为外省人经营,在长年的经营过程中,逐渐形成了一整套培养员工的原则。他们一般不招收、录用北京人做学徒或雇工,这其中可能有北京人生在皇城脚下,有一种盲目的优越感,且社会关系复杂,不易管理等原因,但更多的是"老字号"保守、狭隘的"地方保护主义"思想在作怪。在旧京商业中占有绝对优势的山东、山西商人,绝不用北京人,一般也不用外乡人,不允许外人进入自己的"势力范围"。当时山东布商经营的"八大祥"绸布店就不用北京人,而用山东人;山东人开的东兴楼、正阳楼等饭馆中的伙计也多为山东人;万全堂药铺从东家、掌柜、账房到伙计是清一色山西人,被称为"山西帮";清朝末期,北京的当铺有一半以上是山西人掌控,无论掌柜还是伙计,都操山西口音。这种现象在其他行业中也多有体现,如茶庄多由安徽人经营;"四大恒"钱庄由浙江人经营;服务行业中的澡堂子、煤铺由河北定兴人经营;开木厂子、买木头的多由河北深州、冀州人经营。

二、店员道德品行及业务能力的培养

旧京商铺十分注重对店员道德品行的培养。商业道德明确、具体,可概括为:"至诚至上,货真价实,言不二价,童叟无欺",十六个字涵盖了从商人员的基本职业道德。旧京"老字号"十分注重店员道德品行的培养,认为经商须有商德,德乃利之本,因此在日常的商业活动中,特别注重诚实守信教育。店员在买卖过程中,必须公平守信,不可以次充好,随意涨价,坑骗顾客;必须遵守度量衡标准,不许在衡器上做手脚。店员入店第一天,师傅先教"认秤",告知"秤"的重要与神圣。旧制的秤为十六两,每一两代表一颗星,它们是北斗七星,南斗六星,再加上福、禄、寿三星,共计十六星。将十六星嵌在秤杆上必须用白色或黄色,不能用黑色,隐喻做买卖要心地纯洁,不昧良心。倘若缺斤少两,少一两叫"损福",少二两叫"伤禄",少三两叫"折寿"。通过"认秤",培养店员的职业道德。旧京的许多"老字号"既是商铺又是学堂,具有良好的商业道德氛围,师傅及周围同事的言谈举止,潜移默化地影响了新来的店员,久而久之就培养了店员诚实、守信、谦和、正直、宽容、忍让、勤俭、吃苦的优良品质。旧京晋商的《生意论》中说:"纹银不使假色,给戥头不少分离(厘),交来往有近有远。既当门市以悦人心,勿谓与己有益而悦,勿谓与人不睦而绝向日之好……席前勿论老幼,必以礼貌相待。讲生理观其动静,可买可卖,凭行市不戏己亦不戏人。观人物看其来脉,可刚可柔。虽年青(轻)不行婴儿之态,不叫他人之轻慢……"这里集中体现了商家对店员道德品行培养的重视,也体现了商家以人为本、诚实守信的商业经营理念。

旧京商铺还注重店员的商业技能训练。店员的商业技能包括基本技能和专业技能。

基本技能训练一是站柜台。旧京商铺对站柜台有许多讲究,因为柜台是买卖交易的窗口,柜台站得好坏关系着商家利润的多寡。为此,各商铺对站柜台的店员都有严格的要求,如衣着整洁,站姿正确,待客和蔼,不卑不亢,头脑灵活,眼里有活儿等等。一般情况下,每个店员每天都站到十四五个小时,而且不许弓腰驼背,不许双手支撑柜台,不许伸懒腰、打哈欠等。因此,民间有一句俗话,"没有金鸡独立功,莫到店铺当伙计"。

基本技能训练二是算数,包括口算和打算盘。店员站柜台要唱买唱卖,顾客买东西给多少钱,找多少钱都要唱出来。所以必须有过硬的"口念帐"功夫,如一般加减乘除的运算,各种货币的换算等要烂熟于心。打算盘是店员又一基本技能,

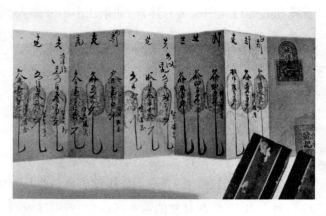

民国时期的蚨祥号小账

小账携带方便,一本小账可专门记录一个店铺或一个主顾购买商品的情况,回来再誊写到规范的账本上。小账是店铺管理规范的证明

要在晚上关门后练习,忌在白天打空算盘。一般是管账先生结账时,让伙计们打算盘。看谁的手利索,打得准。如果老打错的话,就会被赶出去罚站或接受其他惩罚。

基本技能训练三是识字、写字。旧京商铺一般自编杂字书或在书摊买本《六言杂字》教店员识字,还要训练店员学写一种毛笔小楷字,这种字清秀、工整、大小均匀。商铺记账、写信函都用这种字体,俗称"买卖人字"。学会写这种字可非

民国时期的同义栈银流水帐

一日之功,有灵气的店员也得要潜心研习三五年才成。

专业技能训练依据行业的不同各有区别。票号、钱庄的店员主要学习辨别银钱成色。当铺的店员要学习各种珠宝、首饰、皮毛、绸缎、铜、锡、瓷、木等货物的识别及价格,练习当票的写法,熟悉当行的银钱计算,掌握行业的行话和隐语。药铺的店员要学认

民国时期的北平《庆仁堂药目》封面及药目

药方子上的草字,背《药性赋》《汤头歌诀》;学用铜缸子砸药,使戥子秤药。如果不认识药方子,抓错了药就会惹大麻烦。茶叶铺的店员要掌握茶叶的种类、产地、特点、饮用方法、贮藏方法等等。

此外,旧京商铺还特别注重培养店员的实践能力,例如商铺掌柜有时派店员"跑外街",也叫"跑外柜"、"跑外城",类似于现在的公关谈生意。外地客商来京办货,所派店员先与之接洽,把来客的姓名、籍贯、来历以及要办的货色详细记录在案,然后回店铺向掌柜回报,并按照掌柜的吩咐,安排请客吃饭,签订契约,最终完成交易。

总之,行业不同,商业技能训练的内容也各有差异。虽然有些技能训练并不科学,甚至陈腐、落后,使被训练人身心疲惫,但正是通过这些训练,一些店员脱颖而出,成为本行业的佼佼者,日后干出了一番轰轰烈烈的事业。

第四节　北京商业中的语言习俗

伴随北京商业发展而形成的商业语言习俗,是北京商业文化的重要组成部分,它包括各种商业行话、隐语、格言、警句和民间谚语。这些语言或凝练、精辟,或幽默、风趣,深深地根植在老北京的商业活动中。虽然有些语言中带有一定的封建色彩,甚至宣扬了旧社会商人唯利是图的经商手段,但这些对我们全面了解、认识老北京商业的发展仍有重要的参考价值。

一、商业行话、隐语

旧京商业行话、隐语也称"行业秘密语",虽然许多行当都有自己特殊的习惯用语,但最具代表性的还是古董行和典当行。这两个行当在买卖交易中都有一定的隐蔽性,为了防止局外人知晓内情,店员之间交流多用"行业秘密语"。

古董行称同行之间做生意叫"交行"或"串货";买东西叫"淘换";购买物件时,请行家鉴定真伪或质量优劣叫"掌眼";买了次品或赝品叫"打眼";买了一件别人没发现的好东西叫"捡漏";把一件好东西卖亏了钱叫"走宝";鉴别东西不说假不假,而说对不对;老货坏了重新修补过叫"动过手";新瓷器釉面的光泽叫"贼光";古陶瓷外层自然陈旧的光泽叫"包浆";新出土的东西叫"生坑";出土时间比较久,经过人为把玩变得熟旧的东西叫"熟坑";称古瓷器、古铜器、古玉器为"硬片"或"硬彩";称古字画、古绣品为"软片"或"软彩"等。

旧京当铺在买卖交易中也常使用一些"行业秘密语",这些语言源于早期经营当铺的徽州人所说的"徽语",听起来好像是用徽州语音说的北京话,它类似江湖黑话。当铺内部的人在收当时,常用这种典当人听不懂的黑话交谈,主要目的是便于相互配合,牟利杀价,蒙蔽典当人,避免出现不必要的纠纷。

他们杀价时常用一些术语代替数字,如:旦根为一,抽工为二,末王为三,不回为四,缺丑为五,短大为六,毛根为七,入开为八,未丸为九,先千为十。另外还有更形象的说法:"道子"为一,"眼镜"为二,"炉腿"为三,"叉子"为四,"一挞"为五,"羊角"为六,"镊子"为七,"扒勾"为八,"钩子"为九,"拳头"为十。如当物原来只肯给十块钱,当户不干,当铺掌柜在一旁就用"拳头、眼镜"暗示给十二块钱。他们还把一、二、三、四、五、六、七、八、九、十,说成"摇、按、瘦、扫、尾、料、敲、奔、角、杓","不多"说成"报端","没有"说成"妙以","吃饭"说成"抄付","老太太"说成"勒特特","大姑娘"说成"豆官呢儿","小媳妇"说成"洗玄分儿","这个"说成"照个儿","那个"说成"闹个儿"等。

此外,当铺对典当的物品也有相应隐语,如:称袍子为"挡风",裤子为"又开",狐皮为"大毛",羊皮为"小毛",长衫为"幌子",戒指为"圈指",桌子为"四平"，椅子为"安身"，钻石为"耀光"，珠子为"圆子"，手镯为"金钢箍"，银子为"软货龙"，金子为"硬货龙"，古画为"彩牌子"，古书为"黑牌子"，宝石为"云根"等等。

二、商业谚语

商业谚语是人们在长期的商业活动中形成的固定语句，主要指民间广泛流传的商业格言、警句及歇后语等。这些谚语言简意赅，通俗易懂，富于哲理，其内容几乎涵盖了商业活动的各个方面，在一定程度上反映了商业活动的内在规律，具有极强的商业指导意义，是商人的"生意经"。这些商业谚语是古往今来各地经商者智慧的结晶，虽然不都是北京的"土特产"，但仍是北京商业文化的重要组成部分，是我们今天研究老北京商业习俗的不可或缺的宝贵资料。

关于商业经营思想的谚语：

君子爱财，取之有道；吃不穷穿不穷，算计不到活受穷；算了再用常有余，用了再算后悔迟；兴业犹如针挑土，败家犹如浪淘沙；宁肯在囤尖上留，决不在囤底下愁；学商如赶路，不能慢一步；赔本儿赚吆喝；三年不开张，开张吃三年；一分生意三分险，三分险中十分利；生意做独市，买卖抢先手；货好招来八方客，利薄引进四面财；利薄不赔钱，忠厚不折本；大生意怕跌，小生意怕歇；生意莫嫌小，买卖争厘毫；盈利要让利，让利可盈利；要想多赚钱，先把账算圆；不怕赚不到，只怕算不到；勤是摇钱树，俭是聚宝盆；省钱犹如针挑土，花钱好似水冲沙；不怕千儿八百花，只要万儿八千抓；以德为本，以义致利；亲兄弟，明算账。

关于商业道德的谚语：

其一，诚实守信，公平交易。经营信为本，买卖礼当先；人无信不立，店无信不兴；一客失了信，百客不登门；诚招天下客，信连八方人；货真价实，言无二价，童叟无欺；买卖不成仁义在；仁中取利真君子，义内求财大丈夫；利从诚中出，誉从信中来；少市不欺客，畅市不抬价；一字两头平，秤戥不亏人；骗人一分钱，落得万人嫌；手是钩子眼是秤，人心才是定盘星；取信十年，失信一天；经营看守信，生意做不尽；有信千里相顾，无信咫尺不扰；以诚取信，以信立誉，以誉得益。

其二，礼貌待客，和气生财。和气为贵，公平为高；忠厚不折本，刻薄不赚钱；演戏听唱腔，卖面凭鲜汤，开店要有热心肠；三分生意，七分情谊，生意不成情谊在；生财有道，文明礼貌；人无笑脸莫开店，和气待人客盈门；刻薄不赚钱，忠厚不折本;和气能招千里客;美言成交易,信誉招千金;不怕卖不掉,就怕话不到;今日是看客,明日是买主;慢卖老,细卖小;客无亲疏,来者当敬;买主看主一样待,买卖不成仁义在;忍得客前气,可免店中忧;一句话生意兴隆,一句话买卖难成;撅嘴泥胎无人问,巧嘴八哥儿客满门;礼多人不怪,无礼人不来。

关于营销技巧的谚语:

其一,货真价实。药好不用紧摇铃,酒香不怕巷子深;好货不怕验,真金不怕炼;货真招远客,价实客自来;生意全凭公道导,货真价实莫欺人;大生意靠嘴,小生意靠腿;让秤不让价;不怕盈利少,就怕牌子倒;真材实料,顾客必到;鸡卖叫,鱼卖跳,粮卖干,菜卖鲜;货好不用吹,无翅也能飞;人叫人千声不语,货叫人点首自来。

其二,进货。买卖一开张,进货头一桩;不怕不赚钱,只怕货不全;出门看天气,买卖看行情;此地无朱砂,红土子为贵;人弃我取,人取我予;未曾入手,先看出手;要想多卖钱,就得货色全;货卖一张皮;买瓜看皮,进货看季;逢快莫赶,逢滞莫懒;时令货,迎头甩尾补中间;大路货,多样少量品种全;重大勿轻小,货全是一俏;有钱不进冷背货,有库不存半年闲;进了人情货,生意必受挫;当季是个宝,过季是堆草。

其三,销货。三分毛利吃饱饭,七分毛利饿死人;整装商品拆零卖,赢得顾客八方来;常有新货生意隆,善出奇招买卖兴;赊三千不如现八百;紧打酒慢打油,瓜果菜蔬秤抬头;看三家问三家,回头再买是行家;金九(月)银十好卖货;鸡叫杀猪,天明卖肉;鲜货是"险货",外号"隔夜愁";早卖鲜,午卖蔫,晚卖干(青菜)。见秀才说书,见屠户说猪;讲在口,做在手,动作跟着语言走;人留客,客不留;货留客,客自留;七分利钱吃饱饭,十分利钱饿死人;好马赶不是上青菜行。卖船要带帆,卖马要配鞍;卖衣要设镜,卖鞋要备凳;褒贬是买主,喝彩是闲人;有货贱卖,强似借债;人多我好,人好我新;七分利钱竞争胜,十分利钱绝路等;坐商变行商,财源达三江。

关于"京味"商业歇后语:

"京味"商业歇后语是北京人在生活实践中创造的一种特殊语言形式,它的前半部分与北京的商市有密切关系,后半部分是以此比喻生活中的人和事。自然贴切,幽默风趣,具有浓厚的北京地方色彩。例如:

“天桥儿的把势——光说不练”、“天桥儿的货——假的多”：这两句反映了老北京天桥儿的商业状况，以此来比喻身边的人和事。

　　“傻子卖豌豆——多给”：这是旧京商贩为了向主顾表示自己的憨厚淳朴而编造出来的，目的是推销自己的商品。

　　“砂锅居的白肉——过午不候”：清代，北京定王府的更夫在定王府更房墙外开了一家经营砂锅煮白肉的饭馆，所用原料是祭祖用过的猪肉，每天一头猪，不到中午就卖完了，然后就摘掉幌子，以示停业。北京人常用此语告诫做事不守时的人。

　　“六必居的抹布——甜酸苦辣全尝过”：“六必居”是北京著名的酱菜园子，制作的酱菜有甜酸苦辣各种味道，所以抹布上什么味道都有。北京人以此句含蓄地说自己或某人经历坎坷。

　　“会仙居的炒肝——没早没晚”：会仙居是北京前门外鲜鱼口街里的一家炒肝店，价廉物美，营业时间长，从早到晚不间断。北京人以此句比喻做事情没有准确的时间。

　　“吃了烤肉到卢沟——晚（宛）来晚（宛）走”：此句用的是谐音，第一个“宛”指“烤肉宛”，是北京宣武门内大街著名的清真烤肉馆。第二个“宛”指卢沟桥附近的“宛平城”。北京人以此句谐音“晚来晚走”。

　　“正月十五卖年画——时过境迁”：正月十五标志着“年”的结束，年画自然就卖不出去了。北京人以此句比喻因时间的推移，事物所发生的变化。

　　“卖山里红的——就剩下一挂了”：在老北京庙会上，商贩把山里红用线串起来按“挂”卖。北京人以此句谐音“褂子”（上衣）的“褂”，用于嘲讽或自谦家境贫寒，只剩一件衣服了。

　　“兔儿爷打架——散摊子”：老北京中秋节期间，街上有卖“兔儿爷”的摊子，上面放满了大大小小，各式各样，色彩鲜艳的“兔儿爷”。于是人们就产生了这么多“爷”要是打起架来，摊子就会被拆散的联想。此句隐含北京话土语“散摊子”，意即：几个人合伙办事，因某些原因，未果而散。

　　“鹤年堂讨刀伤药——死到临头”：“鹤年堂”坐落在北京宣武区菜市口大街丁字路口的西北角。菜市口在清代是杀人的刑场，行刑前监斩官都在鹤年堂等候。北京人用“鹤年堂讨刀伤药”这句话，隐喻“死到临头”这四个字，一般用来谩骂、嘲笑人。

"万金油——唬(虎)牌":老北京人把"清凉油"叫作"万金油",因清凉油的商标是虎头,故称其为"虎牌"。此句以谐音"唬牌"讽刺那些不学无术,而又到处招摇撞骗的人为"万金油"。

"小铺儿的蒜头——零揪":穷百姓购物时压根儿就没大方过,偶尔吃顿炸酱面,为提味儿,才舍得买两三头大蒜,久而久之,形成了这条歇后语。

北京的商俗文化凝聚了全国各地方、各民族经商者的人格与智慧,体现了儒家文化的基本精神。"至诚至上,货真价实,言不二价,童叟无欺"和"君子爱财,取之有道"等经典之语,无论在理论层面或行为方式层面,还是在社会心理和潜意识的层面,都对经商者的价值取向起着导向作用。北京商俗文化中所蕴含的经商理念、营销技巧和哲学思想,对北京商业经济的发展产生了重要的影响。不仅如此,北京商俗文化还具有一定的史料价值,是我们今天认识和研究北京商业发展史的重要材料之一。当然,北京商俗文化与其他传统文化一样,也因时代的不同具有一定的历史局限性。

第十一章　北京商业文化的特征与成因

　　商业活动既是一种经济活动,又是一种文化活动,每一个商业行为都是文化心态的"投射"或"驻足"。商业活动在一定的文化网络之中与不同的文化因子不断结合、交融,最终形成商业文化,所以商业文化不是孤立的文化形态,而是各种文化现象在商业领域中的价值体现。在北京商业文化的形成过程中,特殊的天时、地利和人和环境为其融入了帝都文化、物流文化和市井文化的丰富内容。

第一节　综述北京商业文化的特征与成因

一、政治地位对北京商业文化的影响

　　北京有着三千多年作为方国都邑的建城史,作为统一王朝政治、文化中心的都城史也长达八百多年。自古以来的政治地位、地缘优势吸引了各地方商业之精华、各民族商业之特色纷沓而至,北京商业也确实有着兼收并蓄、海纳百川的博大胸怀,其集大成性显示了全国商业文化发展的总体趋向和总体水平。北京悠久的都城史孕育了北京商业浓重、独特、华贵的帝都气质。但作为封建集权制的统治中心,天下之精华均融入了帝都大一统的思想,浓郁的官商色彩、儒家思想、皇权思想、正统概念和绝对权威倾向成为北京商业文化的"主流",使北京的商业文化虽然有着皇家的雍容大气,但和经济发达地区的文化相比,往往失去时代的先声,显得中庸平和、安逸内敛(综述上述特征见表1)。

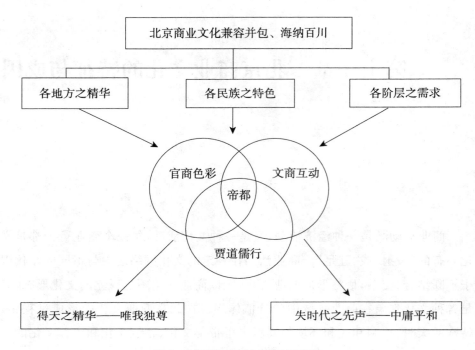

表 1　北京商业帝都文化特征示意图

二、地理环境对北京商业文化的影响

北京便于贸易的地理优势早在司马迁的《史记·货殖列传》中就有记载："南通齐赵，东北边胡。上古至辽东，地踔远，人民希，数被寇，大与赵、代俗相类，而民雕悍少虑，有鱼盐枣栗之饶。北邻乌桓、夫余，东绾秽貉、朝鲜、真番之利。"四通八达的便利交通使北京得以集各地之精粹。元代的黄仲文在《大都赋》中描述北京："华区锦市，聚万国之珍异。""万方之珍怪异宝、璆琳、琅玕、珊瑚、珠玑、翡翠、玑瑁、象犀之品，江南吴越之髹漆刻镂，荆楚之金锡，齐鲁之柔纩纤缟，昆仑波斯之童奴，冀之名马"[①]等等，应有尽有，举凡"天地生产，鬼宝神爱，人物造化，山奇海怪，不求而自至，不集而自萃"[②]。

北京自古就比较发达的物流系统主要由交通网络、码头货栈、仓储中介

①〔元〕马祖常《马石田先生文集》卷八，上海古书流通处，民国十一年(1922)版，第 3 页。
②〔明〕沈榜《宛署杂记·民风》。

和信息传输构成（见表2）。四通八达的交通网络使北京商业得以形成"聚天下之货"的繁荣面貌；各朝代北京物流码头位置的迁移直接影响了商业街区的兴衰；仓储中介制度的变迁反映出北京商业史由官营逐渐向民营演变的历程；发达的信息传输系统促进了北京商业的繁荣和对其他地域、民族文化的吸收。

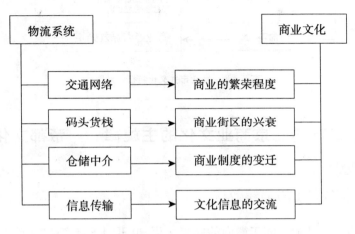

表2　北京商业物流文化特征示意图

三、市井生活对北京商业文化的影响

　　京城市井之民五方交汇，京城的商业也是众生百态、光怪陆离，究其本质似乎是"天下熙熙皆为利来，天下攘攘皆为利往"[1]。但在北京质朴、淳厚的民风环境下，京城的市井商业还透出独特的温情与随和。长期作为中国政治中心，北京人对于天地君亲、长幼尊卑的一定之规是非常熟识的，这种文化的世代熏陶，使得人们自然地重视秩序规则。诚实守信、规矩本分成为北京商人十分重视的一种基本商业行为规范（见表3）。

　　正是这样优越的天时、地利、人和为北京的商业文化融入了帝都文化、物流文化和市井文化的丰富内容。其中，帝都文化是把脉北京商业文化的主旋律，物流文化和市井文化是谱写北京商业文化之声的和弦。

---

　　[1]《史记·货殖列传》，中华书局，1959年版，第3256页。

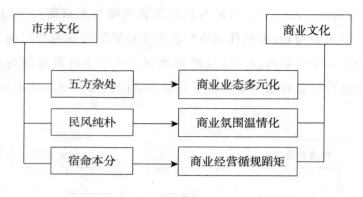

表3　北京商业市井文化特征示意图

第二节　北京商业文化的主旋律——帝都文化

一、帝都文化的辐辏效应

北京的商业环境不同于徽商的宗族文化，也不同于晋商的"大院"文化，而是由于"聚敛九州贡京阙"的经济政策，形成辐辏全国各地区、各民族、各阶层特色的多元文化。正如《光绪顺天府志》所载："致天下之民，聚天下之货，熙熙攘攘，骈闻辐辏。"从早期的燕文化、幽州文化到近代的京师文化都表现出多元文化兼融、混溶的特点。燕文化是农耕文明与游牧文明的混合体，幽州文化是"胡汉兼融"，京师文化更是各地、各民族文化的大融合。北京作为一座典型的移民城市，以其海纳百川的博大胸怀，汲取了各地方商业之精髓、各民族商业之特色，满足着上至王公贵族、下至贫民百姓的各种需求。

北京在历史上由于军事和政治的缘故，其城市历史其实是一部大规模移民的历史。自金以来，历次朝代更迭都带来大量移民。当年金中都毁于兵火，半个多世纪后，忽必烈在中都废墟北垣外兴建大都城，居民以蒙古人、色目人为主。后来元朝灭亡，明朝军队占领元大都时，原有的居民——特别是蒙古人、色目人大多随着元顺帝跑了，城内只剩一万二千多人，几乎成为了空城。于是在明初洪武、永乐年间，有多次移民进入北京。尤其明成祖朱棣移都北京后，不仅从各地迁移来许多农民以充实京畿一带，还从南京和江南一带迁来大量富户和工匠住在北京城内，再加上从南京搬到北京的文武官员及其家属，共有十余万人。明《宣德实录》中记载：从南京前来"二万七千户"手工业工匠之北京，设立前店后厂自产自销靴鞋、帽子、球皂、制香、刺绣、荷包、丝织、挑花、熔炼金银等工商业品。"永乐帝还将南京太医院的医师迁至北京另组为宫廷服务的太医院。同时，原在南京开药铺的不少店主也随之移民北京，并设店置铺继续经营"①，北京现存历史最悠久的老字号企业鹤年堂就创立于永乐年间。明北京城中三大社区的主体人口、主导人口均是南方人，是南京的再版。迁来的文化虽说只能"入乡随俗"，但北京城中的"生存基础"是"仰仗东南"，"京需物资"绝大多数是由大运河运来的。在这种情况下，迁来的江南文化，不但在人口构成上，而且在人口的生存基础上均有"依恃"，所以能在异地"长存"。

除了朝廷的"强制移民"，北京作为消费城市孕育的商机也吸引了大量外地商人"自愿移民"，在利益驱动下进入这座城市并立足发展。在接受北京人传统习俗的同时，又将自己原籍的一些文化特色融入北京的文化氛围和社会生活中，他们自己也逐渐成为北京人。因此身处京城的北京商人虽多少有一种地域优越感，但他们少有轻视外地人的毛病，是"门户之见"最少的商帮。北京就像一个大剧院，谁都可以进来表演，谁都可以赢得观众，谁都可以在此兴业。相比徽商、晋商等多为"走出去"的商帮，京商重在"引进来"。北京以其海纳百川兼容并蓄的宽广胸怀接纳包容了来自全国各地、各民族的商人与商品，形成了一种集大成性的"大商业"景观。庞大的京商群体集萃于天南海北，不同文化因子在北京融合并升华为京商文化。

北京商业"市肆贸迁皆四远之货，奔走射利皆五方之民"②，"一切工商胥吏肥润职业，悉付外省客民"③。究其原因，从客观角度分析，"聚敛九州贡京阙"是元明清三朝的经济政策，外地知名产品的商家会应皇室所招而进京服务。从主观角度分析，北京庞大、稳定、特殊的消费能力对全国各地的商人都有着强大的吸引力。同时在北京供职生活的大量政府官员和文人学士来自于全国各地，这些人由于早年的地方生活所形成的一些习俗，在日常生活中往往会对某些土特

①王茹芹《京商论》，中国经济出版社，2008年版，第60页。
②〔明〕谢肇淛《五杂俎》卷三《地部一》，中华书局，1959年版，第62页。
③〔明〕王士性《广志绎》卷二《两都》，中华书局，1981年版，第18页。

产用品或食物产生其特殊的需求,这种需求对于外地商人来说无疑是一种市场的召唤;而且各地方的名牌产品,要想成为全国性的名牌,北京是他们最好的展示舞台,于是许多有眼光的商人纷纷来京创业。

在来北京经商的商人中,以山东和山西人为最多、实力最强。如《旧京琐记》所言:"北京工商业之实力,昔为山左右人操之。""山左右人"即指山西、山东人。山东人经营商业的历史久远,在《史记·货殖列传》中对山东商人的活动就有了记载。明清以来,由于山东地少人多,海陆交通便利,致使许多人为生计而走南闯北,山东商人的踪迹也因之而遍及各地。在北京商界,山东商人主要经营布铺、绸缎铺、饭馆、粮食店、碓房、猪肉店、账局子、估衣等业。知名的有经营布匹绸缎的"八大祥",还有经营餐饮的"四大堂"、"七大居"、"八大楼"等。此外,山东人生活俭朴,吃苦耐劳。北京还有一些较苦较累的行业,"老米碓房、水井、掏厕之流,均为鲁籍"①。至于晋商则是在明、清五百多年里称雄商界,有人用"有麻雀的地方就有山西商人"和"上自绸缎,下至葱蒜"的话语概括了他们的活动区域和无所不包的经营范围。在北京,山西人主要控制着油盐酱醋及钱庄、票号、颜料铺、干果行业。

除山东、山西两大主力外,在旧京商界还活跃着被称为"三江商人"的苏浙赣皖商户,其中江苏商人主要经营南纸、广货;江西商人自乾、嘉以来主要经营京城琉璃厂书肆;安徽商人多经营茶叶铺、笔墨店,代表字号有吴裕泰、张一元茶庄等;浙江商人以浙东的宁波、绍兴人居多,主营药材业和银号业,代表字号有同仁堂、鹤年堂、千芝堂、永安堂等药铺和四个"恒"字号钱庄。《道咸以来朝野杂记》中记载:"当年京师钱庄,首称四恒号,始于乾、嘉之际,皆浙东商人,宁、绍人居多,集股开设者。资本雄厚,市面繁荣萧索与有关系。"

还应该提到的是广东商人和陕西商人。广东商人在北京多经营洋广杂货,陕西商人则多经营烟钱铺。

北京周边的直隶籍商人,主要指北京、天津、通州、深州、冀州、东八县等当地或附近一带的商人。其中北京商人主要经营当铺、绸缎店、古玩铺、首饰楼、药铺等,多为小本生意,但与旗人贵胄打交道的痕迹较重;天津商人大

---

①〔清〕夏仁虎《旧京琐记》,北京古籍出版社,1986 年版,第 97 页。

多经营洋广杂货店；通州人多开首饰楼；深州、冀州商人从事木材经营；河北人主要经营织布业、药材行、车轿铺、首饰楼；河北定县人则把持着京城的浴池业。

在北京的商业活动中，我们还能看到外国商人的踪影。在元大都街头，尤其是钟鼓楼地区，随处可见来自高丽（今朝鲜）、交趾（今越南河内附近）、波斯（今伊朗）及中亚西亚和欧洲的商人。到20世纪初，大量洋货涌进北京。最初是以欧美商人为主，他们除了开设洋行外，大多经营杂货、旅馆业，还有少数经营古董、钟表等。洋行大多集中在东城，有的规模做得很大，如英国烟草公司在光绪二十六年（1900）至宣统二年（1910），先后在北京城内和京郊的海淀、通州、长辛店等处设立了九处代销商号和栈房。总之，来自不同地域的商人在京城各展所长，呈现出异彩纷呈的商业景观。

北京自古还是一个多民族杂处的移民城市。在北京商业史展开的画卷中可以找到许多少数民族的身影，其中回、蒙、满、藏的特色较为鲜明。

回民在北京以经营清真小吃为主。元世祖忽必烈1264年迁都燕京，随他征战的回回军人受命就地落户①，牛街就是当时回族在北京聚族而居形成的聚居村镇。元代因探马赤军的战功，重用回族人员，甚至有许多回民参与元王朝的政权领导，清真饮食文化也逐渐渗透，以至在皇家饮食中占据了重要地位。元朝的"饮膳太医"忽思慧撰写的《饮膳正要》中大量的聚珍异馔，大部分都是清真食品。到元末明初，清真饮食已被大量普及。这时候社会上流传着一本《居家必用事类全集》中专门列有"回回食品"一章。清真饮食文化到明朝有了更大发展，皇宫内专设清真御膳房。清兵入关后，虽有少数回民在朝廷或地方供职，但回族地位与元、明时相比已江河日下，牛街的回民大多沦为经营饮食业的小贩②。为了养家糊口，维持生计，回民制作的小吃品种越来越多，手艺也越来越精。有人统计牛街的清真小吃有二百余种，且随着一年四季的流转交替，用蒸、炸、煮、烙、烤、爆、

---

①13世纪成吉思汗大举西征，先后征服了葱岭以西、黑海以东信仰伊斯兰教的各民族，随着战争的转移，就有大批波斯人、阿拉伯人、中亚细亚人被迁徙东来。人数多达数十万之众，其中一些年轻的军士被编入蒙古军的"探马赤军"服役。"探马赤军"是成吉思汗攻金时，以其所属的部族编为五部的名称。1281年，元世祖下诏，令探马赤军"随地入社，与编氓等"。氓指外地流入人员。
②据《北京牛街》记载：牛街经营饮食业的小贩几乎占当时北京全部小商贩的一半以上。

涮、煎、炒、炖、熬、冲等不同烹调方法,制出甜、咸、酸、辣、香的味正形美的各式小吃。这是回民对北京饮食文化的巨大贡献。除了小吃,回民还经营牛羊肉、果菜、骡马和珠宝。从明朝嘉靖时至新中国成立的三百年间,北京前门大街廊房二条以经营珠宝闻名京城,约有百家店铺,多是回族人经营。

蒙古族自忽必烈迁都燕京而大量涌入,也带来了许多蒙族特色的商品,如传统小吃艾窝窝原是元代宫廷食品。涮羊肉更是由忽必烈在战场上的应急快餐发展而来的。清代北京有蒙古外馆和蒙古内馆,蒙古内馆位于御河西岸之南,每年蒙古王公到京,都要"携土货于此贸迁焉。贾肆栉比,凡皮物、毳物、野物……酪物,列于广场之中而博易焉"[①]。蒙古外馆位于安定门外、两黄寺(西黄寺和东黄寺,位于今天的德胜门外黄寺大街路北,是两座藏传佛教寺院)之东,至今遗有"外馆斜街"地名,其贸易规模较内馆更大。"市廛栉比,屋瓦鳞次。充街隘巷,只见明驼;列肆连箱,惟陈服匿"[②]。蒙古贵族的商业活动丰富了北京的商业市场。

1644年,满族来到北京,满族妇女的旗袍成为典型的中华女装,满族食品萨其玛成为京味糕点。

早在元朝时期藏族在北京的活动就很引人注目,大都有多处藏传佛教寺院。到清雍正年间,西藏工匠还向北京人传授了织地毯的技巧,使羊毛毯在北京得到发展,成为北京最大的工艺美术传统产品。

北京商业汇集了各地方、各民族的精华,满足着各阶层的需求。北京城既有众多的皇亲国戚、达官贵人,也有大量的文人士子、平民百姓。复杂的人口结构对商业市场形成多样化的需求,而商品的供给与需求往往是互为因果的。在饮食上,大饭庄是王公贵族、高级官僚设宴的场所;饭馆是中下级官吏、商人请客便酌的场所;二荤铺是平民百姓吃饭的地方;"大酒缸"是平民百姓买醉的去处;街头小吃摊则是穷人充饥解馋的场所。在衣着上,既有适合官僚、富商的绸缎、呢绒、皮毛,也有一般市民、农民穿着的蓝、白花布;既有迎合官员连升三级的官靴,也有为劳动者准备的股子皮双脸洒鞋;既有选料考究,做工精细的缎面手工绣花

---

① 〔清〕震钧《天咫偶闻》卷二。
② 〔清〕震钧《天咫偶闻》卷八。

布鞋,又有实用耐穿、深受百姓欢迎的"棉花篓",也叫大云鞋。在街区分布上,主要服务于王公贵族的鼓楼商业街区具有典型的高档化特色;因文人渊薮、会馆集中而形成的服务于官员、使节、举子的前门商业街区,具有浓郁的"士大夫文化"特点;流动摊贩密集的天桥①一带则是北京平民游艺的聚集地和商品市场,充满了平民市井文化元素。

二、北京商业浓重的官场文化

北京历朝历代大批的朝廷官员有着相当强的消费能力,自然成为京城商业的主要服务对象,而官员手中的权力也成为他们为自己谋取商业利益的工具,或成为其他商人攀附的对象。所以京城商业充斥着官营商业、为官服务、精致讲究和娱乐文化的特点。

首先,受利益的驱使,京城历代官员中都有一些人涉足商场,官营商业背景深厚。元代蒙古大贵族马札儿台在通州开酒坊,"糟房,日至万石"。元世祖时"色目人"宰相阿合马更是因为做大生意,不择手段横征暴敛,被人称为"相贾"②。甚至皇帝的嫔妃也经商,据元末明初的史学家陶宗仪在其《元氏掖庭记》中记载,元顺帝的淑妃龙瑞娇就曾在后宫的左掖门内设立市场出卖各色锦缎,时称"绣市",也有人讥之为"丽色之市"。

明朝初期朝廷曾严令禁止宗室、勋旧经商,但到明中叶以后,上自皇帝(主要是正德皇帝)、宦官、大臣,下到军队都积极参与经商。宦官经商主要是帮助皇家经营珠宝、绸缎、古玩等物,其店称"皇店"或"官店"。明武宗正德以后,北京出现了许多官店和塌房,大多集中在今王府井一带。官店可供外来商人居住,并负责介绍买卖和收取商税;塌房既是货栈,又是收税机构,行商要在塌房内交纳商税。"万历皇帝曾把崇文门和张家湾的官店赐给他的兄弟潞王和其三子福王,他们享有专卖权,垄断了附近的商利,既征店租,又征商税;既招歇客商,又批发商货"③。还有军人经商者甚至公然卖掉粮筹,史载:"京师军人将受粮于仓,先期

---

①元、明两代及清前叶,为一片水乡、沼泽,中有一建于元代的汉白玉单孔桥(位于今天桥南大街北口十字路口处),是明清帝王祭天时的必经之路,故名"天桥"。

②王茹芹《京商论》,中国经济出版社,2008年版,第27页。

③王茹芹《京商论》,中国经济出版社,2008年版,第32页。

给筹,辄卖之。南人利其价廉,每买得筹,以受粮于仓。"[1]

到清代,清政府严禁官吏经商,因此许多达官显宦就把资金以隐名合伙的形式,委托社会上一些有信誉而又精明能干的商人出面经营,自己在幕后坐享厚利。当年京城有名的"四大恒"中的第一家恒和钱庄就是内务府总管增崇出资,由刘槐庭出面经营的。恒和钱庄在庚子年被挤兑关张后,刘槐庭的孙子刘禹臣开始经营当铺,后来陆续在北京开了十三家当铺,股东都是内务府的官僚。"清代官商勾结事例很多,名臣高士奇的亲家陈元帅,开了缎号,接受大小官员的贿银,资本达到四十余万"[2]。清政府一方面严禁官吏经商,但另一方面内务府皇商却发展迅速。清代的皇室财政由内务府掌管,内务府的职能是为皇室服务。以内务府开设的皇当为例,"嘉庆六年(1801)内务府的一件档案中提到:自嘉庆五年三月到六年二月底止,万成等七家当铺共得利钱34560吊;广德等十三家当铺从嘉庆五年六月到六年二月底,得利钱26350吊52文"[3]。可见当时皇当的盈利情况。

在官营商业的同时,北京因有独特的人口结构,又注定了其商业为官服务的特点。北京建都史上经历了四十位皇帝,加上皇族和勋戚构成了巨大的消费群体。《元史·百官志》记载:"岁办油十万斤,以供内庖";"掌办白面葱菜,以给应办,岁计十万余斤,右属供膳。""明代前期的正统年间,宫廷服务人口约为5000人,后期增至1.5万人。"[4]除了皇族外,北京还是国内官员和士子集中的区域。据《北京市宣武区志》记载:"先后在京举行过201次科举考试,全国各地应试的举子达一百二十多万人次。"大量官员、滞纳留京的士子、家眷、随从等构成了庞大的消费群体。"据光绪三十四年(1908)民政部统计,北京内外城70.5万人中,不事生产、专食俸禄的八旗人口23.68万;全市27万就业人口中,官员、士绅、书吏、差役、兵勇等4.2万(其中内外城官员共8120人),八旗和士绅官员共约28万,占总人口的40%"[5]。所以在北京这个以官为本的消费城市中,商人把为皇

①〔明〕王肯堂《郁冈斋笔麈》卷二,国立北平图书馆,1930年,第62页。
②王茹芹《京商论》,中国经济出版社,中国经济出版社,2008年版,第37页。
③王茹芹《京商论》,中国经济出版社,2008年版,第36页。
④王茹芹《京商论》,中国经济出版社,2008年版,第50页。
⑤余钊《北京旧事》,学苑出版社,2006年版,第28页。

帝、官员服务作为谋生、赚钱的主要目标也就不足为怪了。为官服务的商家因定位准确、质量上乘而大获其利，遂争相以为宫廷服务为荣，为官员服务为显，例如：月盛斋的酱羊肉因慈禧太后的喜爱，而获得进宫的四道"腰牌"；马聚源帽店因专门承揽了为清政府做缨帽的生意而闻名京城；同仁堂从清雍正元年起为御药房提供中药，历经清朝八代皇帝，达一百八十八年之久；祥泰义杂货店凭着作为袁世凯总统府的指定供应商，在军阀割据的战乱年代发展成为同行中数一数二的大商行。最为典型的是内联陞鞋店，其创始人赵廷深知发财的奥秘："要想赚大钱，就得在坐轿人身上打主意，跟抬轿子的人再打算盘，也抠不出一个元宝来。"所以他取店名为"内联陞"以博官僚的青睐。为了服务更为到位，赵廷不仅力求工精物美，而且专门收集王公大臣靴鞋尺寸，汇编成册，名曰《履中备载》，以供官员巴结上司送礼之用。京城庞大的消费阶层和较高的消费水平也着实刺激了北京的商业发展。据徐珂《清稗类钞》中记载："晚近士大夫习于声色，群以酒食征逐为乐，而京师尤甚。"京城中吃喝之风大兴，火了许多大饭庄的买卖。当年号称北京八大楼之首的东兴楼饭庄，就坐落在东安门路北，正好适应了清廷官僚上下朝歇脚吃点心用餐的需要。进入民国以后，军阀政客请客也无不在东兴楼。

北京的高端消费者中不乏那类有钱、有闲，同时又具有相当品位的消费者，他们往往会有一些奇怪的消费方式，搜奇猎艳，不惜一掷千金。价格与价值背离的消费行为又成为北京市场上的一大特色。针对这类消费者，北京商人在产品的制作上是精益求精，并锐意创新，由此造就的作品往往具有独特的品质风味，如许多旗人喜好的鸽铃、风筝、鼻烟儿壶、蟋蟀罐子、鸟笼等物。《旧京琐记》记载："贵家子弟，驰马试箭，调鹰纵犬，不失尚武之风。至于养鱼、斗蟀、走票、纠赌，风斯下矣。别有坊曲游手，提笼架鸟，抛石掷弹，以为常课。"其实这些物件的实际使用功能已经退居其次，它的观赏功能与独特意蕴才是那类消费者所追求的。而这样独特的产品，惟有北京商人才能创造出来。透过一架小小的鸟笼可略见一斑。从规格上讲，北京的鸟笼64根条，外径290毫米，高200毫米，笼条疏密恰当，便于鸟儿活动，也便于观赏，整体上透着妥帖、顺眼。天津的鸟笼外径是295毫米，北京的只比它少5毫米，但就是这5毫米，提着北京的笼儿，走起路来一不打腿，二不用你架起胳膊费劲儿。鸟笼的钩子造型多像龙眼、凤眼或虎眼；固定在笼子上靠的四个螺丝，有做成立体的四个狮子，取其"四世同堂"谐音，还有连同笼钩共雕塑成 6 个葫芦，钩子本身是葫芦的秧蔓，这是取其"子孙万代"的含义。鸟笼顶上的铜板，又叫"盖布"，讲究黄铜盖布紫铜边，紫铜盖布黄铜边。盖布上一般都錾有图案，比如一龙一凤，再錾上镂空的"福"字儿，是说有儿有女一龙一凤，人生福分！笼子里面顶上的托板向上与盖布连接，造型似云头又像树叶儿，据说是仿的唐僧取经的芭蕉叶，故称善叶儿。鸟食（水）罐儿是鸟笼子上最有说词的物什。一是讲究瓷儿和庄相；二是讲究罐儿上的画面，俗称"画片儿"。鸟食（水）罐儿有细瓷薄胎的，也有粗瓷甚至陶的。一道釉的"鳝鱼青"，就讲究里白外青又透亮为上品，里外一色不透亮的黑沙为下品。庄相也就是鸟食罐的造型，有像豆腐脑坛子的，有像木工的槌子，又称"鲁班槌儿"。乾隆年间的"元宵白"，蛋青瓷，双底，青花六字款，是大庄相小作，也就是现在的"微缩"之品。甭管离多远看过去，它不显小，离多近看，又不显大。这是鸟食罐制作的一绝。薄胎瓷鸟食罐儿，在画面上有九龙闹海、和合二仙、寒江垂钓、芦苇大雁，多是吉祥寓意，也有不少是淡泊飘逸、超凡脱俗的意境。玩鸟的人爱以鸟食罐上的画面相互"考学问"，比如罐上画两三刚出土的竹笋，上方是几株老竹的绿叶婆娑。竹笋是儿子，老竹的叶子，谐音"父业"，叶在上、笋在下，这叫"子承父业"。京城闲人儿悠闲自得的生活方式，精致典雅的艺术趣味，为北京商业增加了别样的文化特质。

三、北京商业文化回归于儒家文化

儒家学说中没有直接论述商业的，但儒家讲求的仁义道德伦理，是做人、做事的准则，对商人和商业同样适用。而儒门还曾出现巨贾子贡，"子贡结驷连骑，束帛之币以聘享诸侯，所至，国君无不分庭与之抗礼"[1]。一个富商的实力可以得到国君的礼遇。所以，后来儒与商的合流实际上是一种文化回归。但北京作为各地、各民族纷繁复杂的多元文化的汇集地，何以能将北京的商业文化统一于儒家思想？这主要取决于北京作为都城的文化特质。

北京早在作为燕地时，分别与齐鲁（孔子）相接，与楚国（李耳）相通，使儒学、

---

① 《史记·货殖列传》，中华书局，1959 年版，第 3258 页。

道学为代表的传统文化最早进入燕地，成为燕地兴旺发达的精神支柱。北京城后来长期作为中国的政治中心，又使其成为中国传统文化中城市仪制规范的完美体现。所以虽有各地、各民族纷繁复杂的多元文化汇集于此，但统治者认为正统的儒家文化始终是北京城的主流文化，千百年来已形成为一种代代相传的、相当稳固的文化心理。其实"京师者风俗之枢机也，四方之所面内而依仿也"①，朝廷才是天下风俗的总根源。外来的文化可以丰富儒家思想，但不可能根本改变或彻底颠覆儒家思想，所以京商群体虽然构成复杂，但无不受中国传统文化大环境的影响。京商中不乏有文化的人，文人经商，很自然地将所信奉的仁、义、礼、智、信的儒家文化理念应用于商业经营。此外，北京作为文化中心，深受儒风熏陶的大量文人士大夫生活于北京，他们不可避免地会与京商发生各种联系。京商与文人结缘而更具墨香、儒风。前文所述京商字号的牌匾、楹联就是典型的例子。深远厚重的儒家文化造就了仁德为本、注重诚信的京商文化。外地商人迁入北京后，只有真正融入北京的文化氛围才能成为北京商人。

四、北京商业文商互动的经营模式

北京作为全国的文化中心，是真正的人文渊薮。这个庞大的文化教育市场使得北京商人和商业也浸润在浓重的文化氛围之中。不仅如此，就是普通市民的文化素养也高于他处，整个社会对于文化的需求也更多样。所以北京商人做生意非常讲究文化蕴味，无论从招幌字号、店堂装潢的外观设计，还是经营管理、待人接物的伦理观念，都体现出浓厚的文化气息。字号、牌匾、楹联留下了文人墨客的笔迹和思想，就连小小的菜单也都用词讲究，形象生动，寓意深刻，充分体现了我国文字的深奥与妙意。鸿宾楼的全羊席，108 道菜肴不仅烹饪技法独到，饮食口味丰富，最过人之处是其丰厚的文化内涵，全羊席菜独不见一个"羊"字冠名，如"独羊眼"为"明开暗合"，"烧羊鼻尖"为"望峰坡"，"羊耳朵尖"为"迎风扇"，这是遵循伊斯兰教规和穆斯林生活习俗，使物得美名的一种饮食文化传统。另外满汉全席中的"一掌江山"、"日月同辉"、"金蟾望月"都有着浓厚的文化韵味，就连臭豆腐还冠以"青方"、"红方"的雅名。小小的菜名背后体现的是京城商业

---

① 〔北宋〕王安石《王临川全集》卷六十九，中华书局，1920 年版，第 11 页。

以文促商的营销理念。在人际关系方面,京商更是遵循中国传统观念"礼之用,和为贵"。崇尚真诚的人际关系,待人坦诚不欺,鄙薄奸诈不实的作风,把友情的相互渗透、彼此交流作为维系良好生意关系的最佳方式。

北京城浓厚的文化氛围形成了北京商业以文促商的经营模式,同时独特的文化土壤又日渐形成了以商养文的文化教育市场。北京商业经营的书报业、古玩业、文具业、影像业等可以说在全国独领风骚。下面以古玩业和书业为例来介绍。

旧京古玩业货源充足,货品珍贵,造就了相当一批经营此业的行家里手。他们通过刻苦研读、世代相传形成了自身的"家学渊源",并在与京城众多的文士名流交往中丰富了对古玩珍品的鉴赏知识,对金石学、考古学等也了如指掌。尊古斋(后为通古斋)的黄伯川先生就是青铜器鉴定家、金文考证家,著有《衡斋金石识小录》、《衡斋藏见古玉图》等十余部著作,共 112 卷,足见其业务之精。鉴于京城古玩商见多识广,有不少有真知灼见的鉴定能手,外地客商遇见罕见的文物,也多愿携来北京鉴定、售卖。由此,北京不但成为文物的集散地,还树立了文物鉴定的权威性。旧京古玩店、玉器店之类的古董文物数量居全国第一。北京的古玩业还进行了行业细分,形成专业市场,造成铺肆林立、宝玩充栋的繁荣景象,如以卖金石陶瓷、文房四宝和古书字画为主的琉璃厂;以卖珠宝玉器、翠钻珊瑚为主的廊坊二条;以卖今古绣花绣片为主的西湖营,所以有"古玩街"、"玉器街"、"绣花街"之称,都是规模经营的典范。

"书肆自古有之,唯燕市最盛。旧京的书肆之多,为中华之冠。众多的书铺、书店、书摊,使北京的商市洋溢着芬芳的书香气息"[①]。隆福寺街是与琉璃厂齐名的古文化街,《北京传统文化便览》中说隆福寺街是:"明末至民国时期北京著名书肆集中地。"不少书肆不乏有经典之作,如东雅堂曾收到宋代洪迈所撰《容斋五笔》一部,鸿文阁曾收到《圆明园图》20 幅,对后人研究被英法联军烧毁的圆明园景观有极大的作用。带经堂书店曾购得明万历刻本陈荐夫所撰的《水明楼集》一部,计 14 卷。琉璃厂书市较隆福寺稍晚,以经营海内孤本、善本古书为正宗,在清乾隆朝编修《四库全书》后方盛,源于《四库全书》的总编纂纪晓岚和参与修

---

①张双林《老北京的商市》,燕山出版社,2007 年版,第 160 页。

书的翰林詹事们经常到琉璃厂书肆选书买书,一时间吸引了全国的书商云集于此。琉璃厂的书商并非一般的书贩,《旧京琐记》中记载:"琉璃厂为书画、古玩商铺萃集之所。其掌各铺者,目录之学与鉴别之精往往过于士夫。余卜居其间,恒谓此中市佣亦带数分书卷气,盖皆能识字,亦彬彬有礼焉。"这显然与北京城浓厚的文化氛围和文化底蕴有极大关系。琉璃厂的许多书商"都是古籍版本鉴定、图书史、版本学乃至印刷学、造纸学的专家内行。任何有价值的书籍,即便剩下几页,都逃不过他们的眼睛。一些大的书肆不仅会修补古书,还有翻印图书的印刷作坊"[①]。他们在追求利益的同时,客观上对保护传统文化、弘扬中华文化起到了积极作用。还有一些书商著书立说,如通学斋的孙殿起著有《丛书目录拾遗》、《贩书偶记》、《清代禁毁书目(补遗)》和《清代禁书知见录》等。此外他还费时数十载,辑撰出数十万字的《琉璃厂小志》,记叙了琉璃厂书业的沿革、变迁,各店特长,以及厂甸风光、名人故居等,成为北京史研究的重要著作。书商们将学术研究与商业相结合,把图书、字画的经营推延到高超的专业水准,吸引了众多学界名人乃至科学、文化巨匠在这狭小而幽深的街道寻书访宝、披沙淘金,汲取中华民族博大精深的文化。这样的盛况持续到民国年间,同时也带动荣

北京琉璃厂的古旧书摊

古旧书业是琉璃厂的主要产业。乾隆时修《四库全书》,编修者常到琉璃厂阅读书籍,各地书贾也纷纷在这里设摊出售大量的藏书,使这里形成了人文荟萃的文化街。20世纪30年代旧书业的最兴盛时期,琉璃厂的旧书铺竟超过了二百家

宝斋的木版水印画、戴月轩的湖笔、胡开文的徽墨等其他相关产品驰名四方。

旧京的古文化街既是文化商品的流转中心,又是"学术圣地"、"文化沃土",超出了一般商业街的功效,影响到一个城市文化个性的形成与发展,是最能体现"京味商文化"的经典之作。

---

①张双林《老北京的商市》,燕山出版社,2007年版,第163页。

五、北京商业文化的正统气派

由于中国地域广大,经济发展不平衡,环境差异也很大,这就使各地方的商业有着许许多多各自的地域特征。其中,徽商与中国传统儒家文化结合最紧密;以江苏、浙江、上海等地商人文化层次属最高;晋商以聚财和理财为特点,已经从单纯经营商品货物发展到经营金融产品,成为中国早期的比较高层次的市场经济的代表;津商则以其较早对外开埠的地位,形成融东西方文化于一体的经营理念。不同商帮往往有不同的主营行业,如徽商之于盐业、海上贸易;晋商之于票号业、边境贸易;粤商之于外贸商业;宁波商之于运输业、钱庄业;津商之于外贸商业、工矿业。

京商坐拥京城的天时、地利、人和,坐地敞开怀抱,全国各地的优秀产品和优秀人才就汇聚而来。由此聚集了各地区、各民族的商业精华,集中了诸如徽商、晋商等商帮精华,云集了各商帮人、财、物、文化,形成国内门类最为齐全、种类最为丰富、层次最多的市场结构。北京的商人和商业文化乃是全国商业精华的荟萃。民以食为天,我们就以餐饮为例作一详细介绍。老北京的白肉其实源于满族的祭神活动。祭祀完毕,亲朋围坐吃"白肉",这种白肉谓之"神余"。清初,皇帝赐群臣御宴的最高规格是吃"晶饭",所谓"晶饭"就是白肉。白肉的做法是只放花椒、大料等香料,不放酱油、盐等调味料。这白不呲咧的大肥肉对汉臣来说实在难以下咽,后来就发明了酱油纸,用高丽纸放在盐和酱油的混合液中浸泡,晾干后备用。皇帝赐宴时,用纸抹一下刀,咸味就有了。后来白肉越做越精,用猪肉身上不同部位做成"小烧肉",味道好极了。因满族祭祀频繁,加工白肉的铺子也就应运而生,最早为满族各王府、旗人家庭供应白肉,清中叶逐渐发展成了白肉馆。小小的白肉凝结了满汉民众的共同努力。北京的糕点更是吸取了汉、满、蒙、回、藏等民族食品的精粹,融会南、北、荤、素、甜、咸之特点,形成与其他地区不同的"京味糕点"。"食界无口不夸谭"的谭家菜也是其创始人谭宗浚在粤菜的基础上,根据不同口味需求,融合了各菜系精华而创造出的。可见,全国各地方、各民族商业精华的集聚和文化融合造就了"海纳百川"的京城商业。

北京商业荟萃了各地商业的精良品质后,将来自不同区域的商业文化与北京的宫廷文化、官府文化相结合,与高层次的宫廷消费、官府消费需求相结合,在原料上千挑万选,在技术上精雕细刻,在产品上不断创新,几经锤炼,精益求精,尽善尽美,成为当时同时代最高标准的代表。可以说,是皇城的高层次消费需求造就了追求完美的京商。

以饮食文化为例,中国饮食文化堪称世界之最。早在孔夫子时就有"食不厌精,脍不厌细"[①],在京城更是精益求精。天福号做酱肘子,原料只认京东八县的黑毛猪,这种猪生长期九至十二个月,天然喂养,肉瓷实,皮薄肉嫩,营养丰富;辅料选用也非常精细,花椒、大料、桂皮、生姜等要新鲜整齐,产地固定,即使比别处贵也不含糊;制作工艺绝不偷工,买来的肘子要经过水泡、去毛、剔骨、绰胚、码锅、酱制、出锅、掸汁等数道工序,仅酱制这一环节就要经过旺火煮、温火炖、微火焖三个阶段,历时六个多小时,不会为多生产而缩短制作时间。还有东来顺的涮羊肉,羊肉精细自不必说,就连辅料也是精心研制的。东来顺用的酱油是特制的铺淋酱油。每年夏天晒酱时,把黄酱摊放在锡拉铺上,收取酱内流出的油液,放入适量的甘草、桂皮和冰糖,加料提炼,经一年之久才制成,气味醇香。东来顺的虾油选用河北南北堡的名品,这种虾油香味浓,加上火锅内有口蘑汤,两者与羊肉碰上,有一种特殊的香鲜味。东来顺用的糖蒜也是特制的。每临新蒜上市之际,他们就去农村专选夏至节前两三天起出的白皮六瓣蒜,经过去皮、盐卤水泡、加白糖桂花、装坛倒坛、放气等制作过程,前后须经三个月精制而成。

饮食如此,家居用品也不例外。龙顺成桌椅柜箱铺是清末以来北京最有名的木器生产企业,专门制作被称为榆木擦漆的各式桌椅、柜箱。由于用材精良,制作考究,工艺上乘,美观大方,坚固耐用,油漆光亮经久不褪,多少年来龙顺成的产品深得各界用户的称赞。龙顺成以北方特产的榆木为主料。家具生产的首要工序是木料的干燥,分为风干、烘干两个过程:把原木开成一定尺寸的板材后交错堆码在院中,一定要自然风干一年;把风干合格后的木料码放进火洞中用锯末燃烧烘烤,每次十五天,一共要烘烤三次。木料经过这样严格的风干和烘干后含水量大大降低,才能保证做好的成品不走形、不开裂。龙顺成的经营宗旨是:只有合格的木料才能制造合格的产品。更为值得称道的是,在那个年代龙顺成

---

①杨伯峻《论语译注》,中华书局,1980年版,第102页。

已经有了售后"三包"：卖出的每一件家具都有保单，保证在三年内除去使用不当的原因外，如出现脱漆、变色、虫蛀、开裂等质量问题，无偿保修、保换、保退，服务保障非常到位。

日常穿戴的鞋帽也很讲究。创业于清光绪末年的聚茂源鞋铺，其双脸鞋（鞋面前锋有两条平行的皮脸，耐穿、好看）的千层底要经过切底、沿边、圈边、纳面、锤底五道工序，圈边要求针脚齐、密，杀得紧。纳面不仅要针脚齐、有杀手，而且必须一方寸一百针。锤底前鞋底要用开水浸泡一天一夜，然后用十几斤的大平底铁锤在大平青石上锤打。这样的千层底无论穿到什么时候，不折不断、底子边不开花。

就连养蝈蝈也要以澄泥陈年老盆为好，如果是新盆，则需要经过处理后才能使用。当年新盆必须用开水煮透，然后放在井底浸泡一季度，取出后曝晒干，刮掉杂质，再用绿茶叶水煮、阴干数次，最后用细糯米汁拌和蚯蚓粪铺平盆底，方可使用。

此外，鉴于宫廷的高品质产品对京城高消费人群具有普遍的吸引力，北京的商家还纷纷以宫廷的产品标准为最高标准，慎选料、细加工、精烹制，有的产品和技术直接来自宫廷，如同仁堂的产品代表了国药的最高标准，制药技术源自宫廷御药；月盛斋创始人的酱羊肉手艺和通三益熬制秋梨膏的方法，也是得自御膳房和清宫秘方；仁和所产的白酒，源于清宫御酒"菊花白"、"莲花白"；开业于明末清初的致美斋饭庄也是由于清乾隆皇帝御膳房大厨师景启的加入，使得致美斋的菜点有了飞跃性的提高，可谓"集南北烹调之美、汇御膳民食之粹"而享誉京城。

好原料、好工艺、好质量，再加上好的服务，俨如皇家官营造坊，形成"老商号"金字招牌的高知名度、高信任度，令一般外地商家望其项背。久而久之京商在经营思想上就有了一种明显的"惟我独尊"的正统气派，如"国药属京药，京药属同仁"，"都一处"（京都只此一处）有乾隆御笔的虎头牌匾，"六必居"有严嵩的金字大匾，"瑞蚨祥"做过朝服，"内联陞"做过朝靴，天福号的酱肘子，正明斋的糕点，月盛斋的羊肉，王致和的臭豆腐，天源酱园的桂花糖熟芥等很多商品都成为皇家的御用供品得以身价倍增、名扬京城，真是各有各的光辉灿烂。外地不断迁来的文化在北京这种强势环境之下，无法独树一帜，只能入乡随俗。

六、北京商业文化的保守性

北京商业文化兼容并蓄,显示了全国商业文化发展的总体趋向和总体水平。但在帝都皇权思想、封建礼制,以及世道沧桑变幻的影响下又失去了时代的先声,显得中庸平和、循规蹈矩。

和地方文化相比,北京商业文化的发展更易被至高无上的皇权震慑,受朝廷正统思想的钳制束缚。这有有利的一面,例如京商大多能够安分守己、洁身自好,一方面是因为受到儒家文化的熏陶,出于一种自律的心态;另一方面则是对财多招忌、"出头橡子先烂"的恐惧。因此京商中少有纵情声色、挥霍无度的现象,与其他一些地方商人的奢靡成风有所不同。明清时两淮盐商在衣着、饮食、住宅方面极尽奢华之能事:"扬州盐务,竞尚奢丽。一婚嫁丧葬,堂室饮食,衣服舆马,动辄费数十万。"① 但从另一个角度来看,本分、顺从、安贫、节欲、知足、自甘淡泊,不奢不贪是北京平民的普遍心态。这种气氛使人过于心悦意泰、闲适自在,进而导致北京商人和光同尘、安逸内敛,严重缺乏徽、晋二商那样的坚忍不拔与勇于拼搏的精神,对于新观念、新事物也逐渐失去了敏感,往往不如一些口岸城市的商人们敏锐、善于捕捉市场先机。所以北京商人虽然曾经推出过许多质地精良的食品、生活用品和手工艺品,但其经营重点大多集中于研制和改进固有产品及提高产品品质上,而在经营手段、市场拓展上则创意不足。他们往往守着精品,摆出一副"只此一家,别无分店"的架势,缺乏一种主动出击的进取精神。

此外,北京商人过度沉湎于"礼"与"和"所传递的文化内涵,甚至上升到了制度化的高度。虽说具有首善之区的皇商气派、君子风度,但过于中规中矩、缺乏灵活变通。以商品价格为例,京商固守待人坦诚不欺,鄙薄奸诈不实之风,商品货真价实、明码标价、一视同仁、童叟不欺。而江苏句容人王秉元的《生意世事初阶》中推崇的生意经是:"买主进店,要看你货色好歹,可先将丑的与他一看。彼嫌不好,再把次一宗与他看。彼中意就罢,买者既合式,自然会高价买去。你若起初便把高货看,他必不信。""开口价钱,须留些退步。到后奉还,彼是信服的。你若突然说实在价,买者未能全信,决不肯增,只有减。漫天说价,就地还钱。"

---

① 〔清〕李斗《扬州画舫录》卷六,中华书局,1960年版,第148页。

这类做法貌似不太诚信,但其实更符合人们的消费心理,便于达成交易并获取最大利润。

七、北京商业文化的专一性

京商在见证京华烟云、朝代更迭、社会动荡的历程中,将商业经营的目标渐渐沉淀为一种较其他地区更为纯粹的商业精神——为商而商。而其他地区例如山西摒弃了"学而优则仕"的传统,热衷"'学而优则贾'。雍正二年(1724)山西巡抚刘於义奏称:'山右积习,重利之念甚于重名。子弟俊秀者多入贸易一途,其次宁为胥吏,再次者谋入营武,最下者方令读书。'"①正是投身于商业的优秀人才,造就中国知名的商帮——晋商。徽商则恰好相反,重在"贾而好儒"②,经商是为自己或子孙业儒进仕打下一定的物质基础,待积累了一定的家业,他们便会弃贾业儒,专心致志地读书进仕,或者把希望寄托在兄弟子侄身上,令他们专习儒业。所以徽商把读书入仕看得很重,甚至不惜贬低商贾之术和商贾职业,如徽商张朴曾表示"终以儒贾不肯事龌龊琐屑,较计锱铢……虽读书未竟其志,亦岂可于贾人中求之哉"。清初休宁人汪 ¤,因父亲去世,家道中落才"弃儒服贾走四方",但十余年之后仍然"复习举子业,读书江汉书院",最后得举进士,"擢吏部文选司主政"。黟县大商人胡际瑶"晚年随授例捐职,生平是以不习儒为憾,因以儿子就儒业,展望甚殷"。沙溪商人凌珊"恒自恨不卒为儒,以振家声。殷勤备脯,不远数百里迎师以训子侄。起必侵晨,眠必丙夜"③。相比之下,京商反倒多有由仕入贾,似乎是在商言商、为商而商,是更为纯粹的商人。可能也正因为如此,京商才能把产品做得更精致,把服务做得更到位,把品牌打造的更响亮。京商的这种文化气质显示了北京人特有的处变不惊的气度。这种气度表面上缘于身居京城、自认为见识不浅的自尊和见惯了"城头变幻大王旗"的历练,但在内心深处是对封建王朝腐败统治的心灰意冷和"无可奈何花落去"的悲哀,就如谢崧岱创办一得阁、王致和发明臭豆腐均是因赶考落第、生活所迫的无奈之举。同仁堂的创始人乐显扬更曾是清朝初年太医院的吏目,但在皇宫中目睹了宫廷内部的尔虞我

①王茹芹《京商论》,中国经济出版社,2008年版,第85页。
②王茹芹《京商论》,中国经济出版社,2008年版,第86页。
③张海鹏等《明清徽商资料选编》,黄山书社,1985年版。

诈和一些官僚的腐败行径后,乐显扬独善其身,抱定了"济世养生唯医药"的信念,淡泊功名,于康熙八年(1669)辞官回家,开始为百姓治病。京商为商而商的商业精神应该是中国传统文化与北京地域文化、城市文化共同影响的结果。

第三节　北京商业文化的和弦——物流文化

商业的发展需要物流货通才可能"聚天下之货,交易而退,各得其所"[①]。北京古代的物流系统由发达的交通网络、码头货栈、仓储中介和信息传输构成,对促进北京商业的繁荣发展创造了优越的地利条件。

一、交通网络对北京商业发展的影响

我国古代物流网络系统中陆路交通最初和城市道路的规划布局有关,据《考工记》记载:"匠人营国,方九里,旁三门,国中九经、九纬,经涂九轨,左祖右社,面朝后市";"经涂九轨,环涂七轨,野涂五轨。"陆路交通从城市扩展到全国的交通事业是在秦汉时期有了很大的进步。《逸周书·太子晋解》说到"天下施关,道路无限"的理想,这一理想在秦汉大一统政权建立之后开始实现。秦朝把过去错杂的交通路线加以整修和连接,又耗费了难以数计的人力和物力,修筑了以驰道为主的全国交通干线,东方通达燕地和齐地,南面行抵吴地和楚地,江湖之上以及海滨的宫观都可以一一连通,车辆可以畅行各地。而且驰道的路面分划为三条,是最早的具有分隔带的多车道道路。到汉朝时"海内为一,开关梁,弛山泽之禁,是以富商大贾周流天下,交易之物莫不通,得其所欲"[②],社会生产和社会消费都冲破了原有的比较狭隘的地域界限。当时在今北京周边有四条通道:沿太行山东麓南北一线高地的南北通道,即"太行山东麓大道";北京西北方向通向太行山以西及内蒙古草原的"居庸关大道";北京东北方向通向燕山腹地的"古北口大道";北京东北方向经燕山南麓或山海关通向松辽平原的"燕山南麓或山海关大

---

①《周易·系辞》。
②《史记·货殖列传》,中华书局,1959年版,第7页。

道"①。所谓"农工商交易之路通"②是以当时交通建设的成就为条件的。秦汉时期的交通成就有力地推动了商运的空前活跃,极大地促进了物资的交流。秦汉交通的主要形式为以后两千年交通事业的发展奠定了基本格局,到清代,陆路交通在联络的幅员和通行的效率等方面均超过前代的水平。当时的交通干道,称作"官路"或"官马大路"。清代的这种"官马大路",以京师为中心,主要分为官马北路、官马西路、官马南路、官马东路几大系统。官路一般都具有比较好的路面状况,为全国各地的物资汇集京师创造了有利的通行条件。

中国古代由于没有新的能源动力出现,陆上运输工具较少,大宗货物的运输主要依靠水运,水上通道可谓是北京物资运输的生命线。自春秋吴国开邗沟,至隋代完成了南起余杭、北至涿郡蓟城,将海河、黄河、淮河、长江、钱塘江五大水系连成了统一网络的南北大运河工程,北京的水路交通便进入了一个崭新的历史阶段。《元史·食货志》中记载:"元都于燕,去江南极远,而百司庶府之繁,卫士编民之众,无不仰给于江南。"而运河正是连接北京和江淮经济发达地区的生命线。《元史·河渠志》中记载"河运二千余里……为利甚大"。元代的四朝重臣程钜夫在其《雪楼集》③中也有记载:"东至于海,西逾于昆仑,南极交广,北抵穷发,舟车所通,货宝毕来。"到明初重建北京的时候,朝廷调发山东、徐州、应天(南京)、镇江各府州县农民三十万人,一方面疏浚元代运河故道,另一方面综合应用了当时水利科学上各项优秀成果,把大运河上的运输能量提高到新的阶段。永乐十三年(1415)五月南起杭州,北达通州,长三千多里的运河航线经过四年的修建后终于完工。运河两旁更建造了几千间仓房,经常有运粮军丁十二万人,挽动漕船万艘,频繁往来于运河上。同时民间商贩行客的船只也不断活动。南方米、丝、茶、糖、竹、木、漆、陶等各种物资源源北上,北方各类工农业产品也随时输向南方。

在内河航运大发展的同时,近海航运也是北京与南方联系的重要通道,江南的粮食可经海路到海河运至京师。早在唐玄宗开元、天宝年间,自江南到幽州的海运就十分昌盛。南方的粳米、帛棉及百货等物自长江口装海船,经山东半岛沿

①尹钧科《北京古代交通》,北京出版社,2000年版,第4—5页。
②全本全注全译丛书,《史记》,中华书局,2010年版,第2420页。
③[元]程钜夫《影洪武本程雪楼集》,中国书店,2011年版,第3册卷7第6页。

海而至今天津附近。1957 年在天津东郊军粮城乡刘台村西发现唐代古棺墓,有丰富随葬物。1993 年在刘台村西南一公里处又发现一座唐代前期古城。这些都充分证明这里在唐代是幽州的重要海口,也就是所谓"三会海口"。杜甫《后出塞》诗云:"渔阳豪侠地(泛指今北京及东部地区),击鼓吹笙竽。云帆转辽海(即今渤海湾),粳稻来东吴(泛指江南)。越罗与楚练,照耀舆台躯。"《昔游》诗又云:"幽燕凤用武,供给亦劳矣。吴门持粟帛,泛海凌蓬莱。"这些诗句都反映了当时自江南海运粮粟丝帛经山东半岛沿海转运到今北京地区的情景。元朝沿海航运事业进一步发展,以海运为主的漕运路线最远的航程达一万三千多里,从海上最多时年运粮达三百六十万石,充分保障了北京的商品供应。

二、物流码头对北京商业街区的影响

在以水运为主的时代,码头货栈是大宗商品的主要集散地,其周边地带自然地形成为商品交易的中心区。金中都时期进京都的商船多由大运河至通州,沿闸河入中都(由通州至中都城沿河共建八座闸坝,使漕运船舶逆水而上至皇城,故称闸河),所有货物码头均在城北。随着城北坊巷制居民区的聚集和水路商道的开通,以檀州街(今三庙街、上斜街)为核心的商业街区日渐形成。元大都时期为解决大都城的漕粮运输,开凿了连接大运河和京城的通惠河,取代了原有的闸河漕运功能,使大量物资经由大运河直通大都城内的积水潭。积水潭作为码头水域开阔,东西长九里,南北宽二里,南来北往的船舶在这里停靠、卸货,故北岸斜街一带商品交易活跃,百货齐全,商业荟萃,是全城最繁荣的商业中心区。元人黄仲文在其《大都赋》中说:"扬波之橹,多于东溟之鱼;驰风之樯,繁于南山之笋。一水既通,万货如粪。"到明代,为了军事上的防御,北京皇城的整体位置南移,城北城墙向南收缩 2.5 公里,将元代漕运终点码头积水潭约三分之一的水面切在了城外,漕运进京的终点南移至东便门外的大通桥。积水潭开始逐渐荒废,北岸昔日繁华的斜街不复存在,反倒促成大明门至正阳门之间的棋盘街和正阳门外大街商店市肆得到显著发展,形成棋盘街商业中心区。清代,通过运河北上的商船先到达通州,再转运内河。起初,通州至大通桥闸河只限漕船往来。康熙三十五年(1696)康熙帝提出"应令小舟泛载,于民殊有利济"①。通惠河自此对商民开放,为民间物资交流提供了更为便利的条件。18世纪的英国访华使团成员斯当东在《英使谒见乾隆纪实》中记载:"通州铺面……货品中有的是来自南方各省的茶叶、纺织品和瓷器,有的是来自鞑靼区的皮货。我们非常有兴趣地看到货品中居然还有少量的英国布匹。"

三、仓储制度对北京商业模式的影响

唐宋至明中叶以前,政府一直希图通过垄断商品流通的仓储环节控制整个商业网络,并强调政府的直接经营,故广建"邸店"和"塌房"。北宋东京有塌房,南宋临安有塌房。到了明朝,政府更是禁止牙行居间的民间商业行为,试图以朝廷出资兴建的"塌房"作为官营贸易形式一统京城商业。"《明会典》卷三十二《金科》载:'洪武初,京城置塌房及六畜场,停积客商货物及猪羊等畜厅,听其两平交易,革罢官私牙行,但收免牙钱一分。'《明史》卷八十一《食货志五》亦载:'初,京师军民居室皆官所给,比舍无隙地,商货至,或止于舟或贮于城外,驵侩上下其价,商人病之。帝乃命于三山诸门外,濒水为屋,名塌房,以贮商货"②。并且明廷"尤其对京城'塌房'尤为重视:'于京城内外置仓厥,以贮天下粮储,建塌房以蓄四方客货,富实京师,以开万世太平之基。'"③当时明廷强令商户们搬进塌房营业,让厢房长吏代收月租,从客源到管理,每一个环节都在朝廷掌控之中。所以"塌房"模式的本质就是由官营或权贵控制、操纵市场。后来明代宗朱祁钰执政,不仅京城,连京畿大兴、宛平两县也建了塌房上万间。"但是,禁止'牙行'贸易形式在当时社会条件下难以得到有效执行。商人们认为:'买货无牙,称轻物假;卖货无牙,银伪价盲。'面对现实,明初统治者不得不改变'牙行'策略,从过去一律禁止转变到既要设立以便民通商,又要把这些'牙行'置于政府控制之下,于是'官牙制'应运而生"④。"官牙制"使明代初期纯粹的官营"塌房"走向官民共营,也就是说"塌房"成为官设的储存货物和交易场所,而在其中周旋贸易的则是

---

①《清实录·圣祖实录》卷一百七十四。
②胡铁球《"歇家牙行"经营模式的形成与演变》,《历史研究》2007年第3期。
③胡铁球《"歇家牙行"经营模式的形成与演变》,《历史研究》2007年第3期。
④胡铁球《"歇家牙行"经营模式的形成与演变》,《历史研究》2007年第3期。

"牙商"。

明中叶以后赋役货币化,极大地促进了明至清初的商品经济发展,增加了客商的流量,推动着中国商业大步朝民营发展。"'塌房'开始演变为一种税种的称谓,史称'塌房税',并逐步可民营"①。宣德四年,北京的塌房每间每月宝钞五百贯。但伴随着商税繁重,权贵把持,勒索过重,"塌房"的经营日渐衰落。"塌房"商业经营模式衰落以后,客商住宿、货物储放、运输等等都无着落,于是促成了歇家与"牙行"相互转换结合,形成当时具有浓厚中国文化特色的"歇家牙行"经营模式。"这种模式既保留政府赋予'牙行'规范市场和稽查商人逃税漏税的职责,又利用歇家旅馆这种带有'家'的温馨服务特色冲淡了冷峻市场的竞争和倾轧,这很符合中国人的文化心理。同时'牙商'开设歇家后,更具稳定性和可靠性,对于中国人追求稳健的贸易特性十分吻合"②。

牙行居间介绍,在长途贩运贸易中,可以克服民情地情不熟的弱点,有利于商品交换的顺利进行。但另一方面,牙行在民间贸易中,收取高额的服务费用、刁难客商、控制物价并把持市场。这种带有垄断意味且多种经营混杂的"歇家牙行"经营模式显然有悖商业运行效益。随着商品经济的不断发展,贸易运行的各个环节开始有效结合,大商人以较多的商业资本作支撑"开始自行组织,在各地建立'坐庄'或'字号'。雇佣伙计自行采购、运输、发买,并解决住宿、仓储问题,摆脱了'牙商'束缚"③。中小商人无力自营"坐庄"、"字号","必须另找出路。一是依附具有'坐庄'、'字号'的商业集团,二是依据同乡关系共同开拓'会馆公所'。'当会馆公所成立之后,这栋捐款商人的专属建筑物也成为一处经商的公共空间,除了举办祀神和慈善活动之外,也作为捐款成员贮货、歇宿与设置官颁度量衡器具的活动场地,并且还提供成员共同议定商业契约、商议工资争议、协议营业规则甚或贷放团体公共捐款等功能'"④,商业经营完全民营化。

四、信息传输对北京商业繁荣的影响

早在春秋时期中原各国就普遍沿交通干道设立交通站,置备车马和专职管

---

①胡铁球《"歇家牙行"经营模式的形成与演变》,《历史研究》2007年第3期。
②胡铁球《"歇家牙行"经营模式的形成与演变》,《历史研究》2007年第3期。
③胡铁球《"歇家牙行"经营模式的形成与演变》,《历史研究》2007年第3期。
④胡铁球《"歇家牙行"经营模式的形成与演变》,《历史研究》2007年第3期。

理人员,遇到紧急情形则乘传疾驰,次第相继,使军情政令能得以迅速通达。到元朝时,幅员之大盛于前代,驿路分布之广也为前代所不及。全国的水陆通道上均遍设站赤(驿站),构成了以大都为中心、通向全国及至境外的稠密的驿路交通网。明朝建国后,与北边的蒙古连年作战,西北的商业通道被阻塞,只有南方一条经济通道与内地各省往来,依靠大运河输送粮食及其他物资,驿政建设更为重要。明初朝廷就对元代原有的驿站进行整顿,设立水马站、递送所、急递铺,以加快文书传送和物资转运,每站相距六十或八十里,修有驿路大道①。这种官设的驿路大道同时也是商业往来的商路。此外,政府还在北京设置会同馆,总管全国驿传的各边疆公务文书等。洪武年间多次修治各水陆驿站中间原有的驿路、驿舍、邮亭等,同时不断增设新驿。永乐元年(1403)更制定驿传事例,三年"命福建、浙江、广东市舶提举司,各置驿,以管海外诸藩朝贡之使",五年在京城设置四夷馆衙门,并命翰林院选调国子监学生若干人,学习翻译各种语言文字,担任"译字生"、"通事"等职务。如此一来,不仅把帝都北京布置成为全国交通中心,同时还取得国外交通上的联系。永乐、宣德年间,大明帝国与邻国间贸易交往,日渐增多,西域(今中亚)诸国争请增加贡聘的次数,东方的日本使者屡次要求增加贡船只数,北方的鞑靼、瓦剌等部则要求添设马市。

驿传提供了北京远近运输和交通上的优越条件,促进了北京城市的繁华。明代北京城商贾荟聚,人烟稠密,最热闹的市街是所谓"朝前市"(正阳门内外)。因为当时中央统治机构(如吏、户、礼等六部,五军都督府)都在大明门(皇城南门,清改为大清门)内,所以大明门外棋盘街十分热闹。正阳门外大街西边一带,"皆市廛旅店、商贩、优伶丛集之所"②,大街以东是"商贾匠作之地"③。另外,正阳桥穷汉市、西单城隍庙庙市等商业也很繁盛,还有各类市集,如马市、猪市、羊市、花市、珠宝市、粮食店、煤市等,不胜繁叙。

驿传的发展同时也促进了京城对其他地域和其他民族文化的吸收。北京商业文化的发展和演变,从来都不是封闭的,而是在与其他地域、其他民族的信息互通中不断注入新的血液,起源不同而风格各异的文化在京师完成了合流的历

---

①《清实录·太祖实录》卷二十五。
②〔清〕吴长元《宸垣识略》卷十,北京古籍出版社,1981年版,第182页。
③〔清〕吴长元《宸垣识略》卷十,北京古籍出版社,1981年版,第182页。

史过程。而不同文化的差异促使京城的人们破除思想上的畛域,改造自我经验积累的思维定势,不断借助外来文化丰富自己,发展自己,使自身文化达到新的境界。

第四节　北京商业文化的和弦——市井文化

"市井"是城市的重要起源之一。"农耕时代的贸易由人、畜带着货物的流动进行,由此而路,由行路之人畜需饮而井,由井而聚,由聚而交易,由交易而居,由居而城"①。可见,市井的形成最初源于商业活动,之后商业活动又主要在市井中进行,市井文化自然渗透于商业文化之中。

一、京城市井之民五方交汇——京城商业众生百态

市井文化产生于大街小巷、酒楼茶肆、书场戏园,甚至赌局鸳帐,它反映着市民真实的日常生活和心态,是最实在的生存文化。五方杂处的京城市民有横行的纨绔子弟,也有落魄的文人士子,有无所事事的有闲阶级,也有为生计奔波的劳苦大众,由此创造的市井文化光怪陆离,充满变幻。但在这令人目眩的万花筒中看到的又都是市井之民日常生活的起居饮食、通俗浅近的言语场景。受其影响,生存于市井之中、为市民服务的京城商业也显现出多姿多彩且贴近民生的京味文化。仅从遍布京城的大茶馆、清茶馆、书茶馆、棋茶馆、野茶馆、茶摊、茶棚等诸多类型的茶馆,即可对京城商业的众生百态略见一斑。

大茶馆是一种饮茶与社交、饮食相结合的场所,在大茶馆里,既可以饮茶,又可以品尝其他饮食,可以供生意人聚会、文人交往。清代八旗子弟有稳定的收入却整日无所事事,于是去茶馆消遣成为了这些"头等"闲人的日常活动,大茶馆便发达起来。与其服务对象相适宜,大茶馆的字号冠名、建筑布局、设施用具、经营内容都十分讲究。大茶馆的字号追求"雅",常冠以轩字,如天利轩、荣盛轩、天寿轩、天汇轩等。大茶馆的局面讲究"阔",一般都是庭院式建筑。门面自三间到五

---

① 鲍尔吉·原野《万达广场:从市井文化到现代商业文化井喷》,《沈阳日报》2008 年 12 月 12 日,第 B02 版。

间不等,后面房屋常是六七进,前设柜台和大灶,中为罩棚,后为过厅(俗称"腰拴"),再后为后堂,两旁侧房的单间,叫作雅座。后堂有连于腰拴的,如东四北六条天得轩;有中隔一院的,如东四牌楼西天宝轩;有后堂就是后院,只做夏日买卖和雅座生意的,如朝阳门外荣盛轩等,各有一种风趣。大茶馆的茶具注重"礼",一律都用盖碗,主要是因为这里喝茶者大多是文人、闲人,喝茶时讲究礼仪,喝茶不能露口。碗盖打开,先用于拨茶,喝时则用于遮口。此外,盖碗还有特殊的用途。"头等"闲人们多饲养宠物,有养油葫芦、蟋蟀、咂嘴、蝈蝈,以至蝴蝶、螳螂的,冬日里需要暖气嘘拂。尤其是蝴蝶,没有盖碗暖气不能起飞,所以盖碗盛行一时。依据大茶馆内提供的饮食、茶点的不同,大茶馆还分为红炉馆、窝窝馆、搬壶馆、二荤铺四种。红炉馆(即烤糕点用的烤炉)既能做满汉饽饽,也能做大八件、小八件。其酒饭亦备有鸡、鱼等菜。知名的红炉馆有四处,各有各的常客。一是前门外东荷包巷高名远,是清朝六部说差过事、藏奸纳贿的所在;二是后门天汇轩,为提督衙门差役聚会所在;三是东安门汇丰轩,别称"闻名远"(与宣武门内海丰轩的"声名远"及前面提到的高名远共称三名远)。清代灯节,此馆两廊悬灯,大家闺秀多半坐车到此观灯;四为安定门内广和轩,俗称西大院。窝窝馆专做小吃点心,由江米艾窝窝得名,有炸排叉、糖耳朵、蜜麻花、黄白蜂糕、盆糕、喇叭糕等。搬壶馆介于红炉和窝窝馆之间,有焦烟烧饼、炸排叉二三种,或代以肉丁馒头。二荤铺是一种既卖清茶又卖酒饭的铺子。因铺子准备的原料算作一荤,食客携来原料交给灶上去做,名为"炒来菜儿",又为一荤。二荤铺有一种北京独有的食物——"烂肉面"脍炙人口。朝阳门外的"肉脯徐"在漕运盛时,日卖一猪,借着粮帮称扬,竟能远播江南。

庚子以前,北京大茶馆林立,除上文所举,还有崇文门外永顺轩专卖崇文门税关和花市客商。北新桥天寿轩专卖镶黄旗满蒙汉三固山顾客。灯市口广泰轩专卖正蓝、正白、镶白九固山顾客。阜成门大街天禄轩专卖右翼各旗顾客。庚子之后,随着清王朝的衰败,昔日顾客盈门的大茶馆逐渐门庭冷落,代之而起的是中小型的各类清茶馆、书茶馆、棋茶馆以及季节性的临时茶棚等。

清茶馆以卖茶为主,方桌方椅,陈设简单,但也非常清洁,水沸茶舒,浓香扑鼻。从早到晚,一天人都不断。早晨以遛早儿的养鸟人、找活儿干的手艺人为多。起早遛弯儿的多是悠闲老人,如清末遗老、破落户子弟,常常手提鸟笼往城外苇塘附近遛鸟。回城后，就到茶馆喝茶休息。清茶馆主人为了招揽主顾，扩大营业，在春夏秋三季还举行"串套"活动（即听鸟鸣）。对养有好鸟的知名老人发出请帖，同时还在街头巷尾，张贴黄条。届时养鸟的老少人士都慕"鸣"而来，门庭若市。这样，茶馆不但生意兴隆，利市百倍，而且因此名噪九城，如崇外大街路西万乐园曾多次举行这种活动。到了中午以后，清茶馆就换了一类顾客，成为生意人互通经济情报的"攒儿"、"口子"，有拉房纤的房屋牙行，以此间作为交换租赁、买卖、典押房屋消息的聚会之所；有收买旧货走街串巷的打鼓小贩，一面喝茶，一面在同行间互通信息；还有放高利贷的，经过介绍在茶馆那儿借钱给人，从中盘剥，如过去和平门外南新华街的天和轩，就属此类型。

大茶馆

是一种饮茶与社交、饮食相结合的场所。其特色一是规模大，二是贵族化。清中叶时，该茶馆曾是步军统领衙门差役与八旗子弟的聚会之处。图为北京"老舍茶馆"展示的面塑作品（来自中国文明网，胡栋摄）

老北京的茶馆还是文化娱乐的场所，上午接待饮茶的客人，下午和晚上则约请说评书、唱鼓词的艺人来说唱的为"书茶馆"。茶客们品茗听书，消磨时间。这里有失意的官僚，有在职的政客、职员以及商店经理、账房先生、纳福老人和劳苦大众，如天桥的二友轩，花市的三友轩、青山居等，皆属

清茶馆

专以卖茶为主，也有供给各行手艺人作"攒儿"、"口子"的。凡找某行手艺人的，便到某行久站的茶馆去找。清茶馆也有供一般人"摇会"、"抓会"、"写会"的，也有设迷社的，也有设棋社的。图为北京"老舍茶馆"展示的面塑作品（来自中国文明网，胡栋摄）

此类型。还有专门以棋友聚会，摆围棋、象棋"擂台"的"棋茶馆"。在过去天桥市场一带有几十个棋茶馆，这种茶馆设备、房屋多因陋就简，一般是圆木、方木等半埋于地下做立柱，也有用砖砌成砖垛，上铺长条木板，成为巨大的条案状，在条案上画上粗细不匀的棋盘格，两旁放长板凳，几把粗瓷的大茶壶。顾客以劳动市民和无业者为多，聚精会神地对弈，可以暂时忘却生活的痛苦。

书茶馆
即设书场的茶馆。清末民初，北京出现了以短评书为主的茶馆。这种茶馆，上午卖清茶，下午和晚上请艺人临场说评书，行话为"白天"、"灯晚儿"。茶客边听书，边饮茶，倒也优哉游哉，乐乐陶陶。图为北京"老舍茶馆"展示的面塑作品（来自中国文明网，胡栋摄）

除了上述常年营业的茶馆之外，老北京还有一些季节性的野茶馆、茶棚、茶摊，供游人休憩。北京在前清时代，禁苑例不开放，故宫、太庙、社稷坛、三海等均不开放。城内除陶然亭、窑台以外，没有贫民百姓游憩的地方。那时人们游憩，只有远走城外，于是出现了不少设于野趣之地的野茶馆。野茶馆多依傍于幽静清雅的自然风光，一般是矮矮的几间土房，支着芦箔的天棚，荆条花障上生着牵牛花，砌土为桌椅，砂包的茶壶，黄沙的茶碗，沏出紫黑色的浓苦茶，眼见

野茶馆
是露天经营的茶馆，多是在郊区或乡下开的，桌椅茶具都十分简陋，茶水也无"龙井"、"毛尖"之类的讲究，有的是醇郁醉人的乡野情趣。图为北京"老舍茶馆"展示的面塑作品（来自中国文明网，胡栋摄）

的是天际白云，耳听的是蛙鼓蝉吟。安定门外六铺炕一带，四周全是菜园子，瓜棚豆架，新绿满畦，粉蝶翩翩，群莺乱飞，杂花碧草，一派田园风光。还有安定门东河沿河北的绿柳轩野茶馆，在一个土山凹里，四周重重杨柳，主人开池引水，种

满荷花,极有诗意。也有一些野茶馆是因特定人群而开设的,如德胜门外西北、撞钟庙附近的三岔口野茶馆,因德胜门果行经纪在此迎接西路果驼而设。西直门外的白石桥野茶馆源于清代三山交火各营驻兵的往还、万寿寺的游旅,均以白石桥为歇脚的地方。

门面光鲜的大茶馆、底层人民光顾的鸡毛小店、踏青游憩的野棚散摊,林林总总,京城无序却自然的市井文化孕育出斑斓多姿的京味商业文化。

二、京味市井民风纯朴、亲切——京城商业温情、随和

北京人历来讲斯文、讲规矩、讲秩序、讲礼貌,民风淳厚。京商经营的多为小买卖,与市民生活最为贴近,亲切、热情、纯朴、自然的市井民风在一定程度上消融了买、卖之间的隔膜,冲淡了商业交易中的铜臭,使北京商业文化充满了"人情味"特色。街头巷尾的人们可以随便与店主拉家常,拉车的可以讨口水喝,路人可以进去歇歇脚,温情与随和充盈在京城的商业氛围中。民俗专家金受申先生在《老北京的生活》中描述的京风京味的大酒缸就是一个典型的例子:"大酒缸是北京味十足的好去处。经营大酒缸的人,以零卖白干为主。贮酒用缸,缸有大缸二缸、净底不净底的分别。缸上盖以朱红缸盖,即代替桌子。"凡繁华的街头和临近闹市的巷口,大都设有这样的酒肆。顾客坐在酒缸周围的方凳上,一边尝菜品酒,一边与其他酒友闲聊,交谈着社会新闻、掌故轶事、内幕消息、商业行情。这里没有高下尊卑、贵贱贤愚之别,人们不论相识与否,大都一见如故。一到严冬季节,北风呼啸,雪花纷飞,夜晚去酌上二两,再要两条小酥鲫鱼,一碟韭菜拌豆腐佐酒;店内炉火熊熊,掌柜满面春风,听着酒友们山南海北地闲扯,这里的确成为了驱寒解忧的好地方。邓云乡先生在其《燕京乡土记》中对大酒缸更有一段温情的诗意描写:"在风雪之夜,北风呼啸的马路上,或者胡同拐角处,远远地望见有个透出红红灯光的小铺,那就是大酒缸,去吧,那里有温暖,进去买个酒吃吧。"在这种大酒缸里"三五素心,据缸小饮,足抵十年尘梦"①。也正是这类鸡毛小店记述着老北京中下层市民生活中的喜、怒、哀、乐,在商业活动的同时,帮助人们克服隔阂、孤独、陌生、寂寞和无聊,传承着淳厚的市井民风和悠远的京味文化。

———————

① 金受申《大酒缸》,《出版参考:新阅读》2007 年第 8 期。

三、京味市井文化规矩、散淡——京城商人本分、顺适

就在这温情、随和的市井民风背后,掩藏的却是落花流水般的无奈和无所谓。作为皇都子民的北京人,在"口含天宪"、"驾驭万民"的"天子"脚下生活,皇权观念自然比别处更浓重。在封建皇权的强大压力下,平民百姓对封建皇帝、皇权崇拜、敬畏和向往,使北京人有了没有任何实用价值的"优越感"。他们自以为是"天子脚下第一臣民",热衷于侃山聊天,既不能吃苦耐劳,又不能在商战中运筹帷幄。面对政治风云的变化、朝代的更替,在强大的封建皇权阴影下,一介草民显得渺小、无力,这使北京人悟出了顺应天命的生活哲理,"生死有命,富贵在天"、"命里有八尺,就别攀一丈"的宿命思想、顺民心态油然而生。所以北京人普遍本分、顺适、知足、达观,心中没有过多的不平和愤懑。安贫、节欲、自甘淡泊、不奢不贪,是许多北京平民的人生准则。由此造成北京本地人经商也多是一些自由、散漫、可以偷安的小买卖。有本钱的干古玩、茶馆、小吃、小百货等;没本钱的干打鼓(收旧货)、捉鸟、养鱼等生意,或利用久居京城地理熟的条件去拉洋车、蹬三轮,维持生计而已,少有开拓进取、勇于冒险的,因此也少有人能像徽商和晋商那样成就大事业。1907 年出版的日本人服部宇之吉所编《北京志》中就有评论:"北京人大体上是小商人,大商人很少。"

此外,京商作为平民中的有产者,他们更在意个人的利益得失,更在意家业的维系和传承。讲求实际,使这些买卖人不可能像士大夫那样清高、飘逸,也不可能像革命者那样拥有远大理想和激情。他们提供商业服务的宗旨常常是给顾客一种精神的松懈、暇时的消逝、情感的释放,而不是精神的追求与创造。消费和消遣往往只让市民遗忘些什么,而不是得到些什么。因此京商的商业精神自由、闲散,缺乏严肃、深刻的叛逆。在各种商业交易中,除了一些特殊行业特殊情况外,货主通常不会漫天要价,他们的开价一般都比较实际,而且价格比较一致,能够做到市无二价。相邻企业竞相杀价的风气不重,少有你死我活的公开争斗。但同时,对于生活在封建大都会的京商来说,具备顺天知命、安分守己的心态是不得已而为之的处世态度,又是一种生存能力。这表现为无论世事沧桑、社会动荡,世道多么艰难,京商总能顺应时局,快速恢复。生活终归要继续,京商那种虽说消极但很持久、绵韧的生存力延续着京城商脉。